全国高等教育自学考试指定教材
学前教育专业（专科）

学前教育学

Xueqian Jiaoyuxue

（附：学前教育学自学考试大纲）

全国高等教育自学考试指导委员会　组编

主　编　梁志燊
副主编　陈　虹

高等教育出版社

图书在版编目(CIP)数据

学前教育学 / 梁志燊主编；全国高等教育自学考试指导委员会组编. -- 北京：高等教育出版社，2016.6（2023.12重印）
ISBN 978-7-04-045586-1

Ⅰ.①学… Ⅱ.①梁… ②全… Ⅲ.①学前教育-教育理论-高等教育-自学考试-教材 Ⅳ.①G610

中国版本图书馆 CIP 数据核字（2016）第 119380 号

策划编辑：雷旭波　　责任编辑：雷旭波　　责任印制：刁　毅

出版发行	高等教育出版社	网　　址	http://www.hep.edu.cn
社　　址	北京市西城区德外大街4号		http://www.hep.com.cn
邮政编码	100120	网上订购	http://www.hepmall.com.cn
印　　刷	北京市鑫霸印务有限公司		http://www.hepmall.com
开　　本	880mm×1230mm　1/32		http://www.hepmall.cn
印　　张	14.75		
字　　数	420 千字	版　次	2016 年 6 月第 1 版
购书热线	010-58581118	印　次	2023 年 12 月第 13 次印刷
咨询电话	400-810-0598	定　价	18.50 元

本书如有质量问题，请与教材供应部门联系调换。
版权所有　侵权必究
物 料 号　45586-00

组编前言

当您开始阅读本书时，人类已经迈入了21世纪。

这是一个变幻难测的世纪，这是一个催人奋进的时代，科学技术飞速发展，知识更替日新月异。希望、困惑、机遇、挑战，随时随地都有可能出现在每一个社会成员的生活之中。抓住机遇，寻求发展，迎接挑战，适应变化的制胜法宝就是学习——依靠自己学习、终身学习。

作为我国高等教育组成部分的自学考试，其职责就是在高等教育这个水平上倡导自学、鼓励自学、帮助自学、推动自学，为每一个自学者铺就成才之路。组织编写供读者学习的教材就是履行这个职责的重要环节。毫无疑问，这种教材应当适合自学，应当有利于学习者掌握、了解新知识、新信息，有利于学习者增强创新意识、培养实践能力、形成自学能力，也有利于学习者学以致用，解决实际工作中所遇到的问题，具有如此特点的书，我们虽然沿用了"教材"这个概念，但它与那种仅供教师讲、学生听，教师不讲、学生不懂，以"教"为中心的教科书相比，已经在内容安排、形式体例、行文风格等方面都大不相同了。希望读者对此有所了解，以便从一开始就树立起依靠自己学习的坚定信念，不断探索适合自己的学习方法，充分利用已有的知识基础和实际工作经验，最大限度地发挥自己的潜能达到学习的目标。

欢迎读者提出意见和建议。

祝每一位读者自学成功。

全国高等教育自学考试指导委员会
2000年6月

目　录

学前教育学

第一章　教育的基本概念 ………………………………………（3）
　第一节　教育概念的界定 …………………………………（3）
　　一、教育是人类社会特有的一种社会性活动 ……………（3）
　　二、教育是一种特殊的社会性活动 ………………………（4）
　　三、广义教育中的学校教育（即狭义教育）……………（5）
　第二节　教育的基本要素 …………………………………（5）
　　一、教育者 …………………………………………………（5）
　　二、受教育者 ………………………………………………（6）
　　三、教育内容 ………………………………………………（7）
　　四、教育的物质资源 ………………………………………（8）
　第三节　教育的功能 ………………………………………（9）
　　一、教育的宏观功能——促进社会发展 …………………（9）
　　二、教育的微观功能——促进人的身心发展 ……………（9）
　第四节　现代教育的特征 …………………………………（10）
　　一、现代教育的主要特征 …………………………………（10）
　　二、现代教育发展趋势 ……………………………………（12）

第二章　学前教育与社会因素 …………………………………（14）
　第一节　学前教育与环境 …………………………………（14）
　　一、物质环境与学前教育 …………………………………（14）
　　二、精神环境与学前教育 …………………………………（15）

第二节　学前教育与经济 …………………………………（16）
　一、经济是教育的基础 …………………………………（16）
　二、现代教育对整个社会经济发展起着巨大的促进
　　　作用 ……………………………………………………（17）
第三节　学前教育与政治 …………………………………（17）
　一、关于政治的基本概念 ………………………………（17）
　二、政治对教育的影响（政治与教育的关系）………（18）
　三、政治与学前教育 ……………………………………（18）
第四节　学前教育与文化 …………………………………（19）
　一、关于文化的一般概念 ………………………………（19）
　二、文化与教育的关系 …………………………………（20）
　三、我国文化传统对教育的影响作用 …………………（20）
　四、文化水平对教育的影响 ……………………………（21）
　五、文化传递、传播与教育 ……………………………（21）
　六、文化选择与教育 ……………………………………（22）
　七、文化变迁与教育 ……………………………………（22）
　八、文化与学前教育 ……………………………………（23）
第五节　学前教育与人口 …………………………………（23）
　一、人口对教育的影响 …………………………………（23）
　二、我国人口现状对教育之影响 ………………………（24）
　三、我国人口与学前教育 ………………………………（25）
第六节　学前教育与人的社会化 …………………………（25）
　一、人的个体社会化 ……………………………………（25）
　二、学前教育在个体社会化中的作用 …………………（26）

第三章　学前教育与儿童发展 ………………………………（27）
　第一节　儿童发展的概念 …………………………………（27）
　　一、儿童发展的含义 ……………………………………（27）
　　二、与儿童发展有关的因素 ……………………………（28）
　　三、发展的特征 …………………………………………（35）
　第二节　儿童发展的内容 …………………………………（37）
　　一、儿童生理的发展 ……………………………………（37）

二、儿童心理的发展……………………………………（40）
　第三节　儿童发展观……………………………………（43）
　　一、儿童观………………………………………………（44）
　　二、儿童教育观…………………………………………（47）

第四章　学前教育理论流派……………………………（51）
　第一节　学前教育思想溯源……………………………（51）
　　一、学前教育的起源……………………………………（51）
　　二、奴隶社会的幼儿教育………………………………（53）
　　三、近代学前教育思想…………………………………（58）
　第二节　现代学前教育理论流派………………………（69）
　　一、杜威的进步主义教育思想…………………………（69）
　　二、蒙台梭利教育法……………………………………（73）
　　三、皮亚杰认知结构主义流派…………………………（81）
　　四、加德纳的多层智力观与幼儿的完整学习…………（88）
　　五、维果斯基"最近发展区"理论………………………（90）
　　六、戈尔曼的情感智力理论……………………………（91）
　第三节　我国学前教育思想家…………………………（92）
　　一、陶行知的学前教育思想……………………………（92）
　　二、张雪门的学前教育思想……………………………（95）
　　三、陈鹤琴的学前教育思想……………………………（99）

第五章　学前教育目标…………………………………（104）
　第一节　学前教育目标的制定…………………………（104）
　　一、什么是教育目的……………………………………（104）
　　二、制定学前教育目标的依据…………………………（104）
　第二节　正确理解我国学前教育目标…………………（106）
　　一、我国学前教育目标…………………………………（106）
　　二、正确理解学前教育目标……………………………（106）

第六章　学前教育的基本活动——游戏………………（110）
　第一节　游戏对儿童发展的重要意义…………………（110）
　　一、游戏的特点…………………………………………（110）
　　二、游戏对儿童发展的作用……………………………（111）

第二节 游戏条件的创设……………………………………(113)
　一、给儿童充足的游戏时间………………………………(113)
　二、户外游戏环境的创设…………………………………(113)
　三、幼儿园室内活动区的创设……………………………(114)
　四、提供玩具和游戏材料…………………………………(118)
第三节 游戏的指导和评价……………………………………(120)
　一、树立正确的游戏教育观………………………………(120)
　二、教师在游戏过程中的作用……………………………(121)
　三、各类游戏的指导和评价………………………………(122)

第七章　学前教育的基本原则…………………………………(130)
　第一节 独立自主性原则……………………………………(130)
　　一、独立自主性原则的内涵……………………………(130)
　　二、独立自主性教育应注意的问题……………………(134)
　第二节 发展适宜性原则……………………………………(135)
　　一、发展适宜性概念……………………………………(136)
　　二、发展适宜性课程……………………………………(137)
　　三、实施发展适宜性课程应注意的事项………………(141)
　第三节 保教结合原则………………………………………(142)
　　一、保教结合的任务与范畴……………………………(142)
　　二、良好的工作伙伴与师生关系是实现保教合一的
　　　　前提……………………………………………………(144)
　　三、建立良好的师生关系………………………………(145)
　第四节 综合性原则…………………………………………(148)
　　一、教育目的与教育内容的综合性……………………(148)
　　二、教育手段的综合性…………………………………(150)
　　三、综合性原则所应注意的事项………………………(151)
　第五节 启蒙性原则…………………………………………(151)
　　一、学前教育的启蒙性…………………………………(152)
　　二、学前启蒙教育的内容………………………………(152)
　第六节 活动性原则…………………………………………(155)
　　一、活动性原则的重要意义……………………………(156)

二、活动性原则的实施……………………………（156）
第八章　学前教育的基本方法……………………（161）
　第一节　直观形象法………………………………（161）
　　一、直观形象法的内容…………………………（161）
　　二、采用直观形象法应注意的事项……………（164）
　　三、参观法………………………………………（164）
　第二节　游戏化方法………………………………（165）
　　一、游戏化方法的实施…………………………（165）
　　二、注意事项……………………………………（167）
　第三节　语言法……………………………………（168）
　　一、故事法………………………………………（168）
　　二、讨论法………………………………………（169）
　第四节　移情法……………………………………（172）
　　一、移情法所用的训练技术……………………（172）
　　二、移情法的实施………………………………（174）
　第五节　角色扮演法………………………………（175）
　　一、角色与角色扮演法…………………………（175）
　　二、角色扮演法的心理效应……………………（176）
　　三、角色扮演的特点……………………………（177）
　　四、角色扮演法的教育过程……………………（179）
　第六节　环境体验法………………………………（181）
　　一、环境体验法…………………………………（181）
　　二、环境体验法的操作内容……………………（182）
　　三、注意事项……………………………………（182）
　第七节　行动操练法………………………………（184）
　　一、行动操练法…………………………………（184）
　　二、实施行动操练法应注意的问题……………（185）
　第八节　发泄法……………………………………（186）
　　一、发泄法的内容………………………………（187）
　　二、发泄法的注意事项…………………………（188）
　第九节　表扬鼓励法………………………………（189）

一、表扬鼓励法……………………………………………(189)
　　二、实施表扬鼓励法应注意的事项…………………………(190)
　第十节　批评惩罚法………………………………………(191)
　　一、批评法……………………………………………(191)
　　二、惩罚法……………………………………………(194)

第九章　学前儿童家庭教育………………………………(198)
　第一节　家庭的教育功能……………………………………(198)
　　一、家庭………………………………………………(198)
　　二、家庭的社会功能……………………………………(199)
　　三、家庭的教育功能……………………………………(200)
　第二节　家庭教育的特点及其影响因素……………………(202)
　　一、家庭教育的特点……………………………………(202)
　　二、家庭因素与家庭教育………………………………(204)
　第三节　家庭育儿环境………………………………………(207)
　　一、和谐的生活气氛……………………………………(207)
　　二、整洁优美、时有变化的环境布置…………………(209)
　　三、安全的、无危险隐患的环境………………………(209)
　　四、属于儿童的天地……………………………………(211)
　第四节　家长育儿守则………………………………………(212)
　　一、做好榜样……………………………………………(212)
　　二、尊重儿童……………………………………………(214)
　　三、理智的爱……………………………………………(217)
　　四、规矩明确……………………………………………(218)
　　五、步调一致……………………………………………(219)
　　六、适当回避……………………………………………(221)
　第五节　家庭教育的有效方法………………………………(222)
　　一、细心观察……………………………………………(222)
　　二、满足兴趣……………………………………………(222)
　　三、动手多练……………………………………………(223)
　　四、游戏学习……………………………………………(223)
　　五、鼓励成功……………………………………………(224)

六、晓之以理，动之以情，导之以行 …………………… (225)
　　七、巧用提示 …………………………………………… (225)
　　八、公平适度 …………………………………………… (226)
　　九、做轻松的父母 ……………………………………… (226)
 第六节　家庭保护的法律责任 …………………………… (227)
　　一、家庭保护的法律责任 ……………………………… (227)
　　二、保护未成年人的工作原则 ………………………… (227)

第十章　托儿所（含托儿班）的保育和教育 ……………… (229)
 第一节　托儿所的性质和任务 …………………………… (229)
　　一、托儿所的性质 ……………………………………… (229)
　　二、我国托儿所的发展历史 …………………………… (231)
　　三、托儿所的保教任务 ………………………………… (232)
　　四、正确理解早期教育与早期智力开发 ……………… (232)
　　五、托儿所保育和教育的原则 ………………………… (234)
 第二节　托儿所的环境和设备 …………………………… (236)
　　一、托儿所的选址 ……………………………………… (236)
　　二、托儿所的房屋建筑 ………………………………… (237)
　　三、布置安全、卫生、富有教育意义的环境 ………… (237)
 第三节　托儿所日常生活的护理和教育 ………………… (240)
　　一、制定合理的作息时间表 …………………………… (240)
　　二、睡眠 ………………………………………………… (243)
　　三、科学喂养和饮食 …………………………………… (244)
 第四节　托儿所全面发展教育 …………………………… (248)
　　一、婴儿动作发展与训练 ……………………………… (248)
　　二、3岁前婴儿智力教育 ……………………………… (249)
　　三、3岁前婴儿情绪情感的培养 ……………………… (251)
　　四、培养婴儿之间初步的友爱关系 …………………… (254)

第十一章　幼儿园教育概述 ………………………………… (256)
 第一节　幼儿园的性质和任务 …………………………… (256)
　　一、什么是幼儿园 ……………………………………… (256)
　　二、我国幼儿园的性质与任务 ………………………… (259)

第二节 幼儿园的保育和教育目标……（261）
　　一、幼儿园保育和教育目标的制定依据……（261）
　　二、我国幼儿园保教目标……（263）
　　三、幼儿园教育目标的层次……（264）
第三节 幼儿园教育工作的基本原则……（265）
　　一、促进幼儿体智德美的全面和谐发展……（265）
　　二、尊重儿童，建立平等的师生关系……（265）
　　三、重视年龄特点和个体差异……（267）
　　四、发挥一日生活的整体功能……（267）
　　五、创设与教育相适应的环境……（268）
　　六、以游戏为基本活动……（269）
　　七、充分利用儿童、家庭和社会的教育资源……（269）

第十二章 幼儿园各年龄班的教育特点……（270）
第一节 幼儿园小班的教育特点……（270）
　　一、小班幼儿的身心发展特点……（270）
　　二、小班幼儿的入园教育……（272）
　　三、建立常规，组织好小班一日生活……（281）
　　四、布置活动室环境，开展游戏活动……（287）
　　五、发展小班幼儿的社会交往能力……（288）
第二节 幼儿园中班的教育特点……（291）
　　一、中班幼儿的发展特点……（291）
　　二、处理好中班幼儿的同伴关系……（293）
　　三、进行常规教育，组织好幼儿的一日生活……（300）
　　四、开展活动区活动……（301）
第三节 大班幼儿的教育特点……（302）
　　一、大班幼儿的发展特点……（302）
　　二、大班幼儿的入学教育……（304）
　　三、促进大班幼儿社会性发展……（309）
　　四、大班幼儿的活动区活动……（312）
第四节 学前班与混合班的教育特点……（313）
　　一、学前班的教育特点……（313）

二、混合班的教育特点…………………………………（319）
第十三章　托儿所、幼儿园与家庭的相互配合…………（322）
　第一节　托儿所、幼儿园与家庭相互配合的意义与内容…（322）
　　一、托儿所、幼儿园与家庭相互配合的意义…………（322）
　　二、托儿所、幼儿园与家庭相互配合的内容…………（323）
　　三、托儿所、幼儿园与家庭相互配合的原则…………（324）
　第二节　托儿所、幼儿园与家庭相互配合的形式………（326）
　　一、园所的家长工作……………………………………（326）
　　二、家长参与……………………………………………（337）
第十四章　幼儿教师和保育员……………………………（340）
　第一节　幼儿教师…………………………………………（340）
　　一、幼儿教师劳动的特点………………………………（341）
　　二、幼儿教师的职责……………………………………（342）
　　三、幼儿教师应具备的素质……………………………（342）
　第二节　保育员……………………………………………（352）
　　一、保育员的职责………………………………………（353）
　　二、保育员应具备的素质………………………………（354）
第十五章　社区学前教育…………………………………（357）
　第一节　社区教育…………………………………………（357）
　　一、什么是社区…………………………………………（357）
　　二、社区教育的发展及特点……………………………（357）
　第二节　国外社区学前教育………………………………（359）
　　一、美国的社区学前教育………………………………（359）
　　二、澳大利亚的社区学前教育…………………………（360）
　第三节　我国的社区学前教育……………………………（362）
　　一、城市社区学前教育…………………………………（362）
　　二、农村社区学前教育…………………………………（367）
　　三、幼儿园与社区………………………………………（374）
主要参考书目…………………………………………………（376）
后记……………………………………………………………（378）

附 学前教育学自学考试大纲

《自学考试大纲》出版前言 …………………………………… (381)
Ⅰ 课程性质与设置目的 …………………………………… (383)
Ⅱ 课程内容与考核目标（考核知识点 考核要求）……… (384)
Ⅲ 有关说明与实施要求 …………………………………… (451)
  附录 题型举例………………………………………… (454)
  后记 …………………………………………………… (455)

学前教育学

第一章 教育的基本概念

第一节 教育概念的界定

教育一词已成为我们生活中的常用语了,但教育究竟是什么?在中外教育史上,诸多学者们对教育有着多视角的众说纷纭的解释,有着不统一的回答。现在我们从中寻找那些合理的、共识的因素,对教育做出如下的界定。

一、教育是人类社会特有的一种社会性活动

将我们生存的大千世界中的各种活动,按其性质做逐一分析,便不难看出教育是人类独有的社会性活动。从教育的起源看,它是在人类社会中出现的一种社会现象。人类为了生存的需要,学会制作和使用工具,从事生产劳动。在从事劳动和生活的过程中,不断积累着生产经验和生活经验,人与人也发生着性质不同的和多向的交往关系,并形成着一定的社会习俗与风尚,这一切都需要向新生一代传递,这些传递的活动便是人类社会的教育。再从人类的个体来看,作为人的个体,必然有着成长发展的过程,这个过程不是一个纯自然的生长,而是在人类的社会生活中接受家庭、学校的和社会的广泛的影响和教育,渐渐成长、成熟,人从出生到成人的成长过程比任何动物都要漫长,这标志着人类成熟水准绝顶地超过了任何动物,这使人的个体成长、成熟的过程充满教育。

教育为人类社会所独有,它与动物界中代与代间看似"教"和"学"的现象有着本质上的区别。老猫教幼仔捕捉老鼠,老鸭教小鸭游水之类的动物界现象,是一种为适应环境、为维持生命、为独立生

存的亲子本能行为的传递,是自发的本能行为,只存在一个短暂的时期,而且是简单不变的重复,没有任何发展,更没有不断丰富与创新。这些动物界的行为与人类社会的教育活动决然不可同日而语,二者有着本质的区别。

人类的教育从一开始便是一种为了社会、具有社会性的活动,教育的社会性表现为教育同社会共存、共发展,并渐渐成为推助社会发展的重要因素。

二、教育是一种特殊的社会性活动

教育不同于其他的社会活动,如教育不同于生产活动、商业活动、医疗活动、军事活动等等。教育是如何区别于其他的社会活动呢?我们援引几种关于教育的定义。

《中国大百科全书·教育》卷:"是增进人们的知识和技能、影响人们的思想品德的活动,都是教育。"

《教育概论》(叶澜著):"教育是有意识的以影响人的身心发展为直接目标的社会活动。"

美利坚百科全书《教育》:"从最广泛的意义说来,教育就是个人获得知识或见解的过程,就是个人的观点或技能得到提高的过程。"

以上定义包涵了各种形式的教育活动。第一种学校教育,有固定的场所,有目的的按计划进行,有班级的整体施教、小组施教和个别施教等形式。第二种通过各种媒体如电视、电脑、广播、函授、图书、报刊等形式使受教育者获得知识。第三种通过人与人之间的联系培养人的活动,在工作和生活的环境中通过示范、模仿、交往等方式传递信息和经验,产生思想和文化的影响。第四种自我教育,受教育者为提高自身和形成个性而进行的有目的的自我调控的活动。这些教育形式进行的场所有学校、家庭、社会和工作部门等。在上述各种教育形式中的教育活动,一般称为广义的教育。在广义的教育中包括有计划的与偶然的,有组织的与无组织的,有人教的与自学的,所有年龄人的以及采用不同手段的教育活动的总称。

综上所述,教育区别于其他社会活动的本质特征是培养人的社会活动，即以影响人的身心发展为目标的社会活动。

三、广义教育中的学校教育（即狭义教育）

学校教育在各种教育活动中有着特殊的结构和功能。它是由专门机构和专职人员依据一定的社会要求和受教育者的特点，进行的有目的、有系统、有组织的影响活动，将受教育者培养成为一定需要的人的活动。学校教育与其他教育活动相比较，它具有可控性强和达标性强的特点。在历史上和现实中有各种各样的学校，它们接纳入学的人群不同、学业方向和层次不同、教学手段不同、主办人员和管理办法不同以及地域与规模不同等等，但它们都具有学校教育的特征。学校教育是教育活动的核心部分，现代教育的发展是以学校教育为主要标志的各种教育形式的发展。

第二节　教育的基本要素

从以上教育的概念出发，教育活动是多种多样的，它们的对象、目的、内容、方法以及场所各不相同，但都共同存在着构成教育活动的必不可少的最基本的要素。它们是：教育者、受教育者、教育内容和教育物资。教育者和受教育者属于人的因素，教育内容和教育物资属教育的措施，为物质条件方面的因素。教育的上述基本要素存在于所有形式的教育活动之中。下面分别对各教育基本要素做简要解释。

一、教育者

凡是对受教育者施加教育影响的人以及对教育活动承担教育责任的人都是教育者。从广义的教育看，教育者包括：各级教育管理人员、学校教育中的教师和其他工作人员、家庭中的家长（或其他监护人）、社会教育中的起到教育作用的人员，自学活动中的个人也承担了部分教育者的责任。

教育者在教育过程中的任务是研究教育目的、内容、方法、过程和组织形式，在教育过程中处于领导、控制以及执教的地位，也就是教育活动的主导者。教育者的主导地位是有条件的,必须在受教育者接受了教育者的要求,并为之付出努力之后,教育者的主导地位方可变为现实。这就是说当教育者的教育要求不适应受教育者或全然不被受教育者采纳时,则教育活动无法进行,教育者的主导地位便自然不存在了。因此教育者在教育过程中的主导作用与受教育者的接受和参与相关,而不能建立在纯主观所为。

教育者的资格是依据一定的条件,按一定的形式由社会相关部门认证而确立的。目前在多种类的教育中,尤其在学校教育中对教育者采取聘任制、考核制,并对教育者进行继续教育,以保持教育者质量使之有效地承担教育的责任和发挥主导作用。

二、受教育者

受教育者在教育活动中承担学习的责任,是接受教育的人。在广义的教育中,受教育的对象非常广泛,不分年龄、不分性别、不分身份、不分职业背景,凡是进入学习过程的人都成为受教育者。受教育者在教育活动中相对教育者来说,则处于被领导、被控制和接受教育的地位。

受教育者在教育过程中是学习的主体,受教育者要将外在的教育内容,教育者的要求转化为自己的智慧、才能、思想和行为的过程,因而受教育者应积极地参与教育活动,充分发挥在这一转化过程中的主体能动性;反之,受教育者没有积极参与教育活动,主动性没有获得充分发挥,便不会获得好的学习效果。

教育者和受教育者在教育过程中发生着十分复杂的互动关系。在教育过程中教育者与受教育者的地位有一定的相对性。从总体上说学生是受教育者,但在教育过程中会出现学生对某方面的思考超过了教师,如学生提出问题或提出自己的设想有标新立异的表现;如学生中常出现学习速度的快与慢,学习效果上的好与差,以及学生的各有所长等等,这些便形成了老师向学生学习以及学生之间互教互学等现象,这时教育者与受教育者的角色发生了变化。因此在教育过程中教育者与受教育者的作用发挥得当,教育者创造了使受教育者发挥自身能力的条件都将引起上述的变化,我们期待在教育过程中发生这种变化。教育者与受教育者地位相对变化虽经常发生,但不能改变在总体上的教育者的地位与责任。

受教育者是学的主体,在正确的教育引导下,受教育者变得"我要学",而不是教育者要受教育者学,即"要你学",受教育者成为主动的学习主体,而不是消极被动任教育者摆布的人。受教育者的这种能动性,不仅表现在接受教育的学习过程中,还可表现在自我学习和自我教育的活动中。受教育者在教育过程中对教育者而言所处的地位是接受者、受控制者的地位。但绝不因此而影响其在教育过程中主动性、积极性,而是以主观能动的主体姿态参与、接受教育的过程。

总之,教育者和受教育者的主导作用和主体地位不构成矛盾的对立面,而是相互依存的统一体,是从不同角度说明二者在教育过程中不可忽视的作用,教育者和受教育者不能互相取代,而要把握二者的不同责任及二者的相互作用。

三、教育内容

任何的教育活动都离不开教育内容,教育内容是指在教育活动中所传递的信息,没有教育内容也无从产生教育活动。

教育活动多样化,取决于教育内容的丰富性。从范围看教育内容涉猎人类创造的古今中外各领域的知识、经验和技能、技巧;从水平程度看有启蒙的、基础的、专业化的、高等级的;从表现形态看有物质的、符号的、精神的、行为的等等。

学校教育中的教材是教育内容的表现,但又不是学校教育内容的全部,学校教育中尚有诸多教育内容并未包含在学科教材之中。而体现在环境布置、教师风范以及一些信息载体中。由于教育活动的多样性,各类教育活动的目标不同,教育内容则对应目标进行组合,产生了不同教育活动的不同教育内容。教育者选定教育内容后,应把精力集中到怎样教,这便需要掌握和研究教育过程中教育对象的动态变化;在教育过程中教育者还要不断丰富和修改教育内容,以适应受教育者的实际。

四、教育的物质资源

从教育的发展进程看，由教育者选创的物质资源更多地进入了教育过程，它的丰富性、先进性、优质性直接影响教育的质量。教育的物质资源有场所、设备、教具、器材等，是现代教育必须具有的教育手段。

教育活动的场所及设备主要有校舍、教室、操场、园地、实验室、图书馆、体育馆、计算机房、艺术室、医务室等，其内部应有与各场所功能相符合的教育设备装置。各种教育的场所与设备，在国与国之间、地区与地区之间以及各个教育活动之间差别很大，它既反映了国家和地区的经济发展水平，同时也取决于国家或民族对教育的重视程度，也是一定教育观的物质体现。在学校教育中以班级授课制为基本教学形式的模式下，学校校舍则以教室为主，教室外的场地狭小；教室内部则是固定桌椅面向黑板，完全适应着教师讲授学生聆听的教学方式。现代教育观强调教育过程中受教育者的积极活动，也更看重户外活动，则学校的校舍和场地结构就有很大的变化，户外活动的空间增大，校舍除教室外还有多种教育场所，教室内的设施与布置、桌椅的排放将按教育活动的需要灵活设置。

教具与器材是教育内容的载体，是沟通教育者与受教育者之间的桥梁，教具、图片、录音带、录像带、计算机软盘、电视、计算机等等，成为教育过程中教育者的学习工具，受教育者操作教育媒体接收信息、传递信息，教育媒体还对教育活动组织形式、教育内容的增多与更新、学习者的学习方法等产生影响。现代教育媒体的发展将给教育带来前所未有的变化，如教师的一部分或全部职能由计算机媒体代理，学校教育形式由家庭学习形式代理。由此可见教具、器材等教育媒体在教育过程中成为不可忽视的教育要素。

教育的物质资源能够成为教育媒体，必须是教育目标的体现，是为教育者与受教育者使用的，否则虽为物质资源，但不能作为教育媒体。如与发展水平不适应的图书、不健康的录像带或光盘、易损坏或易伤害的教具等均属不合格的教育媒体。

以上教育的基本要素是进行任何教育活动都必不可少的，这些要素在教育活动过程中又是相互影响地发挥各自的功能。在教育基本要素都具备的情况下,教育者的主导性要素起着决定性的作用。教育者是教育活动的组织者,控制着教育目的和采用的方法手段,教育者创设环境、选择教具与器材,调控受教育者的活动,教育者的观念和教育行为方式,影响着其他各基本要素功能的充分发挥。

第三节 教育的功能

从历史到现今,教育发展的趋势十分迅猛,教育从少数人所享有,渐渐已成为人类社会所必须的活动,教育也不限于青少年的范围,而日益成为全民的、终身化所需的教育,受到人群广泛的选用,这是由于教育有着对社会发展及对个体发展的巨大功能,是现代国家发展的基础。

一、教育的宏观功能——促进社会发展

现代教育促进现代社会的发展。人类社会的延续发展依靠人类自身的再生产和社会物质的再生产。人类自身的再生产不仅指人的繁衍生存,还指人的个体社会化,不断生长对社会有为的新生一代,显然这需要教育的培养过程。社会物质生产的革新与发展,离不开知识、经验、科学技术,而它们的传播与革新则必须依靠教育。因此教育的社会功能首先是为社会的延续服务、为社会的发展服务。

教育是沟通社会各方面、社会各地域及世界各国社会的手段。通过教育增进了社会的交流和科学技术文化的传播,现代教育是开放的,网络手段的应用更加剧了教育的开放性,从而教育对社会的整体发展以及全球经济一体化发展进程负有特殊的使命。教育的正确实施对稳定社会、倡守科学、宏扬道德风尚和加强法制都是有利的推动。这些因素是社会持续与快速发展的必要保障。

二、教育的微观功能——促进人的身心发展

人的个体发展是指个体从降生到成年到老年身心有规律的变化过程。身体的发展是指身体的各组织系统的发育和机能的增长,心

理的发展是指人的感知能力、记忆能力、思维能力、想像能力以及情感、意志、兴趣、性格等的发展。

如何实现个体发展呢？现代教育认为影响个体发展的因素为遗传、环境与教育。遗传是个体发展的物质前提，为个体发展提供可能；自然与社会环境对个体发展起一定的制约作用；教育对个体发展起主导作用。

教育对个体发展如何起主导作用呢？首先，教育是一种有目的的培养人的活动，教育目的体现了培养人的方向，也就是个体发展的方向。其次，教育，尤其是学校的教育，由受过专门训练的教师负责，给予个体发展更科学、更系统、更全面、更深刻的影响。第三，得力的教育为个体能动的发展创造主客观条件，如在教育活动中处理好主客观的关系及师生间的关系，使之有利于提高个体主动积极地参与各种教育活动，并在教育活动中充分满足个体特征的发展、个体潜能的充分发挥，以及个体创新能力的发展。第四，教育的主导作用更表现在促进个体的社会化。从生命开始的"自然人"，经过教育过程成长为"社会人"，完成个体社会化过程，使个体积极地、能动地适应社会、参与社会和改造社会。

第四节　现代教育的特征

现代教育是一个历史时代教育的标志，更是与传统教育相区别的概念。现代教育是和现代社会生产体系、现代文化体系、现代科学技术体系和现代社会生活方式相适应的教育观念、教育思想、教育制度、教育管理以及教育内容、方式、方法。

一、现代教育的主要特征

从世界范围看现代教育有共同的特征，也融入各国的不同特点，现代教育的主要特征有以下表现：

（一）教育的发展急剧增长

当今世界教育发展处于革命性的变革，其增长的模式有以下特征：

1. 规模庞大：不仅接受正规中小学教育的人数增多，接受成人教育的人数更为庞大。

2. 增长速度快：小学、中学、大学的人数增长有着超常的发展。

3. 不均衡性：发达国家教育的增长快于发展中国家教育的增长；许多国家中、高等教育的增长又快于初等教育的增长。

4. 波动性：由于人口在不同年代有剧增和减少，造成各级教育的规模相应出现剧增和空余。

（二）教育体制和结构的显著变化

第二次世界大战后，西方发达国家的学校教育系统由双轨制（一类学校教育系统收费高，设施精良，培育各种高级人才；另一类学校教育系统质差费低，培养有一定文化和掌握生产技术的劳动者）向单轨制急剧转变，建立起统一的具有多职能的纵横沟通的学校系统。初等、中等、高等教育结构均有变化。如中等教育结构的变化表现为设立小学向中学过渡准备的中间学校；初中阶段开始实行定向教育，升学和就业指导；中等教育最后阶段实行分科教学，成为高等教育的预备。又如高等教育结构多样化，高等职业大学大量涌现，美国有初级学院、日本有短期大学、英国有科技学院，还出现除正规全日制教育形式外的非正规高等教育。在中国当代也出现了职业教育、远程教育、成人教育等多种教育类型。

（三）教育的内涵扩大

教育覆盖了正规学校教育、非正规教育和非正式教育。正规学校教育是在学龄期完成的上学年限，获得教育证书；非正规教育是在任何正规教育体制以外所进行的成人或儿童所选择的学习形式，是有组织、有系统的学习活动；非正式教育是个人在日常经验和社会生活环境中获得的学习，是无组织、无系统的终生过程。

（四）教育作用愈加重要

在第二次世界大战后，在西方教育的责任由被认为是私人的事变化为举办教育的责任主要落在国家和公共团体上，如教育经费、教育改革创新，政府的作用明显增强了，国家有责任提供教育特别是义务教育，政府对教育的组织与调控日益加强，国家主要通过教育立法和拨款管理教育。

（五）教育的不平等依然存在

20世纪世界教育发展的趋势是教育民主化，教育在平等化上迈进了一大步，但不平等的现象依然存在。区域上的不平等，发达国家与发展中国家存在着差别，成人文盲大部分集中在发展中国家；还表现在性别上的不平等，这种现象在许多国家都长期普遍存在，它与一定社会的传统文化、风俗习惯和宗教信仰有关。

二、现代教育发展趋势

现代教育将以它的基础性和先导性的地位，推动社会的可持续发展。我国的"科教兴国"战略是现代教育在知识经济时代地位和作用的体现，现代教育将沿着以下趋势发展：

（一）全民教育是教育发展的方向

全民教育是保证每个国民都有接受教育的基本权利，并且必须接受一定程度的教育，它以普及义务教育实行之。全民教育可使每个人获得自由和发展的能力，是社会摆脱贫困、实现繁荣的必要选择，同时又是促进社会文明道德、控制人口、提高人口质量和改善环境状况的先决条件。

（二）终身教育

终身教育是20世纪60年代以来形成和发展的国际性教育思想，终身教育已成为发达国家和发展中国家制定教育政策的主导思想，给整个教育带来了革命。

终身教育是指人在一生中都应当和都需要受到各种教育，接受教育应是从生到死永不休止的，它在时间上贯穿人的整个一生，在空间上贯通了学校、社会和家庭的界限，打破了教育为学校系统所垄断，改变了前半生受教育，后半生工作的人生模式。终身教育的形式多样，内容丰富无限，是对社会中教育资源的充分利用，是人的个性得到充分发展的满足。

（三）教育民主化

使受教育成为全民的权利和义务，在教育机会面前人人平等。消除专制、封闭、灌输等不民主的教育，建立尊重、开放、启发、参与等民主化的教育。

（四）教育现代化

教育现代化是社会政治、经济的变革在教育上的反映，是教育整体的变革。教育现代化包括教育制度、教育结构、思想观念、教育内容、教育手段、方法等方面的变革，其中教育观念现代化是核心。教育现代化的具体表现是：

1. 确立培养现代人的观念。

2. 教育发展水平应有显著提高。

3. 科学技术在教育中普及和深化，教育内容科学化程度提高。

4. 教育手段方法信息化程度提高。

5. 教师的学历与专业化水平不断提高，教师的科研成果不断涌现，摆脱传统教育的桎梏。

6. 学生学习的自由度和自主性将大大增强，个人的志趣和潜能将获得更大发展。

7. 教育制度不断创新，教育结构越加丰富多样。

8. 现代教育是开放的，学校内部的开放、学校向社会开放、教育进入家庭、国际间教育的交流和比较研究等。

（五）教育与社会紧密交叉、相互影响、相互联系

教育随着社会的变动而变动，将根据社会提出的问题不断调整教育、发展教育。

（六）教育科学研究是教育决策的先导

教育的规划和决定建立在科学研究基础上，教育科学研究是教育决策的先导。

复习思考题

1. 谈谈你对教育这个概念的理解。

2. 教育的基本要素有哪些？它们各自发挥着怎样的作用？

3. 试结合实例分析教育的功能。

4. 作为现代社会中的一员，你认为现代教育具有哪些特征？

第二章　学前教育与社会因素

学前教育是一种社会活动，它与众多的社会因素有着直接与间接的关系，学前教育的发展受到社会众多因素的影响和制约；同时学前教育的实施又影响着社会的良性发展，有着重要的社会价值。

下面将对生存环境、社会经济、社会政治、文化、人口等社会因素与学前教育的关系以及人与社会适应过程中学前教育的影响作用进行分析。

第一节　学前教育与环境

人自生命的开始直至死亡，都处于一定的环境之中，人与环境有着紧密的、不可脱离的关系，环境是人类生存条件的综合。地球是人类赖以生存和发展的根本环境，而个体生存与发展的环境则是地球上某一局部的具体的生活环境。

人类赖以生存的环境是复杂的、多变的，环境分为物质环境和精神环境。

一、物质环境与学前教育

物质环境由天然环境和人工环境所组成。气候、山、河、海洋、空气、水等为天然环境；城市、农村的建设，工作劳动环境条件，个人居住条件等为人工环境。

物质环境对人的生存发展有着直接与间接的影响，如噪音、水患、环境污染、生态失衡等不良环境都造成社会危害；而植树造林、设置自然保护区、修路、建房等是营造美好环境。物质环境不仅影响人的生存与健康，也影响人的认知和伦理道德。适宜的环境，有助于人的认知活动积极化,提高认知水平,同时也有助于人的伦理道德的形成。人类已不限于受环境的影响,人类正在依靠科技的力量实现驾驭自然、控制自然、利用自然和创造自然的理想,人对物质环境的创建反映着时代、民族、地域文化的特色。

出生至入学前儿童的成长与发展有赖于多方面的物质环境,如居住环境、饮食条件以及用以焕发精神、启迪智慧、锻炼身体的物质材料及玩具。由于学前儿童的生长发展和心理发展特点所决定,他们对物质环境的依赖性更大。他们的独立生活能力尚在形成中,需要成人为其准备安全、卫生、舒适、优美、丰富、和谐的生活环境和教育环境,儿童在适宜的物质环境中生活,他们的生存与发展可获得可靠的保障。反之,物质环境过差,则不利于儿童的生长发展。

作为学前教育机构的托儿所、幼儿园,同样需要有一定的物质环境为其存在与发展的条件。历史经验告诫后人,物质条件过于简陋的托儿所、幼儿园,儿童不愿生活在这样的环境中,家长也不愿将自己的子女置于这样的环境下,因此托儿所、幼儿园便无法生存更谈不上发展。我国有关部门对托儿所、幼儿园的物质环境设备已有达标的规定,物质环境是学前教育存在与发展的必备条件。

二、精神环境与学前教育

精神环境又称非物质环境或社会环境,它的内涵是指在社会生活中人与人的社会关系以及社会信息。

社会生活中人与人的关系最基本的是生产过程中建立的生产关系以及与此相应的多种社会关系,它又以思想观念、政治、法律、宗教、伦理道德、文化、民俗习惯等表现之,这些都构成精神环境。

人类社会中社会关系便带来了信息传递,随着人类社会的发展,人的交往越加密切、频繁,信息传递的手段日新月异,社会信息量剧增,信息传递走上了高速路,未来社会信息将进入了人们的全部生活,获取信息,传递信息将是人的生活所需。因此,社会信息是精神环境的表现。

学前儿童不论在家庭中、在幼儿园中,还是接触其他社会生活中,都在不断地接受精神环境的影响,其中有健康的精神信息,也有不健康的精神信息。学前儿童由于经验的不足,认识又具表浅性、片面性和情绪性,容易接受精神环境的潜移默化的影响。"近朱者赤,近墨者黑"以及孟母三迁的故事都在说明精神环境对儿童的影响。

对学前儿童最具影响力的精神环境包括:父母及家庭成员的表率,家庭生活气氛(生活方式与习惯、生活情趣、生活内容、交往关系等),居住环境中的人际关系及情调,社会环境中的道德水准和文化生活,托儿所、幼儿园的园风,直接教育者的品德修养等。

为学前教育的优化实施,家庭、学前教育机构以及社会都应创设有利于儿童精神健康的环境,排除精神污染对儿童的消极影响。

第二节 学前教育与经济

一、经济是教育的基础

经济是人类社会生存和发展的基础,一定的经济发展水平为教育提供了经济条件,并对教育发展提出了一定的要求。经济与教育的关系具体在几个方面:

(一)经济发展是教育发展的物质基础

经济发展为办教育提供一定的人力、物力和财力。

(二)经济发展决定着教育发展的规模和速度

一个国家的文盲率、义务教育普及的年限、高等教育普及的程度和这个国家的经济发展水平相关。

(三)经济发展引发的经济结构和变革影响着教育结构的变化

经济发展引发的经济结构和变革,如,产业结构、行业结构、消费结构等,影响着教育结构的变化,如,大、中、小学的比例关系、普通中学与职业中学的比例、高等学校不同专业的设置与比例等。

(四)经济发展水平制约着教育内容和手段

学校中的知识传播是一定历史阶段中经济发展和科学技术发展水平的反映,教育手段同样是现代科学技术水平的反映。

二、现代教育对整个社会经济发展起着巨大的促进作用

其表现如下：

（一）现代教育是物质资料生产和再生产的重要条件

劳动者接受过一定程度的教育，进行过系统的专业培养，是从事生产和再生产的必备条件。

（二）现代教育是提高劳动生产率必要因素

劳动者的教育水平与劳动生产率的提高成正比。科学技术在生产上的应用也是提高劳动生产率的因素；科学技术应用于生产，教育是中介，通过教育实现科技与生产的结合。

经济发展水平决定社会对学前教育的重视程度，决定社会对学前教育的经费投入，还决定学前教育的目标、内容和手段的变革。如随着世界经济的繁荣发展，20世纪80年代以来，各国学前教育普遍受到社会的重视，许多国家的正式学前教育机构和非正式的机构（如儿童活动场所）都呈现着广泛的、多形式的发展。又如，学前教育的目标，在不同的经济发展阶段中，经历了如下变化：

1. 工业社会初期——主要为工作的母亲照管儿童；
2. 工业社会——不限于看护儿童，对儿童施行促进其身心发展的教育；
3. 现代社会初期——以发展儿童智力为中心；
4. 现代社会（20世纪80年代以后）——促进儿童身体的、情绪的、智能的和社会性的全面发展。

第三节 学前教育与政治

一、关于政治的基本概念

马克思主义认为政治是经济的集中表现，政治是以一定的经济为基础的，政治又极大地影响经济的发展。政治体系由两部分构成：

一是理念、意识。这包括政治观念、政治态度、政治信念、政治标准，如对待四项基本原则的态度、主义、信仰等。

二是权力机构。这里包括政治权力、政治制度、政权机关、政党等。

二、政治对教育的影响（政治与教育的关系）

（一）政治对教育目的的影响

1. 权力机关利用其拥有的立法权，颁布一系列教育法律、政策和规章，以保证合法地实现教育目的。
2. 权力机关利用其拥有的组织、人事权利控制教育者的行为导向，使之符合教育目的。
3. 权力机关通过行政部门控制公职人员的选拔与录用。
4. 权力机关还通过经济杠杆控制教育方向，并对办学权力进行严格控制（民间办学均要申请审批）。如美国政府就通过资助各个学校以便对私立教育进行干预或控制。

（二）政治对教育制度的影响

1. 教育制度必须保持与政治制度的一致与相适应，教育制度往往都随政治发展而变革。
2. 政治对教育制度的改革起定向和支持作用。如当前我国社会主义市场经济体制的建立，就为整个教育领域里的改革规定了发展方向，即如何迅速建立起与市场经济体制相适应的一套教育体制。而与此同时，社会主义市场经济体制的建立，又为民办、私立教育的发展给予大力支持。

（三）政治对教育财政的影响

1. 政治决定教育经费份额的多少。权力机关会随着社会发展而不断调整教育经费在整个社会总投入中的份额。
2. 政治决定教育经费的筹措。政府会根据其财政收支情况及政治需要而决定教育经费的筹措办法，或者是完全由政府财政支出，或者由民间集资、私人出资，或者三者兼而有之。

三、政治与学前教育

（一）政府权力机关及职能部门对学前教育的重视与领导是发展学前教育的决定条件

历史事实充分说明：一个地区或部门的权力机构和领导人的态度、意志对该地区学前教育发展与改进起着决定性作用。如果他认识到学前教育的重要性并大力支持发展学前教育的话，则该地区的学前教育将会有与众不同的发展。

（二）不同社会制度下接受学前教育的程度不同

我国学前教育在亚太地区属于比较好的，20世纪末统计3～6岁幼儿入园率约为35%，加上入一年学前班的幼儿则入园率可达60%。

我国学前教育发展的欣欣向荣正是社会主义制度优越性的体现。我们要充分利用我国社会制度所创造的优良条件，为发展我国学前教育事业在以下几个方面做出贡献：

1. 有法规依循；
2. 受社会重视；
3. 有一定的经济保障；
4. 有完备的管理体制；
5. 有师资培训保障；
6. 有研究工作不断为改革提供研究成果。

第四节　学前教育与文化

一、关于文化的一般概念

广义概念——人类在社会历史实践过程中所创造的物质财富和精神财富的总和。

狭义概念——较普遍地把文化看作为社会的精神文化，即社会的理想、道德、科技、教育、艺术、文学、宗教、传统民俗等及其制度的一种复合体。

在这里论述文化与教育的关系主要指一般定义的狭义文化。

文化与社会共存，文化存在于社会中，没有人类社会也就自然没有人类文化，人与动物也就没有区别了。

二、文化与教育的关系

教育是文化的一个组成部分,是文化大系统中的一个因素,要考察教育的发展及规律,必须考察文化。文化是非经济因素,如民族的文化传统,人的文化及素质,文化结构要素以及人们的文化心理状态都是构成社会人的行为模式的基因。不了解这些范畴,则无法认识它对教育对经济发展的影响。如某个地区经济发展了,但对教育却产生了负效应,即影响了一批学龄儿童走向弃学经商,这其中文化在起着约束和妨碍教育发展的作用——人们认识的短见与知识的浅薄导致教育发展的受挫。

文化对教育的影响一般表现为以下两个方面:

(一)文化是经济政治作用于教育的中介

即文化传导一定的经济政治的要求,反映一定的政治经济的性质与水平。如舆论文章、书籍、影视导向正是现实文化反映政治,政治的要求影响教育。

(二)文化还可主动地相对独立地影响教育

如传统文化观念,外国文化渗入都不是现实经济的反映,但却在影响着教育。

三、我国文化传统对教育的影响作用

(一)对教育的目标及人才标准的影响

我国的伦理文化把崇善作为最高范畴,西方文化把爱智作为教育范畴。

因为我国传统教育的最高目标是道德完善,它培养的是贤者与君子,把道德教育居于首位,"修身、齐家、治国、平天下",正是这种伦理型文化使我国历来具有重视教育的传统。在教育过程中,注重道德自觉和理想的人格培养,以人际关系和谐作为追求的目标。与西方传统相比,忽视自然现象方面各种事物知识的教育,因此,在我国传统文化影响下的教育只是"多说道理,少说知识;多说人生,少说宇宙;崇尚空谈,不求务实"。

（二）对教育认识论和教育方法论的影响

中国传统教育重内省不重外求（反省人的自然本性，不重视对客观事物探索）。传统文化多根据自己的体验提出命题，忽视思辨推理，应用技术发达而系统科学理论极不发达。传统文化重视把握事物整体的协作和协调，不重实体和分析，造成对事物认识的不精确、笼统，缺乏对事物的精确分析。但我国传统文化强调直观性的培养却先于西方。

（三）对个体的发展方面的影响

我国传统文化比较侧重群体性的发展，在一定程度上忽视个性发展。这是长期宗法制封建社会所导致的必然后果——以血缘关系将社会成员个体联系在一起而形成的群体模式的社会文化心态，因为重视群体观念，忽视个人观念，"私欲"被禁止、被消灭，从而形成了与西方社会截然相反的价值取向与观念。

四、文化水平对教育的影响

社会文化水平与教育水平具有极高的相关，一般社会都将其人口的受教育水平作为该社会文化水平的指标。但是，社会学衡量社会文化水平有多种指标：如从事体力与脑力劳动者的比数、文化需要的水平与结构（如订阅报刊、购买书籍、艺术欣赏、图书馆、博物馆、影院等文化设施的数量等）、文化的空间、时间分配结构（如一天里文化活动时间的分配）等等。

文化水平对教育的间接影响表现为：文化发达（科技水平提高）→促进生产力发展→增加教育的物质来源→增进人口受教育水平。

文化水平对教育的直接影响表现为：教师文化水平→教育水平→学生文化水平→受教育水平→家长文化水平→下一代，而社会与社区文化水平，以及周围的文化氛围、文化设施都直接影响着学生的受教育水平。

五、文化传递、传播与教育

文化传递指文化在时间上的延续和在空间的流动，文化传递与传播过程补充、发展、丰富着文化，因为它注入了传播者的经验与整理创造。

文化传递在整个社会中无时无刻不在进行着，例如通过物质性的文化载体如工具、建筑，精神载体如语言、文字、声光、意识形态等，人的载体如个人拥有的知识、道德等。三种文化载体要不断转化才能完成文化传播，正如图书馆，科学技术仪器要被人掌握运用并传播给他人和后人一样，失传的文化正是因为客体文化没有转化到主体文化，而主体文化又要客体文化传播，在传播过程中人是推动力。在这个不断转化传播的过程中，广义的教育起着十分重要的作用，是传播的前提、动力和重要途径。

六、文化选择与教育

文化选择指对某种文化的自动撷取或排斥即择优汰劣，取精去糟的过程。

文化选择以社会需要为基点，文化选择又有较强的人的主体性特点。文化选择与教育的关系是：一方面，教育选择有社会价值的文化；另一方面，按教育需要选择文化（学生能接受，有利于其能力的发展、知识增长、品德陶冶、体质增强等）。

七、文化变迁与教育

文化变迁的定义是文化内容的增量或减量所引起的结构性的变化。文化变迁来自文化内容的变化，并非所有的文化内容的变化都会引起文化变迁，只有当某种文化内容引起文化的结构性、全局性、整体性变化时，才形成文化变迁。

文化变迁是永恒的，不以人的意志为转移的，变迁的动因在于社会经济的发展和自身的规律性（内在动因）。例如，过去是由技术到科学定律的发展；而当代则是由科学定律到科技革命的发展。因为依赖教育传播知识，从科学原理的产生到技术的革新应用之间需要一个转化过程，以借助教育普及科学知识、覆盖社会方可实现科学发展，所以当代社会发展决定教育必须先行，教育成为立国之本。但是另一方面，教育如果僵化、死板则会阻碍文化变迁，甚至使教育在文化变迁上的能动性也难以发挥。

八、文化与学前教育

我国传统文化的精华和世界优秀文化的精髓应在学前教育内容中反映出来。

应该根据家庭与区域环境的文化水平状况设计学前教育,组织学前教育。如适应儿童的不同文化背景的教育,致力于提高家长文化水平与育儿观念的教育。

我国学前教育应关注文化信息的传播,不断吸收新文化(知识、观念、技术等),丰富教育、改善教育。例如电化教育手段的利用。

在学前教育过程中应根据国情、乡情和儿童水平来选择文化。

应不断地改革学前教育的形式、内容和方法以适应社会文化的不断变迁。

学前教育是在为未来培养人才,因此,面向未来21世纪的学前教育,应适应文化变迁对人的要求,努力实现邓小平同志提出的"三个面向";同时我们也应该大力普及学前教育知识,重视社会育人工程。

第五节 学前教育与人口

人口是在一定地区和时间内的人的群体,组成人口整体不单纯以数量显示,还有着多种关系和区别,如性别、文化程度、婚姻状况、民族从属、劳动种类、年龄区分与趋向。

一、人口对教育的影响

(一)人口对教育发展战略目标及其战略重点的影响

在一段较长的时间内,教育全局发展的目标,即预期要达到的未来发展的总要求,是教育的战略目标。战略目标实现与否主要取决于人口的因素。如未能控制人口的增长,则预期普及义务教育的目标就难以实现。

人口影响着教育发展战略目标实现中的教育战略重点。如人口增长速度快与慢,关系普及教育中战略重点是量的发展还是质的发展等诸多问题。

(二)人口对教育结构的影响

人口对教育纵向结构的影响表现为接受各层次教育的学生人数要随着人口的变化而调整。人口对教育横向结构的影响:横向结构指各级各类学校的比例(普通教育和专业教育之比例是其中的重点)。如发展中国家和发达国家在专业教育上的比例便不一定相同。发展中国家人口多,对普通教育的需要量大;发达国家人口少,普通教育的需求容易满足,对专业教育的要求就很高。如美国专业教育年平均增长速度为14%,而且其所占比例呈逐年增长之趋势。又如人口增减还会影响教师需求量的变化,等等。

(三)人口对教育区域布局的影响

人口低速增长,教育规模可以小,经费可以节省;人口增长速度跳动过大,则对教育规模和经费产生影响。如,出现的"猴年生(孩子)羊年不生(孩子)"现象势必将给未来我国的经济生活、住房、供应以及教育造成不良影响。

二、我国人口现状对教育之影响

(一)现状

人口基数大,年增加量多,与一些发达国家比,人口年龄构成相对年轻,但正由年轻型向成年型转化。

我国农村人口比重大;人口地域分布不均;人口素质较差,如遗传病、新生儿畸型、低智儿发病率为世界之最;人口文化素质偏低,文盲半文盲比例大,受中等以上教育的人所占比例小,等等。

(二)趋势

21世纪人口将平稳增长;人口城镇化速度加快;人口老龄化速度加快;独生子女数量不断增加。

(三)人口状况对学前教育的影响

人口增长快,将给学前教育的发展带来很多困难;人口分布不均,将影响学前教育的均衡发展;农村人口比例大,居住分散,交通不便,则使学前教育难以普及,更难以深入偏远山区;而人口素质差、受教育程度低，则会加重教育的负担；另外，我国将来的独生子女一统天下的局面将对学前教育产生许多特殊影响。

三、我国人口与学前教育

我国人口多，增长快，各地区将把握本地区人口增长预测，做好发展学前教育之准备。

适应独生子女多的人口特点，促成优生—优育—优教的良性循环，减少遗传病、残疾儿和死亡率，学前教育应向下延伸，从胎儿保护、胎教以及从零岁开始教育。

大量人口分布于农村，着力研究农村学前教育的特点与形式，发展适应农村的学前教育，如河北省滦平县的学前教育，形式有中心幼儿园、混合班、学前班、儿童辅导站、学校及家长活动站等。发展农村学前教育，提高农村学前教育水平。

第六节 学前教育与人的社会化

一、人的个体社会化

人的个体社会化是指个体适应社会的要求，在与社会交互作用过程中，通过学习与内化而形成社会所期待的及其应承担的角色，并相应地发展自己的个性的过程。个体社会化的概念反应了个体与社会之间关系的重要性，没有社会成员之间在社会行为，态度与价值标准等方面的基本一致，任何社会和群体的存在都是不可能的。

个体社会化既然反映了个体与社会的一种关系，那么，它就必然因个体的年龄阶段而有差异，又因社会的期待内容而不同，由此可以将个体社会化的过程分两大类：

第一类：与个体不同年龄阶段相对应的童年社会化、青少年社会化、成人社会化等。

成为成人之前的社会化——预期社会化，包括：初级社会化，即出生到入学前要通过家庭生活而进行的社会化；次级社会化，在校学习期间要通过学校生活而进行的社会化。

成为成人后的社会化,包括:第三级社会化,即就业后要通过职业劳动而进行的社会化;第四级社会化,即退休后要通过养老生活而进行的社会化;个体社会化是个终身的过程(某一阶段的社会化成功,不等于可保证其后阶段中社会化的成功)。

第二类:由社会期待不同而导致的如认知社会化、道德社会化、特别角色社会化、政治社会化、职业社会化等。

二、学前教育在个体社会化中的作用

人的社会化过程是从人出生后开始的。儿童入学前,在良好的教育环境下,能够从不懂、不会到逐步完善自己,并达到适应社会生活的基本要求。

出生到3岁儿童的社会化主要是在家庭中进行的。婴儿出生不久,就表现出与亲人交往的愿望,如看妈妈的面孔微笑,在成人逗引下发出欢快声音等等。在儿童不会说话之前,哭叫便是与人交往和表达要求的手段。儿童常用哭声或哼哼的声音表达愿望。同时,成人还应主动引导儿童的交往活动,如让儿童做一些动作,认识一些物品或拾放物品,用玩具引导儿童做游戏。儿童可以独立行走后,活动范围扩大了,主动性可以发挥了,这时应为儿童提供多种环境,让儿童有更多的机会接触环境,接触不同年龄、不同环境,接触不同性别的人,并引导婴儿与其发生交往活动。最初形成的社会习惯是较容易的,也是可贵的,而长大再去纠正不良的习惯,却是很困难的。

复习思考题

1. 试述影响学前教育的社会因素有哪些?
2. 试结合实例分析经济对学前教育的影响。
3. 你认为文化是如何影响到学前教育的发展的?
4. 我国的人口状况给学前教育提出了哪些挑战?
5. 你是如何理解学前教育在个体社会化中的作用的?
6. 谈谈你对政治和教育之间关系的理解。
7. 谈谈环境和学前教育之间的关系。

第三章 学前教育与儿童发展

学前教育是一种社会实践活动,其实践对象是学龄前儿童,其科学依据则是儿童生理、心理发育和发展的规律。其中,学前教育与儿童发展之间的规律性关系,就是学前教育学首先要面对的一个基本问题。

学前教育与儿童发展之间存在一个相当复杂的相互依赖、相互制约的、动态的互动过程。儿童在生理或心理发展上的进步,既是以往学前教育实践活动的结果,也为更进一步的学前教育活动提供了前提条件。简言之,学前教育工作者只有在了解了儿童身心发展的特点之后,才可能选择最适当的教育方法,对儿童进行有的放矢的教育;而适当的教育又可以进一步地促进儿童身心的发展。

第一节 儿童发展的概念

一、儿童发展的含义

(一) 发展的含义

"发展"是我们在日常生活中最常用的词语之一。它既可以指人的发展,也可以说事物的发展、整个社会的发展乃至宇宙的发展。发展就意味着变化,它有可能是进步、提高,也有可能是退步、后退。心理学和教育学中所谈到的发展则指人的个体发展,也就是每个人在生理与心理方面的发展。

对每个人来说,个体发展的历程是终身的、漫长的。而对于整个社会来说,个体的发展只不过是漫长历史长河中短暂的一瞬,一朵稍纵即逝的浪花。在人的一生中,发展不仅是身高体重的增加与生老病死的过程，也是生理成熟等生理状态的变化，同样也是心理各方面适应能力不断发展演变的过程。其中，生理成熟也就是指儿童身体的正常的生长与发育，而生长就是我们所说的身高、体重等外部形态的增长，发育则是指儿童身体内在的各部分功能的成熟；心理发展指儿童的认知、情感、意志和个性等各个方面的发展。学前儿童身体发展和心理发展是密不可分的，儿童的年龄越小，身体发展和心理发展的相互影响也就越大。因此，我们认为，发展就是指个体成长过程中生理和心理方面有规律地的量变和质变的过程。

（二）儿童的发展

儿童的发展就是指在儿童成长过程中生理和心理方面有规律地进行的量变与质变的过程。生理发展与心理发展是密不可分的，也是相互作用的。身体的发展是心理发展的物质基础，如幼儿大脑的发育完善、神经系统的不断发育等都为幼儿的感知觉、思维等心理发展提供了保证。同时，心理发展对儿童身体的发育发展有一定的影响作用。儿童厌食症就是最好的例子，儿童厌食的起因往往不是因为某一个身体部位出现病变，而是因为情绪压抑或紧张等心理方面的原因。因此，儿童发展是其生理发育和心理发展不断相互作用、相互支持、相互影响从而达到某种状态的统一的不可分割的过程。

具体来说，生理的发展是指儿童正常的生长、发育；心理发展是指儿童的认知、情感、意志和个性等方面的发展。儿童年龄愈小，身体发展和心理发展的相互影响也就愈大。例如，传统俗语所说的"三翻、六坐、八爬"似乎是条千古不变的儿童生理发展规律，但最新研究表明，由于当代育儿环境的改变，我国婴儿很多就未经爬行阶段而直接学会站立、走路。进一步的比较研究则发现，早爬的婴儿比起晚爬的甚至不爬的婴儿来说，在运动知觉、空间认知以及智力发展等心理方面都表现得相对优越。

二、与儿童发展有关的因素

儿童是怎样发展的？受到哪些因素的影响？起主导作用的是生物（遗传）因素？是社会（环境和教育）因素？还是生物因素与社会因素相互作用的结果？对于这些关于儿童发展的根本性问题，人们的答案也是见仁见智、各不相同，因而也就出现了种种不同的理论流派。从我国春秋时期的孔子及其稍后古希腊的柏拉图开始，古今中外的哲学家教育家都对这一根本问题提出了自己的看法。他们有些人认为儿童的发展主要是先天决定的，有些人则认为是由后天决定的。

(一) 遗传决定论

这一流派认为，从儿童发展的整个过程来看，遗传因素具有统帅性和决定性的作用；从发展的最终结果来看，环境的影响也是极为有限的，环境只是给发展提供适当的时机而已。这一理论夸大了遗传及生理成熟的作用，忽视了影响儿童发展的其他条件。其代表人物就是古希腊的哲学家柏拉图与"成熟势力学说"的创始人格塞尔。

柏拉图不承认物质世界的客观性和其真实性，他提出了两种世界论，"现象世界"和"理念世界"。他认为"现象世界"是不真实的、不稳定的。而"理念世界"才是真实的、永恒的。现象世界只不过是理念世界的反映而已。理念世界的思想又被分成许多的等级，最高级是纯理念（神），是真理的化身，是宇宙万物的本源。神创造了人，人是由肉体与灵魂构成的，人的灵魂就来自于理念世界，它支配人体的活动。他认为，一个人的认识只不过是对理念世界的回忆。因为灵魂在理念世界中，具有理念世界一切真实的知识，在它投入人体后受到了污浊而被人忘掉了，而需要通过感觉经验提醒灵魂重新予以回忆。因此，柏拉图认为，人生来就具有一种基本上在发展过程中展现并成为有意识的先天知识（理念）。后天环境对人不具影响，一切研究、学习都只不过是对先天理念的"回忆"。

美国心理学家格塞尔的"成熟势力说"认为，儿童发展是一个有规律的顺序模式的过程，而这个顺序是由物种和生物进化的顺序决定的。所有儿童都按照这个顺序发展，但发展速度则由每个儿童的遗传类型所决定的。环境和教育不是发展的主要原因，它虽然可能暂时影响儿童发展的速度，例如营养不良或教育剥夺就可能影响其发展的速度，但后者最终还是由生物因素所控制。

格塞尔通过双生子实验来证明后天教养经验并不影响儿童的发

展。他指出，从发展的整个过程来看，遗传因素具有决定性的作用，从发展的结果来看，环境对其影响也是有限的，环境只给发展提供了时机。由于格塞尔进行的双生子实验的深刻性与可信性，人们普遍重视和欣赏他的结论。但这个结论却存在着一个根本性的缺陷，那就是过分夸大了生理成熟的作用，而忽视了儿童发展的其他条件。格塞尔也偶尔提到环境和教育的作用，但却从未考虑过早期环境剥夺和教育剥夺的问题，只是把环境和教育对儿童的影响进行比较，以致于犯了以偏概全的错误。

（二）环境决定论

这一流派强调后天影响对心理发展的作用，儿童发展的原因在于后天，在于教育。他们否认了遗传在儿童发展中的作用，夸大了环境和教育的作用。

在对遗传和环境进行二分选择的过程中，还有相当多的心理、教育和哲学家们选择了环境。在我国最早提出并回答先天与后天关系问题的是孔子，他强调了后天影响对心理发展的作用，并说："人之初，性本善，性相近也，习相远也。"就是说，人的先天禀赋是差不多的，人的成就和不同则是后天学习的结果。这一朴素的唯物主义结论，在当时已是难能可贵的了；在西方的代表人物是洛克的"白板说"与华生的"教育万能论"。

我们认为先天和后天，遗传和环境（教育）的问题是不能用简单、静止的观念来解析的。对于儿童的发展这一动态、复杂的系统过程，也是不能只靠遗传、环境和教育等因素在二维空间排列组合来解释清楚的。因此柏拉图等人仅用遗传或生理成熟两因素来解释儿童发展的内机制，把环境与遗传当作两个相对独立的因素，在二者之间进行非此即彼的"二分选择"，这种思路现在看来是错误的。

（三）辩证客观地对待影响儿童发展的因素

儿童的任何发展既有遗传的作用，又有环境的作用，只有两者的相互作用才能促进行为的发展，遗传和环境既不是彼此独立的，也不是简单相加的关系，而是相乘的关系，它们完全交织在一起，不可分离。目前我们只能一般地谈论遗传和环境的交互作用，而不能具体地阐明二者的交互作用过程。

目前已很少有人主张遗传或环境决定之类的极端立场，但多数人仍然自觉或不自觉地偏重于一方或另一方。实质上，传统的天性—教养之争目前已经演化为关于遗传（生物）—环境（教育因素）在儿童发展不同阶段对发展不同领域的相对影响的争论。

通过长期的社会实践，我们发现只有运用辩证唯物主义的哲学观来分析研究教育在儿童发展中的作用，才可以树立正确的儿童观，从而确立科学的教育观，使儿童得到最好与最完善的发展。

1. 先天因素与后天因素

在早期的心理学研究中，因为流派的不同或研究方法的不同，也就出现了不同的结论。最具有代表性的流派是柏拉图的遗传决定论与华生的环境决定论，前者强调遗传在个体发展中起主导作用，而后者则注重环境在个体发展中所起的决定性作用。应该说，这两派均提出了影响个体发展的因素的某一侧面，但同时又都是片面极端的。20世纪下半叶，人们普遍认可的理论则是皮亚杰的发展理论。

皮亚杰认为个体心理发展的过程有四个要素：即成熟、练习和习得的经验、社会性经验及具有自我调节作用的平衡过程，由于这四个要素的不断相互作用，使幼儿不断地由不平衡走向新的平衡，螺旋式向前发展。皮亚杰强调儿童自身成熟这一前提条件，也强调了后天不断的练习与环境对儿童的影响。他的理论观点具有一定的科学性与辩证性。

从现代心理学研究的成果中，我们不难看出，影响儿童发展的因素是错综复杂的，但大致可分为先天与后天因素这两大类。先天因素主要是指个体生物因素，其中包括遗传、生长、发育与成熟等。其中具有最重要意义的是遗传，即亲代性状传给后代的现象。这些形成人与人之间天生差异的解剖生理特点就称为遗传素质，其中神经系统的特点最为重要。

后天因素主要是指个体所处的社会环境与教育。社会环境包括了社会的物质生活、社会政治制度、生产关系和人们的生活方式等相关因素。其中，家庭是社会的基本单位，社会环境对儿童的影响也是通过家庭反映出来的。当代著名心理学家布龙芬·布兰纳关于儿童发展的"生态系统学理论"就认为，儿童生活在家庭这一"微观系统"中,其对儿童发展的影响是直接的、强烈的和持久的,而周围的环境和社会背景等"宏观系统"也在时时处处影响着儿童,但却是间接的、含蓄的,需要通过家庭、学校和社区等"微观系统"而发挥作用。在人类发展过程中,家庭长期承担着有目的、有系统的教育和影响儿童的责任,这种责任与影响力,即使在现代教育高度发展的社会也是不可被取代的。在社会环境中,学校教育是一种经过有目的的选择和提炼的一种特殊的环境。而托儿所、幼儿园是实施学前教育的机构。在这些机构里专业人员有目的、有计划地教育和培养学前儿童,对其发展都会产生重要影响。因此,对学前儿童来说,家庭、学校(托儿所、幼儿园)和社区都是与儿童发展有着直接密切关系的"社会生态系统"。

学前教育的目的就是促进幼儿全面而正常的发展。先天因素是个体发展的物质基础,而后天因素则是个体发展的条件。幼儿正是在先天因素与后天因素的相互作用下逐渐发展起来的。但在现实中,人们又常常会被一些具体问题所迷惑,而偏离了正确的发展观,教育者应当正确地理解教育与儿童发展的辩证关系,在教育幼儿的过程中时时注意这一点。

2. 遗传素质

遗传现象是由于染色体中基因的组成部分及其排列组合特点所形成的。基因是储存、复制、传递遗传信息的主要物质基础,1999年底人类基因研究取得突破性进展,第一次获得了22对染色体的基因图谱,预料在不久的将来,基因在人类遗传与发展中的作用之谜将会被全面揭开。

儿童通过遗传获得人的生理解剖结构及特点,如五官、皮肤、体型,神经系统特别是大脑结构和机能的特点等。如婴儿心理研究就表明,刚刚出生的新生儿,在惊跳反应的类型上、条件反射的形成上和睡眠清醒的周期上,就表现出明显的个别差异。因此,我们认为首先是遗传素质为儿童身心发展提供了前提条件,儿童发展要以从遗传获得的生理结构为其基本前提,如果是色盲或失明的儿童就无从发展视力,那也就培养不成画家了。此外,遗传素质的成熟也制约着儿童身心发展的过程、阶段及发展水平。如儿童绘画能力发展是以手部精细动作能力、手眼协调能力及手骨和肌肉发展为基础的。

遗传素质的差异性是导致儿童身心发展差异性的物质性基础。儿童在智力、才能、个性等都是有个别差异的,这些差异在一定程度上来自遗传素质的影响。例如在儿童高级神经系统生理机能方面存在不同的类型特征,并进而影响到智力和认知活动。神经过程灵活性高的儿童,思维敏捷;神经过程强而灵活的儿童,知觉广度较大;神经过程平衡性高的儿童,注意分配较快。而这些不同的类型,如兴奋型(胆汁质)、活泼型(多血质)、安静型(粘液质)和弱型(抑郁质)等,也会进一步影响到儿童的行为和性格的特征。

但是遗传素质并不能单一决定儿童的发展,儿童具有的遗传素质只有经与社会环境和教育相互作用才能实现其对儿童发展的影响。如果出生后与人类社会隔绝,生活在动物群的儿童(例如狼孩阿米拉等),就不可能获得根据其遗传条件而应有的发展,甚至连人类最基本的能力(如言语能力)都不能获得。而且最新婴儿心理学研究表明,遗传素质在后天条件的深刻影响下,也是会发生变化的。例如儿童大脑的发育在胚胎阶段就受母体环境的影响,出生后早期经验也会进一步地影响大脑的结构和机能发展(例如髓鞘化进程)。

3. 后天环境和教育

一切生物的生存和发展不能离开一定的时空条件,即环境。人和其他生物还不同,人所处的环境则包括社会环境和经过人改造的自然环境。布龙芬·布兰纳的"生态系统学理论"认为,儿童自出生后就在社会中生活,周围环境、家庭及照管儿童的成人等各类"社会生态系统"对儿童的发展有着极大的影响,儿童是在与周围各层生态系统发生直接或间接的交互作用过程中得到发展的。

例如,单从儿童身体发育方面来看,可塑性就很大,容易受外界环境影响。最近有研究发现,中国婴幼儿在断奶之前身高发展曲线与西方国家儿童并无二异,但是在断奶后身高增长速度显著低于西方儿童,这主要是因为断奶后中国婴儿转以喝粥为主导喂养方式,而西方儿童则以喝牛奶为主。因此,有些学者认为,除了种族遗传等先天性原因以外,喂养方式的不同等后天因素也是导致我国儿童成人后平均身高低于其他国家的原因。

另外，儿童心理发展的特征和品质也是在与人们的交往以及周围环境的相互作用中发展和形成的。环境对学前儿童的发展，比其他年龄阶段有着更为重要的作用。儿童自出生后，社会化的过程实际上是从零开始的，周围的一切都是新奇的、有吸引力的同时也是印象深刻的。儿童的生活和活动所及的家庭及周围环境，会经常地、广泛地且深刻地影响儿童，并对其人格（个性）的终身发展产生深远的影响，弗洛伊德、阿德勒等人的学说都强调了这种早期（童年）生活经验在人格形成中的重要作用。

与遗传、环境比较起来，教育在儿童身心发展过程中具有独特的作用。因为教育是根据一定的社会要求，采用特定的内容和方法，有目的、有计划、有系统地引导儿童进行各种活动的过程。通过教育可以发扬优良的遗传素质，使遗传所提供的某种可能性变为现实性，并影响和改造不良的遗传素质。托儿所、幼儿园向学前儿童进行有目的、有系统的教育，并取得家庭的密切配合，积极地影响儿童，从而为儿童终身发展提供良好的开端。

学前期是神经系统迅速发展时期，这一时期的教育对人的智力启蒙有重大使用，也是发展智力潜力的必要条件。国内外一些学者对学前教育在儿童智力发展中的作用进行很多研究，如美国著名心理学家布鲁姆对近千名儿童从出生一直到成年追踪研究后发现，学前阶段是人类智力发展极为迅速的时期，环境对智力发展的影响是最大的，儿童入学后学业成败很大程度取决于早期经验。又如心理学家汉特对智力发展、变化的研究结果指出，智力是可以训练和变化的，不是固定的；出生后最初四年的智力发展极为重要，对儿童以后智力的发展具有决定性影响。虽然有人对他们的论点有不同看法，如认为布鲁姆只是就智力测验资料而言，并非指儿童智力发展等，但学前阶段是智力发展重要时期是公认的。他们这些研究成果也是60年代以来学前教育受到国际社会广泛重视的重要依据之一。当然，在强调早期经验对儿童发展的重大作用的同时，还要看到儿童的可塑性很大，以后环境和教育对儿童的发展仍有重要的作用，能弥补或改变以前所形成的智力的或个性的特点。

三、发展的特征

由于先天的遗传,每个人自其出生起,就表现出不同于他人的个别特征,如有的安静、有的好动,而且随着发展这些个体特征会逐渐成熟稳定,且更具有其鲜明的独特性。但从发展心理学的研究来看,人类个体在发展过程中仍会呈现出一些基本的、共同的或普遍的规律性,大致可归纳为以下几个原则:

(一)个体发展是有规律地进行的

个体发展的规律性表现在三个方面:

1. 个体发展从简单到复杂

无论是在生理还是心理方面都遵循着这个规律。

2. 个体发展都要经过由一般到特殊的过程

个体的情绪发展就是一个最好的例子,刚刚出生的婴儿只处于一种混沌的兴奋状态,但随着个体的不断成熟,这种单一的兴奋也就逐渐地分化出多种情感,在此基础上与社会规范、要求相结合,又能分化出一些高级的情感,如道德感、责任感等。

3. 个体发展是由头到脚,由中间向四周进行的

大量的研究及事实表明,身体的上半部分比下半部分发育得早,内部器官比四肢发育得早。个体的心理方面的发展也遵循着由中间到四周的发展规律,他们往往从认识自己到认识周围的人,从认识自己身边的物体,到认识学校与社会。

上述个体发展的普遍规律,构成了人类个体发展的一般模式,教育者可依据这些规律,对儿童进行更有效的教育。

(二)发展具有个别差异

虽然个体的发展有普遍的规律与共同的模式,但在正常发展的广泛范围内,个体发展的差异性仍是十分显著的。如语言的发展,有的儿童在七八个月的时候就能说出清晰的词,而有的儿童则要到将近两岁或是超过两岁才能说出一些简单的字词。在动作方面,俗语虽有"三翻、六坐、八爬"之说,但婴儿之间也会有相差达两三个月之久的,而有些婴儿甚至根本就没有爬过就直接"直立行走"了。即便同一个婴儿,在不同的发展时期差异也是十分明显的,有的在

这一个阶段发展比别的婴儿快,而在下一个阶段发展则又相对较慢,诸如此类的差异是很常见的。究其原因,可能是遗传与成熟水平的差异,也可能是后天环境与教育的不同而造成的。

正由于个体差异的存在而造成了我们现在这个形形色色的大千世界。个体差异的存在也给幼儿教育的开展带来了一定的难度,表现在:同一教育内容在不同的幼儿身上会有不同的反应,有的幼儿认为过难无法学习,有的幼儿认为过易,满足不了其学习的欲望;同一种教育方法在不同的幼儿身上会有不同的效果,这就要求教育者在充分掌握了解儿童的个体差异的基础上灵活调整教育内容与教育方法,真正做到《幼儿园工作规程》所提倡的"因人施教"。

(三)发展具有阶段性

在个体发展的历程中,由于不同时期的成熟水平、发展特点而形成了较为显著的阶段性与阶段特点。例如,学前阶段就可分为新生儿期(0~1个月)、乳儿期(1个月~1岁)、婴儿期(1岁~3岁)、幼儿期(3岁~6、7岁)。在每个阶段都具有其典型的阶段特点,如婴儿期这一年龄阶段主要在于身体的生长发育,幼儿期则是智力发展与个性形成的启蒙时期。把握各个发展阶段的年龄特点,将有助于教育者顺利地对幼儿开始教育活动。

儿童在教育和环境的影响下,从出生到成熟经历了三个阶段:婴儿期(3岁前);幼儿期(3岁~6、7岁前);学龄期(6、7岁~16、17岁)。阶段与阶段之间不仅仅是量变的差异,也是质的差异。每一个阶段儿童身心发展有着不同的发展水平,有其主要的活动形式,标志着该阶段的特征。这些阶段又按一定的顺序,相互联系,前一阶段是后一阶段必要的准备,并为后一阶段所取代,后一阶段是前一阶段的必然发展趋势。发展阶段又并非阶梯式的,而是有一定程度的交叉和重叠。在一定的社会和教育条件下,儿童发展的顺序、过程、速度大体上是稳定的,但在不同的社会条件和教育条件下,儿童身心发展在一定限度内可以变化,儿童身心发展具有稳定性和可变性。

第二节 儿童发展的内容

影响儿童发展的因素很多,除了前面介绍的先天、后天因素,遗传、环境(教育)等类别外,具体到学龄前阶段来讲,学前教育也是促进儿童发展的重要因素。学前教育必须考虑儿童身心发展的特点与水平,必须考虑儿童身心发展的顺序性和阶段性,也必须考虑儿童身心发展是一个复杂的矛盾斗争的过程等特点。

另一方面,儿童自身的发展也存在方方面面的内容,如生理发展和心理发展等方面。为了进一步理解和运用儿童发展的规律,必须了解各年龄阶段儿童身心发展的水平和特征。在一定社会和教育条件下,儿童身心在一定年龄阶段中的一般的、典型的、本质的特征及发展趋向,称为年龄特征。年龄特征可供制定学前教育任务、内容和方法时参考。这里仅简要介绍一下儿童身心发展的内容与年龄特征。

一、儿童生理的发展

儿童生理发展是儿童发展的重要内容,尤其是在个体生命刚刚开始的婴儿阶段。在出生后的 6、7 年里,儿童生理发展的速度是很惊人的,但同时也是稚弱的、需要保护的。了解儿童生理发展的具体过程与特点,有助于教育工作者做好维护儿童的身体健康,促进其生理发育。

(一) 儿童身高体重的生长

一般来说,初生婴儿的平均身高为 50 厘米,第一年会增加 24 厘米,此后每年增加 10～20 厘米;初生的婴儿平均体重为 3.2 千克,一年体重可增加至三倍,在前五个月中重量的增加最大,约为出生时的两倍,以后的生长速度会减少。

初生儿的形态十分奇特:头大、躯干长,四肢短小,胸廓的前后、左右径几乎相等,外形呈桶状。头围一般为 34 厘米,胸围比头围小 1～2 厘米。但随着年龄的增长,头颅占全身长的比例会逐渐缩小,躯干则逐渐加长。

(二) 儿童骨骼与肌肉的生长

儿童的骨骼在出生后第一年发育得最快,第二年逐渐减慢。骨化现象从第一年开始,但身体各部位的骨骼硬化速度不同,约在18个月的时候,其前囟门闭合。骨骼从软化到骨骼形成称为钙化现象,由腕部骨化核来确定。新生儿时期,其腕骨都是软骨,随着年龄的增长,腕骨逐渐钙化。2～3岁时完成3块,5岁时完成5块,大约在10岁的时候,8块腕骨的钙化中心才全部出现。

儿童骨组织与成人相比,弹性大,不易骨折,但容易变形。随着儿童年龄的增长,骨内的无机盐增加,有机物的减少,骨的硬度也逐渐加大。

儿童肌肉的特点是水分比成人多,蛋白质、脂肪和无机盐比成人少,能量储备较差。整个儿童期,肌肉占体重的百分比随年龄而增加。儿童时期肌肉群的发育速度不一致。大肌肉、上肢肌肉发育较早,而小肌肉、下肢肌肉发育较晚,所以对儿童来说,精细动作较难掌握,并且不够灵活。

(三) 儿童牙齿的生长

初生婴儿约在七八个月时乳牙开始萌出,到两岁半时,共出20左右个乳牙。在6岁左右,第一恒磨牙萌出,它是最先萌出的恒牙,所以又称为六龄齿,不代替任何乳牙。儿童在6、7岁～12、13岁时,恒牙逐渐替换乳牙。虽然乳牙的生长时间主要是在幼儿园期,但它却是儿童咀嚼食物、消化食物的重要器官,对儿童的身体发育起着重要的作用。因此,教育应当注意儿童牙齿的保健,防止幼儿龋齿的发生。

(四) 儿童神经系统的发育

个体心理的产生主要是依赖其高级神经系统的发育。高级神经系统的发育是个体心理现象产生和发展的物质基础。婴幼儿时期,神经系统发育速度较快。从脑重来看,新生儿大脑的重量约为350～400克,而3岁时脑重为1 000克,相当于出生时的两倍半,而到7岁时,脑的重量已达到了1 280克,相当于成人脑重的90%以上。

儿童脑神经突触的数量与长度也随着儿童年龄的增长而不断地增多、加长。同时,到了幼儿末期,其神经纤维大部分都已髓鞘化,使神经传导更为迅速与精确，在接受刺激后能较迅速、准确地做出反应，并能形成比较稳定的条件反射。婴儿大脑的发育成长，为其智力活动的开展奠定了坚实的基础。

随着婴儿大脑结构的逐步发育与成熟，儿童大脑皮质的兴奋与抑制机能逐渐加强，两者日趋平衡。表现在儿童睡眠时间逐渐减少，有更多的时间来从事游戏、学习，获得知识技能，同时幼儿对自己的行为的控制能力增强。大脑兴奋与抑制机能的增强使幼儿能够更好地控制、调节自己的行为，为幼儿学习创造了物质条件。但总的来说，幼儿期大脑皮质的发展仍处于人生的初级阶段，其抑制能力较差，易兴奋，如果让幼儿长时间集中注意图纸会坐不住的，而且易产生疲劳。因此，教育者在组织幼儿开展活动时一定要注意考虑其神经系统发育的特点。

(五) 儿童感觉器官的发育

感觉是直接作用于感觉器官的客观事物的个别属性在人脑中的反映，感觉器官是个体认识外界环境的重要手段与工具，它主要包括视觉、听觉、嗅觉、味觉与触觉等五种感觉器官。在婴幼儿生理发展过程中，感觉器官的发育较早，这为幼儿认识世界、学习知识提供了前提条件。重视幼儿的感官训练也正是目前幼儿教育所强调的教育内容。

1. 视觉的发育

视觉主要包括视觉敏度与颜色视觉。刚刚出生的婴儿，视觉不协调，是杂乱无章的。一个月以后婴儿的视觉逐渐协调，开始出现视轴集中现象。一般3个月，婴儿的注视、移视和追视已经比较完善地发展起来了，视力不断增强。近年来生理学研究发现，3岁以前是视觉发展的敏感期。因此教育者要注意保护婴幼儿的视力，为儿童创造视觉发展的良好环境。

从幼儿颜色视觉的发育来看，一般从4个月开始对颜色有分化反应。3岁左右幼儿就能正确地辨别基本颜色，但还不能够正确命名，4岁之后幼儿则能做到这一点。教育者应极早地为幼儿创设一个五彩缤纷的环境，促使其颜色视觉的发展。

2. 听觉的发育

最新研究表明，新生儿就能辨别声音的基本差别并会出现原始的听觉集中现象，6～8个月时，婴儿已能分辨各种声音。随着年龄的增长，婴幼儿的听觉感受性不断提高，如幼儿对两个较近音高的辨别力，对词的四声辨别力等都有所提高。

3．味觉和嗅觉的发育

婴儿出生时就有了味觉与嗅觉。当他们闻到难闻的气味，尝到不好的味道时，都会出现不舒服的表情或姿势，如皱眉、哭泣、头扭向一边等。一般学者认为，味觉是儿童早期最发达的感觉，因为它具有保护生命的价值。因此，教育者应经常为幼儿提供发展味觉与嗅觉的机会。

4．触摸觉的发育

触摸觉是婴幼儿用来认识周围世界的重要手段，新生儿出生后就是依靠触觉（而不是视觉）而吃到母乳的。随着年龄的增长，与触摸相关的运动觉也逐渐成熟，其感受性也愈来愈精细。如让幼儿用手掂一块积木的重量，然后要他从许多不同重量的积木中拣出一块与它同样重的来，结果4岁幼儿的错误率达70%，而7岁儿童只有37%。因此，幼儿触摸觉的发展是在不断的实践训练中发展起来的。教育者可通过多种游戏活动及在日常实践生活中促进幼儿触摸觉不断精细、敏感。

5．动作及运动能力的发展

动作的发展对儿童心理发展具有重要的意义。随着年龄的增长，婴幼儿的动作技能会进一步加强，如掌握走、跑、跳、投、攀爬等动作，并在各种各样的体育游戏活动中发展起运动能力，学会了更为复杂的动作技能，为幼儿认识世界开拓了广阔的天地。

二、儿童心理的发展

儿童心理发展水平是学前教育的重要依据。正是由于学前儿童智力发展达到了一定水平，也掌握了大量的口语，并在与人交往的过程中学会了一定的技巧，才使学前教育有了进行的可能性。随着生理的迅速发展，儿童心理发展也处于一个逐渐分化进步的过程中，学前教育的重要作用也迅速显现出来。

（一）智力的发展

所谓智力是指儿童认识周围世界的能力的概括性特征。它主要包括观察力、记忆力、注意力、思维力、想像力等方面，其中思维能力是整个智力发展的核心部分。

皮亚杰把儿童智力的发展分为四个阶段：感觉运动阶段、前运算阶段、具体运算阶段和形式运算阶段。学龄前儿童的思维是处于从直觉行动思维、具体形象思维向抽象逻辑思维发展的过程中。

婴儿思维的特点是直觉行动性，即在思维时离不开直接的感知与动作。3岁以后，由于生活范围扩展、知识的不断更新，儿童的好奇心、求知欲的不断增长，其思维逐渐转为具体形象思维，即在思维时主要依靠具体的形象或表象的联想。到5、6岁的时候，儿童的思维又有了进一步的发展，出现了抽象逻辑思维的萌芽。这为儿童进一步的学习与发展奠定了基础。

（二）语言的发展

语言是智慧的外衣，许多家长把儿童对语言掌握得如何作为其聪明与否的标志，虽然这一评判标准是片面的，但也的确证明了语言在儿童智力发展乃至整个心理发展中的重要作用。随着大脑的成熟及与他人交往的不断扩展，儿童的语言发展也十分迅速，到3岁左右时，儿童已基本会说本民族的语言。

1. 词汇的发展

儿童词汇的数量随着年龄增长而不断增加。有关研究表明，3～4岁幼儿的词汇量为1 730个，4～5岁为2 853个，5～6岁为3 562个。由此结果可看出，4～5岁是幼儿词汇量增长的活跃期。

其次，词汇的种类也越来越多。有关研究表明儿童掌握词汇种类的顺序为：先掌握词中的名词、动词，其次是形容词，后掌握虚词中的连词、介词、助词、语气词，而实词中的副词、代词、数词掌握却比较晚。

再次，儿童掌握词汇的内容也不断丰富和深化。儿童掌握的词汇都是与其生活经验紧密相关的。在此基础上，儿童也掌握一些较为抽象的词汇。随着年龄的增长，他们对词义的理解与掌握也有所提高。

2. 语法的发展

随着幼儿词汇的增多，说话机会的增多，儿童对语法的掌握也越来越完整、精确。最初儿童说出的句子结构是不完整的，常常以一个或几个词来表达自己的意思，成人需要结合当时的情景才能正确理解儿童想要表达的内容，如：儿童会指着肚子说"肚肚"可能就是要表达"我的肚子饿了"，也有可能是"我的肚子痛"，我们教育者就要根据当时的情境来决定儿童所要表达的意思了。儿童到了两岁后逐渐出现结构较为完整的句子，以后又出现了简单句，但总的来说，幼儿期的句子仍以单句为主，复合句处于初步萌芽的阶段。

3. 口头语言与书面语言的发展

儿童的对话语言有了进一步的发展。他们不仅能够回答别人提出的问题，也能够独立地提出问题，与他人协调顺利地进行交谈。同时开始出现独自语言，到学前阶段的末期，也就是5、6岁时，他们能独立、完整、连贯地讲述或复述某一件事、某一故事。这一能力的发展为幼儿进入小学学习奠定了基础。

学前阶段同时也是书面语言开始发生的年龄。国内外许多研究证明，儿童通过教育能够认识一定数量的字，阅读简单的画书。我国研究也证明，儿童能够学习汉语拼音，但目前对学前识字教育还存在着争论。一些人认为应尽早地对儿童进行识字教育，以充分发挥幼儿的语言潜力，为入小学打下基础。而持反对意见者认为识字教育是枯燥、严谨的，不适合幼儿的心理发展，甚至会损害幼儿的快乐生活。我们认为，对幼儿进行识字教育一定要慎重，要与富有趣味的游戏活动相结合，使幼儿在快乐中接受识字教育。

(三) 情绪情感及社会性的发展

儿童情绪发生得很早，很小的婴儿就会表现快乐、悲哀等强烈的情绪。以后，随着年龄的增长与社会化的进一步发展，其情绪情感逐渐分化。幼儿期是情绪情感十分丰富的阶段。在多种分化的情绪基础上，幼儿时期出现了一些高级情感，如同情心、羞愧感、道德感等。这些情感的产生发展成为幼儿社会性行为产生发展的内部动力与催化剂。但总的来说，幼儿高级情感的发展还处于初级阶段。需要教育者不断引导与培养。

以上概要介绍了学前阶段的一般发展进展。但对具体的某个学前班，或某个学前儿童，由于遗传素质的不同，家庭环境和教育水平的差异性，以及儿童主观心理活动不同，其发展又各有具体的特点，表现出千差万别的个性。而且现有的儿童心理发展研究成果，只是反映当时调查的环境和教育所形成的现实，如果改变了这种条件，儿童就会有不同的水平。所以我们还必须研究具体班级的特点和个别幼儿的特点。要正确处理共性与个性，典型性与多样性的关系。

所以，作为幼儿园教师，要对全班幼儿的实际情况进行调查研究和科学分析。只有了解幼儿，才能因材施教，有的放矢地进行教育。特别是近年来，早期教育的重要性已被社会普遍认识和接受，家长也重视对独生子女的教育，儿童在品德习惯、智力认知等方面的发展也出现新的情况，教师更需要通过系统的观察、专门的测查，了解儿童在语言、数学概念、智力、动作及身体各方面的发展水平，做到心中有数，教育才有针对性，才能取得好的效果。例如，在一个年龄班里儿童的年龄差别不大，但在性格、智力以及语言、数学概念、动作的发展，甚至搭积木等能力上个别差异是很大的。如以3岁儿童数学概念为例，有的儿童只会点数到2，有的儿童却能点数到100以上。

因此，在托儿所和幼儿园的教育工作中，教师应根据其具体条件因材施教，如果班级人数较多，可以组织一些集体活动，但还应该根据幼儿不同情况，从实际出发进行小组活动和个别辅导，使不同水平的幼儿在各自原有的基础上有所进步，并发展他们多方面的兴趣和爱好，这样才能有效地进行教育，并为他们今后的发展打下良好基础。反之，如果忽视儿童实际存在的个别差异，在教育的要求和内容上都是机械划一，那么，就会使教育工作成为盲目的或徒具形式的活动，不能很好地促进儿童身心发展，甚至给儿童发展带来有害的影响。

第三节 儿童发展观

儿童观的形成受政治经济的制约，受传统文化思想、哲学、社会学、生理学、心理学的影响，特别是儿童发展理论的影响。对儿童发展的看法不同，儿童观不同，教育儿童的内容、方法以及具体教育任务也就不同，就形成了不同的教育观。因此，树立正确的儿童观、教育观对当前我国学前教育的课程改革来说是十分重要的。

一、儿童观

儿童，在我们的心理词典中，往往意味着"不成熟"。由于生理发展的未成熟性以及自身能力的限制，他们还不能直接参与人类的生产实践活动，甚至不能保护和照料自己的生命和生活。他们只能在成年人的保护和照顾下，逐渐走向成熟，继承和发展成年人所创造的文明；另一方面，他们也是人类社会生活的"现实参与者"，是构成家庭乃至整个社会的不可缺少的因素。人类社会生活的现实参与者和人类生产实践的未来参与者，这两种属性的统一与矛盾，正构成了儿童社会属性的双重性。

如何看待上述双重性及其二者之间的对比关系等，是儿童观的基本内容之一。儿童观是人们对于儿童的根本看法和态度。主要涉及到儿童的地位和权利，儿童期的意义，儿童的特点和能力，生长发展的特点和原因等问题。在不同的历史时期，人们对于儿童发展所持的看法与态度也是不同的。这些看法与态度都受到当时的社会政治、经济、文化、科技发展水平，以及人对自身认识水平等多种因素的影响与制约。随着社会、经济、文化、政治的发展与不断变更，儿童观也有了相应的改变。儿童观是教育观的依据，有什么样的儿童观，就会有什么样的教育观。因此正确认识和看待儿童，树立科学的儿童观，是做好教育工作的前提，也是学前教育理论中的一个十分重要的课题。

（一）社会本位的儿童观

人类祖先在文明初创之时就认识到了儿童对于社会发展的重要作用，因此当时的人类普遍重视儿童。但必须指出的是，古人之所以重视儿童，是因为儿童是氏族、社会或国家的财富，是家族传承和繁衍的工具，是未来的劳动力和兵源。儿童并不是作为独立的个体、社会群体的正式成员受到尊重，他们不过是父母的隶属物，没有任何权利甚至连最基本的生存权也得不到保障。

例如，自古以来世界各地都存在着杀婴现象。杀婴习俗的存在有着多方面的原因：首先是经济方面的原因，在生产力仅仅能够维持一定数量的社会成员生存的社会，杀婴是一种为社会所容许的控制人口的办法；其次是宗教方面的原因，在科学不发达、人们对自然灾害的成因一无所知的年代，宗教迷信就应运而生，人们出于对神灵的畏惧和崇拜，往往把儿童作为牺牲或祭品；第三是传统的生育观念方面的原因，在父权至上的社会男孩担负着继承宗祠的任务，而女孩则被看作是消耗口粮的累赘。重男轻女的习俗导致溺杀女婴，屡禁不绝。

在这种儿童观下，儿童受教育只不过是成人的赐予或国家和社会利益的需要。教育的目的也只是为了造就出符合成人或成人社会期望的某种类型的人。成人在教育过程中享有绝对的权威，学习也变成了苦役。

（二）人本位的儿童观

14~16世纪文艺复兴运动，使欧洲社会普遍开始树立一个全新的以"人"为中心，一切为了人的利益而服务的新人类观。从此，儿童的命运也有了重大的转变，儿童观也有了重大的改观，人们开始要求尊重儿童，尊重儿童所有的各种权利，如生存权、发展权、教育权等；儿童一出生就具有一切道德的、理智的、身体的能力萌芽；教育机会均等；儿童是学习主体。

这种文艺复兴时期的儿童观，是人类关于儿童认识史上的一次"哥白尼式的革命"。然而这一时期的儿童观，是从理想的人的形象中推导出来的，并未否定儿童对父母的隶属关系，也没有把儿童本身看作是有个性价值的个体存在。因此，在社会上，把儿童作为父母的财产等儿童观依然占据着统治地位。

（三）正确的儿童观

18世纪以来，相继发生的法国资产阶级革命与英国工业革命，使人类对自身的看法发生了根本的改变。以卢梭为代表的人本主义思潮席卷了欧洲、北美，并进而传播到其他地区。以马克思、恩格斯为代表的社会主义思潮也被广泛传播。经过近百年的文化思潮的传播与碰撞，现代社会的儿童观也逐步形成，并基本包括以下几个要点：

1. 儿童的发展是生物因素和社会因素等多层次的相互作用、相互影响的过程；
2. 儿童具有发展的潜力；
3. 每个儿童都是独立的个体，具有独特的个性；
4. 儿童通过活动来发展；
5. 儿童身心应该得到全面而健康的发展；
6. 应该尊重和保护儿童的生存权、发展权和受教育权。

当然，随着人类社会的不断发展与进步，未来的儿童观将会更完善、更科学。

当前我国学前教育工作者应该具备的正确儿童观，主要包括下列几点：

1. 儿童的发展是生物因素和社会因素多层次的相互结合、相互作用的过程；
2. 发展不是孤立地、静止地由于某一因素的作用而发展，而是由多种因素参与其中的动态发展过程；
3. 儿童是发展的主体，是在主体和客体相互作用过程中主动地发展的，而不是被动地发展；
4. 儿童具有发展的潜力，在与适当的教育和环境的相互作用下，有可能最大限度地发展儿童的潜力；
5. 每个儿童都是独特的个体，发展水平和速度不同，兴趣和爱好不同，不可能以年龄或班级为标准来武断地划一；
6. 儿童通过活动而发展，在对物体的操作和与人的交往中发展知识、能力和个性，而不是坐着、只通过听或看教师的说和做而发展；
7. 儿童身心各方面是一个整体，对他们进行的体、智、德、美几方面教育也是互相联系的，应使儿童从小获得初步的全面的发展，不要孤立地只偏重某一方面的发展；
8. 每个儿童都拥有发展权、受教育权等（详见《联合国儿童权力公约》），这些权力应当受到尊重和爱护。

二、儿童教育观

如何看待环境和教育在儿童发展中的作用及其相互之间的关系是儿童教育观的核心内容。古往今来，人们对于这个问题也总是见仁见智、颇多争执，并由此形成了跨世纪、跨科学的大争论。

（一）教育观

教育观是人们对于教育在儿童发展中作用的根本看法。前苏联的教育学家以马克思主义理论为依据，认为教育教学对儿童发展的作用是外因通过内因而起作用的辩证关系，教育教学这种主导活动能决定儿童心理的发展过程和水平，但必须建立在先天遗传条件等物质基础之上。

美国教育学家认为学前教育对儿童的发展有三种作用模式：

第一种模式是"维持"，即儿童某些认知能力能够自然地完全发展，教育和经验的作用只是使儿童维持现有能力水平。例如，环境（教育）对胎儿发展的影响：良好的环境能促进胎儿的发展；中等的环境能维持胎儿的发展；极度恶劣的环境则会严重干扰或妨碍胎儿的正常发展过程。

第二种作用模式是"促进"，即后天教育经验只影响儿童发展的速度而不影响发展方向和顺序。如果没有后天经验儿童可以向前发展。例如，生理发育方面，后天环境及教育经验只影响其速度而不影响其发展方向和顺序。如果没有这种后天教育经验，婴儿的生理成熟仍然可以发展。

第三种模式是"诱导"，即后天教育经验的存在与否直接决定了儿童某种能力的发生与否，环境和教育对儿童的发展有重大的决定性作用。例如，儿童语言和认知能力的发展，如果没有后天环境和教育经验，没有语言学习环境和认知能力培养活动，就像狼孩那样从小在狼群中长大的话，最终是不会获得人类正常的语言和认知能力的。这一点，已经被本世纪先后发现的几名天然狼孩和人工野孩等案例所证实。

总体来讲，学前教育在儿童的心理发展过程中起着明显的诱导作用。适当的早期教育经验能显著促进儿童认知以及各方面的发展，而长期教养经验的剥夺,则会使儿童认知发展停滞不前,甚至永久性丧失某些人类特有的能力。

(二)我国的现代教育观

基于学前教育理论的新发展,有关儿童生理不断的深入研究,以及政治上和经济的改革,我国的学前教育也面临着改革和发展,为了树立正确的教育观,应该明确下列观点:

1. 儿童是学前教育的主体

过去人们认为,儿童只是学前教育的客体,是实施学前教育的对象。现在必须指出的是,儿童同时也是学前教育的主体。这种主体与客体的统一性或同一性,使教师在教育教学过程中的作用显得更为复杂和独特。教师既要尊重和发展儿童的主体性、主动性、独立性、创造性,不可主观地指挥一切或包办代替;又要发挥教师的指导作用,促进儿童这一客体的全面健康发展。另外,教师也要对儿童有统一的教育要求,这些要求也要与儿童个性特点相结合,兼顾儿童个人发展水平、兴趣爱好;不可忽视儿童的个别特点,机械划一。

2. 因人而异地对儿童实施体、智、德、美、劳等全面发展的教育

儿童发展是一个多方面多层次的动态过程,学前教育要全面促进这一动态过程的方方面面的发展,而不可顾此失彼、重教轻育、重智轻德或忽略其中任何一方面的教育。当然,另一方面,由于儿童先天遗传素质或个人潜能所致,在体、智、德、美、劳全面发展的同时,也可适当地因人而宜地实施有所侧重的教育,即力求在"均衡中突出重点",而不是机械地、死板地、生硬地要求"一碗水端平"。

3. 学前教育的内容和方法要符合"发展适宜性"要求

学前儿童在不同的年龄阶段有不同的发展任务,不同的身心发展内容也存在不同的发展关键期。例如,儿童识字能力的培养,就不能在2岁之前进行,因为0至2岁是儿童语言发展关键期,而儿童尚未完全学会说话就让其开始学认字实是典型的"拔苗助长"的行为。

而"发展适宜性"这一概念则要求我们重视儿童身心发展水平和年龄特点,采用与儿童发展水平相适宜并能及时有效促进其发展的教育内容和方法,学前教育不应该"小学化",更不能成人化。

在符合"发展适宜性"这一前提下,各幼儿园可以在实验研究的基础上,根据本园特点采用不同的模式,这些教学模式可以是分科教学、综合教学、主题教学和单元教学等;也可以游戏为主要教学方法,开展丰富多彩的教学活动。各幼儿园也应该根据自己的环境、设备、师资和儿童的不同,创设出适合本地区、本民族、本园特点的课程模式,不可机械地求同化一。

4. 游戏是幼儿期的主导活动和教育活动中的主导形式

《幼儿园工作规程》指出,各幼儿园要以游戏为主导活动形式贯穿在儿童一日生活之中,同时也要开展观察、散步、上课、娱乐、体育、劳动、自由活动等多种活动,不能让上课成为学前儿童的主要活动。在组织各种活动中要以做到集体、小组、个别的活动方法相结合,并提倡小组活动方式,这样做既可以使全体幼儿得到发展,同时也照顾到个别儿童,对于儿童的身心发展都是百利而无一害的。

各托儿所、幼儿园要注意在日常教育教学活动中贯穿"以游戏为主"的基本原则,做到"教育活动游戏化"和"游戏化教育活动"。让儿童通过各种教育教学游戏活动而得到全面的发展。这些活动可以是摆弄、操作、观察、实验等,在这些活动中,儿童通过动手动脑,获得直接经验,以发展儿童的智力,增长知识;也可以是与人的交往,这种活动可以更好地促进儿童的社会性发展。

5. 家园配合,协同发展

家庭是儿童的第一所学校,父母是孩子的第一任教师。学前教育要想取得积极的、巩固的教育成效,就必须取得家长在教育上的配合,吸收家长参与托儿所、幼儿园的教育工作,让家长了解托儿所与幼儿园的教育内容,做到家庭教育与幼儿园教育保持一致,对儿童共同进行教育,使儿童得到最好的发展。

复习思考题

1. 什么是发展?儿童发展包括哪些方面的内容?

2. 请总结分析一下影响儿童发展的有关因素。

3. 什么是儿童观、教育观？试分析什么是正确的儿童观与教育观，并结合对幼儿园一个班级的观察，评述该班教师的儿童观与教育观。

第四章 学前教育理论流派

第一节 学前教育思想溯源

教育是人类社会特有的一种现象,它是以教育人、改造人、造就人为基本特征的,也是随着人类社会的产生而产生,并随着人类社会的发展而发展的。教育的起源是与人类社会的劳动实践直接相联的。因此人类教育的历史最早就要追溯到原始社会时期。而教育思想与教育实践是如影随形、不可分离的。也即,自从有了教育实践,人类教育思想也就产生了。

一、学前教育的起源

原始社会是人类社会发展的最初阶段,从原始群体到氏族社会结束长达170多万年的漫长岁月中,当时的教育是与社会的缓慢发展同步进行的。原始社会初期,人类祖先最早使用的工具是旧石器。进而使用新石器,再而使用青铜器、铁器等,并逐渐学会了进行原始农业、畜牧业和建造业等生产活动。人们在制造、使用劳动工具,从事生产活动的过程中,不仅获得了物质生产劳动的经验,同时还积累了有关劳动纪律、行为习俗方面的社会生活经验。年长的一代为了使年轻的一代更好地从事生产劳动和适应业已形成的社会生活,就必须有目的、有意识、有计划地把人们积累的有关生产斗争和社会生活的经验、知识、技能,系统地有步骤地传授给下一代,教育便由此而产生了。

原始社会的教育方式是同当时的生产方式、生活方式密切相关的,它完全融合在生活和劳动过程之中。对于能够独立活动和具有一定劳动能力的青年人来说,他们的教育就是在同成人们一起狩猎、捕鱼、采集等劳动时,经长辈的具体指导而进行学习的,而对年幼儿童的教育则通常是在群体驻地的"家庭"中进行的。教育者主要以女性为主,还有一些年老体弱的成人。他们在驻地周围的劳动和生活过程中,哺育幼儿成长,同时也传授一些相关的知识经验给年幼的儿童。

(一) 氏族社会时期

是原始社会最初的一个历史阶段。在这个时期的教育者主要由年老者担当。他们在现实生活中教授儿童有关制造使用工具的方法、生产劳动的技能、日常生活经验和行为规则等。在这个时期,老少相随,以老教小的做法是人类最早呈现出来的一种幼儿教育形态。

(二) 母系氏族社会时期

在这个时期主要教育者是该群体的全体母亲们。8岁以下的儿童,不分性别的生活在一起,均由全体母亲来照管,并在日常生活中学习有关各种社会习俗、道德行为、生产劳动的知识和技能,以及有关氏族制度、婚姻规定、分配原则、风俗禁忌等重要教育内容。他们多采用讲故事形式来对儿童进行教育。

(三) 父系氏族社会时期

在这个时期是由每个家庭的成年妇女一起来教育年幼的儿童。每一个儿童都被视为全家族未来的成员,他们在妇女们的哺育和熏陶下,逐渐了解家庭的惯例、氏族的礼法、历史传说、风俗禁忌和图腾信仰等。他们还要逐渐认识各种复杂的亲属血缘关系,如夫妻、兄、弟、姐、妹等。此外他们还要从旁观察成人们的生产劳动情景,并在游戏中模仿他们的动作行为,如制作劳动器具、射箭、播种、收割等。这种模仿游戏为儿童学习和掌握实际劳动知识技能提供了机会。

(四) 军事民主时期

私有制开始萌芽,由于所占财产的多寡和贫富分化,家族、部落间的互相争斗开始产生,战争也随之出现。教育为了满足社会的需要,开始重视和加强对全体部落的军事训练。这个时期的幼儿教育,除了使幼儿了解生产劳动技能和知识、社会生活习俗、道德行为规则外，还要学习有关军事方面的内容。幼儿从小就开始学习弓箭、学习射鸟兔等，当他们第一次射到猎物时，全族还要为他们举行庆祝，借以赞扬他们的勇敢行为。此外，稍大一些的孩子还组织成社队，练习作战，男女儿童也经常玩有关这方面的游戏，男孩出外觅食，女孩安置营地。老人们还对孩子们继续讲述光荣的业绩和祖先的军功，以引起儿童的想象，指导他们向往光荣。同时，由于人们对自然界各种现象难以解答，也就产生了对精灵神怪的敬仰和畏惧的态度，原始宗教、图腾崇拜日益占领了人们的世界。而这种宗教迷信伴有各种仪式，宗教仪式的举行通常与唱歌、口诵、舞蹈结合。由此而产生的音乐、舞蹈、绘画和体育竞技等，也成了儿童必须学习的内容。

二、奴隶社会的幼儿教育

在公元前 3000 年左右的时侯，古埃及、古巴比伦、古印度、中国等国家都相继进入了人类的第一个阶级社会形态，并建立了奴隶制国家。在这个时期，人类的教育发生了新的变化，教育内容丰富了，教育方法增多了，教育制度趋于完整了。幼儿教育也在原有的基础上得到了新的发展。

（一）古埃及的幼儿教育

古王国的后期与中王国时期，由于贫富差距的加大，幼儿教育出现了明显的差别。皇族子弟除了幼年时期由乳母等人精心喂养外，稍一懂事，就要进入宫廷学校进行学习。宫廷学校采用幼儿教育与初等教育为一体的教育形式，是由国王（法老）在宫廷中专门开设的。教师是一些富有经验的僧侣、官吏、文人、学者来担任的，国王也亲自来授课。儿童学习的内容除了做游戏、听故事、习字书写、学习一些初步知识以外，从小还要被灌输敬畏日神，忠诚国君的说教，还要模仿成人试行宫廷的习俗和礼仪，以便养成统治者所应该具备的言行举止。在宫廷学校里，对待学生是严格的，惩罚和鞭打是常用的方法。

总的来说，古代埃及的幼儿教育还处于一个萌芽阶段，它与初等教育时接时离，有时又融为一体，没有明确的年龄界限。从教育形式上看,它具有多样性与等级性。从教学内容上来看,它具有一定的实践性与职业性。从教育方法上看,实行家长体罚。女童的学习受到歧视。古埃及的幼儿教育还处于一种相对较低的水平。但在当时来说,古埃及对幼儿教育的关注、办学形式之多样、学习内容之广泛实用,还是举世无双的。

(二)古希伯来的幼儿教育

古代希伯来人在长期的动荡不定的生活中,为了生存和发展,不得不依赖于宗教,但他们又寄希望于教育。他们把宗教看作维系种族的灵魂,把教育当作实现民族统一和复兴的神圣事业。古希伯来人的幼儿教育一般分为家庭教育时期与会堂教育时期,以公元前586年犹太国的灭亡为分水岭。

1. 家庭教育时期

在家庭教育时期里,父亲是一家之主,对全家有绝对的权威。由于学校尚未出现,所以家庭就成了儿童的教育场所。父亲既是一家之长,又是家庭祭司,所以他也就负起了教育儿童的任务。对于子女来说,父亲就是教师,父训就是法律,一切言行都要听命于他。父辈对子女的教育是严格遵循圣经上的诫命进行的。正是这种充满宗教意识的家庭教育,使每一个希伯来人的家庭都变成了一个个牢固的信仰基地。

希伯来人的幼儿教育内容主要有诵读经典和参加宗教活动等。儿童要背诵许多与宗教有关的字句,而且不得更改一字一句。希伯来人使用的教育方法是,父亲读一句,子女跟读一句的诵记方法。但希伯来人在教育中鼓励儿童发问有关上帝、圣经、教义等方面的问题,父亲则要给予耐心的解释。父亲在对儿童进行教育的时候非常注意自己的态度,但这种态度并不是出于对儿童自身特点的了解与认识,而是来自于典籍上的教诲。《创世纪》中明确的告诫每一个家长,他们所生的年幼子女,并不是属于父母的私有的,而都归属天国的子民,他们都应有独立的人格。在《经解》与《申命记》中,更是告诫父母们,儿童是美丽的花朵,关怀、培育子女是每一个父母的责任。这使得希伯来的儿童们在家庭中占有了一席之地。除此外,对于女孩的学习范围也有明确的规定。在犹太教的经典中明确地强调了女儿的教育应由母亲来进行，在敬仰上帝、遵守纪律、勤劳持家方面为女儿做出好的榜样，这是每一个母亲应尽的责任。

2. 会堂教育时期

在公元前586年犹太国灭亡了，犹太人开始了长期漂泊不定的生活，希伯来文化面临着被其他文化吞并的危险。对年轻一代来说，他们不仅对希伯来的历史和家乡一无所知，并甘愿让本民族的文化成为新式文明的一部分。希伯来人的首领们意识到本民族已到了生死存亡的关键时刻。为了希伯来团结起来，使他们怀念过去和设法回到故乡，犹太人开始建立起犹太会堂。无论大人小孩，经常到会堂来聚会或做礼拜，倾听教士宣读圣经和上帝的教诲，这使每一个儿童或成年人都铭记自己是希伯来人，自己有故乡在巴勒斯坦。

对于希伯来人来说，教育就意味着严酷的纪律，只有这种纪律才能保证家庭和宗教教育的成功。因此希伯来人对儿童的打骂、体罚完全不是出于愤慨而是出于一种信念——从邪恶中把孩子救出来。他们还认为只有这样做才能使儿童养成敬畏神明、谦逊节制、诚实仁慈的美德。

古代希伯来人之所以对早期教育颇为重视，是因为它是为民族的救亡和传统的继承而服务的，为整个民族教育起着一种先导的作用。儿童从小就在家庭里或会堂里接受严格的教育，其教育内容比较狭窄、宗教意识的熏陶贯穿一切，要求他们逐步学会背诵祈祷词、圣诗、格言、谚语、圣歌和圣经，了解犹太民族宗教节庆和习俗惯例，崇尚自己的父辈和信仰。在一定程度上说，正是由于这种教育，才把一个亡国的民族紧紧地联结在一起，并创造出新的未来，这不论在民族史上还是教育史上都堪称一个奇迹。

(三) 古代印度的幼儿教育

在古代"吠陀时期"，相继出现和形成了种姓制度和宗教信仰，对印度的经济、文化、政治、教育都曾产生过极大的影响。

1. 婆罗门教的幼儿教育

婆罗门在古印度属最高的种姓，为了保持这种种姓的世袭和尊严，父亲必须在家庭里指导子女记诵吠陀经典。在这种家庭里教育是从儿童开始的，教育内容除传授生活知识、基本技能、行为规范和风俗习惯外，最主要的就是传诵《吠陀》经，与其他一些经文。

刹帝利、吠舍种姓的子弟，也有学习吠陀经的任务，但由于过于耗时费事，实际难以做到，所以不得不减少学习的经文的数量，留出时间学习一些实际知识。至于其他种姓的儿童，是根本就没有受教育的机会的。

2. 佛教的幼儿教育

佛教的幼儿教育一般在家庭中进行，也有一些家长想让自己的孩子终生为僧、为尼，于是申请提前进入寺庵。普通家庭的孩子从懂事起就在信佛父母言传身教和日常生活中接受早期教育。主要在信仰方面、公德意识的养成方面和良好行为习惯的培养方面，通过耳濡目染初步了解有关知识和内容。如若想终生为僧、为尼者，则分别进入寺院和尼庵去专心一意地进行"出家"修行。寺、庵里的教育主要是道德品德教育和言行举止的训练，他们每天还要背诵佛教经典、教义注解等，还要出外行乞，以维持平日生计。寺里还对僧、尼订有衣、食、住、行、学习和修行等方面的种种清规戒律，并定期集合，各自检查反省自己的言行是否有差错。

古代印度的幼儿教育是与种姓制度和宗教神学密切相联系的。其幼儿教育有家庭教育和寺庵之分，但都是以信奉佛祖、吃苦修行、遵循教规、消极厌世为基本特征的。因此，古印度的幼儿教育始终被浓厚的神学说教所统治。

（四）古希腊的幼儿教育

希腊各城邦的发展是不平衡的，其政体格局又不尽相同。古代雅典是典型的民主邦国家，其文学、史学、哲学、教育等方面都有了高度的发展。斯巴达遵循着与雅典不同的发展道路，二者在教育目的、内容、形式、方法和幼儿教育做法等方面都有很大的差异，从而形成了两种各具特色的奴隶制教育模式。他们的幼儿教育实践理论也是西方国家幼儿教育史上一份最早的宝贵遗产。

1. 斯巴达的幼儿教育

斯巴达人认为：儿童是国家的财富，对他们进行教育是国家的职责。为了确保新生儿的体质强壮，国家只准许身体和情绪正常的成年男女结婚生育。当婴儿出生后，他的生命和养育权并不取决于父母的意志，而要受到两次严格的检查：第一是父母要用烈酒给婴儿洗澡，以此来对新生儿的体质作初步的考验。如果婴儿发生抽搐等经受不了的情况，就让他死去；凡经得起检验的才能活下来。第二步就是要把婴儿送到国家官员那里接受检查，如果发现身体孱弱或畸形残疾的也是不准许养育的，而被冻饿至死，抛进深渊。只有身体健壮的婴儿才被保留下来，由父母抚养到7岁。7岁后就要进入国家教育场接受严格的训练。

在7岁前儿童主要是在家庭中接受家庭教育。教育者是母亲。主要是培养儿童从小不哭不闹、听话服从的习惯，儿童稍大一些，就要他们不计较食物的品种和好坏，不挑剔衣物，经受艰难的生活、吃苦耐劳和锻炼身体的种种考验，提高儿童的适应能力。此外还要从品德和性格方面进行教育，要他们始终保持知足和愉快，还要不怕孤独、不怕黑暗，并经常带他们到娱乐场所去观赏和聆听英雄事迹的演出和讲解，以便学习英雄们的伟大言行，以便他们逐渐形成勇敢、坚韧、顺从和爱国的思想品德，并为以后的学习打下良好的基础。

2. 雅典的幼儿教育

雅典的教育目标是多方面的，它不仅包括了要培养英勇的战士，更要把年轻人培养成为有文化知识的政治家、能说善辩的思想家、精明能干的商人和国家的上层统治人才。因此，雅典教育无论在组织形式上还是内容、方法上，都比斯巴达的教育更具有广泛性、灵活性和多样性。对年轻人不仅强调体育和德育，也十分重视智育和美育。对儿童实施德、智、体、美和谐发展的教育，奠定了西方教育发展的基础。

雅典的幼儿教育也是根据以上总的要求和原则进行的。7岁以前的儿童，一般由父母养育。初生的婴儿同样要经过严格的检查，只有强壮的孩子才可以让父母带回家中；凡不符合要求的婴儿都要弃置野外，或是由奴隶抚养，长大后成为奴隶。贵族儿童主要由母亲对他们进行合理的喂养，并创设适宜的环境，注意饮食卫生，并挑选有经验的奴隶来照看他们。幼儿可以玩木偶、皮球、小狼等玩具。童话、故事和伊索寓言在他们的教育中占主导地位。幼儿可以从中得到粗浅的行为道德观念和日常生活的小常识。儿童在家中还常常听到母亲和女仆唱悦耳的歌曲。7岁前的男孩子在妇女们的闺房里享受和女孩同样的教育。7岁后的男孩,由教仆陪同入学同时进文法和音乐学校。而女孩则一直被留在家里接受家庭教育,学习读写、演奏乐器、纺织、缝纫、烹饪和刺绣等。

古代希腊幼儿教育的特点是:国家对幼儿的体质都十分重视,并采取"优选法"等具体措施;教育都是在家庭中进行的,母亲是天然的教师;对儿童从小就开始进行道德行为的熏陶,灌输奴隶主阶级思想意识;整个幼儿教育还处在自发的萌芽状态。

三、近代学前教育思想

1640年至1688年,英国进行了资产阶级革命,标志着世界进入了近代时期。此后的两个世纪,是资本主义制度在欧洲、美洲、亚洲一些国家形成、确立和巩固时期。欧美日等国家的社会经济、科学技术和文化事业的发展,必然要求一种新的教育制度的出现,这些国家几乎都在这一历史阶段建立了包括学前教育在内的体制。但由于各国社会条件和教育传统不同,各国在创办幼儿教育机构的形式、内容、方法、速度和特点等方面也各有所异。

(一)夸美纽斯的大教育观

夸美纽斯,捷克人,是17世纪伟大的教育家。他自幼失去双亲,但在"捷克兄弟会"的资助下完成了中等和高等教育。他在总结了长期的教育实践与理论研究的基础上,全面而系统地论述了新兴资产阶级的教育要求,为近代西方教育理论的发展奠定了基础,同时对幼儿教育的理论发展做出了巨大的贡献。夸美纽斯先后出版过《夸美纽斯教育论著全集》、《母育学校》、《世界图解》等著作。

夸美纽斯对于0~6岁儿童进行了专门的研究,并把幼儿教育看作是整个学制系统的最初阶段。他认为儿童是国家的未来,提出"整个国家的基础在于童年的正确教育"。他认为儿童有非常强的可塑性,早期教育对儿童来说是非常重要的。所以,细心地和正确地组织好儿童的早期教育,是防止幼儿沾染不良恶习和预防人类堕落的一个重要手段,同时,幼儿及早获得一些必要的粗浅知识,可以为入学以后的教育奠定成功的基础。

1. 夸美纽斯十分重视儿童的体育

他要求家庭要注意儿童身体健康，生活与学习要有规律，有节制、合理安排运动与休息，只有这样才可以形成健康的身体、促进其智慧发展的良性循环。因此，他恳切地要求每一位母亲应该首先关心的是保证幼儿的身体健康。

2. 强调德行的培养

夸美纽斯在重视幼儿体育的同时还强调了儿童道德的培养，希望德行的实践能够成为儿童的第二天性。夸美纽斯要求教师要做到"德行应该在邪恶尚未占住心理之前，极早就去叮咛"。

3. 智力是无价之宝

夸美纽斯在强调幼儿德育的同时还要求进行智力的培养。他认为智慧胜过价值连城的珠宝。他风趣地说过，智慧的右手握着永恒与幸福，左手握着财富和荣誉，但必须通过勤奋、努力和学习来取得。因此夸美纽斯认为，父母的明智不仅在于使儿童健康地生活，而且也要尽力做到使他们的头脑充满智慧，这样才能成为一个真正幸福的人。他还指出，成人不应该以为儿童无需多大的努力就自行获得知识，就能使智力发展起来。父母应该尽最大的努力去启发儿童养成学习的习惯，并对他们进行初步的智力教育。

4. 拟定了百科全书式的启蒙教育大纲

关于幼儿初步智力教育的内容，夸美纽斯为学前儿童拟定了一个百科全书式的启蒙教育大纲。要求幼儿从物理学、天文学、地理学、光学、年代学、修辞学、数学以及经济学等方面逐步去了解和掌握一些初步的概念。

5. 进行教学方法的改革

他主张发展儿童的感觉，让儿童在大自然中通过观察学习。他把感觉形象地比喻为"记忆的最可靠的仆役"，认为人只有通过感觉的直观，才会获得深刻的印象，从而有助于记忆的发展。因此他要求教师在可能的范围内，把一切事物都尽可能地放到儿童的感官面前。以期让儿童真正地看到、听到、接触到外部世界。如果有一种东西能够同时被几种感官所接触，就让儿童同时运用这几种感官去接触好了。夸美纽斯还把这一要求定为教师进行教学工作所必须遵守的教学原则。

6. 提出了循序渐进的原则

他要求教师不仅在教学内容方面采用循序渐进的原则，而且要在儿童的学习过程中按其发展特点循序渐进地进行教导，启发儿童的学习愿望与主动性。他认为知识的获得在于求知的志愿，这是不可以强迫的。如果强迫儿童学习，不仅不能达到成人所期望的成果，而且对儿童还会造成很大的伤害。因此教师应该采取一切可能的方法去激发儿童的求知愿望；循循善诱；选择适合的教学内容；注意教学的艺术，使课程富有吸引力；利用教具进行教学，以引起儿童的好奇心与学习兴趣，从而使儿童在轻松愉快的情绪下进行学习。

7. 教学要彻底与巩固

他以巩固地掌握知识，并达到随时可以应用的程度，作为衡量教学是否彻底的标准。他要求教师要在儿童理解的基础上再多做复习，这样不仅可以使儿童的记忆力得到磨练、巩固所学的知识，而且有益于儿童其他方面的发展。

（二）洛克的"白板说"

洛克，英国人，出身于律师家庭。毕业于牛津大学，研究哲学、物理学、化学和医学。1693年出版了著名的教育论著《教育漫话》，全面详细地论述了他那包括幼儿教育在内的整个教育思想体系。

1. 洛克的教育理论

如第三章所介绍的，洛克以其"白板说"而著称于世。他认为，人脑开始只是一张"白纸，没有特性也没有观念"。人的一切观念都来自后天的经验，根本就没有什么天赋原则。洛克认为，儿童发展的原因在于后天，在于教育。在《人类的理解》（1690）一书的开头，他就提出了观念是与生俱来还是后天获得这样一个根本问题。他用大量的篇幅系统地批判了"天赋观念说"。他说儿童和白痴以及没有受过教育的人对数学公理、形式逻辑既不知道，也根本不会想到。"我们日常生活中所见到的人中他们之所以或好或坏，或有用或无用，9/10都是由他们所受到的教育决定的。人类之所以有千差万别，便是由于教育之故。"（《教育漫话》，人民教育出版社，1979年版，第 4 页）。

2. 洛克的教育内容：体育、德育、智育

（1）体育。洛克指出一个人要能工作，要有幸福，就必须要拥有健康。他对儿童的衣、食、住与生活常规都做出了严格的规定。他反对让儿童娇生惯养，他特别注意儿童的身体锻炼，要求让儿童用冷水洗脚，要学会游泳，多去野外活动，早起、早睡等等。总之就是要儿童加强自己的身体锻炼。

（2）德育。他指出一个人的各种品性之中，德行是第一位的，是最不可少的，如果没有了德行，这个人今生今世都得不到幸福。他要求家长重视以理性为指导的道德教育，即要让儿童服从理性，善于克制自己的欲望，以使儿童养成知耻、重名誉和谦虚谨慎的心理。其具体方法有：慎奖励，少惩罚；重名誉，恶羞辱；少限制，多练习；树榜样，作示范。

（3）智育。洛克把智育放在德育之后，他认为读书、写字和学问，也是必要的，但并不是主要的工作。他指出如果不能在儿童的行为与心灵上排除不良行为与邪恶的习惯，那么，文学、科学以及教育上的一切成就都没有用处了。他还在论述知识教育时认为，对幼儿来说适宜学习写字、图画、阅读、语言、舞蹈和游戏等，应该让他们"自己去要求学习,把学习当成另外一种游戏或娱乐去追求。"他还认为，儿童的学习内容要经常变化，不断更新，才能使他们专心地来接受。

（三）卢梭的自然主义教育观

卢梭，1712 年 6 月生于日内瓦，父亲是个钟表匠。由于生活贫困，卢梭在 12 岁就停学，开始独立谋生。他当过学徒、仆役、家庭教师。但他却通过自学获得了广博的知识。他出版过很多著作，但以《爱弥尔》最为著名。在这部书中他明确地阐述了自己的教育观点。

1. 人的发展和教育分四个阶段

卢梭在自然教育的基础上把人的发展和教育分为四个阶段：

（1）0 至 2 岁的婴儿期。成人的主要任务是保障婴儿的身体健康，让他们有充分的活动自由。婴儿的自由活动不仅有益于身体的生长发育，而且这也是婴儿的一种学习方式。婴儿正是在不停的活动中，通过触摸四周的物体而获得最初的一切观念，而进行必要的学习的。

（2）2岁到12岁期。成人应继续进行体育方面和其他各种感觉的发展。卢梭认为这个年龄阶段的儿童在认识上以形象记忆为主，还不能形成概念更没有达到理智的阶段，因此要发展儿童的感觉器官使儿童得到学习的工具，积累丰富的经验为下一个阶段的发展打下基础，而不是灌输他们知识与道德。在感官训练方面，卢梭提出了许多有益的主张。他主张在日常生活和游戏中训练儿童的触觉，通过图画、几何形体和制图来训练视觉的观察力，利用唱歌和听音乐发展儿童的听觉能力等。除感官外，卢梭对于儿童的身体健康也十分重视，因为他认为感觉器官只有生长在健康强壮的身体上，才有可能充分利用感官和四肢这些智慧的工具，去获得丰富的知识。

（3）12岁到15岁期。儿童从好动变为好奇，若引导得法，好奇心会成为儿童求知的动力。从这时开始，儿童就应该进行学习了，作为教育者就要对儿童进行三方面的教育：有关儿童关心的、可以理解的、自然方面的知识教育；有通过教授儿童掌握研究的方法培养儿童的判断能力，培养儿童对学习的兴趣，培养儿童学习的独立性的能力教育；更包括了劳动方面的教育；因为劳动是社会每一个人的责任，而且只有自食其力的人才是一个独立的自由人。

（4）15岁到成人期。卢梭认为，这个年龄的儿童感情已经发展起来，作为教育者必须对他们进行道德教育，这里的道德教育包括培养儿童善良的感情、正确的判断和良好的意志，卢梭还指出这些品质的培养并不是靠说教而是让儿童通过观察社会了解社会达到目的的。

2. 教育要遵循儿童的自然成长规律

他主张教育应遵循自然，顺应人的本性，反对成人不顾儿童的特点，按照传统偏见强制儿童接受违反自然的教育方式，让儿童得不到自由的发展。要想让儿童得到发展，就要让儿童受到三个方面的教育：自然的教育、来自周围人的教育和来自外界事物的教育。而且，只有当三种教育的方向一致、又能相互配合的时候，儿童才能受到良好的教育。他还主张爱护儿童,珍视儿童的短暂的童年生活。他要求教育者关心儿童游戏,让儿童有充分的自由活动的时间与空间,而不是让儿童不断的读书。在教养儿童道德时,也要从儿童的天性出发,处处从儿童的年龄特点出发进行教育,而不只是说教、说教、再说教,只有遵循自然的自由教育才能使儿童得到一个完满的发展。

3. 教育原则

卢梭教育理论体系中的一个最基本的思想就是把儿童当作儿童来看待,把儿童看作教育中的一个积极因素;教育要适合儿童天性的发展,保持儿童的天性。因此卢梭强调指出,幼儿教育应当遵循自然的原则。具体来说那就是:(1)必须让儿童充分使用大自然赋予他们的一切力量,相信他们也不会随便滥用这些力量。(2)考虑到儿童的一切身体的需要,包括智慧方面和体力方面的需要,对他们进行帮助,使这些方面的需要得到满足。(3)只有当儿童真正需要的时候,才去帮助他们,也不能依从他们胡乱的想法和没有道理的欲望。(4)应当仔细研究儿童的语言和动作,真正地辨别他们的欲望究竟是直接由自然产生的,还是从心里想出来的。

以上这些原则的精神是:"多给孩子以真正的自由,少让他们养成驾驭他人的思想,让他们自己多动手,少要别人替他们做事。"

4. 教育方法

(1)给予行动的自由。为了使儿童的身体能够得到自然的发展,从儿童一出生就要给予他们充分的活动自由。但是在给儿童的身体以绝对自由的同时,必须小心地照顾他们、观察他们、跟随他们,以防出现意外。

(2)合理的养护和锻炼。对儿童的养护与锻炼也应该遵循自然规律。在饮食上要合乎自然;衣着要以便于儿童活动为原则;睡眠要充足。在养护的同时还要让儿童进行锻炼,使他们可以生活在一切的环境中,经受自然的考验;也包括在品质上的锻炼,使他们养成忍受痛苦的本领,具有克服一切困难的勇气。

(3)注意语言的发展。卢梭认为,人的教育是同人的生命一起开始的。婴儿从出生的那一天起,就开始受到自然的教育。他们一生下来就听到人们在说话,因此,为了使儿童的语言得到更好的发展,成人要发一些使儿童听得懂的声音;此外,成人在儿童面前说话应当是正确的,使他们觉得成人谈话很高兴,不要孩子一出现错误就出面纠正。

(4) 感觉教育。在人的自然发展中最先成熟的就是感觉器官,因此首先要对感官进行训练。在感觉教育中,应当同时发展儿童的视觉、听觉、嗅觉、味觉等器官。

(5) 模仿。卢梭认为这是人的一种本能,教育者应该利用这一点,使儿童在各方面得到良好的发展。

(6) 自然后果法。所谓"自然后果法",卢梭说过:"我们不能为了惩罚孩子而惩罚孩子,应该使他们觉得这些惩罚正是他们不良行为的自然后果。"这也就是我们所说的自食其果的道理。

(四) 裴斯泰洛齐的自然教育

裴斯泰洛齐出生于瑞士一个医生家庭,幼年丧父,自幼被母亲抚养长大,并受到了良好的母爱教育。幼年住在乡村,对大自然有着浓厚的感情。求学时代受到了法国启蒙教育的影响,17岁时读到了卢梭的《爱弥尔》一书,从中受到了很大的启发。后来出版了《林哈德与葛笃德》、《葛笃德怎样教育自己的子女》、《母亲读物》、《数的直观教学》和《天鹅之歌》等著作。

1. 倡导爱的教育

在教育史上,裴斯泰洛齐是提倡爱的教育和实施爱的教育典范。他热爱儿童、尊重儿童,并把毕生精力献给了贫苦儿童的教育事业。在总结自己的教育实践经验的基础上,他强调指出:"教育的主要原则是爱。""如果不能爱孩子,我不懂得还能谈什么规则、方法和技能。"裴斯泰洛齐认为对儿童施爱的目的,就是解放蕴藏在儿童身上的天赋才能,并在儿童之间以及教师与学生之间建立友好和真诚的关系。同时他还认为,对儿童实施爱的教育,可以使教育者获得他们的信任和热情,并在教师与学生之间建立起一种互相信任的真关系。在他看来,教育者做到了这一点,一切其余的问题也就随之而解决了。

2. 强调母亲的教育作用

在实施爱的教育中,裴斯泰洛齐强调了母亲对儿童的教育作用。他认为母亲是孩子的第一位教师和向导。他要求母亲要热爱孩子,了解孩子,观察孩子的需要,从而尽力使孩子的本能在自我活动中得到充分的发展。但他也指出,对儿童实施爱的教育,并不是对他们无原则地放纵。"当孩子们固执和难以管束的时候,我是严厉的,而且运用了体罚。"然而,在为了使儿童走上正确的道路而被迫去惩罚他们时,教育者必须要注意决不能因此而失去了孩子们的信任。

3. 明确教学过程的基本要素

他明确地提出教学过程的基本要素,认为数目、形状和语言是一切教学的最初的最简单的要素。他认为教学首先应该培养儿童的语文、测量、算术的基本能力。在教学中,计算重点在于数,测量的重点在于形,语言的重点在于词,因此,知识教学的要素就可以总结为测量、计算和语言的能力训练,从而激发儿童的思维能力。在这些理论的基础上,他创设了各科教学法:算术教学、语文教学、测量教学。例如在语文教学中,他特别提出"声音"是语文教学的"第一个基本手段"。他要求语文教学要遵循以下三个步骤:发音教学让儿童熟悉全部的发音,并可以发出些人为声音;单字教学是在发音的基础上进行有关事物的名称教学,为阅读做准备;语言教学是语文教学的最后阶段,要求把每一事物作为一个整体来认识。此外,他还提出了地理教学方法,他认为地理教学也是要由近至远,即从观察儿童所熟悉周围的自然环境到熟悉校园、本地区的地理情况,最后扩大到全世界。

4. 强调教育要适应儿童心理发展特点的原则

裴斯泰洛齐认为儿童只有通过感官才能获得初步的正确的知识。虽然对一个事物的性质或外表所用的感官愈多,对事物的了解也就愈正确。但是要儿童得到更好地发展,教育者在教学过程中就必须要考虑到不同年龄阶段儿童有着不同的特点。在他的教学中还着重强调了直观性原则、循序渐进性原则、由易到难、由简到繁、由近至远和由具体到抽象等教育原则。同时他还认为教师对年龄越小的儿童进行教育时就越要依靠心理学知识的指导。

5. 教育内容分为体育和劳动教育、智育、德育裴斯泰洛齐是第一个明确要使儿童的各种能力得到和谐的发展的教育家。裴斯泰洛齐主张体育跟劳动应该紧密地联系起来，他认为体育的任务就是把所有人身上天赋的、生理上的力量全部发展出来，而劳动正是可以使体力得到发展的手段与方式。道德教育的任务就是发展人的各种天赋的道德力量，成人要通过抚养、教育逐步唤起儿童的道德情感，形成儿童的道德观念，进而养成道德习惯。道德教育还必须与家庭式的教育相联系，首先要求母亲对儿童关心、体贴与照顾，从而激发儿童爱自己的母亲，儿童由于对母亲的爱发展到爱自己的家人，再由爱家人发展到爱周围的人，进而扩大到爱所有的人。他还提出在进行道德教育的时候，教师与家长要以身作则，用自己的言行示范给儿童，并要儿童做一些有关方面的实际练习。

他认为智育对人的发展有着重要的作用。所有的人生来就有各种才能和能力，而智育的任务就是要激发儿童的这些才能与能力。他还认为在发展智育的同时还要发展儿童的思考能力、判断能力、表达能力和接受印象的能力。

（五）福禄贝尔的教育理论

福禄贝尔出生于德国的一个牧师家庭中。他自幼丧母，父亲因忙于教区的工作，继母待他非常冷酷，这对他日后的教育思想有一定的影响。少年时期，进入乡村中学学习，受到了很深的宗教与神学的影响。17岁时进入耶拿大学学习，后因经济困难而辍学。1805年夏天，福禄贝尔到法兰克福的一所裴斯泰洛齐式的学校任教，两年里他对裴斯泰洛齐的教育思想进行了认真的学习与深入的研究，受到了很大的启发，这也成为他一生中的转折点。后来他又进入大学学习，教育思想和哲学观点逐渐形成。1837年福禄贝尔在勃兰根堡开设德国第一所幼儿学校，专收3~7岁的幼儿。1840年正式将此学校取名为幼儿园，这也是世界上第一所幼儿园。福禄贝尔的代表作是《人的教育》（1826），这本书主要论述了有关婴儿期、幼儿期及少年期的发展和教育，展示了福禄贝尔的学前教育思想。

1. 教育的目的在于唤醒人的内在精神本性

他认为，人同自然界的万物是一样的，是在发展中表现出其内在的精神本性的。因此，他认为教育的目的在于唤醒人的内在精神本性。这样不仅仅使人类了解自己，同时也培养受教育者形成有胆识、有智慧的个性，使其具有和谐统一的人格。

2. 人的发展应该是循序渐进的

福禄贝尔认为，人的发展应该是循序渐进的。在发展的过程中，每一个阶段都是前一个阶段的延续，前一个阶段并不阻碍后一个阶段，而是后一阶段发展的基础。因此在教育工作中，必须按儿童不同的发展阶段，去辅导儿童学习以促进儿童的发展。如果不遵循儿童发展的阶段，盲目地促成儿童的早熟，这样做不但不能促进儿童的发展，相反，"会从根本上危害、妨碍甚至破坏人的继续发展，没有任何教育价值可言"。

3. 儿童发展三段论

福禄贝尔认为教育的使命以及人的全部生活，都处在不断发展的历程之中，这种发展是无限的、永恒的。而儿童的发展则是由"自然儿童"出发经由"人类儿童"最终成为"神的儿童"。儿童发展的这三种不同情况，是一个统一整体的三个方面，最先显现的是"自然的方面"，只有通过教育力量，才能把原来潜伏的"人类的"和"神的"两方面显现出来。这里所说的"神的儿童"是指：以圣经上所界定的做人标准的儿童，而不是一个抽象的目标。这里包括信仰神，以神的言行为楷模，为神服务等等。

4. 儿童的四种本能

福禄贝尔认为儿童共有四种本能，第一为活动的本能（即是一种创造的本能），第二为认识的本能（即揭示万物的本能），第三为艺术的本能（即进行艺术创作的本能），第四为宗教的本能，是前三类本能的归宿。教育的任务在于促进儿童内在本能的发展，以培养儿童的主动性和创造性。由此，他把课程分为宗教及宗教教育、自然科学及数学、语言及语言教育、艺术及艺术教育四大领域。

5. 教学即生活

福禄贝尔在对待家庭与教学科目时，认为"教学即生活"，强调只有当家庭与学校生活一致时才能达到教育的目的。在课程与教育目的问题上，福禄贝尔有一段话至今仍发人深思，他说："幼儿时期的生活方向未完全确定，如幼儿绘画并不是为未来成为画家做准备，教幼儿音乐并非以将来成为音乐家为目的,这些活动仍然为发展幼儿时期多方面人性所需,如个体需食物来补充营养一般。我们要帮助儿童真正过着完美的儿童期,为达到这个目的,即使儿童的学校生活需要延后一年或两年来完成,还要比误导他们的人生目标要好一些。"

6. 福禄贝尔的教育方法

(1) 在游戏中获得发展。福禄贝尔在教育史上第一个承认游戏的教育价值,有系统地把游戏活动列入教育过程的教育家。他认为,儿童的游戏,其意义和价值就在游戏的本身,只是为游戏而游戏,游戏活动过程即是目的,同时也是动机。

他认为,儿童通过游戏活动不仅仅可以满足其自身的内在需要和冲动,同时也可以认识未知的世界;游戏活动一方面可以发展儿童的自主性和创造性,另一方面又可以培养儿童的责任感和义务感。所以游戏是一种正确而有效的教育方法。

(2) 恩物引起幼儿的活动。恩物(gift)是福禄贝尔为儿童设计的一系列活动玩具材料,是根据自然界的法则、性质、形状等用简易明白的物体制成的,作为人类了解自然、认识自然的初步训练。福禄贝尔设计的恩物有20种,前10种是分解恩物,着重于引导儿童的发现,是带有游戏性的恩物;后10种为综合恩物,着重于引导儿童的发明与创造,是带有作业性的恩物。恩物教学的主要宗旨,就是从恩物的游戏中训练儿童的感觉,让儿童形成整体和统一的观念。

作为世界上第一所幼儿园的创立者,福禄贝尔是近代幼儿教育理论与实践的奠基人。尽管他的理论与实践带有宗教神秘主义和形式主义,但是,他推动了世界范围内的幼儿园运动的兴起和发展,而被世人誉为"幼儿教育之父"。在20世纪初期,他所制定的幼儿园教育体系也是国际最流行的。他创立的幼儿园作为一种教育机构的形式一直沿用到现在;他的幼儿园教育理论,至今对世界各国的幼儿教育工作者仍有启迪的作用。

第二节 现代学前教育理论流派

从20世纪开始，特别是从1960年以来，世界各国越来越重视教育的社会地位和重要作用，认识到教育必须从基础抓起，必须加强和改进幼儿教育。以往为学前儿童提供的教育，主要着眼于父母外出工作时孩子能够有人照顾；而现代幼儿教育则要求由专门接受过幼儿教育师资培训的人来教育孩子。幼儿教育的问题，直接关系到每个家庭、每位家长，它已成为全社会关心的一项公共教育事业。因此，世界上一些发达国家都根据其各自的社会、经济、文化等特点，在幼儿教育方面提出了一系列的改革和发展措施，规划部署并付诸行动。

一、杜威的进步主义教育思想

杜威，1859年生于美国的柏林顿，自幼受到良好的教育，1884年在霍普金斯大学获得博士学位，之后在明尼苏达大学、密西根大学任教。1894年到芝加哥大学任哲学科和教育科主任，并于1896年创立了第一所实验学校，开始在学校中实施其教育思想。1902年任芝加哥教育学院首任院长。他是20世纪最伟大的教育思想家之一。

（一）杜威的儿童观

1. 重视儿童的本能

杜威的教育观及其教育理论是建立在其儿童观基础之上的。杜威认为儿童的本性在于他具有与生俱来的本能、冲动和需要，可分为：语言和社交的本能；制作的本能（这是一种建造性的冲动）；研究和探索的本能（这是一种探究性的冲动）；艺术的本能（这是一种表现的冲动）。在儿童的这几种本能中，杜威认为最重要的是制作的本能。

2. 儿童具有自我生长的能力

这种能力是儿童在活动中通过与环境相互作用而获得发展的。杜威以心理学为基础，把儿童发展的过程分为三个阶段：一是游戏期（4～8岁），这个时期的儿童通过活动和工作而学习，儿童学的是

"怎样做",方法是"从做中学"。二是自发的注意时期（8～12岁），这个阶段的儿童能力逐渐增强，可以学习间接知识，并按解决问题的需要控制自己的行动；三是反射的注意时期（12岁以后），这个时期的儿童开始学习系统性和理论性的科学知识，并掌握科学的思维方法。

3. 儿童与成人在心理上存在着很大的差别

成人是在社会中有一定职业和地位的人，负有特定的责任，已养成了某些习惯。而儿童的心理不是一个固定的实体，而是一个生长的过程。在生长的过程中，天生具有好奇心的儿童利用环境养成某种习惯，形成某种倾向。

由此他论述了儿童的发展与教育，提出了他对教育的本质的看法。他先后还出版了《我们怎样思维》、《明日之学校》、《民主主义与教育》，受到了广大的教育家的赞赏，特别是《民主主义与教育》被视为与柏拉图《理想国》和卢梭的《爱弥尔》有同等地位的重要教育著作。

（二）杜威的进步主义教育思想

在杜威的教育体系里，教育的目标与功能是以生长、"经验的改造"、民主等概念组成的。他认为，"经验"是人的有机体与环境相互作用的结果，是人的主动尝试行为与环境的反作用形成的一种特殊的结合。这样，行动和结果之间的连续不断的联系和结合就形成了经验。但是，杜威所说的"经验"具有无所不包的性质，他把人（经验的主体）和环境（经验的客体）以及经验的过程都包括在内，并把它们看成是同一过程的两个侧面，相互联系以至合而为一。他认为，精神和物质两者是属于同一个东西的，这就是那些构成自然的事件和复合。在杜威看来，"存在即被经验"，人的主观经验是客观世界存在的基本前提，没有人的兴趣和愿望构成的主观经验，也就谈不上客观世界中一切事物的存在。杜威一直认为，经验包含一个主动的因素和一个被动的因素,这两个因素以特有的形式结合着。在主动的方面，经验是尝试；在被动方面，经验是经受结果。如一个儿童要认识手伸进热水会被烫伤，他就必须亲自去尝试一下，把手伸到热水中去，只有当这个动作与他疼痛联系起来时，他才知道什么是烫伤、什么是烫、什么是危险和为什么要听从成人的劝告。这就是所谓的"从经验中学习"。

1. "教育即成长"

杜威认为，生活就是生长，儿童是具有独特生理和心理结构的人。儿童的能力、兴趣和习惯都是建立在他的原始本能上的，儿童心理活动实质上就是他的本能发展的过程。他认为儿童身上有四种潜在的本能，教育的本质就是促进儿童生物性本能和心理机能不断生长；教育就是改造或改组了的经验。学校教育的价值与标准就是看它生长的愿望到什么程度，它为实现这种愿望提供的方法到什么程度。

2. "教育即生活"

他说过"生活就是发展，而不断发展，不断生长，就是生活。"但是没有教育就不能生活，所以教育即生活。在他看来，人是不能脱离环境，学校不能脱离生活。他认为人的发展是人与环境相互作用而产生的，人不能脱离环境，学校不能脱离生活。杜威认为，最好的教育就是"从生活中学习"，"从经验中学习"。教育应该使儿童在学校中能完全自由地运用他在校外所得到的经验，同时应使他们把学校里所学得的知识运用于日常生活之中，学校不能与生活隔离开来。再者教育的目的是教育的过程，教学过程不是达到教学目标的手段。

3. "教育即经验的不断改造"

杜威认为，学校应该是一个小型的社会，一个雏形的社会，使学生成为这个社会的成员，并让他们在不知不觉中学习。他还认为，学校不应该仅仅被作为一个传授某些知识的场所，但也不是社会生活在学校中的重现。教育应该是一个通过儿童活动去体验一切和获得各种直接经验的过程。儿童学习知识、认识外部世界的本质在于儿童通过活动不断去增加、改造自己的亲身经验。这个过程是永无止境的。

（三）杜威的教育原则

1. "儿童中心论"

在儿童与教师的关系方面，杜威批评了传统教育的做法。他认为教育应该把重心放在儿童的身上，以儿童为中心，即尊重儿童真正的面貌来熟悉儿童，尊重自我指导学习，尊重作为学习的刺激和中心活动。因此儿童在托幼机构所从事的一切活动均根据儿童的兴趣来进行，活动方式灵活多样，不受任何拘束。教师只是儿童的助手，对儿童的活动事先不作任何设计和安排，教师的任务在于为儿童的活动创造条件，提供各种教具、玩具等。因而在儿童的活动中，自由游戏占重要的地位。

由此出发，杜威认为，学校生活组织应该是以儿童为中心，一切需要的措施都应该是为着促进儿童的生长。因为是儿童，而不是教学大纲决定教育的质和量，所以教学内容、计划和方法以及一切教育活动都要服从儿童的兴趣和经验的需要，也就是我们现在所说的以儿童为中心。

在杜威看来，教育以儿童为中心是儿童的本能和需要协调一致的。心理是一个生长的过程，教育必须从心理学上由探索儿童的能力、兴趣和习惯开始，而以儿童为中心正体现了这一点。

2．"从做中学"

杜威认为儿童在出生后对每一件事都是要学习的，如看、听、做等，但是他们只有对真实的活动本身产生了兴趣，才会对活动中产生的一切进行观察；然后发现问题，寻求解决问题的方法；最后解决问题，从而提高他们思维能力。这一基本原则贯穿了杜威的整个教学领域的各个方面。特点是在教学过程、教学方法、课程和教学组织方面都是以这一原则为基础的。

对于传统学校的教育，杜威进行了尖锐的批判。他指出，传统学校教育方式是与实际的经验情境相脱离的，是与儿童现在的生活相脱离的；它不仅仅使儿童很少有进行活动的余地，而且企图用各种方式压制儿童的一切身体活动，因此，必然会阻碍儿童的自然发展。

在儿童与教师的关系方面，杜威也批判了传统教育的做法。他认为传统教育的重心是在儿童之外，在教师、在教科书以及在其他所高兴的任何地方，惟独不在儿童自己即时的本能活动中。在那样的条件下，就谈不上关于儿童的生活了。在他看来，在传统教育中，来自教师的刺激和控制太多,而对儿童的兴趣和经验的需要考虑得太少,甚至忽略了儿童这个教育对象。

杜威作为现代西方教育史上最有影响的一位教育家,他的教育思想不仅为现代教育理论奠定的基础,同时也对学前教育实践产生了巨大的影响,推动了学前教育运动的发展。如当前美国开放式的教学方式就是杜教育理论的产物。

二、蒙台梭利教育法

蒙台梭利,1870年出生于意大利的基亚瓦莱的一个宗教家庭里。她自幼天资聪颖,又是独生女,所以深受父母钟爱。1895年在罗马大学获得医学博士,是意大利历史上第一位获取博士学位的女性。毕业后在精神治疗部做医生,由于工作关系,经常接触有身心缺陷的儿童,开始注重对智能低下儿童的教育问题,之后转向对正常儿童的教育工作。1907年在罗马贫民区创设"儿童之家",招收3～6岁的幼儿,在这里进行教育实验,逐步制定了整套的教材、教具和方法,创立了蒙台梭利教学法,受到全世界的瞩目。1911年蒙台梭利离开"儿童之家"去欧洲和美国、澳大利亚等地讲学并举办师资培训班,积极宣传和实践自己的教育主张。二次世界大战前夕,她避居于印度,在那里悉心研究和著书。1944年返回欧洲,居于蒙台梭利教育运动中心——荷兰的阿姆斯特丹,直到逝世。她的著作主要有《蒙台梭利法》(又名《儿童之家的科学教育法》)、《童年的秘密》、《发现儿童》、《教育人类法》等。

(一)基本教育思想

蒙台梭利以她广博的医学、生物学、哲学、心理学、教育学、人类学和精神病学等知识为基础,在教育实践中逐步地形成了自己的教育理论。但她未建立一个属于自己的理论框架,以使后来的人容易遵循应用。因此我们要想将蒙台梭利的教育理论仅仅归纳为几个原理是远远不够的,我们只能将每一个原理放在有机的整体中去理解和把握。

1. 发现儿童

蒙台梭利教育原理以"儿童生命"为其出发点,是关于"生命的原理"。她认为教育的目的在于发现儿童的"生命的法则",帮助儿童发展其生命。她对于儿童有新的认识,她并不把儿童看作是未长成的"小大人",而是把他们看成是与成人互为相反的两极:"儿童是成人之父,而且是现代人的教师。而作为教育工作者所能做的,只是为儿童预备一个适当的工作环境、活动场所"。史但丁在《蒙台梭利教育革命》中有一段论述,可以帮助我们更清楚地了解蒙台梭利教育原理的根基。他说:"常有人问我何为蒙台梭利教育的主要原理?我最初归纳为一句话:通过感官及感官训练的教育。过了一段时间后又想,也许是以自由为原则,在一个预备的环境中的教育能包括更为广泛的教育内容。但到了蒙台梭利晚年之时,她又强调了另一个原理。而这个原理可能是最重要的,那就是儿童与成人的本性是不一样的。"

2. 吸收的心智

另外蒙台梭利还提出了儿童感觉特别敏感期的理念,也就是处于不同年龄阶段的幼儿对于不同的事物有着不同的敏感度。她归纳出以下几个敏感期:

(1) 秩序敏感期。幼儿对秩序的敏感从出生第一年就出现并一直持续到第二年,这甚至在他出生后的第一个月里就可以感觉得到。这是幼儿的一种内部的感觉,以区别各种物体之间的关系,而不是物体本身。在这个时期得到生活秩序方面培养的儿童,可以养成好的生活、学习习惯,如早睡早起的习惯,饭前洗手的习惯,睡觉前把第二天的衣服放好等习惯。这种种习惯在秩序敏感期培养起来,可跟随幼儿一生。培养的方法非常简单,那就是父母或教师每天都要坚持按同一秩序做事,幼儿会自然而然地跟随父母或教师进行的。

(2) 细节的敏感期。幼儿在1~2岁时会表现出对细节的敏感,他的注意力往往集中在最细小的细节上,如鞋子放到了鞋架的旁边,而没有放在鞋架上等。这表明幼儿的精神生活的存在,以及幼儿和成人具有两种不同的智力视野。在这个敏感期得到培养的幼儿,可以养成做事细致认真的好习惯。幼儿在有关细节方面的表现和行为,教师或父母要给与及时和必要的鼓励和支持,教师或父母更应该提醒幼儿在哪些方面可以做得更细致。如把筷子放在碗的右边,纸边对整齐，衣服拉平等。这些细节性的培养虽然看起来只是一些生活方面的内容，但随着幼儿细节习惯的养成，其日后在学习计算、几何、化学等科目时会有我们意想不到的好处。因为这样他们可以更快地发现各种物质在细节上的变化。现在很多家长都抱怨说自己的孩子上小学后做作业或考试时都粗心大意，马马虎虎，不该出错的地方偏偏出错，这就与细节敏感期阶段家长疏于培养孩子的细节能力有关。

（3）行走的敏感期。这是在幼儿的发展中最容易观察到的一个敏感期。幼儿行走第一步，通常标志着他从1岁进入了2岁。这时候，似乎有一种无法抗拒的冲动驱使幼儿去行走。幼儿通过个人的努力学会走路，并逐渐取得平衡和获得稳健的步伐。这一时期家长如果细心培养幼儿的行走能力，不仅可以使其获得稳健的步伐，而且，还可以纠正他们的不良行走习惯，如我们常见的内八字与外八字脚等问题，从而使他们的行路姿势更美观大方。

（4）手的敏感期。幼儿会朝外界伸出小手，这个动作的最初推动力代表幼儿自我要进入外部世界之中。他们经常抓握东西，喜欢开关一切可以开关的东西。蒙台梭利认为，正是通过手的活动，幼儿才得到了自我发展。这种发展不仅是表现在智能方面，还表现其他的许多地方。随着年龄的增长，幼儿手将能同成人一样的灵活，并有一种清晰的合乎逻辑的行动方式。对于幼儿手部能力的培养，蒙台梭利制造了专门的教具，这使得受过蒙台梭利式教育的幼儿在小肌肉的灵活性和协调性方面，比其他幼儿更胜一筹。幼儿手部能力得到训练后，对于物体的大小、体积、重量、温度也会比其他幼儿更加敏感。他们将来学习数、理、化时的基本感知能力也有可能高于其他幼儿。

（5）语言敏感期。1岁左右幼儿开始学说话，他们所获得的语言是他们从周围环境中听到的。当他们说出第一句话时，并不需要为他准备任何特殊的东西。幼儿开始学话时，只是发出一个一个的单音，而后是单词，接着将两个单词组成一个句子，再就是模仿更复杂的句子。这些阶段是以连续的方式出现的，而不是分开的。在蒙台梭利看来，语言能力的发展，是幼儿智力发展的外部表现。在这一时期，成人要尽可能多地为幼儿提供一个好的语言环境。在这个环境中，不仅仅有我们所最常见的图书、故事，还要有美妙的音乐，以帮助幼儿发展语言方面的审美能力。

在这些敏感期期间，儿童的吸收力非常强，而且在这个时期所学的东西往往跟随其一生。因此教育者应根据儿童不同年龄处于不同的敏感期对儿童进行该方面的特别教育，以期让儿童得到最好的发展。由于这些敏感期的时间各不相同，而且所持续的时间有长有短，如行走的敏感期只有一岁到两岁这短短的一年时间，所以我们这些教育者一定要因人而异、抓住时机，对幼儿进行有针对性的培养，切不可错失良机。

3. 自由的原则

蒙台梭利认为要建立一种合乎科学的教育，其基本原则是使儿童获得自由，使儿童的天性得以自然的表现。因此她非常注重儿童的权利和价值，反对传统的班级和统一的教学。因此蒙台梭利所举办的"儿童之家里，是不采用固定的班级制度的，只采用大体的分组。"在蒙台梭利的学校里，一般有两种活动方式，一种是集体活动；一种是自由活动。在这里自由活动是占主导地位的，让儿童自由选择小组，自由的选择教具，做自己愿意做的活动。教师只做观察并根据儿童的需要为儿童准备他们所需要的物品。但这种自由不是盲目的、放纵的、而是在很强的秩序来约束的。这里所讲的秩序包括了三个方面：一是纪律上的约束，二是以培养儿童具有责任感的秩序，三是培养儿童的意志力。可见蒙台梭利教育里所提到的秩序并不只是要儿童遵守秩序，而是以培养儿童秩序感为内容的教育活动。

一般学校让儿童遵守纪律的方法大多是采用奖励与惩罚来逼迫儿童服从纪律的约束。可是我们往往发现教师的说教、命令、诱逼是根本不会达到预期的目的，而且还会出现一些反作用。如果教师说请坐好，有些儿童一定做出些出人意料的举动。有些还会导致儿童心理受到伤害。如一些儿童会变得胆小，失去自信心等。但蒙台梭利认为真正的纪律应该是主动的,建立在自由活动的基础上的。因此蒙台梭利给儿童提出了两点限制：第一，儿童的自由应该以不妨碍他人利益作为其极限,以我们通常认为的良好教养作为其规范。也就是说不允许冒犯和打扰到他人,不能有无理和不文明的行为。第二,必须正确使用教具。如果要儿童遵守纪律就要让儿童去工作(各种感官和日常生活技能的练习),儿童在对一项工作有了强烈的兴趣时,他也就了解到了纪律内在的含义与纪律的重要性了,同时他也会开始遵守纪律。

当然,当一个幼儿不能遵守纪律的时候,蒙台梭利式教育中还是包括了必要的惩罚的。但这里所说的惩罚同我们平常所说的惩罚是有着很大的区别。蒙台梭利教育中的惩罚的内容是以不影响其他儿童的工作为标准,以正确使用教具为基本原则的。蒙台梭利教育中的惩罚方法一般是让没有遵守纪律的幼儿马上停止工作(各种感官和日常生活技巧的练习),并请他观察其他的孩子是如何进行工作的。这样做的好处,不仅仅是教师同幼儿的关系不会受到太大的影响,而且,也培养了幼儿自我反省的习惯。

另外必须指出的是,由于蒙台梭利自幼就受到了很深的宗教思想影响,所以在她的学校里所实行的秩序也带有一定的宗教色彩。但蒙台梭利学校中的教师一般对于儿童的自由活动是不加以干涉或帮助的。因为这里教师的教学任务并不是教授,而是观察指导、准备、示范。

(二)教育基本内容

1. 肌肉练习

因为蒙台梭利是一位医生,所以她非常重视儿童身体的生长发育问题。肌肉练习包括户外自由活动、户内自由活动与音乐伴奏的韵律活动等等。在肌肉训练中还包括感官训练。这是蒙台梭利教学法的一大特点。它包括触觉训练、视觉训练、听觉训练、味觉训练、嗅觉训练。这些训练不仅使儿童在感觉方面变得完善,而且使儿童对数、形、色等方面都有了初步的认识,同时也培养了儿童进行自我教育的能力。

2. 日常生活训练也是蒙台梭利学校的一个显著特点

蒙台梭利认为自己的学校是一种家庭式的学校,因此一切家务和自我服务都应该让儿童自己进行料理。蒙台梭利认为这些活动不仅使儿童掌握日常生活的技能与技巧,而且还可以培养儿童的意志力、合作精神与独立性。日常生活训练包括穿脱衣服、清洗室内用具、饲养小动物、儿童自己动手分食物给其他的小朋友等活动。

3. 初步的知识教育

蒙台梭利认为，3~6岁的儿童天生具有学习初步知识的能力，完全可以教会他们阅读、书写、计算。但要与感官教育相结合。特别是有关读写方面的教育很有其特色。在这里"写"先于"读"。因为蒙台梭利认为写字的关键在于握笔，因此通用感官教具进行训练是最好的方法，让儿童在触摸中使手眼达到配合一致，再让儿童感知每一个字母，随着儿童各方面能力的完善，再让儿童利用各种不同的工具进行自发的书写练习。在学习计算时，可以利用幼儿日常接触到的物体进行，由于与日常生活相联系，因此，幼儿会十分感兴趣的。

4. 文化历史教育

文化包括了历史、宗教、地理、民情、风俗、天文等，虽然随着不同的时空有其差异性，但是蒙台梭利认为只要是人类就拥有许多相同的文化，有属于人类的共通性。蒙台梭利通过地理、自然生态、历史等活动内容，发展儿童喜欢探究和开发新资源和新环境的心理特点，也成为蒙氏教育中十分有特色的一部分教育内容。

（三）教育方法

1. 提供有准备的环境

在蒙台梭利学校中，每一个教师要根据不同阶段儿童身心发展的不同需要设计出一个能够帮助儿童发展的"生命的、活动的、真实环境"。这个环境是有规律、有秩序的生活角落、学习角落、艺术角落、安静角落。在这几个大的角落中又分出多个小的角落，这是蒙台梭利学校最大的特色。如生活角落中又包括了用水区、手指活动区、缝纫区等等，注意这里所提供的物品都是真实；学习角落中又可分为阅读角、感官活动角、语言活动角、动作活动角等等；艺术角包括绘画角、音乐角等；而且安静角落具有一定的综合性功能。在这些角落里都有相当明确的标志。这些标志不仅仅指明你现在所在的角落名称，而且还指示出所有物品的摆放位置。在这里儿童能够进行自由的活动，自然的表现、充分地意识到自己的力量；在这个环境里儿童能够获得丰富的感觉刺激,得到自由充分的发展。所以为幼儿提供一个适当的教育、生活环境是非常重要的。

(1) 安静角。在蒙台梭利的课室里,大部分的活动都是由儿童自由选择的,但由于儿童本身的特定条件,所以有些活动还是要由教师带领儿童一起来进行的。这里所说的带领不是我们日常所说的教学活动。一方面包括示范各种教具的正确操作方法;另一方面指教师在通过长时间的观察后把发现幼儿所共有的问题拿出来同全体幼儿一起讨论,或者示范给幼儿,以解除儿童在学习中所遇到的困难;最主要的用途就是:培养幼儿的自我管理能力,培养其责任感及良好行为的地方。在这里的儿童要学习如何控制自己的动作、如何照顾自己、如何待人接物。例如学习或练习走路、正确的呼吸、开门、开抽屉等日常生活技能的练习。

(2) 感官活动角。它在蒙台梭利教育法中占主导地位。她之所以重视感官教育,是因为她认为幼儿精神与环境的交流是通过感觉进行的,她非常重视3～6岁儿童的感官教育,在蒙台梭利课室里有一套非常科学的完整的教具,其中以感觉训练教具占了很大的比重。通过向幼儿提供教具,让儿童进行练习,让儿童认识物体的相同属性,认识物体的相反属性,识别差距较小的物体的不同点。她认为应该从感官教育入手向幼儿进行智育教育,并以此为基础向更高级的认知活动发展。

(3) 语言角。通过感觉材料对幼儿进行听觉的训练。训练幼儿听取和辨别声音的能力。语言教育中教师向儿童做发音示范,结合教练,让幼儿进行反复练习,培养幼儿的语言能力。

通过以上的介绍,我们可以发现在蒙台梭利的教室里是有很多的角落,但这并不意味着她的课室是杂乱无章的,相反的,你如果走进蒙台梭利课室时却发现这里是多么的井然有序。因为在她的课室中不仅仅把所有的物品的摆放位置都用标签作出了明确的指示,以便儿童可以很容易地找到物品原来的位置,而且还要求教师把那些不必要的东西全部清理掉。例如墙壁上那些杂乱无张的为装饰而装饰的装饰物,因为蒙台梭利认为这些没有必要的装饰物会给儿童带来视觉上的干扰,从而妨碍儿童的工作。可这并不等于墙上空无一物,相反蒙台梭利从美学的角度出发主张在墙上悬挂圣母的画像或其他一些著名艺术家的作品(蒙台梭利本人是天主教的忠实信徒)。而诸如圣母画像与其他那些著名艺术家的作品可以把课室营造出一种宁静安详的氛围,儿童长期生活在这种环境中,不仅使儿童对"艺术"有一个正确的了解,性格受到修正而且可以进一步的陶冶儿童的情操。

2. 教师

在蒙台梭利学校任教的教师被称为指导员。她们的教学任务有别于其他的学校。因为在这里教师只要做到三点就够了,即:观察指导、示范、准备。

(1) 观察指导。刚刚来到这里教师所接受的第一个任务就是观察儿童。因为只有了解了每一个儿童才可以发现他们的问题所在,教师才可以根据他们自身的发展阶段来指导儿童进一步的发展;只有了解了儿童才可以为他们准备出适合他们活动的各个角落;只有了解了儿童才可以为他们准备出更适合他们的教具;只有了解了他们你才可能成为他们的朋友。所以在这里任教的教师都具有敏锐的观察力。但只做到了观察儿童本身还不够,她们还要观察每一个儿童背后的家庭,观察社会的大小环境,以便做出适当的指导让儿童可以更好更快地适应这个社会。

(2) 示范。在蒙台梭利学校的老师每时每刻都在做着示范。这里包括大到对人对事的态度,小到走路、关门、坐下、起身、说话声音的大小、生气时的发泄方式,总之是每一个环节。只有做到这些儿童才可能领会到这些行为在社会中的真实性,也只有这样儿童才会真正的学习。教师还将每件教具向儿童做展示性操作。

(3) 准备。这里所说的准备是与我们当前幼儿园中的准备工作是不一样的。当教师观察了解了每一个儿童后,她就要根据每一个儿童的程度、兴趣、爱好去准备他们在第二天可能会用到的每一样东西了。这些东西可能是图书、纸张、画笔、也可能是一把扫帚、一根针、一粒扣子以及一些其他的教具。正是这些教具会给儿童带来意外的惊喜,也只有这些儿童真正想要的东西才可以使每一个儿童得到他应得到的发展。

当你走进一间蒙台梭利学校的时候,你可能听不到任何的声音,因为在这里每一个孩子都在进行着自己的工作,而每一位老师不是在做着观察、准备工作,就是在用自己的身体做着准确的示范。

要成为蒙台梭利学校的教师还有四个必不可少的条件。第一,教师自己的专业修养要高,教学技术要精。第二,教师要细心地照管每一个儿童。第三,教师准备的教具教材要多,让儿童自由玩弄自由试验。第四,教师要尽职尽责,热爱儿童。

3. 教具——活动材料

儿童的活动主要是通过教具进行的。儿童要进行活动,首先要有活动材料及活动环境,这样才能激发幼儿的学习兴趣和愿望,只有使用教具去活动,儿童才能专心致志地去操作学习。

教具的设计就根据儿童身心特点及所需要的环境来设计的。教具很多,可分为日常生活训练的教具、感官教具、学术教具(主要是读写算之类)、文化艺术性教具四类。这些教具都具有孤立性(利用孤立法,使儿童专心注意教具本身)、从简单到复杂、从具体到抽象等特点,这些教具给儿童提供了在活动中进行自我教育的机会。

总的来说,蒙台梭利的教育理论和方法,就是通过教育引起儿童的兴趣和自由活动,在活动中儿童成为一个生活集体,从这个集体中培养出真正的儿童,培养他们的责任感。蒙台梭利强调探索儿童的心灵,尊重热爱儿童,重视儿童的早期教育,精心设计了各种教具材料,促使儿童生理和心理的自然发展,许多观点是符合现代幼儿发展与教育理论的,具有一定的科学性。因此,蒙台梭利方法也就成为了现代幼儿教育的主要方法之一。

三、皮亚杰认知结构主义流派

皮亚杰是瑞士著名的心理学家。他的认知发展学说是20世纪对儿童教育影响最大的理论。皮亚杰认为儿童心理的发展乃是先天因素和后天学习相互作用不断发展的过程,主体通过动作对客体的适应乃是儿童心理发展的真正的原因。

(一)皮亚杰的认知发展心理学理论

皮亚杰提出儿童心理发展有四个基本要素:(1)成熟,指机体的成长，特别是神经系统和内分泌系统的成熟。成熟主要在于揭开新的可能性，从而成为某些行为模式出现的必要条件，如何使可能性成为现实性，有赖于通过练习和习得的经验。(2) 练习和习得的经验，指个体对物体施加动作过程中的练习和习得经验（不同于社会性经验）的作用。包括物理经验和逻辑数理经验两种。(3) 社会性经验，指社会环境中人与人间相互作用和社会文化的传递。(4) 具有自我调节作用的平衡过程。它调节心理发展的上述三种基本因素，具有定向性的特点（即指向一定的方向发展），经过自我调节的平衡作用构成了各种结构的形成过程。新结构、新知识的形成实际上是一种构造的过程。由于这四种因素的相互作用，儿童心理得以不断地往前发展。

皮亚杰通过大量的观察和研究，具体论证了儿童的心理发展过程。他指出，儿童从出生起，他们的心理就与生理一样在不断发展。这种发展是一个不断前进的平衡过程，从较低的平衡状态走向较高的平衡状态。它又可以分为前后相联和各有特点的四个阶段。每一个阶段都会出现一些新创的结构，把这个阶段和前面的阶段区别开来。前一个阶段的结构都会继续存在于以后的发展阶段中，成为一些附属的结构。它们结合起来就构成了后一个阶段所具有的新特征。

1. 感知运动阶段（0～2岁）

这个阶段的儿童主要是通过感觉运动图式来和外界相互作用并与之取得平衡。也就是说，儿童利用感知动作去征服他周围的整个世界。皮亚杰认为，这个阶段的发展对儿童以后的发展具有特别重要的影响。因为这个阶段是人类生命最有创造力的时间。

皮亚杰还把这个阶段分为六个时期：(1) 反射时期，第一个月的婴儿的动作图式包括天生的吸吮反射，只要有物体接触他的嘴唇，他们就会出现吸吮的动作；(2) 习惯动作时期，1～4个月的婴儿可将不同的运动与图式合并为一，使之相协调，如把手和吸吮结合在一起就组成了吸吮手指的技能；(3) 有目的动作形成时期，4～10个月的婴儿已可以协调部分身体的运动，如别人逗他，他就发笑；(4) 手段和目的协调时期，10～12个月，婴儿已出现了最初的感觉运动智力活动。对主体和客体的关系产生了最初的协调。他们可以移开障碍物去抓取他想要的东西,这也是人类智力的思维的萌芽;(5)感觉运动智力时期,12~18个月,婴儿试验用不同的动作去获得不同的结果。他们由于自身的好奇心独自学习,发展他们的图式,用不着任何人的指导;(6)感觉运动智力的综合时期,1岁半~2岁儿童通过直接的身体动作去观察和发现事物,并具有延缓模仿能力,即能模仿已不存在的模式。

皮亚杰认为,在感觉运动阶段,婴儿通过自己对环境的适应,创造出自己的世界。在这个过程中,他们的情感也得到了发展,初生的婴儿会有一些与生理系统有着密切关系的情绪反射。这种反射开始与饥饿、口渴等生理需要有关,后来相应地和自己的动作发生了直接联系。由于手段和目的的分化,达到目的的动作或没有达到目的的动作就会使婴儿的情感上体会到成功与失败的愉快与痛苦。

当儿童获得了客体的稳定性认知后,客体成了独立自我之外的对象,他的情绪也就有了很大的变化。因此,儿童最初与动作本身相联的基本情感,则由于人与物的客体而发展成为人与人之间的情感。这对以后儿童社会化的过程和道德情感发展有着极其重要的意义。

2. 前运算思维阶段(2~7岁)

到了感觉运动的末期,感觉运动图式开始内化并演变成表象或形象图式,这时儿童的思维也就到达了一个新的以表象运算为特征的阶段,儿童可以用事物的形象或表征进行初步的心理运算,但还缺少逻辑性和相对性。如他们可以自如地应用"这个"、"那个"、"你"、"我"、"他"等代词来代替"宝宝"、"鸭鸭"等名词,而且还可以进行各种象征性的游戏和活动,如娃娃家等活动。如果手里有一个空汤匙,他(她)也会跟你说,"我在吃饭"并把空汤匙放到嘴边做吃饭的动作。这时的儿童还可以理解故事里的时间概念,也可以理解一些空间方位概念,更可以了解一些日常生活中的常用概念与名称,但没有真正的逻辑概念,还不能进行纯粹的逻辑运算。

皮亚杰认为这个时期的儿童的心理特点是"自我中心化"。这个阶段的儿童考虑一切的总是都只是从自己的角度出发的,想像每一样事物都与他们自己的活动有关,如太阳、月亮为什么会在天上,他们回答是自己画上去的，或是用胶水贴上去的。在道德方面，他们总认为这些规则不是"对"就是"错"的，而不明白道德规则是建立在人与人的相互作用方式和过程上的。

教师应该非常清楚，任何理智的知识并不是所有年龄阶段的儿童都能够吸收的，我们也应该考虑到每个年龄阶段的儿童都有其特殊的心理特征与心理发展需要，并采用针对不同阶段儿童的年龄特点及他们所喜欢的方式对他们进行教育，这样才可以达到事半功倍的结果。例如，在前运算阶段里，我们一定要根据这一阶段儿童自我中心化思维的特点，对他们进行更多的表象思维训练，同时在教学活动中要注意相对性和可逆性等思维品质方面的培养，促进儿童向具体运算思维阶段发展。面对日常教学过程中儿童千奇百怪的答案，我们要充分考虑到他们的年龄特点、思维特点以及发展的成熟度，而不是以成人的思维方式来判定其答案的对与错，以至指责甚至责备儿童。

3. 具体运算思维阶段（7～11岁）

这个时期的儿童已能从一个概念各种具体变化中找出内在的本质的东西。他们通过逆反性和互反性两种逆性使运算图式达到了守恒。不过这个时期的儿童虽然可以进行运算思维，但还离不开具体事物。因为只有具体事物可以帮助儿童顺利地解决问题。

随着具体运算思维的构成和社会性合作能力的形成，这个阶段儿童的情感和道德又得到了发展，逐渐形成互相尊敬的情感和自律的道德。

4. 形式运算思维阶段（11～15岁）

这个阶段的儿童思维迅速发展，已与成人思维相接近。可根据假设和条件进行逻辑推算。此处从略。

各个阶段的出现是有一定的次序性的，不能逾越也不能互换。前一个阶段是构成后一个阶段的结构的基础，后一个阶段是前一个阶段的发展，二者有一定的交叉，但有着本质的区别。皮亚杰不仅仅对儿童心理发展作了理论上的研究，而且对幼儿教育也进行了研究，他在《教育科学和儿童心理学》及《理解即是发明——展望未来教育》两部著作中阐述了他的教育观点和理想。

(二) 皮亚杰的教育思想

1. 强调活动的重要性

皮亚杰认为，动作是连贯主客体的桥梁和中介，一切知识是主客体相互作用的产物，"知识来源于动作，而非来源于物体"。从婴儿随着爬行寻找被藏起的玩具，而建构起"客体永恒性"的概念开始，直到日后计数、顺序排物及测量物体，而建构起数目、序列与重量的概念，这一切都是由于儿童对物体的动作，因而在头脑中组织与思考的产物。儿童学习决非坐在椅子上被动地学习，正如他们学游泳，不只是坐在看台上观察水中的成人游泳，而必须跳入水中去游才可以。

皮亚杰说："若智能训练目的是在于形成智力，而不在于记忆许多事实；在于培养明智的探索者，而不仅在于博学；那么传统教育显然具有严重缺陷。"因此皮亚杰十分注重"活动法教学"，他提出让儿童在活动中学习。活动法是儿童教育最重要的原则。只有儿童自己通过具体地和自发地参与各种活动，才能获得真实的知识。因此他也提出要重视视听教学，使儿童直观形象思维得到充分的发展，为日后的抽象逻辑思维打下坚实的基础。

2. 强调兴趣和需要的重要性

皮亚杰强调兴趣和需要在儿童心理发展中的动力作用，他说："我们必须承认有一个心理发展过程的存在；一切理智的原料并不是所有年龄阶段的儿童都能吸收的。我们应该考虑每个年龄阶段的特殊兴趣和需要。"例如在儿童处于感知运动阶段时，在智能方面我们教育者应该多给儿童提供那些有趣的玩具、模型，让儿童进行观察、抚摸和摆弄，激发丰富儿童的表象；在动作方面，我们也应该对儿童进行多方面的训练，让儿童多多练习触摸、推拉、抓握、走、跑、爬等。在前运算阶段，我们为了促进儿童表象思维的发展，就要选择那些具体形象的教材，如生动的童话故事、色彩鲜艳的图画、有趣的游戏等。到前运算阶段的后期，教师还要利用各种各样的教育教学方法，组织丰富多彩的活动对儿童进行重量、容量、速度、时间等方面的训练，培养儿童掌握初步的科学概念。

皮亚杰曾明确指出，如果一个教师试图脱离儿童各年龄阶段的心理特点去加速学生的发展，这只是浪费时间和精力。作为一个教育对象的儿童总是属于一定特殊年龄阶段的。而且，每一发展阶段都不是以一种固定的思想内容为其特征的，而是以能够按照儿童的生活环境达到某种结果的某种力量、某种潜在的活动为其特征的。这就使教育工作按照年龄阶段进行显得更加复杂而重要。只有在每一个年龄阶段都施以良好的教育方法，才可以增进而不是损害儿童智能的发展。

3. 发现式教学方法

给儿童提供相应的材料和设备，激发儿童的兴趣，使儿童自由地去探索事物、发现问题、找到答案，这就是发现式教学法。这个过程就是利用儿童的好奇心，使儿童发挥自己的能力，允许他们根据自己的方式来进行学习，从而满足他们发现需要的过程。

4. 强调智力发展是一种积极的、主动的建构过程

皮亚杰曾明确提出：教育的首要目标在于培养有能力创新的人，而不只是重复前人所做的事情。人是有创造性的，有发明才能的。教育的第二个目标，在于塑造能有批判力的人，而不是接受一切的人。皮亚杰认为，知识是从学习者内部构成的，思想就是内化了的行动，儿童的学习必须是一个主动的过程，因此教育必须重视发挥儿童的主动性，鼓励他们学会自己去学习，培养他们的创造力。

要达到以上的教育目的就要去发现最适合儿童现阶段心理水准的教育方法，并创设一个适合儿童特点的环境，以帮助儿童去组织发展自己的认知能力，使自己的智力水准方面达到连贯性和客观性，在道德水准方面达到相互性。因此我们教师要做到：（1）教师应当明确智慧训练的目的就在于"造就智慧的主动探索者"。（2）教师应当注意"自我发展法教学"。只有儿童自我发展的东西，才能积极地被同化。（3）教师应当注意儿童的兴趣和需要。兴趣实际上是同化作用的动力。智力原材料不一定能为儿童所同化，关键在于选择这些材料的时候是否考虑到现年龄阶段的儿童的特殊兴趣和需要。

（三）儿童教育基本原则

皮亚杰认为，学前儿童教育的意义是使义务教育年龄以前的儿童受到教育。从儿童心理发展过程的理论出发，皮亚杰提出了一系

列学前儿童教育的原则：

1. 教育要符合儿童心理发展阶段，符合儿童心理发展的水平，避免儿童教育成人化的倾向

皮亚杰认为，在儿童教育中应该注意分析和考虑制约儿童心理发展的四个基本因素：

（1）生物成熟的影响，它在儿童心理发展过程中起着不可缺少的作用，但它并不能说明全部发展过程，因此它仅仅是制约儿童心理发展的因素之一。

（2）练习和习得经验的影响，它是指个体对物体施加动作过程中的练习和所获得的经验的作用。这里所说的经验有两种，一种是物理经验，一种是数学逻辑经验。

（3）社会传递的影响。它包括了语言传递与教育。社会传递是儿童心理发展过程中一个必不可少的因素。它对儿童的影响大大超过了自然环境对儿童的影响，因为它不仅促使儿童去认识它，而且也给儿童提供了现成的和最好的符号，即语言和文字。特别是作业社会传递一个组成部分的教育，对儿童心理发展有很大的影响。尽管教育并不能逾越儿童心理发展的某个阶段，也不能改变儿童心理发展阶段之间的次序，但适宜的和良好的教育在一定程度上能促使儿童心理发展阶段的过渡，能引起儿童主动的同化或顺应。

（4）平衡化的影响。平衡化既指使同化或顺应获得平衡的过程，也指同化或顺应获得平衡的结果。在儿童心理发展的诸因素中，平衡是最重要的因素。只有通过平衡化，儿童的心理才能得到发展。儿童也正是借助平衡化的作用，在第一个阶段重新建构认知结构，并克服"自我中心"的倾向。

2. 发展儿童的主动性

皮亚杰十分重视主体在教育中的作用。他认为，儿童的教育必须是一个主动的过程，教育者必须注意发展儿童的主动性。皮亚杰认为，儿童是一个"独立的变量"。在他看来，儿童的心理发展是一种主动积极和不断的建构活动。儿童通过自己的活动，不断建构他的智力的基本概念和思维形式。儿童获得的知识，是儿童这个主体与外部世界这个客体不断相互作用而逐渐建构的结果。因为只有儿

童自己发现的东西，他才能积极地将其同化或顺应。皮亚杰的"主动性"有两个含义，一个是儿童直接作用于他的环境，一个是儿童在心理发展上的主动性。儿童通过自己的主动性而培养兴趣和发展才能。教育的作用是发现最适宜的环境和方法，帮助儿童自己去组织认知能力的发展。

3. 强调儿童的实际活动

皮亚杰认为认知起源于动作，动作在儿童心理发展中起着重要的作用，因此教育者应该使儿童通过实际生活和具体事物进行学习。他还指出，游戏是幼儿所特有的活动中的一种活动。因此他把游戏分为四类：（1）练习性游戏。这种游戏是通过重复所练习的活动以取得快乐。（2）象征性游戏。它是通过象征性"语言"使同化作用成为可能并得以强化。（3）有规则的游戏。它是促进儿童社会生活的一类最有效的游戏。（4）构造游戏。它最初受游戏象征主义的影响，后来倾向于构成"真正的"适应活动或构成对问题的解决以及构成智慧性的创造活动。

4. 重视儿童的社会交往

皮亚杰很强调社会交往在儿童心理发展中的重要性。他认为，与他人交往及儿童之间相互交往，有助于儿童语言和思维的发展以及情感和道德的发展。这种社会交往主要是指社会合作，特别是儿童之间的合作。它是推动儿童个性发展的一部分，也是儿童认知发展的重要源泉。

皮亚杰根据他自己长期对儿童心理发展研究的成果，深入地和富于想象地阐述了儿童教育原则和教育方法的心理基础，系统地论述了儿童心理发展过程以及它与教育的关系问题。他的理论对许多传统的教育观念提出了挑战。由于他的理论以实验研究为依据，因此就显得更为深刻和令人信服。

四、加德纳的多层智力观与幼儿的完整学习

哈佛大学心理学教授霍华德·加德纳（Howard Gardener）花了数年时间分析人脑和人脑对教育的影响，其研究结论是简单但极其重要的。加德纳指出，我们每个人至少有七种不同类型的智力，其

中两种在传统教育中受到了高度重视,而其他五种则长期被忽略或忽视。

第一种叫做语言智力,即读、写和用词语进行交流的能力。显然,这一能力在作家、诗人和演说家身上得到了高度的发展。

第二种是逻辑或数学智力,即推理和计算的能力。这在科学家、数学家、律师和法官身上得到了极大的发展。

传统上,大多数所谓的智力测试都集中在这两种智力上,全世界很多学校教育也集中在这两种能力上。但是加德纳指出,这使我们对我们的学习潜力产生了一种不正常的、有限的看法。

他列出的其他五种智力是:(1)音乐智力:在作曲家、指挥家和一流的音乐家身上有着明显的高度发展。(2)空间或视觉智力:建筑师、雕塑家、画家、航海家和飞行员所使用的那种能力。(3)运动智力或身体智力:在运动员、舞蹈家、体操运动员身上,也许还在外科医生身上得到很高程度的发展。(4)人际智力:与其他人相处的能力——是销售人员、鼓动家和谈判人员应有的那种能力。(5)内在智力或内省能力:洞察能力,了解自己的能力——给人以伟大直觉的那种能力,是让你进入存储在你潜意识中的巨大信息库的那种能力。

加德纳指出,脑外科和脑研究已经表明,每一"智力"或能力都在大脑中有相应的位置。严重损伤某人部位,人就会有失去特定能力的危险。例如成年人中风的问题,从医学上来看,中风是由血块阻碍向大脑供氧、构成损害而造成的。而从神经心理学来看,大脑哪一部位受到损伤,就会影响到由其控制的相应的身体功能,如人的言语能力或是运动能力等。而儿童由于各种原因(例如脑炎)所引起的脑皮层的损伤,也会导致相应身体功能的损失甚至是丧失。当然,如果发现得比较早并采用针对性的康复治疗措施,在儿童早期是可以充分利用大脑的自我修复功能和代偿功能而恢复或重新获得相应的身体功能的。

另外一方面,早期教育在儿童这七种不同层面智力的发展过程中所起的作用也是非常关键的。其中有些种类的智力甚至是需要早期教育来诱导的,如果在一定时期内(我们称之为关键期)没有受到相应的诱导，它们以后就很难再出现甚至会永久丧失。例如，音乐智力中的绝对音高感知能力，这是决定儿童成人后能否成为专业音乐人才的重要能力指标。但研究表明，如果在5.5岁（平均年龄）以后才开始对儿童进行音乐训练，则其一般很难再获得绝对音高的感知能力。

因此，我们提出一个新的概念：幼儿的完整学习。即为幼儿提供完整的、多方面的学习环境，及早激发幼儿在七大方面智力的充分发展，达到人类潜能的启发和健康身心的培养之境界。这里的完整学习与传统的"体智德美劳"全面发展教育其实是一脉相承的关系，但却是建立在加德纳的多元智力观的基础上的，是有其当代心理科学研究依据的，也是有其现实针对性的。例如，当前各地幼儿园大力开展特色教育，电子（钢）琴班、小提琴班、绘画班、舞蹈班等特殊能力培养班如雨后春笋般涌现，家长也争赶潮流送子入班。这种做法就完全违背了幼儿的完整学习这一理念，长此以往，不但培养不出音乐专才、美术专才等家长所期望的"材料"，反而会使儿童丧失了发展其他方面能力的机会，以至成为片面发展的"畸形人才"。这一问题，同样也应引起广大幼教工作者的关注与反思。

五、维果斯基"最近发展区"理论

维果斯基所创立的观点在当前幼儿教育领域中有着广泛而深入的影响。他深入探讨了发展与教学之间的关系。他认为发展是一个统一的过程，尽管在不同阶段上它与教学处于不同的关系之中。教学始终并应当走在发展的前面，而不要落在发展的后面。由此他提出了"最近发展区"的概念（见图示）。即儿童的发展有两个阶段，一个阶段是儿童现有的发展水平，下一个阶段是儿童只有在成人的帮助下才可以完成的水平。在这两个阶段之间就是儿童的最近发展区。即是儿童已经能够做到、但不是独立地而只能是在教育指引下来做到的那个区域。最近发展区决定着教学的可能性，而教学也应当以它为目标。维果斯基写道："教学不应以儿童发展的昨天而应以儿童发展的明天为目标"。只有在这种条件下，教学才会走在发展的前面。因此教育教学的作用就在于创造"最近发展区"，推动或加速儿童内部的发展过程,为儿童的心理发展创造条件。教育应该超前于发展,教育者不仅要了解儿童的现状,还要判断儿童发展的动态和趋势,让孩子"跳一跳,够得着",帮助儿童勇敢地迎接挑战,激发思考力、创造力和意志力,体验成功的快乐。

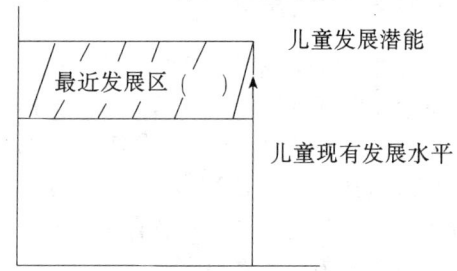

图4-1　维果斯基"最近发展区"模式

六、戈尔曼的情感智力理论

1995年,美国哈佛大学心理学博士丹尼尔·戈尔曼发表《情感智力》一书。在书中他提出了"情感智力"(EQ)的概念,由此在全球范围内掀起了研究和探讨的风潮。

(一)什么是情商

情商,英文为Emotional Intelligence。用来描述对成功至关重要的情感特征,它包括以下含义:同情和关心别人,表达和理解感情,控制情绪,独立性,适应性,受人喜欢,解决人与人之间关系的能力,坚持不懈,友爱,善良,尊重他人等。

(二)情商是决定人生成功与否的关键因素

戈尔曼的研究结果指出,120左右的IQ是一个出类拔萃、成就无以伦比的天才所必备的先决条件,而后无论他的IQ指数有多高,则完全无法预估到他未来的成就。而评估预测他未来成就的最佳指标,则完全凭借一个人的EQ高低,即书中所说:决定孩子未来成功与否,20%取决于智商,80%取决于情商。

戈尔曼的EQ理论向我们揭示了人生成功的奥秘已经不仅仅取决于智商。虽然他的观点还有待于进一步地研究证实,但是它为我们的教育带来了启示。而这也是教育工作者和家长值得深思的问题。

第三节 我国学前教育思想家

一、陶行知的学前教育思想

陶行知（1891～1946），我国著名的人民教育家，1914年金陵大学毕业后赴美留学。回国后历任南京高等师范学校教授、东南大学教育系主任、中华教育改进社总干事等职。主要幼儿教育著作有《创造的儿童教育》、《创设乡村幼稚园宣言》、《幼稚园之新大陆》等。他的幼儿教育理论与实践是中国幼儿教育史上一份宝贵的遗产。

（一）"幼稚教育尤为根本之根本"

陶行知认为在人的一生中最重要的就是幼儿教育，这是他通过对中国古代幼儿教育思想与西方先进的教育思想的深入研究的结果。"人格教育，端赖六岁以前之培养。凡人生之态度、习惯、倾向，皆可在幼稚时代立一适当基础。"他认为在这个时期打下的人格、智力、体格的基础，将跟随人一生，而且是不容易改变的。特别是儿童的求知欲望更是发达，因此我们教育工作是决不可失掉这大好时机的。

（二）幼儿教育应面向大众

清末民初的中国已出现许多幼儿教育机构，这些机构大多是分布在各大中城市，为上层社会服务。陶行知批评它们存在三大弊病：（1）"外国病"。完全地套用外国的教学内容与教育方法，并不考虑是否适合本国的儿童；（2）"花钱病"。学费昂贵，是只有上层人物的子女才可以享受到的教育；（3）"富贵病"。教学环境和物质条件过分奢侈华贵，不符合中国国情和平民大众的生活水平。半个多世纪后的今天，这些"病状"在某些大中城市又死灰复燃，这不能不引起我们的深思与忧虑。

陶行知认为必须改变这一状况，他认为要建设中国式的幼稚园，使幼稚园要适应中国的国情，可以选用国外好的材料，但必须以幼稚园自己所编写的为主；建设幼稚园时不必事事效法外国，而要以本土化为原则，选用本地的教师，选用本地的玩具，这样就解决了学费的问题，这样建设的平民幼稚园使所有的儿童都受到教育，特别是劳动阶层的儿童也有了受教育的机会。他还向社会呼吁：

女工区需要幼稚园，因为妇女外出做工，儿童留在家中无人照顾；带在身边，儿童长期在这种不适宜的环境中，不仅在心理生理方面会受到伤害，同时母亲也无法安心工作。因此在女工区设立幼稚园不仅有利于儿童的发展，同时对提高工作效率也是大有帮助的。

农村需要幼稚园。在农忙的时节，妇女与其他的人都要去参加劳动，幼小的孩子们就不会再受到良好的照顾了，因此在农村设立幼稚园也是相当有必要的。

（三）幼儿教育应解放儿童的创造力

陶行知认为，儿童有很强的创造力，这种创造力是我们的祖先长期与环境斗争中获得并流传下来的人的才能精华，发挥、加强、培养这种创造力是教育的任务之一。教育要在儿童自身的基础上，运用环境的影响启发与解放儿童的创造力。特别是旧中国的儿童，长期生活在各种封建礼教的束缚下，身心得不到充分的发展，这就更需要强调发展儿童潜在的创造力。为了发挥儿童这一能力，陶行知认为教育者要生活到儿童中去，只有这样，才可以发现儿童的创造力，然后进一步地去解放儿童的这一能力。

在了解儿童身心特点的基础上，要解放儿童的创造力，他主张"六解放"：（1）解放儿童的头脑。把儿童头脑中的迷信、成见、曲解幻想解放出来。（2）解放儿童的双手。让儿童在动手的过程中发挥自己的创造力。（3）解放儿童的眼睛。（4）解放儿童的嘴。允许儿童发问，让儿童在自由发问中发展自己的创造力。（5）解放儿童的空间。让儿童去接触大自然的花草、树木、青山、绿水、日月、以及社会的士、农、工、商。要解放他们活动的空间，从而扩大儿童的眼界，以发挥儿童的创造力。（6）解放儿童的时间。幼儿园要给儿童自己学习、活动的时间，但不要把儿童全部的时间占去，让儿童有学习人生的机会。

（四）教育内容

我们以陶行知的《假如我重新做一个小孩》为题，所阐明的儿童教育应该包括以下的内容：

我要实行三到,眼到、心到、手到;
我要虚心地问清楚,问古问今问未来,问天问人问万物问数目;
我要孝顺父母,为父母做事;
我要每天背一段好文章;
我要每天背一段外国文;
我要帮助老百姓;
我决不为争取第一而伤身体;
我要立志做小事,立志做大事;
我要学人的长处,不学人的坏处,要拜七十二行做先生;
我要养成好习惯,特别是好学的习惯;
我要多玩玩;
我要亲近万物,大自然、大社会,运用公园、山林。

(五)幼儿教育的教学方法:"教学做合一"

陶行知反对教师"教死书,死读书"的教学形式;更反对学生"读死书,死读书"的学习方法。他认为在对学生进行教育时要运用"教学做合一"的教学方法才能使学生获得真正的知识,从而培养儿童多方面的能力。

所谓"教学做合一",包括三个方面,一是怎样做就要怎样学,怎样学就要怎样教,怎样教就要怎样训练教师。也就是说教的方法要根据学的方法,学的方法要根据做的方法;二是我们要在做中教,做中学;三是教育的本质,就是教人做事,"做"是"学"的中心,也是教的中心。可见,"教学做合一"也就是我们现在所说的理论与实际相结合,学以致用。

(六)开办师资培训

陶行知提倡创建中国式的幼稚园要就地取材培养师资,提出"训练本乡师资教导本乡儿童"的主张,认为:"教师取之乡间,与儿童气味相投,自易亲近"。他认为,幼稚园教师是一种专门的职业,她们是儿童的"保护神"与"健康之神",因此他给幼稚园教师提出了以下的要求:

1. 奉献精神。陶行知认为奉献精神是一切教师的灵魂。它是决定教师事业的内部因素。教师也只有拥有了奉献精神才会热爱儿童,热爱教育事业。

2. 追求真理的科学精神。陶行知认为,教师为教,要"千教万教,教人求真"。求真就是追求真理,永做真人。

3. 以身作则,自化化人的精神。陶行知认为,教师为教,主张"教师以身作则",为儿童起到榜样的作用。

4. 不断开拓,勇于创造的精神。陶行知认为,教师必须努力学习,勇于开拓,勇于创新。他指责那些保守、落后,不知进取的教师是"天天卖旧货","依样画葫芦"。

陶行知的平民教育思想为当时我国幼儿教育普及、师资培训以及课程发展都指明了方向。他的这些朴素的平民教育思想,在半个世纪后的今天看来,仍然具有非常强烈的现实针对性和实际指导意义。尤其是在当今贵族学校、私立学校、高档幼儿园如雨后春笋般涌现的情况下,我们重读陶行知的论著,仍能感受到作为一代教育家的他那深切的爱民、亲民、关心平民教育的情怀。

二、张雪门的学前教育思想

张雪门(1891~1973),中国现代著名幼儿教育家。他幼年研读五书四经,后在北京大学深造。1918年创办了宁波星荫幼稚园,自任园长;1920年创办了幼稚师范学校,并被推任为校长;1934年创办了"乡村教育实验区";抗战期间,将北平幼师迁到桂林,改名为慈幼桂林分校,为广西培养师资;由于战争形势不断变化,幼师也几经转移直至1946年才返回北京。1946年秋,在台北创办儿童保育院。张雪门先生先后出版了《幼稚教育》、《幼稚园课程活动中心》、《幼教无际论》、《实习三年》、《儿童创作集》、《我的童年》、《从孩提到青年》、《幼教论丛》等专著,为我国幼儿教育留下了极为宝贵的财产。

(一)基本教育思想:儿童身心发展与社会环境相统一

张雪门先生认为儿童身心的发展与环境有着密不可分的关系,儿童身心并不能自己单独发展,全仗周围环境的反应。这里所说的环境并不单指自然的环境,除自然环境外,还包括了人群的社会环境。他认为"有了母子关系,就有了同情的发展;有了社会的关系,就有了思考、道德的发展；有了生产与消费者相依赖的关系，就有了发展谋生的欲望。所以在穷兵黩武的社会里，畏惧的情绪自然要受压抑；在冷酷残忍的社会里，怜悯的情绪自然不容易发生；生活在复杂的社会，感觉的反应力当然是极灵敏。以此类推，个人固有的性质如何发展，常常受社会无形中的暗示。"

他把人类对环境的反应分为三个时期：第一时期，心身结构尚未完全，无能力适应环境；第二时期，心身健全，然而仅足以适应环境；第三时期，人类心身达到最高程度，对于环境不但能适应，且能创造。

(二) 幼稚园课程

张雪门先生十分注重课程研究，并且在这方面做出了很大的贡献。他曾说过"课程是什么？课程是经验，是人类的经验。用最经济的手段，按有组织的调制，用各种的方法，以引起孩子的反应和活动。幼稚园的课程是什么？这是给三足岁的孩子所能做而又喜欢做的经验的预备。""课程源于人类的经验，只为这些经验对于人生（个人和社会）有绝大的帮助，有特殊的价值；所以人类要想满足自己的需要，充实自己的生活，便不得不想学得这些经验，学得了一些又想学得多些，而且把学得的更多地传给后人。"

张雪门先生指出课程的范围是很大的，包括了技能、知识、兴趣、道德、体力、风俗、礼节种种经验。他还认为要想把课程组织得好就要做到："一方面须顾到社会意义的重要，其他方面须能够满足个体发达期中的要求。"根据这个分析，他认为，课程的来源有四个：(1) 儿童自然的诸般活动；(2) 儿童与自然界接触而生的活动；(3) 儿童与人事界接触而生的活动；(4) 人类聪明所产生的经验而合于儿童的需要者。

张雪门先生认为幼稚园的课程，和小学、中学不同，与大学更加不一样，幼稚园的课程有着它自身的特点。它的特点有三：(1) "幼稚生对于自然界和人事界没有分明的界限，他看宇宙的一切，都是整个的"。"所以我们编制幼稚园课程时，对于这一点应特别留意，将自然界和人事界常相联络；如果分得太清楚太有系统了，反不能引起儿童的反应"。(2) "当幼稚生的时期中，满足个体的需要，实甚于社会的希求"。所以我们在编排课程时,是不能忽略社会的希求的,但我们也要注意到儿童现在的需要与能力。(3)"幼稚园的课程,须根据于儿童自己直接的经验"。张雪门认为:"这种经验,自然比传授式的不经济,而且又有传授式的整齐。但儿童从自己直接的生活,发现学习的动机","都与人生的关系至为密切"。

他认为组织课程的标准是:(1)课程须和儿童的生活联络。(2)课程是一种有目的有计划的活动。(3)事前应有准备,应该估量环境,应有相当的组织,且需有远大的目标。(4)各种动作和材料全须合于儿童的经验能力和兴趣。(5)动作中须使儿童有自由发展创作的机会。(6)各种知识、技能、兴趣、习惯等全由于儿童直接的经验中获得。

(三)幼稚园教材教育方法

张雪门先生认为幼稚园教材应取材于儿童的生活,而且还要适应社会生活。并为此定下了以下的标准:

1. 教材须合于现实社会生活的需要。因为社会是变动的,所以从古时遗传下来的许多有价值的经验,不但不能供生活的帮助,且妨碍了生活。

2. 教材须合于社会普遍生活标准。因为我国幅员广大,同一时代中,不但都市的生活和乡村迥异,就是同一都市,北方的和南方的不同,近海的和内地的有别。教材只能注意于最大多数的普遍要求。

3. 教材须适合于儿童目前生长阶段中的需要。

4. 教材须适合于儿童目前的学习能力。

根据这四项标准选择幼儿园的教材,便能充实儿童的生活,培养儿童在劳力上劳心,手脑并用,热爱劳动,有互相合作及有自治能力。扩而大之,便可成为新国民。

(四)幼稚园教学法

张雪门对于如何进行幼稚园的教学,特别是如何组织儿童活动很多,其中不乏独到、深刻的见解。不过可总结为以下几点:

1. 做学教合一

张雪门认为:"幼稚园教学法所根据的重要原则只有一条,便是行动。儿童怎样做，就是怎样学，怎样学就该怎样做。胡想瞎干都非行动的正道；没有教育价值，也就非教学的意义了。正确的行动，实有目的、有计划、能实践、能有结果，结果虽有成败，但都足以改造经验。所以研究幼稚园教学的，首先须把握的，便是这一条。"根据这一原理，在幼稚园的教学里，应以"做"为主，"在做上教的是教师，在做上学的是学生。教师能在做上教，拿做来教，做的就是教的，那才是真正的教；学生能在做上学，拿做来学，做的就是学的，那才是真正的学。"

2．教材与教法融为一体

张雪门说过在幼稚园里，"教材和教法是一件事"，"没有教材，就没有方法；没有方法，也就得不到教材。方法，本来是从教材上产生，并不是离开了教材，更另有方法。"

3．自由自动教学

张先生认为，蒙台梭利的自由自动教学法，在中国可以应用。不过他也认为这种方法并不是对儿童的放任自流，教师必须在儿童活动中加以指导。因此他对教师提出了实施自由教学法的五个步骤：

步骤一：引起动机。利用自然变化、设备的改变来引起幼儿对活动感兴趣。可由教师安排，但也可以是儿童自发的。

步骤二：课前准备。做好一切材料的准备工作。其中包括熟悉教材内容，了解教具的使用以及儿童教具的准备等。

步骤三：决定目的。是教师帮助儿童确定活动目的。从而使教师在指导儿童时就有了一定的标准。

步骤四：制定计划。为了达到教学目标，教学活动就要有周密的计划。这些计划要有教学进度内容，地点及过程。

步骤五：评论。在每一个教学单元进行完毕后，教师就要对自己以及儿童进行评价工作。在评论中，了解自己在教学中的得与失与儿童在各方面的表现是否达到了教学目标，为以后的教学做参考。

4．制定儿童能力目录表

幼稚园不同于小学、中学、大学，检查儿童的学习效果可运用考试这种方法，但这也不等于不对儿童的活动效果进行检查，因此他提出了用儿童目录法。他主张根据儿童不同的年龄制定出不同的能力目录表。制定目录表的用意是"使儿童的情绪、心智、动作、社交、道德状况的发表,获得一种标准。"教师运用能力目录表的好处是按天记录儿童的情况,这样做不仅帮助教师对于每一个年龄阶段儿童的能力进行测定,而且形成儿童自身能力发展目录表。教师应用目录表上的方法,可以获得大量的、丰富的幼儿材料,这些材料又可作为检查儿童活动效果和建设分类目录表的有效方法。

(五)幼稚园教师

张雪门对幼儿教师非常重视,并采用多种形式培训幼儿园教师。他认为:"幼教的良莠,由于主持幼教者的师资,而师资的由来,实由于师范教育的培植。如果我们研究幼教仅限于幼稚园的教育,抛弃了师范教育,这无异于清溪者不清水源,整枝叶者不整树本,决不是彻底的办法。"所以在他的幼儿教育工作实践中,总是把幼儿园的实验与培养师资相结合的。他还引导学生面向幼儿园,注重参观实习的工作。使这些学生在最短的时间内掌握教导幼儿的技能技巧。

张雪门先生是一位爱国的教育家,认为要发展中国,教育是其中重要的一方面,"而幼稚教育应居其始"。他的学前教育思想与实践,深受陶行知的影响,为我国现代学前教育的发展、为实现学前教育的本土化、乡村化做出了巨大的贡献。在20世纪30年代,我国幼教界就有"南陈北张"之称,即指南京有陈鹤琴,北京有张雪门,先生之影响由此也可见一斑。

三、陈鹤琴的学前教育思想

陈鹤琴(1892~1982),浙江上虞人,是我国现代著名教育家和儿童心理学家。他少年时期成绩优异,中学时代开始接受教会教育;1914年毕业于清华大学;1919年从美国留学回国后,在南京师范任职。他先后创办了南京鼓楼幼儿园、江西幼师、上海幼师、国立幼专等学校。建国后,他出任南京师范学院院长。陈鹤琴的教育实践和教育思想,已汇编入《陈鹤琴教育文集》论文集。该书上卷收集了儿童心理之研究和家庭教育两部分,下卷收集了幼儿教育、小学教育、师范教育、智力测验及文字改革等部分,约120万字。

(一)陈鹤琴的教育思想

他认为幼稚教育是一切教育的基础，反复地强调幼稚教育不仅是一种正式的教育，而且是人生的最基础的教育。由此他对幼稚园提出了以下的要求：(1) 幼稚园要适应我国的国情；(2) 儿童教育是幼稚园与家庭的共同责任；(3) 凡儿童能够学的而又应当学的，我们都应当教他；(4) 幼稚园的课程可以用自然、社会为中心的；(5) 幼稚园的课程须预先拟定，但临时得以变更的；(6) 幼稚园第一要注意的是儿童的健康；(7) 幼稚园是使儿童养成良好习惯的；(8) 幼稚园应当特别注意音乐；(9) 幼稚园应当有充分而适应的设备；(10) 幼稚园应当采用游戏式的教学法去教导儿童；(11) 幼稚园的儿童户外生活要多；(12) 幼稚园就多采用小团体的教学法；(13) 幼稚园的教师应当是儿童的朋友；(14) 幼稚园的教师应当有充分的训练；(15) 幼稚园应当有种种标准可以随时考查儿童的成绩。

(二) 陈鹤琴的教育方法

陈鹤琴在长期的工作实践中总结出儿童的几个特点，那就是儿童有"好动心"、"模仿心"、"儿童是易暗示的"、"好奇心"、"游戏心"，因此他要求教师要以"做"为主，在"做中教，做中学，做中求进步"。为此他提出了以下的教学原则：(1) 凡儿童自己能够做的，应当让他自己做；(2) 凡儿童自己能够想的，应当让他自己想；(3) 你要儿童怎样做，就应当教儿童怎样做；(4) 鼓励儿童去发现他自己的世界；(5) 积极的鼓励胜于消极的制裁；(6) 大自然大社会都是我们的活教材；(7) 比较教学法；(8) 用比较的方法来增进学习的效率；(9) 积极的暗示胜于消极的命令；(10) 替代教学原则；(11) 注意环境利用环境；(12) 分组学习共同研究；(13) 教学要游戏化；(14) 教学要故事化；(15) 教师教教师；(16) 儿童教儿童；(17) 要精密地观察。

陈鹤琴还根据当时幼稚园各科教学相互孤立、相互脱节而提出了"整个教学法"。所谓"整个教学法"就是把儿童所应该学的东西结合在一起，完整地、有系统地教授儿童。运用的教材以故事或自然为中心或出发点，组织儿童进行学习的方法。但在教学中所运用的故事或材料都以来自于儿童的生活，并符合儿童的心理特点。

他还指出，这种教学方法，比单科教学的方法要难组织，它是选一个儿童感兴趣的中心，然后使各科教学都围绕这一中心进行教学活动。这与我们现在的单元教学法与综合教学法比较类似。

（三）教育内容

陈鹤琴认为要根据儿童心理、生理发展的特点，对儿童进行德、智、体、美的全面教育。为此他对幼稚园课程提出了十大原则：（1）是民族的，不是欧美式的；（2）是科学的，不是封建的；（3）是大众的，不是资产阶级的；（4）是儿童化的，不是成人化的；（5）是发展的、连续的，而不是孤立的；（6）是配合目前形势和实际需要的，而不是脱离现实的；（7）是配合儿童心身的发展的，是促进儿童健康的；（8）是能够培养五爱的国民公德和民主、团结、勇敢、守纪律的优良品质的；（9）是陶冶儿童的性情，培养儿童的情感的；（10）是可以养成儿童说话的技能的。

根据这十条原则，陈鹤琴制定了幼稚园教育内容：

1. 儿童健康活动

进行这项内容的主要目的是培养儿童健全的身心。实施内容包括体育活动、个人卫生（基本卫生习惯训练，健康检查，缺点矫治与复查，进行儿童身高体重测量与发育速度统计，选举健康儿童）、公共卫生（大扫除，进行传染病预防注射与宣传，进行灭五毒，组织儿童家庭清洁辅导队）、心理卫生（各校做好问题儿童个案研究，各校联合做好问题调查）、安全教育（进行避灾训练）。

2. 儿童社会活动

进行这项活动的主要目的是使儿童明了个人与社会的关系；使儿童进一步参加社会活动，培养其服务团体的意识和兴趣；使儿童了解乡、镇、县、省和全国的关系及中国与全世界的互相影响，激发其爱国爱群及民族精神的发展。

3. 儿童科学活动

进行这项活动的主要目的是增进儿童科学知识，培养儿童实验兴趣，启迪儿童创造能力等。实施内容以生物理化及生产劳动为范围，各校可进行养蚕、植树、种菜等活动，还可以在园内安放畜养舍、飞禽笼等。

4. 儿童艺术活动

进行这项活动的主要目的是陶冶儿童情绪,启迪儿童审美感,发展儿童欣赏力,培养儿童创造力。实施内容包括音乐、美术、工艺、戏剧。

5. 儿童文学活动

进行这项活动的主要目的是培养儿童对于文学的欣赏能力和发表能力;培养儿童对于中国文字的认识和运用;培养儿童对于方法修辞的研究奥秘;培养儿童对于文学的创造能力。实施内容包括童话、诗歌、谜语、故事、剧本、演说、辩论、儿童应用文、书法。

(四) 教师应具备的条件

1. 政治思想方面

要认识新中国之文化教育建设的方针,树立为人民服务的思想,学习马列主义毛泽东思想,要培养儿童的"五爱"精神,为国家建设而努力等。

2. 业务修养方面

要深切认识幼稚教育工作的伟大意义,增强幼教工作的自觉性、积极性;要了解和精通幼教业务,如音乐、自然、故事、游戏、舞蹈、手工、图画等教学技能和方法;同时,要具有优良品质,处处以身作则;要特别注意保护儿童的健康,注意儿童智力发展和道德品质的培养。

3. 教学技术方面

幼儿教师要掌握教学技术的原则;能充分利用大自然、大社会的活教材进行教学;能运用多种方式,如不仅能运用语言、文字讲故事,而且能以图画、唱歌等形式使教学更加生动。具体地说,一个幼儿园教师,应当掌握的教学技术包括:能讲生动的故事,能编歌谣、谜语,能画图、做手工,能唱歌、演奏一种乐器,能种花种菜,能玩简单的科学游戏,能布置教室,能做点心和烧菜,能做初步的急救工作。

4. 优良品质方面

一个幼儿教师,对人,应该和蔼可亲,不发脾气,帮助别人,乐于合作。对己,能掌握自我批评武器,不自私,注意健康。对儿童,要热爱,要公平对待。对工作,有高度热情,富有创造性,决不灰心。对学问,要做到"学习,学习,再学习"。对敌人,要憎恨!为争取世界和平而坚持地斗争。

(五)幼儿园的惩罚

陈鹤琴先生认为:在学校里最好不用惩罚。从理想上说,学校如果办得完美,自然就用不到惩罚,但是学校不容易办得完美,惩罚也就不能废除了。但陈鹤琴先生也对惩罚提出了原则:(1)教儿童明了规则的意义。(2)使儿童了解规则是公共应守的纪律。(3)惩罚不得妨害儿童身体。(4)惩罚不得侮辱儿童的人格。(5)惩罚不得妨害儿童学习。(6)在可能范围内须尽力顾全名誉。(7)须鼓励儿童勇于改过引起他们自爱。(8)施行步骤:友谊式的劝导——命令式的警告——揭示姓名——分座。

作为"我国幼儿教育之父",陈鹤琴先生为走出一条中国式的幼儿教育之路做出了很大的贡献,留下了宝贵的遗产。他的学前教育思想及其实践,为我国学前教育的持续发展奠定了基础、指明了方向,也为我们当代学前教育工作者提供了宝贵的思想财富和可供借鉴的样板。

复习思考题

1. 学前教育经历了哪几个历史性阶段?各阶段有什么明显的特点?

2. 试述杜威教育思想的特点及教育基本原则。

3. 试述蒙台梭利教育思想、教育原则及其教育方法。并结合自己的工作经验,谈一谈蒙台梭利学校的教师与我国幼儿园教师的最大分别是什么。

4. 试述皮亚杰儿童认知发展理论对学前教育的影响。

5. 试述三位我国现代著名学前教育家的教育思想及其特点。

6. 你认为幼儿教育教学需要惩罚吗?应不应该禁止体罚甚至各种变相体罚?

第五章 学前教育目标

第一节 学前教育目标的制定

一、什么是教育目的

所谓教育目的,就是通过教育过程把受教育者培养成为什么样质量和规格的人。每一个人生下来后都面临着一个发展可能性的空间。作为教育者,包括教师、家长和社会总要为他选择某一种发展的可能性,按照某种期望与要求去塑造他、培养他,使他朝着这种期望与要求去发展,这就是广泛意义上的教育目的。我国的教育目的是国家管理教育的最高决策层规定的,是对全国各级各类教育提出的统一的人才培养的规格和要求。

二、制定学前教育目标的依据

学前教育目标是教育目的在学龄前儿童阶段的具体化。学前教育目标的制定主要考虑以下方面:

(一)我国教育方针

学前教育目标是我国教育方针在学前阶段的具体化。作为教育体系中的第一个环节,学前教育的目标要遵循整个教育体系的总方向和方针。教育方针经历了数十年的变化更迭,最终确立为"培养德、智、体等方面全面发展的社会主义事业的建设者和接班人",而邓小平同志指出的"教育要面向世界,面向现代化,面向未来"则为我国教育的发展,包括学前教育的发展提出了准绳和依据。

(二)社会发展的需要

学前教育目标也要预见社会新的要求,具有前瞻性。世界正在进行的一场新的技术革命,我国也毫不例外地处在这个浪潮之中。这就要求教育不仅要面向本国社会的需求,还要面向世界,面向未来,以适应未来社会的发展。

随着交通、通讯和现代化传播技术的发展,世界范围在缩小,国家之间的距离在拉近。未来社会是一个国际化、全球化的社会。担负着为未来培养人才的学前教育,就必须面向未来有一个前瞻性的目标和意识。面对21世纪的来临,培养什么样的人再次成为学前教育工作者关心的话题。1993年联合国教科文组织成立了"国际21世纪教育委员会",提出"学会认知、学会做事、学会做人、学会共处"是未来教育的四大基础支柱。学前教育面临的社会发展需求是:

1. 培养全面素质

从世界学前教育的发展目标来看,其目标从以往的只重视知识的传授转向重视体智德美全面发展。联合国教科文组织召开的"面向21世纪教育国际研讨会"专题报告提出:"总而言之,21世纪最成功的劳动者,将是最全面发展的人,是对新思想和新的机遇最开放的人"。

2. 重视培养竞争意识、竞争道德、竞争能力

使幼儿从小学会与自己的过去竞争、不断自我完善、不断超越自我,具备与他人竞争的能力与心理素质。21世纪的我国,市场经济将更加发达,随之社会将进一步表现出竞争性、开放性、创造性、变化性和冒险性等特征,为了更好地适应将来的社会,在幼儿教育现有的目标中渗透未来社会对人才素质的要求。重视培养幼儿大胆探索、不怕吃苦、不迷信权威、勇敢追求和冒险的品格。

3. 重视培养幼儿开阔的眼界、宽广的胸怀、开放性的思维习惯

鼓励幼儿认识变化、适应变化、促进变化,为幼儿适应未来变化万千的社会打下基础。

4. 重视培养创新精神

未来社会是信息化的社会和知识经济的时代。知识经济时代是以知识为资本、智能为财富,以不断学习、不断创新为基本特征的。学会学习和不断创新将成为未来社会的时代精神。幼儿成长和进入

未来的信息化时代唯一的通行证就是学会学习,有不断创新的能力和精神。这种能力和精神要从幼儿开始培养。

(三)学前儿童发展的需求

长期以来,人们在制定学前教育目标时,往往着眼于社会和学科教育两方面的需要,而很少考虑儿童自身发展的需要、特点和发展规律。作为学前教育根本性目标的儿童发展本身被排除在学前教育的目标体系之外。结果造成成人按照习惯设计的蓝图去塑造儿童、要求儿童,使儿童纯真美好的天性受压抑,得不到充分的发展,得不到童年期应有的欢乐,使他们蕴藏的巨大潜力被抑制。事实上,学前教育的目标最终要落实到每个儿童的身上,因此只有正确认识并理解儿童身心发展的特点和规律,才能制定出科学的学前教育目标。

近年来,人们逐渐认识到学前期是儿童身心发展的最迅速时期,每一个儿童具有独特的个性和自身独特的发展需求。世界各国的学前教育工作者逐渐认识到教育目标应该以儿童发展为核心,满足儿童发展需求。

第二节 正确理解我国学前教育目标

一、我国学前教育目标

学前教育是全面启蒙奠定基础的教育。根据《教育法》中规定的教育目的和学龄前儿童的身心发展需求以及社会发展的趋势,我国学前教育的目标在《幼儿园工作规程》中得以完整表述,即:"对幼儿实施体、智、德、美诸方面全面发展的教育,促进其身心和谐发展。"

二、正确理解学前教育目标

(一)全面发展的教育是全球学前教育目标的发展趋势

从世界学前教育目标的发展趋势来看,20世纪经历了60年代着重智力开发,70年代强调培养创造力以及80年代重视儿童个性、情感和社会化发展的曲折历程,我国在改革开放的10余年间,也走过了类似的艰难曲折道路。在进入90年代以来,世界各国才开始把儿童全面和谐发展本身作为学前教育的根本目标。

如美国一个有较高质量的学前教育方案的教育目标是:1.帮助每个儿童经验智能的增长和接受环境刺激;2.帮助每个儿童成为情绪稳定的人;3.帮助每个儿童成为社会的良好适应者;4.帮助每个儿童获得健康的身体;5.帮助每个儿童提高审美能力。日本希望幼儿发展为"身心俱健的21世纪的国民"。他们着眼于未来,在个性发展、人际交往能力、民族意识、国际化以及适应社会变化能力等方面,提出了较为全面的教育目标。

全面发展是我国一贯的教育方针,在我国学前教育的理论和实践当中也一直以此为依据。但是在实际教育过程中总表现为某一方面的偏重和缺失,如重智育轻体育,重知识轻道德等,全面发展的要求还只能停留在纸面上。

这种现象的存在有着诸多原因:

1. 长期文化传统的影响

作为有五千年悠久历史的文明古国,人们较为重视给予儿童足够的文化知识,至于其他方面则可忽视。

2. 家长的功利需要

由于独生子女政策的推行,目前在我国城镇家庭中独生子女约占90%以上。家长"望子成龙"、"望女成凤"的心态十分普遍,许多家长过早地为孩子选择职业定向,学习一技之长,希望孩子能够在人才竞争中取胜。而作为学前教育目标当中一些基本的内涵则被忽视和削弱了,如学前儿童的人格培养、身体素质的提高、审美素质的提高等等。

3. 应试教育的压力

由于升大学竞争和就业竞争的现实性矛盾,学校教育陷入应试教育的模式当中,而这种竞争也已经广泛深入地影响到学前教育阶段。在社会上风行的"零岁方案"、"神童方案"等无不反映出应试教育在学前教育中的影响,也正因为上述原因,家长和幼教机构难以摆脱这种短视的教育做法,表现为重知识灌输,轻能力培养;重智力培养,轻人格因素培养等错误倾向。一些幼儿园迫于家长的压力或经济利益的驱动,办起了各式各样的兴趣班、特长班,干扰和影响了幼儿园全面发展教育目标的贯彻实施。

为此,有必要正确地理解全面发展教育,培养人的全面素质的含义。我国在1996年正式颁布的《幼儿园工作规程》中明确提出幼儿全面发展教育的含义包括以下方面:

1. 体育目标

促进幼儿身体正常发育和技能的协调发展,增强体质,培养良好的生活习惯、卫生习惯和参加体育活动的兴趣。

2. 智育目标

发展幼儿智力,培养正确运用感官和运用语言交往的基本能力,增进对环境的认识,培养有意的兴趣和求知欲望,培养初步的动手能力。

3. 德育目标

萌发幼儿爱家乡、爱祖国、爱集体、爱劳动、爱科学的情感,培养诚实、自信、好问、友爱、勇敢、爱护公物、克服困难、讲礼貌、守纪律等良好的品德行为和习惯,以及活泼、开朗的性格。

4. 美育目标

培养幼儿初步的感受美和表现美的情趣和能力。

上述四个方面构成了学前儿童全面素质的提高,体现了我国学前教育培养人才的规格和发展方向。

(二) 正确处理好以下几个关系

1. 处理好体育和其他各育之间的关系

学前教育的对象是6岁以前的儿童,他们的身心发展处于关键期,身体各器官正在快速成长,身高、体重不断增加,神经系统成长加快,其身心发展速率是人生中最快的一个阶段。同时学前儿童又处于身体柔弱,生活自理能力、心理承受能力和疾病抵抗能力都较弱的时期,因此坚持以学前儿童身体为重,保护、培养其健康的心理,切实做好幼儿生理、心理卫生保健工作是促进儿童体、智、德、美全面发展的首要条件。

2. 处理好智育和德育之间的关系

近数十年以来,众多理论研究证明人生头几年是智力发展的重要时期,但是在重视智育的同时也要强调幼儿品德的培养。6岁以前是人格陶冶最重要的时期。良好的性格和行为习惯的早期养成为幼儿今后的成长奠定了基础,也会大大促进幼儿智力的进步。

3. 处理好知识和智力的关系

在当前的学前教育中,重知识轻能力的现象较为普遍。这是由于家长和教师对智力的理解仍然存在着偏差。美国学者加德纳提出人的智力是由七种能力组成的,它包括语言智力、逻辑或数学智力、音乐智力、空间或视觉智力、运动智力、人际智力和内省智力。因此在进行智力教育的时候,既要考虑到知识的传授,更要注意幼儿能力的培养。

4. 处理好全面发展和因材施教之间的关系

全面发展的教育是我国的教育方针所规定的,但是对幼儿实施全面发展的教育并不等于对全体儿童进行同一标准的教育。幼儿的生理和心理特征具有年龄阶段性和个别差异性。同一年龄阶段的幼儿在身心特征方面具有相同之处,但与此同时,也存在着个体的差异性。应该说,每一个幼儿都具有独特的特点,因此要根据儿童个人潜能和特性在体智德美等方面有所侧重地全面发展,也就是在"面面俱到"中做到"重点突出",因人而异,因材而就地"全面发展"。全面发展教育的最终结果就是个人潜能和社会价值的充分展现,这也是全面发展教育的根本目的之所在。社会、家长和幼教从业人员都应该认真加以理解,使每个儿童能够在教育的影响下得到最大限度的发展。

复习思考题

1. 试析学前教育目标应如何适应现代社会的发展需求。
2. 我国学前教育的目标是什么?
3. 如何正确处理好全面发展教育和因材施教之间的关系?

第六章 学前教育的基本活动——游戏

第一节 游戏对儿童发展的重要意义

一、游戏的特点

著名教育家杜威说幼儿阶段"生活即游戏,游戏即生活"。对于学前儿童来说,除了吃饭、睡眠等生活活动之外,一日生活中的主要时间就是在游戏。甚至生活活动也是以游戏的方式来进行的。他们搭积木、玩沙子,扮成妈妈的样子哄娃娃睡觉等,这些都是游戏。学前儿童的游戏主要具有以下特点:

(一)游戏是自发的、自愿的

儿童每天都在自发地进行游戏。不需要大人在旁边督促,儿童都会主动地进行游戏。如他们看到滑梯就会快乐地从滑梯滑下来,在泥土边挖沟、筑城堡,在小树林里捉迷藏、拣落叶等。他们还自愿地结成伙伴进行游戏,从中体验到无穷的快乐和满足。

(二)游戏是自由自在的

儿童在游戏的时候没有规定的模式。他们会根据自己的能力和喜好选择不同的游戏。在游戏中他们可以自由地表达自己的内心,尽情显露内在的潜力。

(三)游戏是愉快的

游戏不同于劳动,它没有劳动的物质目的,而以参加游戏活动的过程和取得游戏结果的愉快为目的。对于儿童来说,游戏是一种享受。在游戏中他们可以自由地表达自己的思想,探索周围事物。

(四)游戏是充满幻想和创造的

儿童在游戏过程中能够充分发挥其想象力，创造不同的玩法。如儿童在玩沙、玩泥的时候，他们会想出不同的玩法，并且玩得津津有味。游戏就是玩，是"假装的，不是真的"。游戏的假想性是以模仿现实生活的某一个侧面为基础，但又不是照样模仿，而是加入了人的想象活动。如用一根棍子当马骑，用一根冰棍棍当注射器等。

二、游戏对儿童发展的作用

儿童的游戏不同于成人的玩，游戏对儿童的成长具有重要的意义。但是在实践中，家长和教师却仍然存在着认识模糊、偏差的现象，如有的家长认为游戏只是玩，儿童应该花更多的时间坐下来学习；有的教师则认为游戏仅仅起到调剂儿童生活，放松情绪的作用。面对这些错误或片面的认识，有必要认真理解游戏对儿童发展所起到的作用。

（一）游戏促进儿童的认知发展

游戏伴随着儿童成长。儿童通过游戏探索环境，从接触物体中获得知识并解决问题。正如教育家苏霍姆林斯基所说："游戏犹如火花，点燃了探索求知的火焰"。

1. 在游戏中儿童可以潜移默化地学到许多知识

如在爬攀登架的过程中他能体会到空间和高低，在玩水的过程中他会感觉到干与湿，玩积木的时候他能够体会并认识到大小、形状、颜色等。

2. 游戏有助于培养儿童的注意力、观察力和判断力

在游戏的过程中，儿童会不断地移动、触摸、聆听、观察，这些感官刺激有助于培养注意力、观察力和判断力。如推小汽车玩，他会观察到汽车的速度和用力大小之间的关系。

3. 游戏能够激发儿童创造力和思考力

儿童的创造力在游戏中表现得十分明显，如一个3岁的儿童把玻璃杯拿在手里当话筒煞有介事地唱歌的时候，就充分表现出他的创造力。如在搭积木、做手工的时候，就要去想象，去思考：我想搭一个什么样的东西？它的主要特征是什么？用什么搭？怎样搭才像？然后创造出一个新的"产品"，这个思考，想象的过程就是孩子

发展创造力的过程。

(二) 游戏促进儿童的社会性发展

孩子们在游戏中作为集体的成员，开始学会相互理解，共同遵守规则，学会与人相处，借助于游戏，儿童的社会交往能力得到了锻炼与发展。特别是在角色游戏中，儿童通过扮演各种角色，学会理解别人，并尝试体验长大后可能成为的角色。在游戏中，他们首先学会发现自我，他们了解到自己是什么样的人，自己的行为会带来什么样的后果，别人会对自己有什么样的反应，自己会对别人有什么样的反应等。

(三) 游戏有利于儿童情绪的发展

通过游戏使儿童能够解决一些情绪问题，在试验性的、没有恐惧的情境中学习对付焦虑和各种冲突。儿童的各种情感，无论是积极的还是消极的情感都需要得到表现。游戏为他们提供了如何安全、妥当地表现自己的情感的途径，从而能够设法驾驭、控制不友好的、攻击性行为。

1. 游戏是儿童表现情感的一种重要方法

孩子们在游戏的时候往往全神贯注、无拘无束，显露出自己的真正本性。因此游戏好像是儿童情绪的晴雨表，教师可以从游戏中观察了解到儿童的喜怒哀乐。如一个小女孩抱着她心爱的洋娃娃，温柔地抚摩、亲热、说悄悄话，也充分表现了孩子愉悦美好的心理感受。

2. 游戏是儿童克服情绪紧张的一种手段

孩子们可以在游戏中学习解决问题的方法。如他们选择一件玩具。这个玩具代表了他所惧怕或不喜欢的东西。在游戏中操作和摆弄他，能够使儿童消除害怕或者厌恶的情绪，重新获得自信，解决问题。如儿童乐意玩医生和护士的游戏，在游戏中儿童扮演医生或护士，津津有味地玩着打针的游戏。有的孩子在娃娃家中哼着歌曲哄娃娃睡觉等。

3. 游戏有助于消除孩子愤怒的心情

在当代有许多心理学家或教育家将游戏作为一种治疗手段，治疗儿童的行为问题或者情绪问题，收到了良好的效果。

(四)游戏有助于学前儿童身体的锻炼和成长

在童年的游戏中,有大量的运动性游戏,也是儿童十分感兴趣的游戏形式。当孩子们在跑、跳、攀登、爬的活动中,加快了血液循环,促进新陈代谢,并且增强体力,使他们的动作变得协调、身体越来越结实。而当儿童在从事玩沙、绘画、拼图等需要小肌肉活动的游戏时,可以训练手指、手腕、手掌的灵活性,以及手眼协调能力,使儿童变得更加灵巧。

第二节 游戏条件的创设

在1996年颁布的《幼儿园工作规程》中明确规定幼儿园教育要以游戏为基本活动,寓教育于各项活动中。

一、给儿童充足的游戏时间

儿童在2岁以后逐渐开始了游戏活动,他们除了睡眠以外,大部分时间都是在游戏中度过的。另一方面,无论是哪类游戏都需要充足的游戏时间去探索和尝试。只有充足的时间,儿童才可能真正投入、探索和享受游戏的快乐。如果游戏时间仓促,儿童无法深入了解玩具的特性和玩法,会降低游戏的作用,也会阻碍幼儿对游戏的兴趣。

在幼儿园的每日生活中,游戏是主要的活动。游戏是教育的主要途径,也是孩子学习的最佳途径。但是在幼儿园的教育实践当中,人们常常把游戏和孩子的教育割裂开来。教师应该坚定信念,把游戏作为儿童的主要活动。在幼儿园里,既要给儿童比较充分的自由游戏的时间,又要以游戏的方式去组织儿童的教育教学活动。真正使游戏成为教育的基本活动。教师必须尽可能地利用一日生活的各个环节,开展自选游戏,以保证充足的游戏时间。如幼儿来园、早餐后的时间,晚饭后准备离园的时间均可用于自由游戏。

二、户外游戏环境的创设

创设良好的游戏环境是教师组织和指导幼儿游戏的重要一环。

两千多年以前，柏拉图设想的儿童教育，便是从提供良好的、宽敞的、露天的游戏场着眼的。柏拉图的这个主张至今仍有其现实意义。

（一）场地是儿童游戏必须的空间条件

户外游戏场地是幼儿户外活动的空间。室外的游戏场地要平坦，有遮荫处，不远离活动室。各个班级最好有专用的游戏场地，同时全园也要有公用的游戏场地。游戏场地要放置一些大型的设备和用具，如体育游戏的大型器械和玩具、大型积木等。室外场地的布置要合理，以不妨碍儿童奔跑、活动为原则，避免因设备密集而妨碍儿童的活动和发生不安全的问题。

（二）户外活动时间的保障

《幼儿园工作规程》规定，幼儿园每日户外活动时间不得少于两小时，寄宿制幼儿园不得少于三小时。由于各个地区、各季节的气候各不相同，要因地制宜，尽可能让儿童有更多的时间在户外活动，包括游戏活动。

三、幼儿园室内活动区的创设

活动区是近年来伴随幼教改革的推行而出现的新生事物。活动区打破了传统教育中课桌椅排列小学化的模式，充分考虑了学前儿童的年龄特点，以游戏的情景，提供多样化的材料，满足儿童操作的不同兴趣，使儿童通过游戏活动，获得认知、情感、身体等各方面的发展。在创设活动区的过程中应注意以下问题：

（一）关于活动区种类和数量的选择

在本班的活动室内设置什么样的活动区，设几个活动区是教师在创设活动区过程中首先会遇到的问题，要从以下几方面去考虑：

1. 培养目标

在创设活动区时，要考虑活动区应当能体现《规程》中提出的教育目标，提供给孩子们在身体、语言、认知、社会和品德、情绪和美感发展方面的经验。

身体发展：在活动区中幼儿有机会发展小肌肉和大肌肉的技巧，如拼图、粘贴等手工活动、建筑和玩沙、玩水活动等。

语言发展：在活动区中提供给幼儿与同伴、大人交流的机会

（包括倾听、交谈等），聆听和阅读故事、诗歌等。

认知发展：在活动区中提供机会让孩子了解周围世界的有关知识，包括数、常识、健康等领域。

社会和品德的发展：在活动区中提供机会让幼儿认识社会，发展社会交往技巧，养成良好品德习惯。

美感发展：在活动区中提供机会让幼儿体验欣赏并表达美的各种形式，如绘画、音乐、舞蹈等。

与上述目标相适应，幼儿园可设置的活动区有：积木区、图书区、角色扮演区、益智区、科学区、音乐区、玩沙玩水区、美工区等。此外还可以有各种活动区以及不同的活动区名称。

2. 本班的实际情况

在我国幼儿园的现有条件下，由于活动室空间的狭窄拥挤，不可能同时容纳满足幼儿上述各方面发展需求的活动区，教师要根据现有条件来选择活动区的种类和数量，因地制宜，不盲目抄袭别人。这里现有条件的含义是指活动室空间的大小，幼儿的兴趣需要以及个别差异等。活动室的空间大小决定了活动区的数量，为了挖掘潜力，扩大活动室的空间，以下经验可以参考：如取消睡眠室的固定床铺，改为折叠式，腾出空间让孩子活动；充分利用阳台、走廊的空间设置相应的活动区；在活动室现有高度内，加设一层阁楼用做孩子的睡眠室。此外为了满足不同幼儿的需要，教师还可以增设一些特殊的活动区。如安静区，划出一块小小的角落，满足孩子有时需要独处的愿望等。

3. 本阶段的教育重点

如9月份是小班幼儿新入园的第一个月，教育重点是帮助幼儿尽快适应幼儿园的生活，与此相适应，教师可选择娃娃家、积木区、小小扮演区等与家庭氛围相似的区域，让新入园的幼儿在像"家"一样的活动区内自由活动，使他们感觉到温暖熟悉，并逐渐喜欢幼儿园。

总之，活动区的种类和数量不是一成不变的，在综合考虑以上各因素的基础上，教师应当和孩子们一起讨论，征求他们的意见，共同选择，创设"儿童化"的活动区。

（二）关于活动区材料的投放

在活动区活动时，一些孩子经常在某个区内游荡或发呆，不知该作些什么。其中的一个原因即玩具材料投放不当，孩子不感兴趣。材料玩具是幼儿活动和操作的物质对象，幼儿是否对活动区感兴趣，是否能顺利地开展活动，很大程度上依赖于材料和玩具的提供，应做到：

1. 材料和玩具多样化

教师应当在各个活动区内提供足够的材料和玩具，使幼儿在其中快乐地操作、探索和扮演。材料的种类应当适合不同孩子的能力和经验。如在益智区中提供的拼图玩具，其难度和复杂程度应有所区别，在操作区中提供大小不等的串珠活动等，让每个孩子都能够在其中找到适合其能力和经验的材料。游戏材料既可以是成型的，也可以是未成型的，以激发幼儿的创造力。材料既可以是现成的，也可以由教师和幼儿共同制作，更可以鼓励家长参与搜集，使家园教育同步化。既提供幼儿单独玩的游戏材料，如拼图，也提供合作的游戏材料，如玩水、玩沙等，满足幼儿独自探索和与人交往的不同要求。

2. 材料和玩具摆放清楚、明确

多样化的玩具和材料应当有系统地分类放在开放性的、低矮的架子上，或者用透明的容器分类摆放，如筐、篮子、盘子等。同时也要用文字或图案来表示物品存放的位置。通过上述方式既帮助幼儿轻松顺利地拿取和收拾物品，保证活动的顺利开展，也便于教师管理。

（三）关于活动区的合理布置

教师在具体规划和合理布置众多的区域时需要考虑下述几点：

1. 各个活动区之间的界限性

所谓界限性即各活动区要划分清楚，界限明确，便于幼儿开展活动和教师进行管理。在划分界限时，除了考虑美观、漂亮之外，更要从教育的角度出发来设计。

（1）平面界限的划分。教师通过地面的不同颜色、图案或质地来划分不同的区域。如在娃娃家里的地面上刷上温暖的红色，在积木区的地面上铺上地毯等,让幼儿看了一目了然,很快就会记住不同的区域。

(2) 立体界限的划分。教师运用架子、柜子或其他物体隔离划分出不同的区域,形成封闭或开放的空间。值得注意的是,教师运用的隔离物不可太高,最好适合幼儿的视线和高度,以便他们能够清楚地辨认区域,也便于教师及时观察,控制幼儿在各个活动区中的活动。

(3) 悬挂张贴不同的标牌或装饰物。教师可以用写有相关活动区的文字、图片或装饰物帮助幼儿认识区别各个区域。

值得注意的是,在清楚划分各个区域的同时,还要注意在活动室内留出足够的便于幼儿进出的通道,保证活动区活动的顺利开展。

2. 各活动区之间的相容性

所谓相容性是指在布置活动区时要考虑各个区域的性质,尽量把性质相似的活动区安排在一起,以免相互干扰。美国学者布朗把活动区的性质描述为静态、动态、用水、不用水等特性,并据此把活动区归为下述四大类:

静态、用水——自然区、手工区、美工区。

动态、用水——玩沙区、玩水区、烹饪区。

静态、不用水——图书区、数学区。

动态、不用水——音乐区、娃娃家、积木区。

根据上述类别,教师尽量把性质相类似的活动区放在相邻的位置,如把以安静的阅读活动为主的图书区和以动脑为主的数学区放在一起,把操作活动为主的积木区和娃娃家放在一起等。同时还要考虑,需要用水的活动区应当靠近盥洗间或取水处;自然区和图书区等需要明亮光线的区域应靠近窗户等。

3. 各活动区之间的转换性

所谓转换性即教师在考虑划分各个区域的同时,也要考虑幼儿可能出现的将一个活动区内的活动延伸转换至其他活动区的需要。如幼儿在娃娃家的角色游戏活动,可能会延伸到积木区;幼儿在自然区的活动可能会延伸到美工区,如幼儿在自然区观察了金鱼以后,可能就想把金鱼在水里游的情景画出来。因此教师应该预见幼儿可能出现的延伸活动,在活动区的设置上尽量满足幼儿的这一需求。同时密切观察幼儿在各个活动区的活动,细心了解幼儿的兴趣和需要,并及时调整活动区的种类和数量。

(四) 关于活动区规则的确定

规则是保证活动区活动顺利开展的重要因素。一方面教师要善用环境来暗示规则,如整齐有序的材料摆放、清楚明显的标志都会潜移默化地鼓励幼儿玩后把原物放回,收拾整齐。另一方面,教师也要明确制订一些规则,如每个活动区的人数,进入活动区的标志,在每个活动区应当如何开展活动,活动后如何收拾整理等,以保证活动的顺利进行。对于4岁以上的幼儿,教师可以和他们一起讨论应该有哪些规则,如:"娃娃家里每次只能有5个人一起玩,小朋友们应该怎么办?""科学区里只有一个放大镜,可是却有两个小朋友想用,应该怎么办?""用什么办法让小朋友们离开积木区后保持玩具整齐?"启发孩子自己想办法、订规则,这种平等的方式能够使幼儿自愿地遵守规则,因为这是由他们自己提出来的,不会产生对教师单方面指定规则的抵触情绪,同时也会增强幼儿的自主意识,帮助他们了解与小朋友相处的技巧,如轮流、等候的习惯等。

四、提供玩具和游戏材料

玩具和游戏材料是游戏的物质支柱,也是认识掌握世界的工具。儿童的游戏经常是由玩具引起的。如儿童看见玩具炊具就会玩起做饭的游戏,看见积木就玩起结构游戏。年龄较大的儿童会先确定游戏的主题,然后再去选择玩具。总之,玩具是帮助幼儿在游戏中实现假想,满足愿望的必需物,没有玩具就没有游戏活动。玩具也直接影响着儿童的游戏发展。

在这里提供一些可在各个活动区内投放的玩具和游戏材料供参考:

积木区 大型空心积木,中小型积木,各种附件玩具(如动物、人物、交通工具、标志等),各式木块、木条,大小木板、地毯等。

操作区 积木,拼板,齿轮玩具,穿珠,各式组合玩具,拼图。

语言区 书架,儿歌卡,字卡,录音机,地毯,图片,图画书,故事，儿歌录音带，耳机，笔，订书机，纸张（图画纸，白报纸），旧杂志（内有图、字），剪刀，胶水。

音乐区 铃鼓，三角铁，木鱼，音乐带，摇铃，小鼓，录音机，自制乐器。

木工区 铁锤，钳子，大小钉子，大小木头、木条、木块、泡沫塑料块，工作台（大木箱、旧书桌），螺丝，铁丝，砂纸，展示架。

玩沙区 沙箱，沙坑，沙池，漏勺，小桶，各式塑料容器，瓶罐，铲子，漏斗，筛子，塑料玩具如动物、交通工具等，树叶，树枝，木块，木板，沙箱上设置运沙的滑轮。

玩水区 水管，水桶，漏斗，量杯，海绵，抹布，水盆，勺子，大小容器，毛巾，拖把。

体能区 攀爬绳网，攀登架，厚木板，绳子，木箱，绳梯，拳击袋，梯子，平衡木，垫子。

隐蔽区 屏风，地毯，布偶，玩具，大纸箱，枕垫，图书。

烹饪区 案板，盘子，碗，量杯，小刀，盆子，量勺，搅拌器。

泥工区 黏土，纸黏土，圆木棍，叉子，剪刀，桌垫，面团，陶土，线轴，展示架。

益智区 各式拼图，圆形嵌板，数字积木，色子，分类图卡，数字卡，益智游戏，扑克牌。

绘画区 各式画笔（蜡笔、水彩笔、彩色铅笔、毛笔、铅笔、粉笔、签字笔、小刷子等），颜料（广告颜料、水彩、墨汁），调色盘，画架，黑板、白板，工作衣，各式不同大小、颜色、形状的纸张（图画纸、白报纸、色纸、海报纸、电脑报表纸、壁纸、牛皮纸），滚筒，调色瓶罐，工作桌，板擦，清洁用具（抹布、拖把等）。

科学区 放大镜，手电筒，天平，滴管，弹珠，大小木板，水箱，贝壳，各种豆子，标本，鱼缸、水族箱，万花筒，温度计，量尺，透明瓶、罐、盒子，齿轮，磁铁和吸着物品，沉浮物品，石头，植物盆栽，昆虫箱，小动物（兔子、小白鼠等）。

戏剧区 各式质地和造型的玩偶，布袋戏，面具，各种角色的布偶。

扮演区 各种服饰、装扮用品，婴儿车，大镜子，清洁用具，枕垫，娃娃。

在管理和使用玩具和材料时，应注意以下几点：

1. 因地制宜，注意废旧材料的运用

废旧材料如各式小瓶子、纸盒子、碎布头、小棍等在儿童游戏中有着特殊的、不可低估的作用。它对儿童的思维和想像的积极活动提供了便利条件。如儿童用半个皮球当锅、碗、船，与其他物品结合又当作蘑菇、屋顶等。又如儿童用电光纸和小棍做成风车，用厚纸和绳子做望远镜，用中型纸箱做成汽车身子，儿童将其套在腰部到处跑就是开汽车的游戏了。实践证明，儿童对废旧材料的兴趣要强于对于现成的玩具的兴趣。故而幼儿园应该重视对废旧物品的收集，以便向幼儿提供多样的、无毒的、无污染的、安全的游戏材料。

2. 让幼儿自由选择玩具

玩具属于儿童，应便于儿童使用。因此玩具材料应放置在儿童易于取放的地方，并允许儿童能自由选择玩具。

3. 制定常规，养成好习惯

制定常规，让幼儿养成爱护玩具，物归原处的好习惯。

第三节 游戏的指导和评价

一、树立正确的游戏教育观

不少教师和家长对游戏都有不正确的态度，他们认为游戏并不重要，只有学习、上课才是重要的。其实，儿童以游戏为生命，游戏是儿童的正当权利，是学前期的基本活动。

（一）游戏是儿童的正当权利

婴幼儿在生理上发育还很不成熟，他们以游戏为生命，游戏是他们生活的方式、学习和工作的方法。幼儿就是在游戏中生活，在游戏中学习，在游戏中成长的。因而，有游戏生活的儿童才能称得上是真正的儿童，也只有在游戏生活中成长的儿童才会是身心健康的儿童。游戏是儿童的正当权利。1989年第44届联合国大会通过的

《儿童权利公约》明确规定：儿童有权享受休息和闲暇，从事与儿童年龄相宜的游戏和娱乐活动，应尊重儿童参加活动的权利，并应鼓励提供从事文化、艺术、娱乐和休闲活动的适当和均等的机会。我国政府也在《儿童权利公约》上庄严签字，表明我国社会以法律的形式保护儿童的游戏权。因此，不让儿童玩游戏的做法是极其错误的。

（二）爱玩、会玩是评价婴幼儿发展的标准之一

当前在婴幼儿教育中，游戏行为往往不被鼓励，爱玩常被看作是淘气、调皮捣蛋、不用功、没出息。喜欢不喜欢玩，会不会玩，对大人也许不那么重要，可对婴幼儿却是件大事，它是衡量儿童身心健康发展的重要指标。由于婴幼儿游戏水平反映着他们的身心水平，因此，会玩的儿童总是聪明能干的、身体健壮的、善于交往合作的。教师在评价儿童的时候应该把游戏能力也当作一项重要的指标。

（三）游戏是婴幼儿最自然、最有效的学习

正如在第一节中所分析的那样，游戏是早期教育的最佳方式。婴幼儿天性是活泼好动的。游戏恰好能够激发儿童的兴趣促使儿童情绪兴奋，充分发挥幼儿积极主动性在早期教育中的作用。通过游戏能够培养幼儿的好奇心，开拓智力，提高语言表达能力以及形成团结友爱，互相合作等社会性行为，增强体质。人们在过去把玩和游戏看作是对立的。其实，游戏的对立面不是学习而是不游戏。在游戏中学是婴幼儿学习的特点，游戏的过程就是婴幼儿学习的过程。由于游戏为他们提供了一个轻松愉快、具有丰富刺激的、能鼓励自己学习的良好环境，使他们获得安全感、自尊和自信，获得对学习的持久热情，从而终身受益。而一些家长和老师力图让幼儿提早进入读、写、算的学科学习，其结果可能适得其反。因此，游戏是促进婴幼儿身心全面发展的重要手段，应充分发挥它的教育作用。

二、教师在游戏过程中的作用

游戏是学前教育的基本活动。教师在游戏过程中的作用决定了儿童游戏的质量和对儿童成长发展的不同效果。一般而言，教师在游戏过程中的作用主要体现在：

（一）创设游戏环境

教师应根据本班儿童的兴趣、爱好、发展水平以及该年龄班的教育目标创设游戏环境。（详见第三节）

（二）指导和促进游戏的开展

指导游戏是需要教育艺术的。

1. 激发兴趣。教师可以通过介绍活动内容，展示活动材料，提出行为要求等方式，鼓励婴幼儿选择活动。

2. 教师要多用肯定性的态度，在游戏过程中创造出一种轻松愉快的环境氛围。如教师要善于用微笑、鼓励的眼神、点头以及饱满的情绪等体态语言，鼓励儿童去创造发现。

3. 针对不同情况，灵活运用多样化的教育方法。在游戏指导过程中，教师可运用的方法有提问、丰富知识经验、提供范例，演示具体技能，共同参与，利用儿童之间的相互影响互教互学等。

（三）观察和评估游戏

有人称游戏是婴幼儿身心发展的一面镜子。通过对游戏的观察和评估，可以真实地捕捉到婴幼儿在身体、智力、知识经验、情感、社会适应性、兴趣、个性等各方面的发展状况和特点，为教师指导游戏提供客观依据，不断地提高游戏的教育效果。

三、各类游戏的指导和评价

儿童的游戏是多种多样的，分类的方法也各不一致。有的把游戏分为安静性的游戏和活动性的游戏，有的分为使用器械和不使用器械的游戏，有的分为集体的和个人的游戏等。我国一般把游戏分为创造性的游戏和有规则的游戏。创造性游戏是学前儿童主动地、创造性地反映现实生活的游戏，是学前儿童特有的游戏，它包含有角色游戏、结构游戏和表演游戏等，有规则的游戏是成人为发展儿童的各种能力而编写的、有明确规则的游戏，如智力游戏、体育游戏和音乐游戏等。这里仅对具有典型意义的角色游戏和结构游戏加以分析和介绍。

（一）角色游戏

角色游戏是根据儿童身心发展的需要而产生的。3岁前的儿童以模仿动作为满足,3岁以后的儿童已不满足于简单地模仿动作了,而对扮演角色感兴趣,并逐渐进入角色,对现实生活中各种角色的认识和情感体验逐渐加深,角色游戏也就随之出现了。

1. 角色游戏的教育价值

(1) 对儿童社会性发展的价值。角色游戏是儿童在扮演各种角色的基础上进行的。通过对扮演角色的认识,儿童可以体会到这些角色的行为特点,认识人与人之间的交往关系,比如在"娃娃家"的游戏中,儿童通过扮演妈妈体会到母亲的行为以及和孩子之间的关系。在角色游戏中需要儿童相互协商分配角色,开展游戏,这都是儿童学习社会交往技巧的良好时机。

(2) 对儿童情绪发展的价值。在角色游戏中儿童重现那些愉快和温暖的经历。对于儿童来说,那些愉快的经历是十分难忘的。如儿童会时时怀念在过生日的时候吃的生日蛋糕,和爸爸妈妈一起吹蜡烛的情形。在角色游戏当中他就会重现过生日的角色游戏活动。

在角色游戏中儿童也能宣泄一些消极情感。如有的时候,儿童可能在角色游戏当中扮演他们所害怕的角色,如"医生打针"的游戏就是在幼儿当中十分普遍的一种游戏主题。从心理学的角度分析,儿童在扮演医生给娃娃打针的过程中,一边重温一边把害怕的旧经验重新加以整理,慢慢减少恐惧感。又如儿童常常借着角色游戏做些平时被大人禁止的活动。如一个爱打架的孩子在角色游戏中,模仿打仗,拿着玩具手枪或竖起手指,四处乱射他的敌人。以次来宣泄他内心受压抑的情绪。

通过角色游戏儿童可以满足其控制环境的欲望。在成人世界中,儿童是十分渺小、无力的。但是他们又十分渴望能够加入到成人的活动当中去。这种需求在角色游戏中得到实现。如儿童在角色游戏中扮演司机,自由地驾驶汽车,而这在现实生活中是不可能达到的。

(3) 对儿童认知发展的价值。儿童对周围事物的认识是从动手操作开始的。通过儿童不断地扮演体验各种角色,他们对社会和周围环境事物的认识也大大加强了。当儿童假装用一块积木代替手枪来游戏时,就说明了他的思维的进步和发展。

2. 教师在组织指导儿童开展角色游戏时的注意事项

（1）丰富儿童的知识经验。开阔眼界是发展角色游戏的基础。儿童的生活内容越丰富，知识越多，游戏的主题和内容也就越新颖充实。教师要善于利用各种途径来丰富儿童的知识经验。如散步、郊游、参观、看电视、电影、儿童的家庭生活等。生活丰富了自然会引起儿童做游戏的兴趣。

（2）尊重儿童的意愿。角色游戏的主题一般反映了儿童对周围生活的认识，主题应该由儿童自己提出，不要让教师硬性规定。由于不同年龄的儿童有着不同的发展水平，教师要适时地给予引导。3岁多的儿童有着模仿成人的愿望，但是还不会明确提出玩什么游戏，只停留在动作的模仿上。教师要更多地利用玩具以及富有情感的语言启发儿童，帮助他们确定游戏主题。如教师看到一个孩子正在起劲地切菜，便可启发说："你这么忙着切菜，给谁吃呀？""你会切菜，还会烧饭吗？"孩子回答说："我给幼儿园切菜。"老师接下去说："你是幼儿园的厨师了，你做得真认真呀，你是一个人玩幼儿园的游戏，还是和谁一起玩幼儿园的游戏呀？"

在选择角色的过程中，教师应该允许儿童扮演各种角色，允许儿童根据他们的经验自由表现。

（3）在游戏中善于观察儿童的表现，进行个别教育。儿童具有不同的个性特点，无论在体力、知识、能力、行为表现、性格等方面都有差异。角色游戏是按儿童的意愿进行活动，他们在其中可以充分地、真实地表现自己，教师只要善于观察儿童的活动，便可以了解每个儿童的特点和表现，通过游戏教育他。如一个总爱充当主要角色的儿童，他的主意多，也会支配别人做事情，有组织活动能力，但是对人态度不够和气，教师了解此情况后，一方面继续发扬他的长处，另一方面帮助他克服缺点，教师以游戏的口吻提醒他："这个商店的经理真能干，要是说话再和气一点，来你们商店的顾客就更多了。"扮演经理的儿童意识到了自己的毛病，为了使自己更像"经理"，他说话的态度有了明显的转变。又如一个儿童胆小、孤僻，游戏很少参加，只是自己拿个小玩具，时而摆弄玩具，时而看着别人玩，教师观察这些表现以后，便带领他去参加其他儿童的游戏活动，开始和他一起当顾客到"商店"买东西，当客人到"娃娃家"里去做客，渐渐地他能和其他儿童接近了，老师鼓励他，并提醒他说话声音再大一点，以后又建议他到娃娃家当妹妹、当妈妈、做理发员等。通过参加集体游戏，充当角色，这个儿童的胆子变大了，情绪积极了，也爱积极发言了。

（4）根据儿童游戏的情况，参与到游戏中，促进儿童游戏情节的发展。当儿童的游戏出现困难或不顺利的情况时，教师可以适时地参加到游戏中去。如当儿童在玩食堂的游戏时，出现了混乱的局面，教师可以充当食堂卫生检查员，来到食堂检查卫生，指出了食堂的杂乱现象，食堂里的"服务员"接受了意见，暂停做饭，搞起了卫生，使食堂工作变得很有秩序了。

至于教师如何参与和何时参与都要根据当时的情况而定，当你发现儿童角色游戏活动的内容单调乏味，以致不能投入和顺利地开展时，教师可以试着直接加入他们的行列。这样老师就可以起到带头的作用。

3. 儿童角色游戏能力评价

项目	评价标准	评分
1. 主题的确定	听从教师建议或指定 看到别人玩什么，自己也玩什么 独立确立主题，并能很快进入游戏情境	
2. 材料的运用	用模拟实物的玩具 运用替代物游戏 运用替代物并能以言语运用替代	
3. 角色表现形式	重复个别动作 系列动作 行为态度符合角色要求 角色意识明确并有相应动作；能协调角色间关系	
4. 创新性	主题情节及材料运用有新颖性、独创性	

续表

项目	评价标准	评分
5. 社会性水平	独自游戏 平行游戏 联合游戏 合作游戏	
6. 伙伴交往	友好相处积极交往	
7. 组织能力	在别人带领下游戏 会出主意使游戏玩下去 能带领别人玩或教别人玩	
8. 持续性	游戏呈间断性（时常走出主题或情景） 游戏呈分节性（仍为间断性，但每次持续游戏时间较长） 游戏呈连续性	
9. 常规	遵守游戏规则，行为有序	

（选自陈帼眉主编《学前儿童发展与教育评价手册》，北京师范大学出版社，1994年版，第950页。）

（二）结构游戏

结构游戏是儿童利用各种不同的结构材料，经过手的创造来反映周围现实生活的游戏。积木、积塑、金属材料、竹制材料和黏土、纸浆等都是儿童结构游戏的绝佳材料。

1. 教师在指导儿童结构游戏时的注意事项

（1）逐步投放多样化的、可塑性强的结构游戏材料，包括一些废旧材料的应用，营造富有吸引力的游戏氛围。

（2）引导儿童逐步掌握结构游戏的基本知识和技能。儿童只有掌握一定的建造知识和技能，才能独立地进行结构游戏。幼儿园各年龄班应学会的结构知识和技能有：

小班——认识建造材料，能叫出其名称，如积木、积塑片等，并认识建造材料的形体、大小、颜色；学习铺平、延长、围合、盖顶、加宽、加高等技能；识别上下、中间、旁边等方向；会用材料建造成简单的物体，能将物体的主要特征表现出来。如会使用积木铺一条路，建一道墙，搭一个小门，会按图形收装好小盒积木，会搭桌子、椅子、床、汽车等。

中班——认识高低、宽窄、厚薄、轻重、长短、前后等空间方位，会选择和利用建造材料。能较正确地建造物体，能和同伴合作共建一组主题游戏，如在桌面上或沙箱中共建一座公园。

大班——会区别左右，在建造技能上，要求他们建造的物体比中、小班幼儿更加精确、整齐、匀称，物体的结构更加复杂和富有创造性。会使用辅助材料装饰建造物体，会合作建造物体。

（3）处理好主导和主体的关系，教师在结构游戏中起到导航的作用，教师要学会观察、诱导、鼓励、评议、示范等指导策略。另一方面，教师也要尊重儿童的主体地位，做到：

①不强迫，让幼儿有真正的自主选择权。

②鼓励儿童进行尝试，激励儿童不怕失败，在儿童集体中总是有一些儿童害怕尝试新活动或在活动区内不知如何是好。教师应该善于观察到这些儿童的行为表现，并且积极引导他们参加活动，并示范一些基本玩法如堆高、铺平等，并且对他们的作品表示赞赏和鼓励，使儿童获得成功的经验。

③不限制，充分发挥幼儿的创造力。

（4）重视结构游戏的过程，而不仅仅是游戏的成品或结果。教师要充分创造条件，尊重幼儿用自己独特的方式来建构、探索，允许幼儿出错，给予幼儿充分发展的机会。教师在评价幼儿结构游戏时也应结合幼儿的活动过程进行。

（5）培养儿童正确对待游戏材料，教给儿童收放材料的方法，养成良好的整理习惯。在儿童进行结构游戏的过程中，教师应允许孩子把东西弄乱，但是要教育儿童爱惜玩具材料以及他人建造的成果。积木、积塑等活动材料整齐地摆放在活动区内就能够引起儿童的兴趣，也能使儿童在进行活动时充满信心，同时也养成了儿童爱护环境、爱护玩具材料的良好行为习惯。

2. 儿童积木游戏水平评价

项目	评价标准	评分
1. 材料运用	光拿着玩，不会搭 对一积木的形、色有选择，意识不强 有意识选用材料反复尝试 迅速选定材料，并能综合运用材料，运用有特色	
2. 建构形式	简单排列、堆高、铺平 能架空搭出门 能围封建构 造型比较复杂能命名但形象不逼真 按特定形象逼真建构，运用对称并能装饰	
3. 主题目的性	无目的无主题 目的不明确，易附和他人 能确定建构主题，但会出现变化 主题明确，能坚持并深化开掘	
4. 情绪专注力	注意水平低，情绪呆滞 一般情绪状态，注意力易分散 情绪良好，注意力较集中 情绪积极，能专注，持续时间长	
5. 社会性水平	独自搭建 平行搭建 联合搭建 合作搭建	
6. 常规	遵守玩积木规则 爱护玩具 能收放整理，动作迅速	
7. 创造表现力	建构主题与造型方式富于创造性	

（选自陈帼眉主编《学前儿童发展与教育评价手册》，北京师范大学出版社，1994年版，第952页。）

复习思考题

1. 说一说游戏有哪些特点？
2. 结合实例说明游戏对儿童发展的重要价值。
3. 实地观察记录某幼儿园的活动区布置，并结合活动区布置要点加以分析。
4. 如何树立正确的游戏教育观？
5. 运用本章中的评估表格记录评估一次角色游戏活动。分析角色游戏的教育作用、指导方法等。
6. 运用本章中的评估表格记录评估一次积木游戏活动。分析幼儿在积木游戏中的表现以及教师的指导方法等。

第七章 学前教育的基本原则

第一节 独立自主性原则

这里所提的独立自主性就是在学前教育中充分尊重儿童的主体性、独立性，让儿童凭借自己的经验和能力主动进行各种活动，杜绝包办代替。具体说，就是通过适当的训练使儿童学会自我服务、独立做事、独立思考，使其摆脱传统行为方式的束缚和局限，不事事依赖外力的帮助，不受别人的指示或暗示，不人云亦云，不屈从他人的压力，不受外界偶然因素的影响。其中，教育对幼儿独立性的形成起着非常重要的作用，给幼儿提供了独立选择的机会，使他们意识到自己的力量，从而培养其独立性与自主性。

一、独立自主性原则的内涵

（一）什么是独立自主性原则

当前幼儿园教育中，教师大都注意到对儿童进行独立自主性教育，但因为没有一个统一的标准，所以很多教育内容都是由教师根据自己的生活与教育经验来组织安排的，因而问题也就很多。为此，我们认为应首先弄清楚独立自主性原则的内在含义。

1. 培养儿童学会依靠自己的经验和能力进行活动

由于现行的独生子女政策，以及人民生活条件的不断改善，人们对自己的孩子也越来越爱护、越来越娇惯，事事包办代替，导致现在的独生子女独立自主能力特别差。90年代初期发生的"中日学生夏令营的较量"事件就集中暴露了我国独生子女在这方面的致命缺憾，也引起了一场波及全国的大讨论。这场讨论的结果，是使人们认识到了从小培养儿童独立自主性的重要意义——无论是对于儿童个人，还是对于整个中华民族来说。

我们认为，培养儿童独立自主性的难点不在幼儿园，而在于家长。有些家长因为童年没有得到良好的生活，因此有很强的补偿心理，对于自己的孩子过分溺爱；有些家长因为在小的时候备受父母的苛求，所以也就继承了老一辈的做法，对于自己的子女过分严格。面对这些有着不同教育观念与教育方法的家长，我们教师不仅仅要运用自己的专业知识向家长介绍正确的幼儿教育方式与方法，更要运用心理学的知识对家长作出正确的分析，从而对症下药，让家长心悦诚服地接受我们提出的建议。教师进行家长工作时还应该拿出细心、耐心与爱心，只有这样才能使他们真正愿意配合我们对儿童进行独立自主性教育。特别是那些有不幸童年的家长，在做工作时更要小心谨慎。

同时，由于家长的文化背景、民族、知识层次、工作与生活环境、所拥有的童年经历的不同，家长对于爱护儿童的观念与方法也出现千差万别的情况。我们在做工作时，一定要考虑到这些因素，因为这些因素对于我们工作的成败起着至关重要的作用。以往，幼儿教师能够注意到东西方在教育理念上的不同，也注意到了家长教育水平的高低对儿童发展的影响，但家长所拥有的童年经历对其教养方式的影响，却是我们所忽略的重要一环。

另一方面，教师也应该在幼儿园对儿童进行自我服务、独立做事、独立思考等方面的训练，使其摆脱传统行为方式的束缚和局限，摆脱对权威（如家长或老师）的迷信，不人云亦云，不事事依赖外人，不屈从他人的压力，不受外界偶然因素的影响。

家长工作和幼儿培训工作这两方面都是同等重要的，也都是不容忽略的。另外，对幼儿独立自主性的培养也要从其生活和学习两个方面入手，不可顾此失彼。如果忽略了生活方面，培养出来的儿童就有可能会成为我们常常所说的高分低能的人；如果忽略了学习方面，培养出来的儿童就有可能成为头脑简单四肢发达的人了。因此，教师一定要注意对儿童进行全方位的教养。

2. 让儿童了解和认识独立自主性

教师在对儿童进行独立自主性培养的同时，往往只注意对儿童行为的训练，而忽略了让儿童了解教师这些活动的目的所在，使得一些儿童对所进行的活动产生了反感。针对这一情况，我们教师要从以下几个方面做起。

首先，教师要做到身体力行。教师在幼儿园中对儿童进行独立自主性培养时，往往要求儿童做这样、做那样，但对自身的要求却十分放松。如遇到自己不熟悉的事物往往采用回避的态度，或在日常生活中以培养儿童独立性为借口，要儿童帮忙做这、帮忙做那。长期如此，在儿童的心中产生了一种"教师只是在利用我而已"的想法。所以，在教师面前小羊一样的顺从，但教师不在的时候却让家长代劳。因此，教师要从自己做起，给儿童做出一个好的榜样。

其次，教师要让儿童真正认识到独立自主性的重要性。也就是说，教师在进行各种活动中，一定要时时抓住机会，让儿童了解独立自主性的重要性，如通过讲故事、做游戏等活动来进行这方面的教育。儿童在了解了独立自主的重要性后，也会更好地配合教师进行活动。教师在进行这项活动的时候一定要注意方式与方法，不要一味地以说教的方式来进行教育，而要采取多种多样的游戏、情境角色扮演、户外参观等形式来进行。让儿童从别人的感受与自己的情感中来体会出"独立"的重要性，同时也应认识到只有具有独立性人格的人才会受到周围人的接纳与欢迎。

(二) 独立自主性教育的基本内容

1. 生活方面

通过生活技能的培养树立儿童正确的生活态度。其内容包括：学习扣纽扣、穿衣服、穿鞋子、系鞋带；自己洗手、洗澡、刷牙、剪指甲；自己吃饭，会使用筷子、汤勺、餐巾，会正确进餐；自己叠被子，整理自己的床铺；区分自己与他人的物品等。

2. 动作方面

教师要注意让儿童学习控制自己的动作，从而使儿童了解自身与社会的关系。首先，学习各种各样的基本动作。其次，培养儿童运用高级神经中枢（大脑）来控制自己的动作，在以往的教学中，这一点却被我们所忽略了。在进行这项练习中，教师要从儿童的肌肉、感觉器官协调的练习开始，使儿童养成由大脑指挥自己动作，而不是以情绪指挥动作的习惯。

其内容包括：走直线、曲线，起立、坐下，开门、关门，搬运碗、盘、家具以及走、跑、跳、爬、平衡等基本动作，此外，还包括"安静"的学习。

"安静"，这是幼儿园中教师最常用到的两字。但要想达到"安静"是十分不容易的，这是需要长期的训练才能达到的目标。安静是由大脑控制自己身体的各肌肉、感觉器官保持静止状态。这不仅需要儿童在对自己身体各部分的肌肉、感觉器官有着良好的控制能力，而且还要求儿童有着很好的意志品质。因此，如果教师要想让儿童做到安静，就要在平时训练儿童如何控制自己的动作。

"安静"的训练内容：控制肌肉的训练，控制声音的训练，控制呼吸的训练以及最高层次的心态训练。当然这些训练不是僵硬的动作训练，而是通过有趣的游戏，使儿童在身心愉快的状态下来完成的。

3．关注环境

儿童通过关注自己周围的环境，从而培养责任感。儿童在团体生活中，必须清扫教室、清洗桌椅、擦拭器皿、浇花、除草、饲养小动物等。

4．待人接物

培养儿童与人相处的社会行为。见到长辈要问候，见到同学要问好，离开时要说再见，用餐时要注意餐桌礼仪等，而且，凡一切待人接物应有的礼貌，都要在实际生活中进行训练。

5．学习的自主性

在学习方面除了让儿童掌握基本概念和基础知识外，另外一个重要目的就是为了培养儿童良好的学习习惯和激发学习兴趣，让儿童从小"做学习的主人"。这里就牵涉到一个如何培养和发挥儿童学习主动性的问题。传统的灌输式、填鸭式教学或"小学化教学"，不但扼杀了儿童学习的主动性，还彻底摧毁了儿童的好奇心、求知欲、创造力和想像力。而活动教学法、发现教学法等强调学习以主动认知建构为主的教学方法，则能够给儿童以足够的空间和环境，让他们自己去发现问题、探索问题、解决问题,从中体验发现的乐趣、学习的满足感和解决问题后的成就感,从而真正变成"学习的主人"。

二、独立自主性教育应注意的问题

现代教育以人为主体,把人当作"人"来对待的人本主义观点,正迅速地被大家所接受,其影响力也逐渐影响到了学前教育。学前教育的目的也逐渐形成了现在的以儿童为主体,在儿童的身上强调发展人的理性,追求人的价值,建立人格的尊严。此外,这也与我国古代的尊重人性、拥有好的人品、重人伦的儒家的教育思想颇为相契。但是,我们在进行独立自主教育中也应注意以下几个问题:

(一) 教育在儿童独立自主性形成过程中起着至关重要的作用

无论是在幼儿园还是在家庭,学前教育活动给幼儿提供了独立选择的机会,使他们意识到自己的力量,感受到独立自主的乐趣。我们在上面所提到的各种训练,不仅仅是在集体教学中进行,而且还要在小组教学中进行出来,更应该在儿童的个人活动中体现出来。

(二) 给儿童提供多种机会,让他们把在幼儿园学来的知识运用到日常生活中去

在进行这项活动的时候,教师与家长的配合至关重要。只有家长积极地配合和参与,儿童才有更多的机会在生活中体会到独立自主性的重要。否则,教师在幼儿园里给儿童养成的好习惯,一回到家就会被家长的宠爱娇惯所破坏掉的。

我们更应该给他们提供各种各样的机会,让他们进行自我教育。首先教师为他们设计活动,让他们在活动的对与错中,通过自己以往的经验找出答案。儿童的答案不一定是正确的。在这种情况下,教师也不必指出儿童答案的对与错,而是再次提供一些活动,让他们可以在活动中进行自我纠正。

(三) 教师要有一颗宽容的心

因为所谓独立自主性就是凭借自己的力量和经验进行活动。通过训练进行自我服务、独立做事、独立思考,使幼儿摆脱对成人的依赖,摆脱传统行为方式的束缚和局限,不笃信某一个人的绝对权威,不事事绝对服从,不人云亦云,不受别人的指示或暗示,不屈

从他人的压力,不受外界偶然因素的影响,等等。我们既然要求儿童有这样的个性,教师就要在儿童表现其独立性的同时保持冷静的态度,持着宽容的心态,面对儿童的一言一行。不要因为儿童表现出与教师的要求不一致,而对其进行批评和嘲讽,更不能违背独立自主性教育的原则。尤其在儿童遇到困难的时候,更不能讥笑讽刺冷嘲热讽打击他们;而在儿童出现错误时惩罚他们,也不要动辄就责备他们。还有少部分教师对某些独立性强的儿童有偏见,在他们做得出乎自己意料得好时,不给予儿童应有的鼓励,更有甚者采取排斥儿童的态度。这些做法都是不可取的,更是培养儿童独立性的大忌。

总之,教师在培养儿童生活学习独立自主性的同时,更要注重培养儿童成为一个具有独立自主人格的人。这才是学前教育的根本目的之所在。

第二节 发展适宜性原则

发展适宜性原则是美国幼儿教育协会(The National Association for the Education of Young Children,简称NAEYC)1986年以后极力提倡的教育理念与实践。它当时主要是针对美国幼教界普遍出现的幼儿教育"小学化"等倾向而提出来的。幼儿园在很早就对幼儿进行正规学术培养的错误做法,引起了美国儿童心理学家和幼儿教育专家的广泛关注和反思。大量的研究发现,幼儿期更为有效的学习方式应该是具体形象的、以游戏为主的自发性学习,而不是这种"小学化"教学。另外,由于社会发展和儿童入托需要的多元化,早期教育服务也开始向多元化方向发展,而其教育质量也相应地出现了"多元化"——参差不齐。虽然这些学前教育方案一直在适应社会、经济和政治等外在环境的变化而不断向前发展,但却很少考虑其服务的对象——儿童——最基本的发展需要。其实,学前教育方案最应考虑的就是儿童的需要,并因儿童的需要来裁剪课程,而不是像现在这样相反地来"裁剪"儿童以让其适应学前教育课程。

一个高质量的学前教育方案应该能考虑到儿童的需要，并为其提供一个安全的、能促进其生理、社会性、情绪和认知等方面的和谐发展的教养环境。虽然影响学前教育方案质量的因素很多，但其中一个主要的决定性因素就是我们在教育教学实践中在多大程度上应用了现有的儿童发展方面的知识，也即这个方案在多大程度上是"发展适宜性的"。

一、发展适宜性概念

发展适宜性就是指学前教育方案在充分参考和利用现有儿童发展研究成果的基础上，为每名儿童提供适合其年龄特点的、适合其个别差异性的课程及教育教学实践。它包括两个层面的含义：一是年龄适宜性，二是个体适宜性。

（一）年龄适宜性

大量的人类发展研究表明，儿童在一生的头9年中，存在着共同的、可以预测的生长顺序和发展规律。这些可以预测的发展性变化存在于儿童发展的各个方面：生理的、情绪情感的、社会性的以及认知的等等。儿童在各个方面发展的大量研究成果为教师提供了极具教育意义的参考资料，使他们能够据此为不同年龄阶段的儿童而准备具备"年龄适宜性"的学习环境和活动。就拿读书写字来说，有些幼儿园教师认为，儿童只有会写很多的字，会进行百以内的加减运算才是聪明的孩子。例如，在新加坡和香港等地区，许多幼儿园把儿童的读写能力培养放在了教学内容的第一位，幼儿园更是从3岁起就要求儿童开始识字写字了。这使得许多幼儿对识字写字产生了反感，以致于有些孩子一看到作业就头痛，在教学中教师往往只是事倍功半。而我国幼儿园对于儿童读写的要求就比较适合儿童的年龄特点，要求幼儿园在儿童前书写能力上下足功夫，不要求在学前阶段教孩子写字。教师可以利用各种形式，运用多种材料如小班儿童穿珠，中班儿童学习使筷子，大班儿童用剪刀等，使得这些儿童不论从生理方面还是心理方面都做好了书写前的准备工作，这样使儿童在上小学后很快就学会了写字。比较研究发现，虽然香港和新加坡等地幼儿很早就开始学习识字写字，但上小学以后他们的读写能力还是不如中国大陆的儿童。究其根本的原因，还是因为一个是根据儿童的年龄特点安排了教学内容，而另一个则采用"拔苗助长"的做法，不具备儿童发展的适宜性。

（二）个体适宜性

每名儿童都是一个独一无二的个体，并有其独特的个体发展模式和发展进程，例如个性品格、学习方式以及家庭背景等均会不同。学前教育课程和教育教学过程中的师生互动等方面均应考虑儿童的个体差异性，并为其提供具备"个体适宜性"的学习环境和活动。如现代城市儿童由于长期营养过剩身体过于肥胖，在活动中往往显现出笨拙或是力不从心的现象，教师在组织儿童户外游戏时，就要为他安排一些特殊的与其能力相适应的活动，使他们不仅减肥，而且还保护了他们的自尊心。

事实上，幼儿的学习就是其作为一个主体而与外界环境（客体）进行相互作用的过程。在这一过程中，儿童的个体经验和认识因与外界物体、观点和人物的相互作用而发生变化，这便是学习的结果。而教师和成人则必须提供适宜幼儿正在发展的能力，并能引起其兴趣、促进其发展的环境和活动。而有些教师却认为，只有自己教授的知识儿童全都记住了，儿童才是真正地学习了、进步了。这种观念是错误的。

二、发展适宜性课程

（一）发展适宜性课程

发展适宜性课程应该是能够考虑同一组儿童不同年龄和不同个体的不同需要、兴趣和发展水平，而为其提供相应的教育目标、内容和活动。

1. 发展适宜性课程应该是综合性的

它应该为儿童提供适宜其所有发展领域不同的需要的课程，从而全面和谐地促进儿童在生理、情绪情感、社会性和认知等方面的发展。儿童的发展和学习原本就是一个综合性的过程，任何一方面的学习都会"牵一发而动全身"，而人为割裂的、过于狭窄的分科教学则不能保证儿童的全面发展。

2.发展适宜性课程建立在教师对儿童充分观察和了解的基础上

教师应对儿童的个别兴趣、个别需要和发展水平进行定期观察、记录、评估和总结,充分了解每名儿童的长处和弱点,据此为他们提供具备"年龄适宜性"和"个体适宜性"的环境和活动。发展适宜性课程应该是建立在充分掌握年龄适宜性和个体适宜性两个方面的信息的基础上的。例如,教师就应该了解每名儿童的家庭文化背景、个性特点,这样才能做到"因材施教"。

我们在调查中发现,在同一个年龄班里,儿童的年龄差别虽然不大,但儿童在性格、智力、语言、数学概念与动作的发展上都有着很大的差异。如以同一个大班儿童对数字的理解为例,有的幼儿可以根据教师的口述写出"11",而有些幼儿却把数字"11"写成了"101";有些幼儿可以不用教师的讲解而找出"3+4"与"4+3"的相互关系,而有些幼儿却需要教师的一再讲解示范才可以找出"3+4"与"4+3"的互换关系。因此,我们在托儿所和幼儿园的教育工作中,应根据当前具体条件组织一定的集体活动,还要根据幼儿的不同情况,从实际出发,进行小组活动与个别指导,使不同水平的儿童在各自原有的基础上得到发展、有所进步,并为他们从多方面打下良好的基础。反之,如果忽视儿童实际存在的个别差异,在教育的要求和内容上都是机械划一的,那么,就会使教育工作成为盲目的或徒具形式的活动,不能很好地促进儿童身心发展,甚至给儿童发展带来有害的影响。

3. 发展适宜性课程是一个互动学习的过程

教师应为儿童准备适宜的环境,使儿童通过对环境的积极探索,通过与周围事物、成人及同伴的相互作用而学习。幼儿的学习实质就是与环境(人和事物)互动的过程。评价儿童的学习效果,不能仅看其是否正确回答、解决了某个问题或完成了某项任务。很多儿童的学习其实是在游戏过程中自然发生的,虽然它与成人所希望的学习在方式上和结果上大相径庭,但却是实实在在的学习,是不应该被忽视或压抑的。相反,教师应该鼓励幼儿通过这种自发的创造性活动和广泛的参与来促进其各方面的发展。蒙台梭利就以这一原则为自己教育的基本方法,为儿童设立了多个活动角落,以方便幼儿在自己工作（游戏）中进行自我教育与自我学习。如在实施蒙台梭利教学法的教育机构中，大多数儿童不仅可以通过工作而自行掌握10以内的加减运算，更有许多儿童可以完成乘除法，更有甚者可以完成数平方的运算。在蒙台梭利学校里，儿童在没有任何压力的情况下，很快地学会阅读与书写工作。虽然英文阅读书写与中文阅读书写存在着本质的不同，但他们以游戏的方法让儿童学习的成效却是异常显著的。

4. 发展适宜性课程应该是具体的、真实的，与儿童日常生活关联的

学前期的基本活动是游戏，如果在游戏中能够经常与现实生活中的真实事物打交道，这对幼儿以后学习数字和文字等抽象符号和概念有非常重要的促进作用。幼儿就是在触摸、摆弄和探索各种事物和与人交往的过程中学习和发展的，图片和故事书也可以用来发展儿童真实生活经验，而作业本、练习本、工作纸等却是非常不适合6岁以前的儿童的。许多教师在工作中往往认为一些事物对于幼儿是过于危险的，如针、筷子、锤子等物品，认为这些东西会伤害到幼儿，因此，对于这些日常生活用品都采取避而远之的态度。教师认为，与其让幼儿面临危险，还不如让他们根本就不要接触到这些物品。更有些人认为儿童学到了如何运算，如何写字，如何书写就够了。这种做法不仅不利于儿童的发展，相反更会使儿童对学习失去了原有的兴趣。因此，我们认为，只有现实生活与幼儿的学习相支持，才能使儿童得到更好的发展。如果儿童在使用这些物品出现危险时，责任不在儿童，更不是这些物品的问题，而是家长与教师的责任。因此我们在让儿童使用这些所谓的"危险"物品之前一定要做好必要的准备工作。

首先，教师要根据儿童的年龄特点对所有的生活物品进行选择。在新加坡的某些幼儿园与托儿所里，有一项对儿童进行牙齿保健的教育内容。在组织这一教育活动时，对不同年龄组的儿童在活动中所使用的牙具做了具体而明确的规则，其中就有小班幼儿不得使用牙膏的条例。一是由于小班儿童对于"咽"与"吐"的动作还不能明确区分；二是许多小班幼儿还不会正确地使用牙刷，使得许多牙

膏留在牙齿上而对牙齿造成不必要的伤害；三是由于现在许多厂家为了使儿童更有兴趣使用自己的牙膏，而把牙膏制成不同的口味以吸引儿童，致使许多小班儿童误把牙膏当作糖果进行吞咽。因此基于以上三个理由作出决定，小班幼儿不得使用牙膏。但中大班的儿童却没有此类的限制。

其次，教师要做好活动前的准备工作。这种准备分为两种：一种是儿童本身能力的培养，一种是条规上的准备工作。如我们在进行缝纫课时，不是在大班时看到有这一内容就马上进行的，而是要经过一系列的准备活动后才可以进行的。首先要对儿童进行串珠子的练习。这其中还要分珠孔儿的大小，小班儿童串孔儿大的，中班幼儿串孔儿小的，最后大班幼儿才可以用针线进行扎花的活动。而且串珠的线也要分出粗与细来，由于小班幼儿小肌肉还不够发达，更谈不到灵巧，因此，他们所用的不是线，而是粗绳，以便于小班幼儿的拿捏。随着儿童年龄不断的增长，小肌肉灵活性的不断加强，教师给他们所准备的绳子也要越来越细，最后成为一条线或是一根针。在条规方面，教师一定要在活动前对幼儿提出要求，而不是等出现问题才说。如在人数方面要根据教师本身的精力规定，多少儿童可以参加这一小组，一般不超过五至六人，这样儿童在进入缝纫小组活动时，才不会出现争吵现象；在进行缝纫时，儿童要正确使用针线等物品；在活动前，请儿童自己讲一讲针与线的正确用法等。这些做法都有利于活动的正常进行。

（二）发展适宜性的教师—儿童相互作用

发展适宜性原则还明显体现在教师与儿童的相互作用过程中。"发展适宜性的师生互动"应该是教师在掌握儿童年龄适宜性和个体适宜性信息的基础上，有针对性的、因人而异的相互作用过程。

1. 教师应对儿童的需要、兴趣和渴望做出快速且直接的反应

不同儿童有其不同的能力模式和行为方式，教师在师生互动过程中对儿童的需要应做出及时准确的反应，尽量满足其不同的发展需要。教师可以用微笑、表示兴趣、注意倾听等方式来表达其积极的反应，并通过轻松友好的交谈和沟通来达到良性互动。

2. 教师应给儿童提供足够的、多种多样的交流机会

交流技能是儿童学习和发展的首要技能，而儿童则是通过听和与成人对话来获得交流技能的。这就需要教师在平时多为幼儿提供各种交流的场合和条件，使其有机会模仿、学习或练习交流技能，最终达到有效的表达和交流。

3. 教师应提供必要的帮助和鼓励以促进儿童成功完成各种任务

教师应该认识到，儿童是通过尝试和错误来学习的，他们的错误往往反映了其正在发展的思维的年龄特点，是儿童发展和学习过程中的正常现象。教师应该通过语言鼓励、亲身示范、提供材料、集中关注等方式来帮助和促进儿童完成学习和发展方面的任务，而不是批评和嘲笑他们所犯的错误。

4. 教师应促进儿童自尊心和自信心的发展

无论儿童犯了什么错误，教师都应该通过尊重、接受和安慰等方式，细心呵护儿童尚很脆弱的自尊心和自信心，然后帮助他们发展起良好的自我控制能力和行为自觉性，培养自律能力。而这又是一个漫长的过程，需要教师的耐心和由始至终对儿童的尊重。

三、实施发展适宜性课程应注意的事项

发展适宜性课程应为儿童提供范围更宽的发展兴趣和能力，而不能仅局限于其生理年龄所限定的范围。教师要努力满足那些超常儿童或落后儿童的发展需要。

学前教育课程的发展适宜性不是指活动和材料的难度一旦根据儿童的年龄和个体特点定下后就一成不变了，而是要随着活动的深入和发展的继续而增加难度、挑战性和复杂性，以促进儿童潜能的全面实现。

教师也应该为儿童提供更多的选择可能性，而不能使他们只局限于发展适宜性课程内，因为儿童发展是多元化的、多样化的，应该允许并支持儿童自身发展的偏好性。

应该为儿童提供没有性别偏好的、尊重多元文化的课程，杜绝性别歧视和性别偏见，发展儿童正确的性别观念、性别角色意识和与之相适应的行为。教师也应尊重来自不同文化、不同语言背景的儿童，为之提供相应的环境和活动。

总之,发展适宜性就是要通过综合性教育教学使幼儿得到全面的却又充满个性色彩的健康发展。年龄适宜性和个体适宜性思想应该贯穿于学前教育课程的各个方面,由始至终。教师应根据儿童不同发展需要和学习特点而制定相应的有针对性的教育目标、教育内容和教育方法。以儿童发展为核心,以发展适宜性为评价标准,以健康发展为终极目的。

第三节 保教结合原则

保教结合原则是我国学前教育中所特有的一条原则,可以说具有很强的中国特色。这一原则最早来源于中国共产党领导下的老解放区的幼儿教育工作中。保教人员为了适应革命战争的需要和全心全意为革命同志服务,而自觉地担当起全部保与教的双重任务,既保养幼儿使之正常发育,健康成长,又在知识、智力、品德上给以训练和教育。

一、保教结合的任务与范畴

随着当代社会发展和改革开放的不断深入,保教结合也有了新的生命。保育从单纯的保育儿童身体健康发展向全面保育儿童生理与心理等多方面健康发展为目的;教育也从以发展体、智、德、美为主,向追求人的价值与尊严,并促进儿童的自我实现而发展。目前要实现保教结合这一原则的根本难点在于,幼教工作者对保育员工作范畴及保育工作存在错误和狭隘的理解,保育工作被片面地从教育活动中割裂出来。因此,我们有必要先了解一下保育者的工作范畴和任务。

(一)保育者工作范畴

长期以来,我们对保育工作所持的态度与其工作范畴,规定得都过于狭隘。到现在还有人认为,保育者的任务只是保证在园儿童吃好、穿好,搞好卫生,照顾好儿童别出事故,再帮助教师做好一些教学辅助工作就可以了。在教育改革的不断进行下,我们认为这种保育者工作过于肤浅,也过于片面了。在教育工作者的长期努力下,我们也为保育工作做了新的解释。

首先,保育工作者要有健康的身体,但更要拥有良好的心理素质。她们要对保教工作充满热情,关心儿童、热爱工作;要充分了解儿童生理、心理发展特点,掌握学前教育的基本知识和保教技能;在日常工作中,要时刻注意贯彻"保中有教,教中有保,保教一体化"的原则,在对幼儿实施保育过程中穿插教育活动和要求,在日常生活中贯彻相关的教育原则和要求。而教师也应在各类教育活动中注意配合保育工作开展相应的保育活动。只有做到了这几点,才可完成"保教合一"的任务。

(二)保育工作者的任务

保育工作者应该做到创造性地、健康性地促进儿童的发育成长;促进儿童开放的心灵与生长的自由,注意培养儿童内在的活力与兴趣,发挥儿童的能力和潜能,给儿童以健康、完善的心智成长。

保育工作者在保育工作中,必须做到了解蕴于每一个儿童体内的动机、需要,然后才能解释儿童的行为和发展。必须重视儿童个人的主观经验,了解其如知觉、感觉、意识、自我、焦虑、情感等内在的心理历程,才能真正理解儿童表现于外的行为。儿童是人而不是动物,所以我们不仅要满足他们生理和发育方面的需要,更要注意其心理方面的平衡发展。

保育工作者在保育工作中,不只是消极地了解儿童,而应在工作中做出示范,使儿童从每一个保育者的身上得到经验,实现自我,以发展其潜在的本性。这样做的好处可以使儿童进入更高的境界,让他们主动地去追求完美的生活;保育者示范好处还在于,她们可以帮助儿童建立正确的生活态度与更和谐的人际关系,为今后步入社会打下良好的基础。

保育工作者在进行保育工作时,也要注意每一个儿童的个别差异。由于每一个儿童所处于不同的家庭与社会中,他们的身心发展也就各有所异。如果保育者注意到儿童的个别差异,在进行工作时也就做到有的放矢。

保育工作者在进行工作时对待儿童应该以一般健康、正常人的各种行为与生活的重要问题为主,诸如感情、友爱、道德、责任等,只有解决好这些问题，才能进一步地促进儿童精神生活的发展。

二、良好的工作伙伴与师生关系是实现保教合一的前提

我们很少认识到幼儿园中教师与保育员的良好工作伙伴关系的重要性，长期以来，幼儿园教师与保育员往往对自身的价值认识有所不同，保育员地位明显低于带班教师。这里固然有社会因素及对保育工作范畴的认识不正确等因素，但更多的却是长期的工作压力使得一些教师与保育员出现的不正常的心理因素所造成的。

许多教师与保育员在社会的压力下，往往贬低了自己的价值，由此也就造成了许多的心理方面的问题。有些保育员认为自己比不上教师，于是对于教育儿童的任务总是采取回避的态度，只要有教师在，保育员不在教育方面与儿童有任何的接触。而有些教师认为自己是教师，比保育员的地位高，所以对于保育员工作也是采取不闻不问的态度。有时保育员因某些事需要教师的帮忙，有些教师甚至采用一些非常不正确的方式方法进行回避。还有些保育员认为，我也同教师一样受过专业训练，我的能力不比她差，为什么不让我做教师，而让她做？她还不如我呢！正是由于这种不健康的心理，使得她们在日常工作中，不仅不能尽自己的能力做好本职工作，甚至还在各个方面与带班教师针锋相对，以致影响了班上的正常工作。而有些教师也是由于自己的不平衡心态，对保育员工作处处挑剔，甚至出于个人原因而妨碍保育员的工作。

我们从表面上看这只是教师与保育员之间的"个人问题"，但从长远来看，她们不仅影响了保教工作与自身形象，而且更影响了儿童社会性的正常发展。因为儿童从教师身上没有学习到正确的为人处事之道，从而导致儿童在日常生活中不能正确处理自己与社会、与周围人的关系。因此，我们作为一名教师或是一名保育员都要正确地认识自己的工作与本身的价值，在工作中尽量地呈现给儿童一个正确的社会关系，让儿童的社会性得到正常的发展及情感的陶冶。

教师与保育员一旦发现合作不顺畅时，不妨与同事好好地沟通一下，这是一个非常可行的方法。因为中国人社交的习惯性思维是："我不高兴，就会把表情挂在脸上，你就应该看到我的这个信息，并

做出适当的反应。"可是，对方往往不能正确解读这些"信息"，还依然故我，于是两人误会就愈来愈深。其实，如要在一开始就说出来也许对方会恍然大悟，也许一点误会也不会产生。所以说，用脸说话不如用嘴说。

另外，当教师与保育员发现两个人的合作不愉快而造成情绪方面的困扰时，不妨找一个正确的发泄方式，把心中的不快发泄出来。如出去跑跑步，跳跳舞，唱唱卡拉OK，都是可以的。总之，在工作的时候，有一个良好的情绪，对人对己都是有好处的。

第三，教师与保育员在进行某一活动之前，相互要做好沟通工作。如教师在某一活动环节要保育员帮忙，应在前一天与保育员商量，以便让保育员把自己的工作时间表与教师的活动相配合。保育员如有需要教师帮忙的事，也应该提前与教师打招呼，而不是临时通知。在事后，教师与保育员要相互致谢，以表示对对方的尊重。

第四，在日常教育活动中，教师与保育员往往因为自身儿童观与教育观的不同而会有一些冲突。面对这一问题，教师与保育员要保持冷静的态度，不应该在幼儿面前出现相互指责的现象，而是要在休息的时间，相互就某一问题进行探讨，如果双方都坚持自己的观点，可一同去请教老教师，或是一同找有关的书籍进行研讨。我们坚决反对那种当面不讲，背后乱说的做法。

三、建立良好的师生关系

建立良好的师生关系，不仅指教师与儿童之间的关系，而且还包括了保育员与儿童之间的关系。因而这里所说师生关系的"师"，既包括了教师也包括了保育员。儿童心理学家们普遍认为，教育重要的不是教学技术或课程内容的问题，而是如何协助儿童获得正常发展与实现自我，也就是说现在教育的主要目的不再是静态的知识获得，而是协助儿童学习如何改变，学习如何学习。但是应该如何协助儿童学习呢？良好师生关系的建立，是促进儿童学习的最基本条件。

我们认为达到师生良好关系的基本条件有三个：一是真诚，即教师必须抛弃传统的教师权威的面具，而勇于面对自己的优点与缺点,以具有喜、怒、哀、乐等情绪的人的真正面目,来面对儿童,无所躲避,更不必掩饰。二是接纳与信任,教师要把每一个儿童都当作一个有价值的独立个体来看待,关心爱护他(她),并给他们充分的探索与自我发现的机会,这是他们应得的权利,只有当教师不以评判的态度来对待儿童,只有当儿童有了最大的安全感时,学习才是有效果的,否则学习将无从发生。三是深切的了解,良好的学习是建立在师生相互了解的基础上的,因为只有深切真诚的了解,才可能产生师生间心灵的沟通,给予他们以温暖和鼓励,并真诚地热爱他们。教师有了上面三种态度,就可以解除儿童的防卫,缩短教师与学生间的距离,促进儿童自发地、主动地学习。

达成良好师生关系的基本做法是:

1. 消除幼儿对教师的恐惧

幼儿在刚刚进入幼儿园时,对陌生的环境与陌生的人会有一种恐惧感。因此,教师要以亲切的面部表情,和蔼可亲的语气同幼儿进行交谈。而且对于新入园的幼儿要尽力帮忙让他们熟悉幼儿园。刚开始时教师对幼儿的要求并不需要十分严格,只要没有原则性的错误,教师往往可以采取宽容的态度对待幼儿。对于那些哭闹不休的幼儿,教师要对他们进行分析。如果哭闹一个星期以后还在哭闹者,教师可以用明确的语言对幼儿讲出自己的感受:"我喜欢那些不哭的小朋友,我只抱那些不哭的小朋友。"幼儿听到教师的这些话,往往都会停止哭声,以求得教师的爱。如果幼儿还不停止,教师可走开,让她自己进行思考。因为有些幼儿在进行试探,他们要看一看自己的哭声对教师与自己的家长的作用是否一样。这种现象从18个月幼儿的身上就可以看到。

在你刚刚进入一个班的时候,由于对教师的陌生感,幼儿往往会对你采取观察的态度,更有一些个别的幼儿会采用试探的方式,来考验新来的教师。面对这一情况,教师既要采取和蔼的态度,但又要坚持自己的原则。教师首先要向幼儿讲明自己的要求与规则,其次要严格进行必要的检查。但在教师讲完自己的要求以后,往往有些男孩子会故意向教师的要求提出挑战,面对这一情况,教师一定要冷静地、耐心地对待幼儿,万万不可有急躁的情绪。教师一方面要采取宽容的态度,另一方面还要以自己的常识满足幼儿的好奇心。因为儿童往往对于有常识的教师特别有好感。

2. 让幼儿学会如何尊重他人

中小班幼儿往往因为发展的不成熟,对于友谊的界线并不十分清楚,有些幼儿更是把和蔼可亲与软弱可欺混为一谈。面对这一情况,教师不要以硬克硬,而是要让幼儿首先分清这两个词的内在含义,而且还要幼儿对自己的言行负起必要的责任。如一名教师与一位名叫大明的幼儿关系十分友好,可是有一天,大明突然走过来对这名教师说:"我要杀了你!"并推了这位教师一下。教师被当时的情景惊住了。她想一名平时很好的幼儿为什么会有如此的举动呢?事后她对自己近期的一举一动都进行了反思,并没有发现自己有什么不对之处,于是,她就去问大明,为什么会有如此的言行。大明的回答是:"我要看看你会怎么样!"面对这种情况,这位教师并没有对大明发火,也没有讲更多的话,而是采用冷却法来解决这个问题。第一天,大明没有发现什么;第二天,大明感觉到些什么,但他没有来找教师;第三天,他发现他的朋友少了很多;第四天,失去了领袖的地位。第五天,他走过来问教师:"他们为什么不跟我玩了?你为什么也不喜欢和我说话了?"这位教师回答:"因为你不想做我的朋友了!你也不需要他们做你的朋友了!""没有啊!我很喜欢你呀!我也喜欢和他们一起玩呀!""你说,你要杀了我!而且也对他们讲了这句话。这句话我不喜欢听,而且,我相信你所有的朋友也不会喜欢这句话的。因为只有一个人在不喜欢别人的时候才会讲这些别人不爱听的话。既然你说了这句话就是不喜欢我了,我也就不用跟你说话了!你的朋友们也是因为你不喜欢他们了才离开你的。""老师,对不起!其实这句话是我从电视里学来的,你原谅我好吗?你让他们也原谅我好吗?""当你不想失去一个朋友的时候,请你不要讲朋友不爱听的话,更不要做朋友不喜欢的事!只有这样,你才会得到更多的朋友!"从这件事以后,大明长大了很多,他做错事后所讲的"对不起"往往出自内心。因为他知道了,要对自己的一言一行负责。也只有对自己的一言一行负责,才会得到朋友。

3. 与儿童共同制定良好师生关系的基本原则

我们常常说，感情是双向的，只有一方的付出是得不到真正的感情的，师生关系也应当如此。在以前，往往教师要对幼儿付出自己的爱，好像只有这样做，教师才够伟大，教师才能称之为教师。这对于教师来说是不公平的，而对于孩子来说，这些没有要求回报的爱，也得不到他们的珍惜，因为他们往往认为，这是我应该得到的，更有些孩子把别人的谦让当作是一种软弱，可以任我胡作非为。因此我们主张教师在付出自己爱的同时，也要得到相应的回报。也就是说，教师与幼儿要做到相互尊重、相互爱护、相互支持。因为这才是我们所希望的良好师生关系。

在实现良好的师生关系方面的"主要责任者"是教师、保育员与幼儿，但也包括幼儿园中的每一个人。这些人都必须具有健全的人格、良好的身体，而且还要具有正确的"爱"的精神。只有所有的幼儿教育工作者团结起来，保教结合、协调一致，才能使儿童身心得到和谐健康的发展。

第四节 综合性原则

综合性原则是1980年以来伴随着综合教育改革的蓬勃发展而逐渐深入人心的。综合性原则是指在课程设计和教育活动时，必须以儿童身心的均衡发展为最高目的，围绕着某一主题或方面，以儿童的直接经验和实际生活为基础，配合其能力、兴趣和需要，尽量在课程和活动中促进儿童多层次、多角度的、多学科的发展。综合性原则可以体现在教育目的的综合、教育内容的综合和教育手段的综合等三个方面，这里仅讲后两个方面。

一、教育目的与教育内容的综合性

我们在为儿童设计课程时，必须从儿童全面发展的角度来看，这其中包括了重视健全人格的发展，以及生理、心理、社会能力、语言、情感、道德、艺术等方面的全面发展。因此，学前教育课程本身就应该是一种综合性的教育。

在我们注意教育的横向连接的同时，还要注意到教育的纵向性连接。也就是说，一个新的经验必须建立在前一个经验之上，并按照儿童年龄的增长而做出更广更深的处理。这同样也是一种综合性。

（一）教学内容的综合性

无论是采用主题教学、综合教学或分科教学等，都可以在教学内容方面考虑一定程度的综合性。例如，就教授儿童社会科学而言，必须注意到智力学习与生活教育相配合；过去经验与现在情境相配合；活动内容与学习过程相配合；行为发展和学习能力相配合等。而不再是以前的认识一只老虎，或是认识一棵树的单一教学。有这样一个例子：一天一个儿童发现了一条蚯蚓，许多儿童也去围观。而教师当场就组织儿童进行了讨论。其讨论的内容包括了蚯蚓的外部形态与其他方面的特点。在讨论中，教师与小朋友们都发现自己对于蚯蚓的认识并不多，因此商量好，今天回家后都去找有关蚯蚓的材料。在讨论后，教师把蚯蚓放进了一个有土的小盒子里。在第二天，教师与小朋友都拿来了许多有关蚯蚓的材料共同进行分享。有些儿童还为蚯蚓拿来了食品，于是教师同儿童一起进行了"蚯蚓吃什么"的实验，在观察中儿童们发现，蚯蚓只吃泥土而不吃别的物品。教师同儿童又一起讨论蚯蚓吃泥土的好处后，共同认为应该把蚯蚓放回花园，并在课后进行了花园写生——蚯蚓，教师还找来一支有关蚯蚓的歌教给了儿童。这就是教学内容的综合。

（二）分科教学的内在综合性

在以往的分科教学中，教师往往只注意了某一学科知识的系统性，而忽略了各科之间的关系。其实，在进行分科教学的过程中，不仅仅要注意本学科的系统性，更要注重各学科间的内在关系。在调查中我们也发现，一些幼儿园为了追形势把所有教学方式都改为了综合性的主题教学，从而使得那些刚刚走上工作岗位经验少的年轻教师，不仅没有发挥综合性主题教学的优势，而且连自己的基本功都丢下了。因此，我们建议那些刚刚走上工作岗位并不十分了解综合教学的教师，最好还是以幼儿园教育大纲为准进行分科教学，以期在最短的时间内使自己的业务能力得到提高，并对幼儿园教育内容有一个大概的了解。

教师在教学中要注意，在把各学科的知识连接起来传授给儿童，使儿童知识经验有所提高的同时,还要培养儿童良好的学习习惯。如儿童在听课时的坐姿的培养,在看书时的姿势的培养,以及自我物品的管理等习惯都要靠我们平时的培养。这些习惯的培养不仅使儿童的身体得到良好的发展,而且为他们今后的学习打下良好的基础。

二、教育手段的综合性

教师不论在何时何地都要运用综合性的教育手段。我们要抛弃那种在语言课上只能讲故事,在音乐课上只能唱歌,在体育课上只能做游戏的单一做法。我们要让儿童的生活中充满欢笑,让儿童在自由自在的环境中进行学习,让儿童在选择自己所喜欢的方式中学习。我们在走访一些幼儿园时发现,由于教师的教育手段过于单一,儿童学习的内容不仅过于狭窄,而且对于教学内容也失去了应有的兴趣。例如我们走访的一个一级一类的幼儿园,教师正请一位小朋友讲故事。这位小朋友不仅讲了故事,而且还在讲了故事以后向在座的人提出了问题,这些问题就是:"你们说说故事的名字是什么?故事里面都有谁?故事里讲了一件什么事?这个故事告诉了我们什么?"孩子一板一眼的提问生动再现了教师在教育手段与教育方式方面的落后与死板。

教师在教学中要充分地发挥自己的想像力。例如,在语言课上可以加上好听的歌曲,因为歌词也是语言;在体育游戏中不妨也加上故事,使游戏更加情境化;在数学上试试加上绘画,使那些枯燥的数学有了生气;在常识课上何不加上角色扮演,让幼儿体会体会那些动物、植物的内在感觉?教学手段的综合利用,在使儿童对所学习的事物更感兴趣的同时,还培养了儿童横向思维与纵向思维等多种思维方式,从而使儿童对于事物的认识更深刻。

总之,教师在教学手段的选择上要做到以儿童为中心,以儿童的兴趣所在为出发点,来选择自己的教育手段。这其中包括了音乐、歌曲、游戏、美术、手工、工作、观察、表扬、奖励,甚至一切可利用的现代化的手段如电脑、电视等。

三、综合性原则所应注意的事项

（一）教师的素质很重要

教师素质的高低会直接影响到综合性原则在幼儿园实施的效果。特别是当前科学技术日新月异，心理学、教育学知识不断丰富和更新，而教育内容与教学方法也在不断地更新，所以教师也要不断地提高自己的素质，使自己的内在修养不断地提高，才会使教育内容更加丰富多彩。

（二）因地制宜地使用综合性原则

我国幅员广阔，城乡差别很大，内陆与沿海地区的差异更是突出，因此，我们在幼儿园里实施综合教育的时候也就要根据本地的特点进行教学，也就是我们常说的因地制宜。例如，在城市里，教师要尽可能把那些新鲜科技的物品引入幼儿园里，让儿童对新鲜事物有更多的了解；但在乡村，幼儿园教师也是利用周围的自然风光向儿童进行教育。

（三）不可为综合而综合

当前许多幼儿园还不具备进行综合性教育的物质条件和师资水平，这时强行进行综合教育的做法是不可取的。这种为综合而综合的做法，是典型的邯郸学步、东施效颦，最后不仅没有做到综合性教育教学，甚至连原本的分科教学也丢了，变成了"非驴非马"的怪物，最终不利于儿童的学习，使儿童失去了本该有的学习机会与学习内容。

综合性原则在幼儿园的实施与发展，是近年我国幼儿园教育改革的重要体现。综合性教育原则在幼儿园的实施和普及也给广大幼儿园教师提出了更高的要求。因此教师在工作中要不断地充实自己，让自己得到更完善的发展。这就是我们所常说的："要给孩子一杯水，自己要有一桶水"。

第五节 启蒙性原则

启蒙性原则是指学前教育要对儿童进行最基本的、入门式的教育，为其以后的学习和发展打下初步的基础。学前教育的实质就是启蒙教育，也即开发蒙昧状态的教育，俗话叫"开窍"。中国自古以来就有对儿童进行启蒙教育的习惯，古代也有"蒙学"之称，《千字文》、《三字经》等都是经典的蒙学教材。

一、学前教育的启蒙性

在现代社会中，人们对幼儿的启蒙教育的重要性有了进一步的认识。在现代的学前教育中，教育者主要以广、博、浅为基本原则，对学前儿童进行以健身启智为主的启蒙教育，而不宜教授偏、窄、深的内容。学前教育的目标、内容和方法都应以启蒙性为主要衡量标准。学前教育不应以学科能力发展为目的，而是以诱导儿童潜能的自然萌发为教育标准。学前阶段的启蒙教育，就好比只是给儿童打开一扇扇窗户让他们看到里面的精彩世界，但并不逼其爬进某扇窗户往更深处去探索。

在以往的幼儿园教育中，教师往往把儿童会算多少道数学题、会写多少字作为教育教学的目标，也作为衡量教师教育教学成效的标准。现在，我们在《幼儿园工作规程》的指引下，已经逐渐认清了什么是幼儿园教育、幼儿园教育的目标是什么，那就是不以学科能力发展为目的，而是以诱导儿童潜能的自然萌发为宗旨。而幼儿的潜能又是多方面的，各个儿童由于遗传和先天条件的不同，可供开发的潜能又不尽相同，这就要求教师因材施教、因人而异地启蒙。

二、学前启蒙教育的内容

学前教育应从以下几个方面着手，对儿童进行启蒙教育，以诱导儿童潜能的自然萌发。

（一）品德方面的启蒙教育

品德方面一般包括礼貌与规则，友爱同伴，尊重长辈，爱劳动与热爱劳动者，积极的情绪、主动精神、活泼开朗的性格，勇敢、诚实、独立性与坚持性，良好的意志品质以及初步的爱国情感。

（二）智力方面的启蒙教育

智力一般分为一般智力与特殊智力。一般智力是指进行任何活动都要运用的能力。特殊智力是指完成某项专门活动所需要的能力。一般能力包括：感知力、观察力、注意力、记忆力、想像力、思维能力、语言能力等。

感知是客观事物直接作用于人的感觉器官，在人脑中产生的对客观事物属性的反映。这方面的能力就是感知能力。根据接受刺激的感觉器官的不同，我们可把它们分为：听、视、嗅、味、触五种外部感觉，也就是我们常说的听觉、视觉、嗅觉、味觉、触觉。

观察是指人们有目的、有计划、比较持久的感知活动。观察就是随着人们的语言和思维的产生与发展，人们的感知活动逐渐受到语言和思维的支配与调节，发展成为一种独立、有相对稳定的目的性和方向性的过程。我们把这方面的能力统称为观察力。

注意是伴随着其他心理活动的一种心理状态，表现为人的心理活动对外界一定事物的指向和集中。指向就是心理活动在指向某一事物，而离开了其他事物。我们把这方面的能力称为注意力。

记忆就是感知的事物在人脑中的反映。记忆经过了四个过程，那就是识记、保持、再认和回忆。这方面的能力就是记忆力。记忆从内容上可分为运动记忆与动作记忆。

想像是人们对头脑中已有的形象进行加工改造，形成新的形象的心理过程，这就是想像。这方面的能力就是想像力。想像力可分为有意想像与无意想像；根据想像的独立性、创造性程度，我们可以把它分为再造想像与创造想像。

思维是人脑对客观事物间接的概括的反映，是借助于语言，反映客观事物的本质特征以及事物之间的规律性联系。思维的基本过程包括了分析、综合、比较、分类、概括等活动。而在这个过程中就需要概括能力、判断能力、推理能力、分析问题的能力以及创造性思维能力。这些能力有机地结合起来就是我们常说的思维能力。

语言能力是人类特有的一种心理活动能力，是人们利用语言进行交际的双向活动过程。语言能力包括了语言理解能力和语言表达能力，这两种能力缺一不可。语言能力又分为口头语言能力与书面语言能力。

（三）体能方面的启蒙教育

儿童体能按其特点又可分为小肌肉运动的发展潜能与大肌肉运动的潜能。

小肌肉动作的发展可以促进身体进一步协调和完善。它使粗细动作有了比较明确的分工,使儿童的动作更加敏捷、灵活与自由。儿童在进行精细的活动中,需要视、听、触等多方面的感觉信息的综合,这就调动了眼、耳、鼻、舌、皮肤各种感觉器官,大脑以及身体器官的机能得到了进一步的发展、协调。

大肌肉动作包括爬、走、跑、跳、抬头、抛、接、踢等动作。这些动作是由大肌肉群所组成的随意动作,而且还常常伴有强有力的大肌肉的收缩、全身运动神经的活动与肌肉活动的能量消耗。大肌肉动作能力的发展是儿童形成良好心理的重要途径。心理是人脑对周围现实的反映。每一个人生来并不是消极的、被动的反映外界客观事物的,而总是通过各种形式的活动,积极地和外部世界进行交往。

大肌肉动作能力的发展可以促进智力的发展。随着儿童各种动作不断地发展,他们的视野也在不断地扩大,从熟悉的人、物、事到利用一切可利用的手段来认识周围的一切。儿童在运用大肌肉技能的同时,也利用这些技能探索了周围的环境,掌握了有关自己身体与周围环境的知识。这样他们的感知能力、观察力、记忆力、想像力、思维能力和语言能力才得以发展。而且,也有可能发展一些特殊智力,如节奏感觉能力等。

大肌肉动作能力的发展可以促进儿童情绪情感的发展。在儿童还不会说话的时候,他们非常善于利用自己的肢体语言来表达自己的各种情绪。当他们饿了的时候,他们就会大声的哭叫,并伴有全身运动。当他们想让某人抱自己的时候,就会伸出双手,身体扑向那个人。即使在他们学会讲话以后,也还常常以动作表达情感。儿童从大肌肉动作中获得良好的情绪情感的调节,这也正是儿童喜欢户外活动的原因。

动作技能的发展促进儿童个性与社会性的发展,对儿童良好个性的发展有着全面、深刻的影响。如儿童学会了一种新的动作后,往往不再希望父母的帮助,如要自己走、自己拿东西等,这就表明了他们的独立性的提高。当他们学会了一种新的技能后，如果得到别人的鼓励和支持时，他们就会对自己更有自信心。当他们逐渐地掌握了各种大肌肉动作技能的同时，也在不断地认识自己的身体和能力，这也就发展了他们的自我意识。

正是由于体能的特殊性，所以我们在对儿童实施教育的时候要注意这些方面的培养，使儿童从小就对健康有一个正确的认识，而要想得到健康就得利用各种形式来发展自己的体能，使自己成为一个体格发育正常，形态端正无异常，体能正常无障碍，活泼愉快，精神饱满，注意力集中，不易疲劳的人。

（四）美的启蒙教育

美的启蒙教育包括培养儿童对美的欣赏能力与表现美的能力。其中，感受美、欣赏美的能力是基础，是优先发展的能力，在此基础之上才能发展表现美的能力，二者之间的顺序不能颠倒。表现美的方法很多，绘画、音乐（唱歌或器乐）、舞蹈、手工、文学等各种艺术形式都可以用来表现美。90年代以来，我国幼儿园大力开展特色教育，而主要内容就是侧重对幼儿表现美的能力的培养，钢琴班、小提琴班、绘画班、舞蹈班、美工班等特长班如雨后春笋般涌现出来。而家长也是热烈响应、推波助澜，以致有的孩子同时要上三四个特长班，失去了游戏或自由时间，使特长教育也变成了技能训练，完全背离了良好的初衷。这些现象很是发人深省。

其实，学前阶段美的启蒙重在培养儿童发现美、欣赏美的能力，至于表现美的能力和技巧，则是上小学甚至中学以后应该注意的事情。在儿童还不具备欣赏美的能力的时候就开始培养其表现美的技能，是典型的拔苗助长式行为。

而欣赏美的能力是可以在日常教育活动中自然地进行。例如儿童在完成一件美术作品、学会一首歌时，都会感到成功的喜悦，这些活动不仅发展了儿童的情感与个性，同时也发展了他们的美感。

第六节　活动性原则

活动性原则源自于杜威的"做中学"，实际来自于苏联心理学家的"活动主导论"和皮亚杰的儿童认知发展理论。"活动主导论"认为，儿童的发展是通过活动而实现的，在不同的发展阶段有不同的主导活动，如幼儿期的主导活动就是游戏，游戏主导和促进幼儿阶段身心的全面发展。皮亚杰认为，儿童是在活动中建构他们的认知结构的，从而发展他们的智力和社会行为，而活动就是儿童这一主体与外界事物之间的相互作用。我国教育家陈鹤琴和陶行知也倡导了这个教育思想。活动性原则要求学前教育以活动为主导，以活动贯穿整个教育过程，以活动促进儿童身心健康发展，以活动作为学前教育的主要内容和形式。

一、活动性原则的重要意义

我们认为，在学前教育教学过程中，儿童是在其原有发展水平上，通过与外界事物相互作用或操作活动，或在与教师和同伴的交往的过程中，建构自己的认知结构，发展其智力，体验与理解自我与他人间的相互关系和情感。因此，活动对幼儿的身心发展来讲是非常重要的一环。

二、活动性原则的实施

（一）提供活动机会和环境

为了贯彻活动性原则，教师要为幼儿提供物质材料和充分的活动时间，以及与同伴、教师交往的机会。蒙台梭利的课室与课程设计为我们提供了良好的榜样，如果能像蒙台梭利那样相信儿童、放手让儿童进行操作活动、交往活动，又给予必要的指导，则儿童身心一定会获得自由发展的。

下面是一张教室布置的简图，教室中间的椭圆形是教师与儿童进行集体活动的场地。在这里，教师可以坐在圆圈中间，儿童可以坐在椭圆形的圆圈上，听教师讲解有关教学内容，也可以让儿童在椭圆形的圆圈上练习各种动作，还可以在上面进行各种游戏。

在教室的四周则划分出一些小的角落，在这些小角落里，教师只要把玩具与学习用品放进去，就可以把这些角落变成儿童进行各种活动的游戏场地了。

但教师要注意到，安静的角落（图书角、学习角等）要与那些噪音较大的角落（娃娃家、玩水角、餐厅等）分开，使得每个孩子都可以专心做自己想做的事，而不会被别人干扰。这些角落还有一个特点，那就是这些角落并不是一成不变的，教师可以根据自己的需要与教学内容的变换随时更改这些角落。另外，这些角落里所用的分隔物，并不一定非要短柜，也可以用椅子、纸箱等物品，只要注意分隔得体就行了。

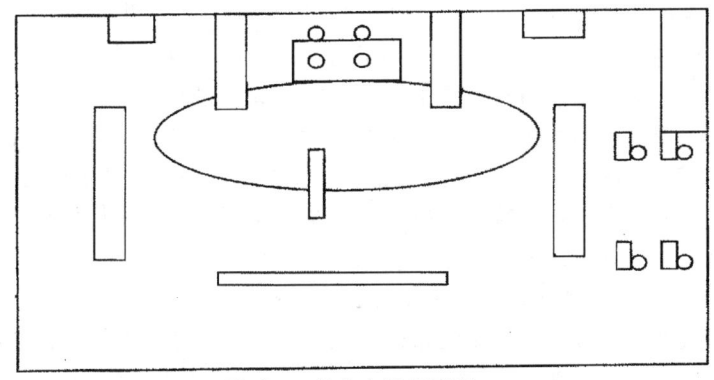

图 7-1　教室布置示意图

我们发现一些幼儿园中的一些教师在幼儿活动中放弃指导。他们认为只要让儿童自己进行玩耍就是活动，只要在活动中孩子没有出事，教师就算尽了自己的责任。这主要是没有认识到教师指导在儿童活动中的重要性。在儿童进行活动中，儿童会遇到许多问题，这些问题可能是认知方面的，也可能是情感方面的。如果教师在儿童活动中进行认真的观察就会发现这些问题并可以及时帮助幼儿解决。我们这里所说的解决问题，并不是直接给予儿童问题的答案，而是教授儿童一些必要的方法，并引导儿童自己去寻求答案的过程。

我们可以举例说明，当儿童在花园里发现了一只昆虫，教师可以先听一听他们在说些什么，并看一看他们有哪些行为。如果儿童对于昆虫很有兴趣，教师就可以同儿童一起找来相关的书籍、图片、录像带等资料让儿童观看，或是让他们自己查询；教师还可以同儿童一起把昆虫带回来，为其安排住处，并一同进行喂养，让儿童进行每日的观察，记录其发展的过程，在活动结束的时候可以进行全班性的讨论。

教师在进行这个简单的活动时会发现,这里所进行的并不是一个单一的活动,而是几个活动在同时进行。教师还会发现,在活动中不仅发展了儿童某一方面的能力,而且使其他方面的能力也得到了相应的发展。从表面来说,我们帮助儿童了解了昆虫的特点与生活习性,而从更深一层来说,我们发展了儿童的认知能力(了解新鲜事物)、自我学习的能力(查询资料、观察、记录、总结)、发展了儿童的情感,让他们从一个受保护者发展成为一个保护者;在发展情感的同时,我们又发展了儿童的意志品质,教会了他们如何去爱、去忍耐与克制自己等能力。这些能力固然是儿童在学习中可以自己习得的,但由于每一个儿童的个性品质的不同,使得有些儿童对某一方面的学习内容忽略了,在这时,如果我们的教师加以指导,就可以使得那些被忽略的问题得到儿童的重视,从而使他们在最短的时间里得到全面的发展。

(二)鼓励儿童活动的积极性、主动性和创造性

教师要鼓励儿童在活动中的积极性、主动性和创造性,使活动真正成为儿童发展的手段。

我们在许多幼儿园发现,由于教师本身的个性品质与心理状态的不同,他们在对待某些活动时会采取回避的态度,甚至阻止儿童参与,如在花园里发现一些昆虫,某些教师的第一个反应就是尖叫跑开,或是大叫一声:"很脏!别去动它!"。正是由于教师的上述表现,使得许多儿童在看到一些新鲜事物的同时,也就产生了惧怕心理。因此,我们作为一个教师首先要做到就是以一种健康的心态对待周围所发生的事,以身作则、身体力行地去参加到活动中去。只有这样,才可以做到鼓励儿童积极参加活动。经过长期的培养,他们才会主动地去参与各种各样的活动。

在活动中,儿童会出于本能,对事物产生一些不同的看法,并付诸实施。这些本能固然有我们前人在长期劳动中发现与总结出的正确经验,同时也有一些是被后人所淘汰了的过时发明,但作为教师,我们一定要正视这些儿童在活动中通过个人努力发现总结出的经验与发明,我们不要嘲笑儿童的探索,因为每一个新的发现与发

明都是建立在前人成功的经验之上的。更不要对他们的实验加以阻止，或是自以为聪明地把答案告诉儿童，这样不仅打击了儿童的探索的积极性，甚至阻碍了他们创造力的正常发展。

（三）活动是多样的

儿童的发展需要是多样的，儿童的兴趣是广阔的和多变化的，因而需要多样的活动满足其发展。

从活动的内容看有发展身体各部位动作的活动，发展感官，发展注意，发展记忆，发展思维和想像的活动，发展语言的活动，发展意志，发展情感的活动；从活动的组织形式看有独自的活动，合作的活动，团体的活动；从活动的方式方法看有生活能力练习活动，玩玩具游戏活动，讲故事活动，观察活动，小实验活动，音乐舞蹈活动，绘画、手工制作活动，种植、饲养活动；从活动的场所分有室内活动（班活动室、功能室）、户外活动（园内、园外）；从活动量分有活动量大的活动，安静的活动，静息活动。另外，还可分为成人组织的活动和儿童自由进行的活动。

活动以适合儿童的兴趣和能力，有益儿童的身心健康为最佳。

（四）活动不是装饰品

在幼儿园里，许多教师在组织一日生活活动中，往往出现以活动做点缀物的现象。这样一方面说明教师对活动性原则的不理解，另一方面也说明我们教师的工作态度不够认真。因为如果要让儿童在活动中进行学习，教师就要准备大量的物质材料，这样做既费时又费力，又不可能马上看到效果。相反，如果要按照传统的教学模式进行教学，教师是活动中的绝对领导者，她们可以按自己的意愿出发安排一切，而儿童只是随着教师指挥棒转圈的玩偶，教师指到哪儿，孩子们就跟到哪儿。教室里秩序井然，教师带着省心，家长看了放心，活动呢？也就成了样子，成了表面文章。

因此，我们认为，活动性原则说起来容易，看起来简单，但做起来却是颇费工夫的。如何贯彻落实这一原则，如何真正做到这一点，各位教师还是要费一番心思的。

复习思考题

1. 请概括性总结本章所提的学前教育六个基本原则。

2. 试根据学前教育六个基本原则对本班的教育教学工作进行反思和分析,找出不足和需要改进的地方。

第八章 学前教育的基本方法

作为一个新的尝试,我们试图在本章将学前教育中常用的教育教学方法总结整理出来,作为一套不分学科、不分年龄段的基本方法体系呈现给各位学前教育工作者,使大家在工作中能够根据不同的教育和活动要求采用相应的方法,以达到教育的理想境界。在此,我们根据几年来的实验研究,采用不同的分类方法,提出了直观形象法、游戏化法、语言法、移情训练法、角色扮演法、环境体验法、行为操练法、发泄法、表扬鼓励法、批评惩罚法等十种基本方法为内容的学前教育方法系统工程,并将其基本原理与实施办法加以详细说明。

第一节 直观形象法

直观形象法是幼儿园教育教学的主要方法,即教师采用直观教具或各种电化教育手段等,组织儿童开展观察(物体和现象)、欣赏、演示、示范和范例等活动,以达到预定的教育教学目标。这种方法符合直观性教学原则和儿童思维的特点。

一、直观形象法的内容

幼儿园教育教学中要借助儿童多种感官和已有表象,通过直接形象的感知获得生动的表象,比较全面深刻地掌握知识。直观手段有实物直观、图片直观、语言直观及活动过程直观。由于儿童缺乏必备的生活经验和知识水平以及思维具有具体形象性,直观原则在儿童教育教学中有着特别重要的意义。通过鲜明、生动的形象,容易吸引儿童的注意,激发学习兴趣和热情,帮助儿童理解和记忆,有助于发展儿童的观察力、形象思维力。贯彻直观原则,要与运用语言和启发思考结合起来。如用语言指导儿童观察、传授新知识、口头解说儿童不能观察到的事物等。

(一)观察法

观察法是教育教学直观形象法之一,运用观察活动进行教学的方法。在教师的指导下,儿童有目的地感知客观事物,可以丰富感性知识,扩大眼界,锻炼感知觉,发展观察力和其他认识能力,激发求知欲,促进语言的发展。这种方法符合儿童的认识规律和儿童的年龄特点,是幼儿园教学的基本方法。

运用观察法时要求注意以下几点:

1. 要培养儿童的观察兴趣。教师可以通过观察法扩大儿童的生活环境,丰富生活内容,提供各种生动有趣的观察对象,引导他们进行各种观察活动。

2. 教给儿童观察方法。儿童可以运用比较方法进行观察,这也是观察法教学中最常用的方法,如观察比较苹果和梨的异同。

3. 正确组织儿童观察。观察前要提出明确的观察目的和要求,而不是让儿童胡乱观察。观察过程中要集中儿童的注意,以语言和手势指导观察,启发儿童用语言描述观察到的事物,并尝试让儿童自己去发现、分析和解决问题。观察后要有总结性谈话,巩固儿童观察印象,形成概念。幼儿园教育教学常用的观察方法有特征性观察、比较性观察、长期系统性观察等多种。

(二)演示法

演示法也是直观形象法之一,即教师在教学中出示实物或教具,进行示范性操作。这种方法常配合语言法(谈话法、讨论法等)一起使用。教学演示可以集中儿童的注意力,提高其学习兴趣,发展观察力、思维力,认清对象物,形成正确的认识。

使用演示法要求注意以下几点:

1. 选择恰当的时机,激发儿童新鲜感和好奇心。

2. 使全体儿童都能看清演示的对象,把注意力集中于对象的主要方面。

3. 辅以简明扼要的讲解和谈话,使演示的事物与所学的知识紧密结合，将个别的知识归纳成为完整的知识。

（三）示范法

示范法也是直观教学方法之一。指教师通过自己的语言、动作或教学表演，为儿童提供具体模仿的范例。语言、常识教学中，教师应经常运用语言示范，发展儿童叙述、描写、创造性讲述及朗诵的能力；美工、音乐、体育教学中则通过示范动作帮助儿童掌握学习内容和动作技能。进行动作示范时，要选择好位置，使每个儿童都能看清楚；示范动作要慢、清楚而准确，并适当加以解释，以达到明确的目的。

示范法又分完整示范、部分示范、分解示范、不同方向示范等多种形式。

1．完整示范。对新的教学内容，从头到尾的示范，给儿童以完整的印象，便于其理解和掌握，形成整体认识。

2．部分示范。在儿童学习过程中出现难点、缺点、错误，教师则进行示范以帮助解决局部问题，对已经会的内容就不再示范。

3．分解示范。把学习材料分成几部分，分步分段地示范，使儿童掌握每一处要领和学习的重点。

4．不同方向示范。从正面、背面或侧面示范，使儿童能从不同的角度得到完整的印象。

（四）范例法

也是直观形象法之一。指采用具有教育意义的典型事例，供儿童直接模仿和学习。范例对年龄越小的儿童作用越显著。在思想品德教育中，以优秀人物为范例；在教学过程中，则指向儿童出示事先准备好的各种样品，如绘画、纸工、泥工样品等，供儿童观察、模仿学习。教学中的范例，造型要大些并且不要有多余的细节，色彩要鲜艳，引人注目。

范例法有以下几个特点：

1．示范性。是各种教育活动中示范性最强的一种方法，它通过范例使儿童获得正确的认知，告诉儿童怎样做才是对的、好的。这样就能使儿童有了明确的学习目标。

2．直观性。范例法可以通过一个一个具体的范例及其活生生的形象，把抽象的知识或要求具体化、形象化，使儿童易于理解、易于模仿和学习。

3. 行为的定向作用。来自各个方面的各种范例，构成了良好的教育环境和氛围，使儿童的行为向着范例所指引的方向发展，这种由范例所引发的潜移默化作用是不可忽视的。

二、采用直观形象法应注意的事项

（一）内容的选择

在运用直观形象法的集体教育活动中，一般是根据教学计划选取教学过程中普遍存在的难点或重点对儿童进行直观形象化教育，使直观形象法的示范性作用更有针对性。

（二）实施要求

1. 直观形象法的手段可以多样化。可以根据教学的需要和现在条件，相应采用录音、录像、电视、电影、VCD、DVD、幻灯、投影以及电脑多媒体等各种直观手段，来对儿童进行直观教学。

2. 直观形象法的形象化对象也可以多样化。教师可以真人真事为范例，可以艺术作品中的典型事例为范例，也可以首先通过讲故事或情境表演树立范例。

3. 直观形象法要与语言法相结合。在实际教育活动中，直观形象法与语言法（讨论法、故事法）是密不可分的。因为光有直观示范，只能使儿童知道应该事物原本是怎样（做），但还不能使其明白为什么是这样、为什么要这样做等。讨论时应注意采用小组形式，为更多的儿童提供在观察基础上提高其认识的机会。

4. 直观形象法要与行为练习相结合。要让儿童掌握所学的知识或行为，只有观察或讨论还不行，必须在行为练习中让儿童巩固从观察和讨论中得来的知识和行为，并在行为练习中将这些良好行为固化在儿童身上。

三、参观法

参观法是与直观形象法有关的一种教育教学方法，所以我们将其收录在此。它是为受教育者提供真人真事真实场合作为教育环境的一种现场学习法。教师有目的有计划地带领儿童对所参观的对象进行观察，这种观察有别于常识活动和语言活动中的观察，其重点在于根据观察引导儿童结合自己的有关生活经验，产生联想、进行对比，从而激发向往、自豪、尊重等积极的道德情感。

在儿童眼里，参观就是玩，玩是最快乐的事。日常的集体教育活动多数是借助物质材料为儿童提供动手动脑的机会，而参观为儿童提供的是真人真事，实际景物，引导儿童产生真情实感，这些活生生的事物给儿童一个全新的刺激，能激发起他们浓厚的学习兴趣。

儿童的活动主要是多种感官的参与，参观法正是带儿童到社会实践中去，让儿童置身于各种活动之中，由外至里全身心地参与。儿童所面对的就是社会实践的现场，见了就可学，学了就可做，实践性较强。

参观法符合儿童情感发展的特点，儿童在参观活动中亲自感受各种现实生活中的真人真事，进而产生情感共鸣和移情，从情感上引发一种激励机制，从而最终导致学习和行为的良性迁移。

第二节　游戏化方法

世界学前教育之父福禄贝尔最先提出了对儿童进行游戏教育的主张。在他创立的人类历史上第一所幼儿园里，实施的是以游戏为基础的教育，并取得了好效果。20世纪60年代以来，各国教育心理学家在对儿童发展规律进行广泛研究的基础上指出：儿童期蕴藏着丰富的发展潜力，这些潜力应可在游戏中挖掘。因此，为使孩子成长为一个完整的人，实施教育的正确途径与方法应该是全面采用游戏化方法，做到教育活动游戏化和游戏活动教育化。《幼儿园工作规程》中也把游戏作为对儿童实施全面发展教育的主要手段。可见，游戏化方法是最为科学的育儿教育方法。

一、游戏化方法的实施

实施游戏化方法主要有两个途径：一是游戏活动教育化，二是教育活动游戏化。

(一)游戏活动教育化

1. 角色游戏

孩子假扮妈妈喂养娃娃,背枪当警察捉坏蛋。他们用自己去替代角色人物,用玩具去替代真实用具,这一切是建立在想像的基础上,通过扮演进行的。角色游戏是儿童期最为典型的游戏,是促进儿童社会化、发展语言的重要游戏。

2. 结构游戏

孩子们喜欢搭积木、串木珠等构造活动的结构游戏,从中他们认识了物体的形状、色彩、大小、轻重等特征,得到了关于结构造型方面的知识技能,培养审美情趣。

3. 表演游戏

表演童话、故事、玩木偶、影子戏。这些表演游戏从小培养儿童对戏剧活动和文艺作品的兴趣,培养未来小观众和小演员。以上这些游戏都属于一种创造性游戏,是孩子们自己独立自主、创造性地开展活动。

4. 由成人编制的有规则游戏

如以唱歌、跳舞为内容的音乐游戏;以走、跑、跳等基本活动为内容的体育游戏;以观察、注意、想像、记忆和思维等为内容的智力游戏。这些游戏都有明确的发展目标(如发展动作,发展智力,培养艺术审美能力),是成人根据一定的教育要求,用规则编制而成的。除此以外,那些民间游戏也是儿童喜爱的。

(二)教育活动游戏化

在教育活动中充分利用儿童对游戏的本能偏爱,满足儿童爱玩、好玩的天性,以游戏的形式和方式开展相应的教育活动,这就是教育活动游戏化。

1. 依靠玩具开展游戏化活动

儿童教育家陈鹤琴指出:"小孩子玩,很少空着玩的。必须有许多东西来帮助他,才能玩得起来,才能满足玩的欲望。"如玩骑马至少需要一根竹竿,才能跑来跑去。玩具是游戏的工具,是儿童的天使,是启蒙的教科书。在教育活动中适当地加入相应的玩具或"道具",使活动增加了游戏的成分,会引起儿童的兴趣和积极性,使教育活动充满了乐趣。

2. 依靠想像开展游戏化活动

游戏都是一种假想的行为，在教育活动中也可以充分发挥3岁以后儿童所具备的假想能力，在教育活动中穿插假想性游戏。例如，"小老师"游戏，可以让儿童上台充当"小老师"，把老师刚刚教过的东西再"教"一遍，看谁"教"得最好、最像老师。既满足了儿童想当老师的欲望，又达到了复习巩固的目的，实是寓教于乐。

二、注意事项

（一）采用游戏化方法要注意"发展适宜性"原则

3岁儿童由于能力较差，所以只善于个人游戏，他们常把布娃娃当对象，和它说话、玩耍，然后再过渡到和小朋友一起玩。不过最初的集体游戏只是一种在一起玩的形式，而无合作的内容。真正有分工、有互助、有协调地开展游戏要到大班才出现。所以，3岁儿童和邻居孩子玩，往往玩不好，到6岁孩子们已很能干，协作合群能力提高，他们可以玩很长时间的集体游戏。当然，独立性也更强了。教师就要根据儿童在游戏能力方面的年龄差异和个体差异，因人而异、因地制宜地开展游戏化教育。

（二）明确游戏规则

游戏都有规则，只不过有的规则明显，有的隐蔽。游戏规则是根据游戏目的以及教育活动的目的而提出的，它能在游戏中起组织、约束、调整儿童游戏行为和相互关系的作用。孩子们为了玩，愿意遵守规则。教师可借此机会培养儿童良好的行为习惯和规则意识。

（三）教师应掌握指导游戏的技能

游戏虽好，但也要适合儿童的年龄特点和发展要求。即便玩合适的游戏时，如缺乏正确指导，同样也会给孩子带来不良影响。如运动量过大的游戏会损害健康，不掌握玩具操作技能的游戏会危及生命，在游戏中常处于被支配地位的孩子会形成胆小、软弱的性格，而有些霸道的孩子在游戏中如得不到控制和教育，将会形成自私、骄傲的性格。这些个性品德上的问题将会影响他们一生。游戏中的教育因素需要教师去引发才能达到游戏教育的目的。如玩水，成人给孩子一塑料袋，让他们将水装进袋内，并用小针扎几个小洞，指导孩子观察水的流动，引起其对水流形成兴趣，发挥玩水游戏的教育价值。若不指导也许只是玩玩而已。

同时，指导需要教师的爱心。对游戏的指导是一门艺术，它是建立在教师的爱心的基础上的。这种爱应该表现为对孩子的仔细观察、了解和尊重，表现为教师作为孩子的游戏伙伴而平等地参与游戏。

（四）创设游戏角

游戏角是孩子游戏的小天地，是他们心目中的天堂。要给孩子们安排一个玩具箱或玩具柜，最好能给他们一个玩具角，使他们有一个自己的游戏王国。在这个天地里，要求他们做小主人，爱护玩具，场地整洁，培养责任感和劳动技能。当然做这工作是容易的。教师要记住，一要对孩子严格要求，二是教会孩子整理技能，三要运用表扬与批评、鼓励与惩罚相结合的手段去督促他们的行为，四要学会有耐心和坚持。

第三节 语 言 法

语言法是儿童教师最常用的和最普遍使用的教育教学方法，即教师以语言为主要工具对儿童进行说教、指导、劝说等，以达到相应的教育目的。最常见的语言法有两种：故事法和讨论法。

一、故事法

（一）操作定义

故事是儿童喜闻乐见的艺术之一，幼儿园为了向儿童传授科学文化知识、历史知识、自然常识以及领袖、英雄、科学家们的事迹或成长过程，多以故事的形式进行教育。幼儿园运用故事这种手段向儿童进行教育的方法被称为故事法。

（二）操作特点

故事法在幼儿园运用较为普遍，它符合儿童的年龄特点，容易吸引住儿童，促使儿童的无意注意向有意注意转化。故事内容易于理解，可促进儿童的理解力、记忆力、想像力、判断力以及口语表达能力的综合发展。

（三）操作形式

故事法在教学中运用，一般以课堂教学形式出现，有明确的教育目标和教育计划。故事法在教育教学中可以运用的形式是多种多样的，一般有口述、听录音、看图讲故事、情景教学、幻灯、录像、复述故事、表演、编故事开头或结尾等活动形式。

二、讨论法

（一）操作定义

讨论法是儿童自我教育的一种方法。讨论法主要是儿童通过运用已有的知识经验，对一些不了解的问题、认识模糊不清的问题、困难的问题、相互关系中矛盾的问题，甚至有错误看法的问题等等，发表意见、共同议论商讨、相互启发和补充，从而获得正确、统一的认识。

讨论法是儿童自己教育自己、主动接受教育的方法，不是被动接受教育。对年幼儿童来说，由于知识、经验、能力等方面的局限，要他们马上接受讨论法还有一定的难度。所以，要先从议论法入手。议论法是讨论法的初步形式，是以老师为主、儿童为辅的谈论，老师首先揭示或引发讨论内容，然后由儿童进行补充。随着儿童年龄的增长，再逐步过渡到运用讨论法进行教育。这时，就可在教师指导下，由儿童积极主动参与讨论活动。

讨论法符合《幼儿园工作规程》的要求，可以为儿童创设表现能力的机会与条件，以促进其发展，而不是通过教师讲解，向儿童陈述正确的规范与要求。

（二）操作特点

1. 实践性强

在儿童教育活动中，儿童根据已掌握的知识、生活经验与感受，对不同性质的问题经过自身认真地思考、琢磨和相互之间反复地讨论，会逐步由模糊到清楚、明确、理解，由认识不足或错误到认识正确甚至深刻，这样就提高了全班儿童的认识，统一了集体的看法，解决了难题。

在日常生活及各项教育教学活动中，教师可以创设诱发不同意见的客观情景，引发儿童发表不同的看法。在解决问题时，首先让儿童自己感受矛盾，分析争论，经过儿童阐述意见及争议，教师再给予引导概括，使儿童得出正确的结论并牢固地掌握相应的教育要求和行为规范，从而有效地提高儿童认知和思维水平。

2. 针对性强

教师针对教育活动的目的和儿童的思想实际、行为表现上存在的问题，设置各种性质的讨论。这样有针对性的讨论，激发了儿童思维活动，使他们学会明辨是非，提高其思想认识水平与行为的主动性、自觉性。同时，还可以针对儿童特别是中、大班儿童强烈的独立要求和独自做事的愿望，运用讨论法充分满足他们试图自己探索问题、解决问题的心理需要，迅速提高其认识水平，促进思维发展。

3. 自由性强

儿童在讨论时，学习的氛围是自由、轻松和谐的，儿童没有心理压力且情绪愉快，不必紧张地参与活动。因此，他们可以充分发挥主观能动性，随意谈谈自己的看法、意见，表达自己真实的思想，你一言我一语，想到什么就说什么，畅所欲言地共同议论、讨论着各种问题。儿童在相互商讨和争论中，懂得了许多道理，为将认识见诸于行动打下了基础。

（三）教育价值

讨论法在儿童教育中，有着其他教育方法不可替代的作用。它是有效地提高儿童认识、情感、意志与行为水平的重要方法之一。由于儿童在讨论法的教育活动中是处在主体的地位，而不是传统教育模式中那种被动接受强行灌输的地位，所以其学习的积极性、主动性、能动性都比较高。在教师的有效导引下，儿童亲自参与，他们观察、体验、感受、思考、议论、讨论、做结论，直到对问题有了正确的认识与理解，从而能够充分表现自己、发挥主体的作用。儿童对通过具体事物的讨论，明白行为的对和错、好与坏，提高了认识水平和辨别能力。在讨论中他们还亲自参与解决问题的活动，自己想办法解决问题,从而提高了解决问题的能力。同时,主动接受教育还可避免因说教过多而产生的逆反心理、抵触情绪和行为。

(四)操作过程

1. 运用情景表演引发问题

教师一般可以用两种方法来引发问题:一种是单一活动展示情景,如表演司马光警枕夜读的情景;另一种是对比活动展示情景,如两名儿童在家接待客人不同的行为表现:玲莉是一个有礼貌、热情待客的好孩子,而刚波则是一个不礼貌不会待客的孩子,等等。这样利用情景交融的表演,引出问题让儿童讨论,不但营造了一种能激起儿童强烈求知欲的环境氛围,而且促使儿童情不自禁地投入到讨论学习活动中去。这才是真正的"发现学习"。

2. 运用各种手段展开问题

教师可以运用录音、录像、电影、电视、幻灯以及投影等电教手段,也可以通过文学艺术作品甚至是儿童自身行为表现来展开问题,诱发讨论。如,可以让儿童听听本班平日活动时的录音(洗手时的争吵声,发放碗筷时的撞击声,游戏中的叫嚷声,拿放椅子的拖拽声等等),老师让儿童认真体验一下这些声音给他们带来什么样的感受……这样就充分展示了所要讨论的问题,并把儿童自然而然地带入了讨论之中。

3. 运用正面行为练习展示问题解决方向

教师可以让儿童通过参观、模仿等活动而接触正确的行为规范,并以此进行行为对比讨论,从中找出解决问题的正确方向,提高学习正确行为的积极性。如,让孩子们参观大班儿童铺床叠被的活动,促进其对比讨论,找出自己存在的问题和正确解决办法。

4. 运用各种讨论解决问题

研究表明,运用以下几种不同类型的讨论,可以有效地解决儿童所面临的各种问题:

(1)感受、对比性问题的讨论:教师利用两种表现截然不同的行为或形象,通过观察、体验、回忆等活动,让儿童在亲身感受和体验的基础上,通过比较与鉴别而加深对不同行为的认识和对行为实质的了解。

(2) 解难性问题的讨论：儿童能对发生的问题自行商讨，想出解决问题的办法。这类性质问题的讨论，是将行为要求和培养能力结合在一起的极其有效的教育方法。

(3) 判断性问题的讨论：即让儿童通过商议讨论对事物或现象进行是非判断。其目的是要求儿童在面临多种行为表现或多种情况时，能依据自己的认识，多角度、多方面地对事物、现象进行判断，全面提高儿童的分析判断能力。

(4) 结论性问题的讨论：教师对某一情况、现象或行为提出两种或几种结论，让儿童议论，从中选出正确的答案。

(5) 探讨性问题的讨论：是在儿童具有一定知识经验的前提下，引导其探讨或思考一些行为的后果，从而使其明了相应的教育要求。这种讨论主要在中大班进行。

5. 在实践中检验或修正讨论结果

对于每一个问题的讨论结果，都不能只停留在口头或书面上，而应通过情境表演、角色扮演或行为练习等活动，让儿童亲身体验一下讨论结果的对与错、好与坏，并在实践中进一步检验和发现问题，从而最终达到言行一致、思想认识与行为实践相统一的境界。

第四节　移　情　法

移情法强调认知—情绪系统的交互作用，综合运用认知提示、情感换位、巩固深化和情境表演等技术，由近及远、由浅入深、由具体到抽象地展开儿童认知和行为的教育。它特别针对儿童期特有的自我中心化思维，能明显提高儿童的移情能力和认知水平，提高其社会认知水平和促进亲社会行为的养成。移情法简便易学，教育活动实用性，具有较强的推广和运用价值。

一、移情法所用的训练技术

移情法共包括认知提示、情绪追忆、情感换位、巩固深化、情境表演等训练方法，其主要作用和心理效果分析如下。

（一）认知提示

认知提示是通过成人的言语提示、分析、讲解、组织儿童讨论、游戏、表演等形式帮助儿童学会辨别各种不同的情感及其面部表情，理解不同的人在不同的社会情境中的想法、观点和情感，促进儿童辨别他人情感和设想他人观点及进入他人角色能力的发展，从而促进儿童认知水平和社会理解水平的提高，为产生移情奠定认知基础。通过移情教育活动，儿童能够比较正确地辨别他人在不同的社会情境中产生的常见情感，如高兴、快乐、生气、害怕、难过、伤心、着急等等，并且能够学会站在他人角度上考虑问题，分析出他人不同的情绪、情感状态。例如：在有关邻居关系的故事中，让儿童对邻居王阿姨的心理状态进行分析，问："王阿姨心里怎么想的？有什么感觉？"对此，儿童大多可以正确地把握主人公的心理状态，如答道"王阿姨想，这是谁呀，吵得我都睡不好觉了"，"王阿姨心里觉得很生气，她想，这是谁家的小孩呀，怎么光想着自己，不想别人呀，真不懂事"等等。

（二）情绪追忆

情绪追忆是运用言语提示唤醒被试在过去生活经历中亲身感受到的最强烈的情绪、情感体验，引起他们对情绪体验产生的情境、原因和事件的联想，加强情绪体验与特定社会情境之间建立的联系，从而使儿童能够更好地辨别和区分各种情感。

（三）情感换位

情感换位是通过提供一系列由近及远的社会情境（家庭—父母—老人—邻居，幼儿园—同伴—老师等），让儿童进行分析讨论和角色扮演，从而使被试转换到他人的位置去体验情境中不同的情绪、情感状态，并促进其角色进入能力的发展。譬如，"如果你是一位老年人，在生活中有很多不方便，你的心情会怎么样？该怎样对待老年人？"对此，大多数被试都说感到心里很难过、伤心，应当帮助老人；"假如有一天，你表现得特别好，老师奖给你一朵小红花，可是有一位小朋友却说'我才不稀罕小红花呢！'你心里觉得如何？应该怎样对待别人的进步？"对此，大多数被试都表述说心里觉得难过、生气，当别人取得进步时，应该为别人感到高兴，并向别人学习等等。

通过情绪追忆和情感换位，儿童易于把过去的情绪、情感体验迁移到相应的社会情境之中，使自己置身于其中，设身处地为他人着想，体验到他人正在体验的或设想他人正体验的情绪、情感，从而产生移情。

（四）巩固深化

巩固深化是对上述活动的引申，它引出人不应只想到自己，还应考虑到别人，应该给别人带来幸福、高兴和快乐的情感等概括性主题，让儿童就如何为别人带来上述情感进行讨论，其作用在于把被试引向更高的层次，使之不再拘泥于具体的情境，而是掌握普遍性的行为规范。如怎样才能给妈妈带来幸福和快乐？对此，经过讨论，总结出应对父母有礼貌，关心父母，自己的事情自己做，帮助家长做力所能及的事，在幼儿园做好孩子，不让父母操心等。

（五）情境表演

情境表演具体说可以包括事例分析和行为练习，即先举出假设的各种典型的社会情境或事例，让儿童分析出在该种情形下怎样做才能给别人带来欢乐，并根据儿童的提议，让大家轮流扮演不同的角色进行表演，从中体会不同的情感，或通过欣赏、表演儿歌，让儿童扮演不同的角色，体验不同的情感，加深儿童的印象，并鼓励情感反应，其作用在于强化被试正确的情绪、情感反应，使之正确地把握积极的行动方式，并进一步促进儿童设想他人观点和进入角色能力的发展。

二、移情法的实施

实施移情法要注意按照正确的秩序使用上述不同的训练技术。移情法的教育活动通常分为两个阶段。

（一）第一阶段

这一阶段主要运用认知提示和情绪追忆等基本训练技术。其目的主要是通过教师的言语提示，组织儿童讨论、绘画、唱歌、表情表演等活动，帮助他们学会辨别各种不同的情感及其面部表情；让儿童追忆自己在过去的生活经历中亲身感受过的情绪、情感体验，并鼓励情感反应。

(二)第二阶段

这一阶段主要运用认知提示、情感换位、巩固深化、情境表演等基本训练技术。主要是通过成人的讲解、分析、提问、组织儿童讨论、分析事例、讲故事、行为表演、欣赏和表演儿歌、歌曲等多种形式,促进儿童设想他人观点,进入他人角色能力的发展;帮助儿童学会站在他人的立场上考虑问题,设身处地为别人着想,并鼓励情感反应。在向儿童展示假设的社会性情感情境,让儿童转换到他人的位置去体验特定的社会性情感和事件的同时,进行巩固深化,提出概括性的主题,并进行行为练习,以使儿童能一致性地把握对待情境中他人状态的正确情绪反应和积极性的行动。并通过巩固深化和情境表演,使儿童从更高的社会认知层次上去把握积极的行动方式,强化其正确的行为技能,从而使被试在遇到类似的事实情境时,更容易产生移情,并做出亲社会行为。

第五节 角色扮演法

角色扮演法是指模拟现实社会中的某些情景,让儿童扮演其中的角色,尝试从该角色的立场上分析问题、处理问题、体验情感,并通过及时的反馈和教师指导,了解别人的需求和感受,从而更好地掌握与角色相适应的行为及规范。在角色扮演过程中,儿童必须按角色特定地位和所处的情景,遵循社会对角色的期待和要求所表现出来的一系列角色行为,从而达到摆脱以自我为中心的思维模式。研究证实,角色扮演法能显著提高儿童的角色承担能力和亲社会行为水平。儿童可以通过角色扮演而实现其角色转换过程,进入他人角色并体验他人情感和行为经验,从而相应地习得该角色的行为规范和道德要求。因此,我们认为角色游戏活动是培养儿童良好行为习惯的有效手段,应该受到普遍重视和推广。

一、角色与角色扮演法

前苏联一位教育家在研究儿童行为的坚持性时曾采用了一种有趣的方法:他让参加实验的儿童扮演站岗的哨兵。结果发现,孩子们竟能原地不动地"守卫"很长时间,而这在平时是绝对不可能的。孩子们为什么能够如此超水平地发挥呢?其根本原因就在于,这位教育家采用了一种符合儿童心理特点的训练方法,即角色扮演法。

我们周围的每一个社会角色都有其相应的社会责任、行为规范和道德要求。而我们的角色扮演法就是让儿童通过扮演某一个社会角色,从而理解该角色、掌握该角色所应具有的社会行为规范和道德要求。例如,当前城市儿童普遍活泼好动、办事缺乏耐心,怕吃苦、畏难,老师就可以学一学那位前苏联的教育家,让孩子也扮一扮哨兵。而且可以跟他比赛,"看看谁是个好哨兵"。孩子就会于无意之间习得哨兵所具有的良好的行为规范(如坚守岗位、一丝不苟、不乱动等等)和道德要求(坚韧不拔、不怕吃苦、不畏艰难等)。也许,孩子以后会慢慢淡忘了"扮哨兵"这个游戏,但是,通过这种反复的角色扮演训练而内化在儿童身上的良好品质却会永远保留在孩子身上,使他终身受益。

以上介绍的是角色扮演训练法的一种模式,即固定模式的角色扮演训练。还有另外一种开放模式的角色扮演训练。它一般是给儿童提供一个故事情景,而这故事没有结尾,是让儿童扮演情景中的主人公并尝试以自己的行为给故事一个完美的结局。如,"早晨,幼儿园里的小朋友排队做操,小明往后退的时候不小心踩了小海一脚。早操结束了,小海趁着小明不注意也狠狠地踩了他一脚,转身就跑。小明愣了愣,想一想,赶紧去追小海,……然后呢?"老师可以让孩子扮演故事中的"小明"并设身处地地"想一想",然后把结局表演出来。老师可以协助扮演,并对儿童"表演"的结局给予表扬,一定要儿童亲自"表演"出来,这样儿童才不易忘记而且以后可以落实到行动上。

二、角色扮演法的心理效应

角色扮演法可分为三个阶段,并对应着不同的心理作用。
(一)及时模仿和简单再现
角色扮演训练的一个重要特色即为儿童提供行为范例。儿童最初只是在训练后将其简单地再现于游戏与日常生活的各项活动中,如模仿其中角色的一些语言和行为。

例如,刚上完"大家喜爱小玲玲"这次训练活动,里面有玲玲为外婆搬椅子坐的动作,于是,在自由活动中,当一名儿童蹲在地上拣玩具时,另一名小朋友马上搬来一张椅子说:"你坐吧,蹲着多累呀。"其语气、动作完全模仿上次教育活动中的"小玲玲",以后在好几次游戏中均有小朋友为别人搬椅子或为教师搬椅子的行为。

(二)认同

随着接受角色扮演训练次数的增加,儿童便会对角色扮演中的正面角色产生认同,他们已经能够理解他人的观点、处境与情感,能够预测自己的行为可能给他人带来的后果,这时儿童的角色承担能力已具有相当水平,行为也不再是简单的模仿,而是真正发自内心的、设身处地地替他人着想的行为。

例如,桌面游戏时,一名小朋友在拆装插片,他的一个手指受伤缠着胶布,因此插片拆了之后装不回去,非常费力地在那儿装。另外一名小朋友看到了,马上对他说:"你的手伤了没法装,要是弄疼了就糟了,还是我来帮你装吧。"

(三)内化

内化是儿童社会性行为发展的最高层次。儿童在这一阶段中已经将角色扮演训练中提供的行为范例内化为自己的信念与准则,形成概括化的体系,并且能据此对自己的行为实行自我指导,主要表现为儿童能单独一人或在不同的情景中,同样按群体规范表现出较高水平的亲社会行为,其行为是十分稳定的。

三、角色扮演的特点

(一)角色扮演训练是促进儿童亲社会行为、减少消极社会行为的有力手段

研究表明,角色扮演训练可以大大提高儿童在特设情景下的助人行为与日常生活中亲社会行为的人次,并且提高儿童的助人动机,儿童的消极社会行为人次也有显著下降,证明了角色扮演确为有效的训练手段。

（二）适合儿童的年龄特点与兴趣

角色扮演训练的内容直接取材于儿童的日常生活，反映了儿童的行为特点。教师可以讲一些日常发生在小朋友身边的事，让儿童进行角色扮演。这些内容对他们具有一种亲切感，容易引起他们的共鸣；角色扮演训练的内容既取材于儿童生活，又是对生活事件的提炼。对其内容的选编，有严格的要求：（1）其内容需要包含有帮助、安慰、分享等等亲社会行为，或反映消极社会行为给人带来的害处等；（2）情节简单，内容短小、活泼；（3）对话、动作多，适于表演；（4）情景是儿童熟悉的日常生活中的小事件。上述特点，能够较好地吸引儿童的注意力，使他们易于接受。

角色扮演训练以表演的形式出现，符合了儿童活泼好模仿的特点。这一训练既有语言，也有面部表情，还有鲜明的动作性，这符合了儿童思维形象具体的特点，容易吸引儿童的兴趣，从而调动儿童的兴趣与主动性、积极性。

（三）角色扮演训练与表演游戏是截然不同的

幼儿园里一般的表演游戏是"少数几个人表演给大家看"的单向输出活动，而角色扮演训练是由全班儿童共同参与的交流活动，每个儿童均担任角色，都可以体会在各种情景中不同角色的各种情感、思想与行为表现。这种双向交流和信息互补提高了儿童的积极性，促进儿童角色承担能力发展，极大地增进教育效果。

（四）角色扮演注重对他人内心世界的分析，促进儿童角色承担能力的提高

行为与认识的结合是角色扮演训练的重要特色。因此，它不仅提高了儿童亲社会行为的人次，也同样提高了行为的动机水平。当儿童被问到"别人有困难应该如何做"这一问题时，几乎每个孩子都能对答如流地回答："要帮助他。"但实际行为中却会出现很大的差异，表现为认识与行为的脱节、不一致。角色扮演训练注重儿童角色承担能力的提高，使儿童能够设身处地地替他人着想，但仅仅有想法是不够的，还必须付诸行动，角色扮演训练同时为儿童提供了这样的机会，使儿童学会亲社会行为方式的同时，让他发自内心地做出亲社会行为。

四、角色扮演法的教育过程

（一）教育过程

1. 开始。介绍情景，制造气氛，引发问题，当情节出现两难或展开时即停止，用发问方式让儿童思考并预测故事结果；
2. 选择参与者。讲座、分析各角色特点，征求自愿扮演者；
3. 扮演及观察。自愿扮演者扮演，其余儿童观察；
4. 讨论及评价。事件、地位、动机、行为的后果等；
5. 集体扮演。各个儿童将自己思考的行为方式表演出来；
6. 经验共享与类化。使问题情景与真实情景相结合，探讨行为的普遍原则，可用讨论让儿童研究问题情景及其结果，以促成内化，如儿童有类似经验与实例可提供出来。

（二）注意事项

1. 注意讨论重心，儿童讨论重心应该集中在：

（1）情感探讨：在讨论中，儿童可以经教师的引导，从角色的一举一动中对角色的内容活动有更深入的了解与认识。这样既有利于儿童通过讨论自己找出角色的内心活动，也避免了把教师的感受强加给儿童；

（2）他人角色特点及所处地位的探讨：皮亚杰认为儿童的思维是典型的"自我中心化思维"，因此，在进行这一问题的讨论中，教师要引导儿童放弃从自己的角度与所处地位来考虑问题的习惯，而学会从他人的角度与所处的地位来考虑问题。如此经过长期的培养，就可使儿童达到去除自我中心化的良好教育效果；

（3）解决问题的态度与技巧的探讨：在日常生活中，儿童在遇到一些困难时会往往采取逃避的态度，而对于解决问题的探讨刚好可以解决这一问题。在解决问题的讨论中，不仅可以让儿童学会解决问题的技巧，而且还可以培养他们遇事动脑筋的习惯，使儿童学会在日常生活中运用角色扮演的态度来解决所遇到的问题。

2. 情景内容设计应该视儿童具体情况而定，与儿童的日常生活密切结合，切不可与日常生活相脱节。只有这样才可以使儿童将课堂上学到的东西尽快地运用到自己的实际生活中去，也只有达到了这一目标，我们的教育活动才起到了真正的作用。

3. 角色扮演训练要循序进行，开始可以由教师提供行为范例，由儿童扮演逐渐到由儿童预测结果，提出对付情景的适宜的行为方式。

4. 开展训练的形式可灵活多样，可以是面对全体儿童集体进行，亦可重点针对个别儿童进行。切不可为表演而表演。

（三）教育活动举例

题目：文文和胖胖

教育目的：让儿童学会了解情景中的两个角色的特点、处境，并提出解决方法；让儿童在了解同伴困境的基础上做出助人行为。

教育过程：

1. 故事。

教师讲述故事"文文与胖胖"，并形象描述情景；孩子们睁大眼睛注意听。

2. 提问。

教师问："故事里有谁？他们在干什么？"孩子们纷纷回答："有文文和胖胖，他们在操场上玩。"

"胖胖为什么哭？"孩子们说："天下起雨来了，胖胖特别胖，跑不动挨雨淋了。"

"你要是文文会怎么做？"孩子们非常活跃，有的说："我回去拿伞给胖胖。"有的说："我拉胖胖一起跑。"

3. 表演。

教师请两名儿童在全班面前表演他们的做法：文文去拉胖胖。

4. 讨论。

教师问："文文为什么要帮助胖胖？"

孩子们纷纷回答："因为胖胖太胖了，跑不动"、"胖胖年纪小，让打雷吓着了"、"胖胖淋着雨，特别难受"等等。

5. 总结。

教师问："你们平时有没有碰到这样的事？你是怎么做的？"儿童集体表演，教师按儿童座次分配角色，要求儿童把自己的想法表演出来，孩子们都很认真、专心。

由此可见，在角色扮演训练当中儿童既是观看者，又是参与者，还是评价者，在不知不觉和有声有色的表演与讨论中儿童学会了初步的社会生活知识，学会了探究他人的心理，理解他们的困难，学会了对不同的情景，不同的问题表现出应有的行为。

总之，角色扮演训练不仅能够提高儿童在特设情景下的助人行为数及其动机水平，而且也大大提高了其日常生活中的亲社会行为水平，并能够使儿童的消极社会行为显著降低，是值得推广的教育方法。

第六节 环境体验法

环境体验法就是根据一定的教育目的或教育要求，创设相应的环境条件，让儿童通过与环境的相互作用甚至在体验环境的过程中主动学习和发展。采用环境体验法，教师也可为儿童提供直接参与的行为环境，并促使儿童在此环境中多次实践，使其在与环境取得协调的过程中，逐步养成良好的行为习惯。

一、环境体验法

儿童由于年龄小、知识经验少，对一些抽象的概念和规则往往很难理解或理解得很片面。如果教师只是一味地注重对他们进行讲解或说理的话，就很难让他们理解和接受，久而久之还会引起儿童的厌烦甚至是逆反心理，这样就达不到预期的教育目的。教师采用环境体验法，即首先对儿童提出一定的教育要求，并为他们创设一定的环境和条件，然后让儿童通过自身的活动和感受去获得体验，这样就可以加深他们对概念的理解，提高他们的思维和认识水平，使他们养成良好行为习惯。

教师为儿童提供一定的条件或创设一定的环境，让儿童通过自身的活动或动作，去体验某种事物或行为，激发起相应的情感体验和认识经验，从而达到既定的教育目的，这是对儿童进行教育的一种行之有效的方法。

二、环境体验法的操作内容

环境体验法可从精神环境和物质环境两方面来进行：

（一）精神环境体验法

为促进儿童心理健康发展，满足儿童心理需要而提供相应的精神环境，让儿童从中体验某种情绪情感，培养其相应的精神品质。这种精神环境体验法通常是与角色扮演法结合起来使用的。例如，教师讲述"卖火柴的小女孩"的故事后，就可营造出相应的环境气氛，让儿童亲身体验小女孩又冻又饿时的心情，从而激发儿童的同情心，使其产生移情，并进而获得良好的助人行为，"想办法帮助这个小女孩"。

另外，平时教师也要注意为儿童身心健康发展、满足其心理需要而提供良好的精神环境，如良好的班级气氛，有秩序的、有安全感的平等发展的集体，亲密的师生关系等等。这对儿童长期的精神发展来讲，是有益而无害的。

（二）物质环境体验法

教师在传授某些知识和经验时，可为儿童活动提供相应的物质环境，让儿童亲身体验、亲自动手、自己操作这些设备和材料，使其获得相应的经验和认识，以促进教育教学。

另外，教师在平时也要注意为儿童创设符合其心理发展的美好环境条件。如有足够的活动场地，设置各种活动区活动角，提供有吸引力的实用的设备用具，有童趣的美好的环境或和教育目标相关的画面布置等。这对培养儿童良好行为习惯是有很大帮助的。

三、注意事项

（一）所创设的环境要富有儿童情趣，不宜成人化

儿童比较喜欢鲜艳的色彩、对比鲜明的环境，因此，教师在创设环境时要充分注意这一点。如在儿童放鞋子的地方放上鞋子的卡通标记，这样一方面可以使儿童的鞋子放整齐，也使他们能够分清左右；卧室的天花板上可以挂上一些教师和儿童一起制作的星星、月亮，这样可以使卧室变得更具儿童情趣。

（二）为儿童提供熟悉的利于开展想像与拟人化交往的环境

如创立娃娃家、餐厅、邮局等活动角，让儿童在里面自由开展活动，以便把平时所学习到的交往技巧运用到自己的生活中。

（三）注意环境的可体验性、可参与性和可操作性

许多教师都想方设法为儿童创造优美的环境，但这些环境往往只是"可看不可摸的"，而这种做法是不符合我们的教育理想的。我们主张在布置环境时，一定要有儿童的参与。如前所说的鞋子卡、月亮挂饰、餐厅、娃娃家内的用品等，都可以是儿童制作的。教师也可以把儿童日常所做的手工与绘画经过简单的再加工后布置到教室里。如"美丽的花园"墙面布置，教师把花园里的花都设计得非常大，其目的就是把儿童的绘画放入花的中间，用儿童的画来做花蕊。这一创意不仅不会破坏教室的整体设计，而且还调动儿童的参与性，另外还可以经常变换内容。这种墙面布置才是我们所提倡的。教师在安排角落活动时，可以把各个角落设计成一个可循环的小社会。如把美术角的作品可以放到餐厅里、娃娃家里，餐厅里的食品可以送到娃娃家里，娃娃家里有妈妈打扫房间，可以把那些破旧的物品丢掉。这样一个可循环的小社会既有儿童的参与，又可减少教师的劳动量。

（四）可在局部环境中提供不太完善、不太平衡的环境让儿童去体验环境中不尽完善的一面

这种情况可以存在，但一定要在教师的指导下进行。这是由于儿童分辨是非的能力还不够完善，因此，教师在进行这一活动的时候一定要给儿童必要的指导。

（五）随时根据教育目标和儿童发展的需要调整环境布置

我们主张教师在一个新学年开始的时候，就对自己的教室做出一个整体的设计。但教师又要根据教育目标与儿童的发展而随时随地向各个角落添加或减少各角落内的物品。教师在更换教育目标前，就要做好环境的更换的准备工作，以免发生角落空白的现象。

（六）教师、家庭及其他工作人员要注意精神环境的一致性和教育目的一致性

这样，儿童才不会发生不必要的混淆，这也利于儿童的快速发

展。特别是幼儿园与家庭在一些重要的教育原则和要求方面，一定要做到一致，不能使儿童养成两面性格，而要想做到这一点，沟通是最好的办法。

第七节　行动操练法

行动操练法即组织儿童反复练习一定的动作或活动方式，从而巩固其知识经验、形成简单技能和行为习惯。这是幼儿园教育教学常用方法之一，适用于对儿童进行体、智、德、美、劳等各方面的教育。

一、行动操练法

养成儿童良好的品德行为习惯是幼儿园教育的重要内容，什么方法最有益于培养良好的行为习惯呢？在日常生活中，人们较常采用言语教导的方法，但经常采用的方法不一定是最好的方法。言语教导法容易造成儿童只有道德认识而无相应的行为，他们会说却不会做，成了"言语的巨人，行动的矮子"。行为操练法就是一种改变重口头教育轻行为训练倾向的很有效的教育手段。这种方法强调通过一系列活动方式，让儿童在自然和生活环境中，在游戏中及有意创设的情境中，对某些要求、技能、准则和基本行为规范进行反复地练习。

行动操练法是在教师指导下，儿童依靠自觉的控制和校正，反复地完成一定的动作或活动方式，借以巩固知识，形成简单的技能技巧或行为习惯的方法。从生理机制来说，是通过练习在神经系统中形成一定的动力定型，能够顺利地、成功地完成某种活动。

按性质和特点一般分为三类：心智技能练习、动作技能练习、道德行为习惯练习。

（一）动作技能练习

指对骨骼与肌肉活动相联系的技能的练习。如体育活动、唱歌、舞蹈、执笔、操作劳动工具等外部动作的练习。动作技能练习要求：(1)有正确的示范和讲解，使儿童对动作技能的每一动作都有明确、清晰的印象。示范动作要有恰当的方向、位置和幅度。（2）指导儿童按教师示范做出相应的动作，由部分动作联合为完整的动作，逐渐加快速度，由视觉控制到动觉控制。（3）观察他人，取长补短，提高动作技能。

（二）心智技能练习

借助于内部语言，认识事物时智力活动的技能练习，是顺利完成某些具体任务时所表现的记忆、想像和思维等智力活动的方式。如儿童心算，绘画构思，看图讲述前的思考等。用启发式教学，激发儿童智力活动的积极性，指导思维的方法，训练思维的广阔性、灵活性及多思路解答问题的能力，克服功能的固定性。

（三）分段练习

练习法之一，又称单项练习或分步练习。即把某种比较复杂的学习活动，分解成几个部分，先专门练习其中的某一部分，然后再过渡到综合练习。幼儿园体育、音乐等教学中经常采用这种练习法，它可减少练习的难度，使儿童容易掌握动作的步骤和方法。

（四）综合练习

又称完整练习，练习法之一。对某种比较简单的学习活动，不做分解，从头到尾地练习。这种练习不割裂练习的内容，有助于儿童系统、连贯地掌握技能。

二、实施行动操练法应注意的问题

在幼儿园教学中运用行动操练法时要求注意以下几点：

（一）要明确练习的目的

为提高行为练习的有效性，行动操练练习可以贯穿于各种活动中，但在一定时间内须有一个主要的目的。所以在活动前后都要向儿童讲清行为练习的要求及其意义，使其明确练习的目的、任务和具体要求，激起儿童练习的意向和积极性，在理解的情况下自觉练习，并注意用行为练习的结果加深儿童的情感体验。

（二）行动操练的方法要正确

在儿童进行行动操练时，教师要给以适当的讲解和示范，指出难点和易犯的错误，使儿童获得有关练习方法和实际动作的清晰表象；在练习过程中可以恰当地伴以指示、提示、引导和示范，并进行必要的检查、督促、适当的评价、鼓励，肯定成绩，指出不足，使其认识、情感与行为得到全面发展。

（三）练习要符合儿童年龄特点

根据练习材料的性质和儿童年龄特点，适当分配练习的分量、次数和时间。开始阶段，练习次数多些，每次时间少些，要由浅入深，由易到难，由单一练习到综合性练习，不断提出新的练习要求，既要力所能及，又要保持一定的难度，以引起儿童练习的要求和愿望。

（四）练习的方式和要求可以多样化

多样化的练习方式可以提高儿童练习的兴趣，避免单调、乏味的重复。练习过程中的要求也要有所变化，刚开始时要求正确，然后再要求熟练，这样逐步提高要求，及时评价、指导，让儿童知道练习的结果，同时也要鼓励儿童自我监督能力和创造精神，防止盲目模仿和机械重复。另外，教师还要加强个别辅导，及时校正错误，以免形成习惯不易于纠正，对能力差的儿童要多给予练习的机会和具体的帮助。对值日生等每日进行的行为练习要常抓不懈。

（五）家园配合

家园配合是关系到行动操练结果能否保持和发扬的关键问题。常见的现象是，儿童在幼儿园花费大量时间和精力进行行动操练而获得的良好行为习惯和技能，回家后则因父母的宠爱和娇惯而丢失或无法保持。这就要求教师做好家长工作，让家长明了教育内容和目的，统一认识和要求，从而使儿童的行为保持一致。

第八节 发 泄 法

发泄法是对儿童内在心理和生理能量进行疏导和排遣的一种有效方法。儿童在成长过程中，由于外在环境和条件的限制，经常会有一些心理或生理的能量积聚在体内从而导致失衡，这就需要教师为其创造特定的疏导环境。让儿童顺着生理和心理发展的自然规律自然而然地排遣其体内积聚的能量，从而达到新的生理和心理平衡，促进儿童身心的健康发展。

一、发泄法的内容

在传统教育教学中,教师常忽略儿童的内心活动,而只从自身角度出发去想像儿童的内心感受。例如,儿童在学习中遇到挫败的时候,教师往往只会以安慰的方法去劝导儿童,这种方法虽然有一定的效果,但许多儿童并不能完全放下心中的懊恼;当儿童在社交过程中受到挫折时,更不是他人用言语所能解决的。虽然教师可以利用游戏等方法转移儿童的注意力,但这毕竟不是长久之计。在这种情况下,教师不妨反其道而行,为儿童创设一个可以发泄自己内心情绪的环境。让儿童把自己内心深处的不满发泄出来,这就是发泄法的重要价值所在。

发泄法是指教师为儿童提供一定的条件或创设一定的情景,让儿童通过自身的动作或活动,去发泄体内积聚的生理或心理能量以达到生理或心理方面新的平衡。发泄法主要包括两个方面的内容,一是生理的发泄,二是心理的发泄。它们都是使儿童生理心理得到正常发展的重要方法。

(一)生理的发泄

儿童在生长发育过程中,由于动作技能或运动能力的成熟与发展,而要发泄其运动的本能,但外在环境条件的限制,往往会使其体内的能量得不到及时的发泄,积聚时间一久就会使儿童产生各种失常行为,如爱咬人、动不动就打人、坐不住、多动、整日疯疯癫癫等等。这就需要教师和成人创设适当的教育环境,让儿童能够以某种合理的、可以接受的方式正当地发泄这些多余的能量。这就像"大禹治水"一样,对儿童内在淤积的能量不能采取"堵"的方法,而只能采取疏导和排遣的方法。

(二)心理的发泄

由于心理素质或心理承受能力等方面的不成熟性,儿童在与外界环境(人或事物)相互作用过程中所产生的挫折、压抑或是失败感等各种心理能量不能得到及时的排遣和发泄,淤积时间一久就会使儿童产生各种失常行为,如孤独症、厌食症、自闭、行为怪异等等。教师和成人需要创设特别的教育环境,使儿童能以某种合理的、可以接受的方式正当地发泄这些多余的心理能量。

二、发泄法的注意事项

（一）教师创设发泄环境

教师可以在教室的一角设立一个发泄角。此角落内可放置一些运动器械，如沙包、棉垫等，儿童在此处可以任意进行踢、打；在这里教师可以放置一些画具，但这里的画具并不是让儿童进行正常的绘画活动，而是让他们进行任意的涂鸦活动；在这里教师还可以放置一些被废弃的纸张，让儿童随自己的意愿来利用这些东西。

（二）教师向儿童介绍发泄角落的用途与使用方法

教师在布置好发泄角落后，还要对儿童讲解其使用的方法与使用规则，教授儿童使用正确的发泄方法来解决自己内心的不满。在以往的教育活动中，教师由于自身所受教育的原因，往往把儿童发泄内心不满的方式看作调皮捣蛋的行为。教师往往只对儿童进行心理疏导的工作，而没有教给儿童自身处理问题的方法。这是教师在使用发泄法时应当注意的主要问题。

（三）培养儿童正当而多样化的发泄方式

儿童在游戏中发生了意外后往往对于某一活动产生了惧怕的心理，在这种情况下，教师不仅仅要对儿童进行鼓励，还要帮助他们进行自我疏导工作。如，让儿童大声地哭泣，把内心的恐惧或委屈发泄出来。随着年龄的增长，有的儿童会羞于用哭泣表达自己的内心感受，有的儿童只会用哭泣来表达自己的内心不满，这时教师就要用自己的一言一行来告诉儿童，哭泣并不是发泄自己内心不快的惟一方法，他们还可以利用自己的语言来寻求帮助或是安慰；他们也可以到发泄角落去发泄自己的心中不满；也可以运用选择记忆法来忘记那些不愉快的事；更可以用喊叫法把自己的不满喊出来，但这种喊叫并不是在集体的环境中而是在大自然环境中进行的。总之，发泄的方式方法是多种多样的，也是因人而异的，教师也要根据各个儿童的具体情况"因材施教"。

总之，发泄法对于传统的幼儿园教育方法来说，还是一种比较新的教育方法。但它对于儿童健康的成长与拥有一个美好的人生却起到了其他教育方法意想不到的效果。

第九节　表扬鼓励法

表扬鼓励是奖励方式的一种,是儿童教育中的一种强化方式。表扬是对儿童行为正确性的确认、肯定或强化,并给以支持和夸奖;鼓励则能帮助儿童明确是非,提高其学习良好行为的信心和上进心,促进儿童良性发展。积极的表扬鼓励中含有尊重、相信的因素,可以调动儿童的主动积极性,收到事半功倍的效果。

一、表扬鼓励法

（一）表扬鼓励的方式

1. 口头表扬与鼓励

运用肯定的语气来确认和激励儿童良好的行为表现。这是儿童教师一般最常用的表扬形式。

2. 眼神、表情、动作上的表扬与鼓励

是态度上表示满意和鼓励。这也是教师在儿童一日生活中常用的方法。

3. 物质表扬与鼓励

对经常表现良好或有突出行为表现的儿童,可以采用教师或儿童制作的物品来以资鼓励,但切忌采用吃穿用以及金钱等方面的奖励。

4. 权力、委托方面的表扬与鼓励

对有良好行为表现或进步较快、转变较大的儿童,可以给以某些"权力"或委以"重任",使儿童得到尊重与信任方面的满足。

5. 文字表扬与鼓励

将受表扬鼓励的儿童名字公布在"光荣榜"或"先进栏"里,以肯定他们良好的行为表现。

（二）表扬鼓励的场合

1. 集体表扬

表扬鼓励应该是公开的、当众的,这样才能收到应有的效果。所以一般的表扬与鼓励都是在集体中进行的,而且是当众提名式的。

2. 小组中表扬

在儿童参与人数不太多的活动中出现了好的行为表现,也可在小组中进行表扬鼓励,而且也应该提出被表扬儿童的名字。

3. 个别表扬

对个别儿童的良好行为表现或进步,也可采用面对本人的私下表扬,以激励和巩固儿童良好的行为表现。这种方法适用于对某些相对于自己来说有进步的儿童展开个别教育。

(三) 表扬鼓励的时机

1. 随机表扬与鼓励

教师在日常教育过程中应及时发现儿童好的行为表现并随时给予表扬或鼓励,以促进其良好行为习惯的形成。

2. 专门时间内的表扬鼓励

根据其行为表现,教师也可以在专门时间内对儿童进行表扬鼓励,一般要和教育评价相结合,以强化和巩固儿童良好行为习惯。

二、实施表扬鼓励法应注意的事项

(一) 正确选择所要表扬鼓励的行为

教师所表扬鼓励的行为要恰当,不能没有原则或标准地滥加表扬。一般来讲,有以下表现者,都给予表扬:一贯表现好,有突出的行为表现,有很大的转变或进步,以及虽未成功但有正确动机的,等等。

(二) 因人而异,有针对性地表扬鼓励

对于平时一直表现好的,偶尔有突出行为表现的,有较大转变或进步的,以及好心办错事的孩子,要区别对待,因地制宜、因人而异地分别采取各种不同的表扬鼓励形式加以表彰。

(三) 表扬鼓励要具体明确、及时得当、不流于形式

要明确指出儿童的好行为、突出表现或具体进步,不可笼统抽象千篇一律地采取某种固定的表扬鼓励形式,那样不但不能起到应有的行为强化作用,反而会使儿童产生习以为常甚至是厌烦的心理。

第十节　批评惩罚法

批评惩罚法是与表扬鼓励法相反的教育方法，也是儿童教育中常用的一种强化方式（负面的）。表扬是对儿童行为正确性的确认、肯定，而批评则是对儿童不当行为的定性、否定；惩罚法也能像鼓励法那样帮助儿童明确是非，但如果使用不当，则会对儿童的自尊、自信和上进心造成一定的伤害。

一、批评法

批评就是对儿童行为表现给予否定性的评价，即对儿童不良行为或习惯表示不满意，并使他们明辨是非，知道怎样做才对，怎样做就不对，给儿童以提醒或劝告等。批评不仅要求儿童改正不良行为习惯，同时还可预防不良行为的产生。批评和表扬一样，在儿童教育中都有着重要作用。

（一）操作内容

1. 批评的态度

批评的态度应是认真的，表示不满意的。对儿童缺点必须以热情诚恳、与人为善的态度进行批评。教师的态度应是严肃的，但不能发火和急躁，语气要平静、和缓、确定，有时也可略带沉重（表现出为其做错事而难过的样子）。切忌厉声厉色地斥责，更不能采取挖苦、嘲笑、训斥、辱骂或是吓唬、威胁、打击的做法。教师在批评过程中要注意保护儿童的自尊心、自信心，这对激发与保持其良好行为的积极性至关重要。

2. 批评的方式

（1）以动作眼神进行批评：批评也可是无言的，可用各种眼神、身体姿势或动作来表达老师的情绪和态度，暗示孩子们做错了某事。另外，儿童在做错事以后，往往会用眼睛打探老师的反应，从而指导和调整自己的行为。教师暗淡的眼神、摇头、摆手、假装没看见等反应都会对儿童行为产生直接影响。

（2）口头批评：这是主要批评方式。对犯有严重错误不但不在乎又不知悔改的儿童,则批评就应严词告诫。有经验的教师会发现,口头批评的效果并不如以自己的身体、眼神提醒儿童的方法更佳,特别是如果长期运用口头批评的方式,则会使儿童对于批评不仅会习以为常,而且会产生逆反心理。更有些儿童,在教师批评时,泪水长流,但教师刚刚走开却又回复原状、我行我素。因此,教师在运用口头批评时切记,口头批评并不是使儿童改正错误的最佳方法。

3. 批评的形式

(1) 个别形式:这是批评的主要形式。我们不主张教师直接指出儿童的不良行为表现和造成的后果,而是教师与儿童共同进行讨论。在讨论中使儿童自己分析出由于自己不良的行为表现会造成什么样的后果。因为,这样做的好处是不仅使儿童对此次不良行为有一个正确的认识,而且也培养了他们在以后的活动中,做任何事情都要考虑到其后果的习惯。也就是我们常说的举一反三的效果。如,在游戏中常常会出现一些儿童打架的情况,而在调查中我们发现,教师所能讲出来的道理儿童都能讲得出,教师有可能责备儿童的话,儿童也能说出来。面对这一情况,教师就应该采用一种个别讨论的批评方式,向儿童提出几个问题:"你喜欢一个人玩吗?""被你打了的小朋友还会喜欢你吗?""他们会同什么样的小朋友一起玩呢?""老师为什么不让你去打小朋友呢?"等等。通过这种讨论,儿童不仅对自己的行为有了一定的认识,儿童与教师的关系也没有出现我们所常见到的那种紧张,而且师生关系变得更和谐了。当然,我们还会发现一些儿童有反复的情况,面对这些现象,教师不应急躁。对于那些固执已见的儿童,教师也可以采用体验法,让儿童自己在活动中去验正教师所说过的话。

(2) 集体形式:一般在儿童参与人数较多的活动中,集体行为出现了差错,影响面大,又不能及时把握正确行为的情况下,就采用这种形式进行批评教育。这种情况下一般采用就事不就人的批评方式。因为儿童的自尊心比我们想象中的还要强,而有些自尊心受到伤害的儿童不仅不会改正错误,反而会产生逆反心理。因此,我们在进行集体形式的批评时,还是要把尊重儿童的原则放在首位的。最好的方法,还是讨论,并运用我们在本章所介绍的移情法,角色扮演等方法，让儿童对此事进行讨论。如"小朋友打了你以后你会怎么想?""你又会怎么做?""我们应该怎么样玩?"等等，让儿童在表演时进行体会。由于儿童思维方式的特殊性，这种以移情法、扮演法、讨论法等方法进行的批评的效果更为显著有效。

（二）实施批评法时应注意的事项

1. 要根据不良行为的性质选用不同的批评方法

批评的轻重，要视过错的大小而定，不能不分青红皂白，一有缺点错误就给予批评，更不能频繁批评。

2. 批评要有针对性，实事求是，注重事实和儿童的态度

为使批评真正达到教育儿童的效果，使其心服口服，就要讲求实事求是、有针对性，更不可歪曲或夸大事实。为此，在批评之前，教师要了解事实，了解事情的全过程，不可轻信一面之词。有些儿童长得十分讨人喜欢，而有的则相反，于是一些教师就会根据自己的喜爱来评定他们语言的可靠性，但这是十分荒谬的。例如，有一个婴儿班，一天教师带着他们到室内活动室去练习踢球。孩子们都按教师的要求在进行游戏。这时，一个长得十分可爱的小男孩子，忽然抱起了球向上抛，其他儿童看到了也都跟着把球抛了起来，这时，那个十分可爱的小男孩子却跑过来道："老师，你看他们!"以当时他的语气、神态来判断：他是来告发其他儿童违背了教师的要求。面对这样一个可爱的儿童，面对这样一个举报内容，我们教师又该如何去做呢?如果教师没有看到前面所发生的情况时，我们又该如何去做呢?

3. 批评必须做到公正合理，以促进儿童身心发展为原则

"你还给别人告状呢?先看看你再说罢!"这是许多幼儿园教师常说的话。这里含义是不言而喻的，因此我们提出了，教师对儿童应该一视同仁，在错误面前不能偏袒、不能护短，更不能从主观印象出发臆断妄言，以致使儿童产生逆反心理。只有这样做，教师的批评才会起到实际作用。

4. 批评要考虑儿童的年龄特点和个别特点

儿童理解力差，是非概念不清，又好模仿，所以应尽量少用批评法。儿童由好奇心的驱使，往往会对一些电器物品产生兴趣，他

们最想去动一动,摸一摸。有些教师在发现这一情况时,出于爱心对儿童进行说教:"这有电,危险,不能动!"但对于儿童来说,电是什么?危险又是什么?他们全然不知,只知道不可以动,并从教师的表情上得出,如果我去动,老师一定会不高兴。因此,一些教师在对儿童做出批评的同时,还应组织一些活动,如关于电的小实验,使儿童真正的看到电的形成,并了解到电的危险性。因此,我们建议,与其批评儿童,不如让他们更多地了解周围的事物。

5. 批评要注重实效

批评不是目的,不是为批评而批评,或者一批就批个没完没了(有些教师就属这种类型),而是要注重其实际效果。为此,老师要注意:(1)批评中要给以引导和鼓励;(2)在说理的同时,要采取移情或角色转换的方法;(3)对突发的错误行为,应立即向儿童指出,本着讲明道理、教育本人、揭示别人的态度进行;(4)论事不论人,即教师在分析错误原因时,不要动不动就把原因归为儿童自身不好这一点上,而是要着重指出错误的性质,帮助儿童提高认识。

二、惩罚法

惩罚是一种很敏感但辅助性很强的教育手段,它也是一种对儿童不良行为给予否定性评价,从而使其改正不良行为或习惯的强化方法(极其负面的)。惩罚不是目的,而只是一种教育手段。特别是对那些明知故犯,严重影响集体正常活动,而个别说服教育又不太起作用的儿童,适当运用惩罚手段是必要的。其实质是通过剥夺某种权利、情感或愿望的方式,而对儿童的不良行为习惯进行强烈的"负强化",起抑制和警戒的作用,以帮助儿童明辨是非。惩罚以不伤害儿童身体和人格为原则,教师也必须明了相关教育法规中对惩罚的严格限制和对体罚的禁令。

(一)操作内容

惩罚一般可分为社会性惩罚和生理性惩罚。

1. 社会性惩罚

也称心理惩罚,主要是通过剥夺儿童的某些社会性愿望,从而达到促其"自省"和明辨是非的目的。具体有以下两种做法:

(1) 自然后果的惩罚：即不是人为的惩罚，而是通过事物自身的后果让儿童受到相应的处罚，使儿童从中体验到自身错误所带来的不良后果，从而达到教育的目的。一种可以操作的方法是：教师首先要在班内建立起一种明辨是非的气氛，使那些经常犯错的儿童感受到犯错后班上儿童对他在态度和情感上的疏远。

(2) 剥夺性惩罚：又可分为权利剥夺性、情感剥夺性、物质剥夺性和孤立性惩罚。幼儿园教育过程教师一般常用前两种方法，如剥夺某个经常犯错的儿童参加户外游戏活动的权利等。在游戏时，我们常采用让违反游戏规则的儿童停玩一次的权利惩罚。蒙台梭利和陈鹤琴所提出的是停止工作的物质剥夺性惩罚。而孤立性惩罚，是指教师停止其与所有小朋友的接触，与前述自然后果性惩罚有些相似，但是由教师发布要求，使所有儿童停止与其接触。这种惩罚并不干扰受惩罚儿童的人身自由，他可以自行活动，只是失去了朋友。而情感剥夺性却只是一种表面性惩罚，也就是教师在表面上对儿童做出一种漠不关心的样子，而实质上却是把对儿童的爱暂时埋在心里。当然，我们不鼓励教师实施情感剥夺性的惩罚，因为长时间的实施会对儿童造成很大的心理压力。

2. 生理性惩罚

实际上就是体罚，即通过对儿童身体的野蛮、粗暴管制，试图使儿童思想行为发生转变的一种不正确的教育法。这种强烈刺激儿童身体的方法是被《未成年人保护法》所严令禁止的，是根本不允许在幼儿园以及各级教育机构使用的。但在实际教育教学过程中，有的教师会采用各种变相的体罚形式，如关小黑屋、门外罚站、不许吃饭等，这在幼儿园也是应该禁止的。

(二) 实施惩罚法应注意的事项

1. 要使惩罚具有教育意义

惩罚不是目的，必要的惩罚必须考虑其教育效果。教师不要当着别人的面惩罚儿童，更不要讽刺挖苦儿童。要就事论事，让儿童懂得错在何处、如何改正并理解行为的后果就行了。

2. 运用惩罚法要做到"三要"

(1) 惩罚要及时：教师应罚得及时，抓住时机，即在不良行为刚开始或正在进行时开展教育,则其教育效果就会好一些。时间长了,儿童就不可能把错误与惩罚联系起来,从而失去惩罚的意义。

(2) 惩罚要正确、公平、合理、适当:惩罚要以行为或事实为依据,态度要一致,要罚当其错,罚得合理。教师不能以个人喜好、偏爱或情绪为转移,使惩罚有失公允,这样会使惩罚失效。

(3) 惩罚时间要短,不宜过长:惩罚只要使儿童能认识自己的行为并立即纠正就行,此后还要有针对性地对儿童提出行为要求,帮助他们尽快形成正确的行为习惯。

3. 惩罚的基础是尊重与严格要求相结合

惩罚时一定要尊重儿童,尊重儿童的人格,不能侮辱或贬低儿童的自尊心或人格。教师可以提出一些严格要求,但着重点应放在"心理效应"上,要重视培养儿童的羞愧感、内疚感和道德感。

4. 要注意儿童受惩罚后的情绪

由于惩罚带有强迫性、抑制性,会使儿童一直处于紧张、恐惧状态,所以在儿童受罚后,教师不能置之不理,而是要认真观察儿童的情绪表现,给以一定的鼓励、信任和改正的期望,以唤起儿童上进的信心和决心。

5. 惩罚要依靠集体对儿童的帮助与支持

集体的帮助和支持,对不守规则的儿童会产生有力的影响,集体的指责对被惩罚者非常有效。

6. 采用惩罚方法要考虑年龄特点和个性特点

儿童年龄不同,选择的惩罚方法也就必须不同。而由于个性特点的差异,相同的惩罚法用在不同的孩子身上会产生截然不同的效果,这就要求教师根据每个儿童的性格特点采取相应的对策。

7. 惩罚应和其他教育方法相结合

惩罚是最后才用的方法,但并不是说用了惩罚就不用别的方法。如果能和别的正面教育方法相结合,则效果会更好。

8. 要注意不要轻易惩罚儿童

惩罚是一种极具伤害性的教育手段,运用不当就经常会产生一些消极影响,所以教师在日常教育过程中应慎重选择,能不用就不用。

综上所言,学前教育的十大教学方法有着不同的内涵和指向性。而在实践活动中这些方法的运用也是十分灵活的,既可以单独使用,也可以综合运用,其目的都在于促使儿童能在其原有的水平上得到进一步的发展。

复习思考题

1. 请简要复述本章所提倡的幼儿园十大教学方法的要点。

2. 你是否尝试用过这十种方法?请结合本班的实际情况,分析如何将这十种方法应用到自己的教育教学活动中去。

第九章 学前儿童家庭教育

第一节 家庭的教育功能

一、家庭

家是每一个人心目中温暖的港湾。人的一生都是在家庭中度过的。在人生成长历程中，家庭有着无可替代的作用。从社会学的角度来看，家庭是社会的基本单位，是特殊的社会群体。是人类最基本的社会生活组织形式，它是按血缘和姻缘关系建立起来的社会经济组织。

家庭的产生经历了漫长的历史变迁。在原始社会时期，实行群婚和乱婚。没有稳定的家庭组织形式。在私有制建立以后，开始实行一夫一妻制，个体家庭产生，并且随着生产力的发展而逐渐巩固。在现代社会中，家庭结构主要有以下四种。一是核心家庭，由父母和子女构成；二是扩大的家庭，包括叔侄、姑舅成员在内的家庭；三是联合家庭，由三代人结合而成的家庭或由两个以上核心家庭联合而成的家庭。四是不完整的核心家庭。在我国目前家庭结构状况来看，核心家庭增多，联合家庭和扩大家庭逐渐减少（见表9-1）。同时不完整家庭也有增长的趋势。此外我国目前家庭规模也逐渐趋于小型化，1990年平均家庭规模为4.0人（见表9-2）。

表 9-1　1953 年至 1990 年中国城乡家庭规模平均数（单位：人）

年份	城市	农村	总平均
1953 年	4.7	4.3	4.3
1964 年	4.1	4.4	4.3
1982 年	4.0	4.6	4.4
1987 年	3.8	4.4	4.2
1990 年	3.8	4.2	4.0

（资料来源：中国国家统计局人口统计资料）

表 9-2　1982 年与 1990 年中国家庭类型比较

类型	百分数	
	1982 年	1990 年
单人	8	5
夫妇	5	6
两代人	65	66
三代人	17	17
其他	5	6
总计	100	100

（资料来源：1982 年和 1990 年国家人口普查）

二、家庭的社会功能

作为组成社会的基本细胞，家庭具有多种社会功能，对于促进社会发展，保障社会生活稳定起着重要的作用。其社会功能主要体现在以下方面：

（一）繁衍后代功能

文明社会的人口再生产是由家庭来承担的，家庭中生育子女是合法的。家庭通过繁衍后代来传宗接代，在延续家族的同时，也使社会得到延续和发展。同时人类个体的成长有一个相当长的依赖期。

在此阶段内个体不能独立，须由双亲来抚养，这个任务就需要有一个稳定的家庭来承担。

（二）经济功能

自给自足的经济时代，为了自身生存，需要加强家庭的生产功能，方可保持其消费功能；在社会性大生产发展中，家庭的生产功能受到削弱，并逐渐为社会性大生产所取代。在我国当前处于社会主义初级阶段，家庭仍然作为一个生产单位和消费单位，发挥着其生产功能和消费功能。家庭消费不仅关系着家庭生活，而且关系着生产、分配、交换等各个过程，关系着社会的发展。正确引导家庭消费有着重要的社会意义。

（三）教育功能

家庭是孩子成长发展的第一个学校，父母是孩子的第一任教师。虽然随着集体教育机构的出现使得家庭的教育功能被部分转移了，但是家庭的教育作用是其他教育机构所永远无法代替的。在我国婚姻法中规定："父母对子女有抚养和教育的义务"，在义务教育法中也规定了家长应该依据法律使其子女接受并完成义务教育。家庭教育子女是一项长期的任务，家长负有不可推卸的责任。

（四）休息娱乐功能

家庭在每个人的心目中都是温暖的象征和休憩的港湾。在家庭中，人们调剂精神、消除疲劳、恢复体力。随着经济的发展，在现代社会中，文化娱乐已成为人们生活中不可缺少的重要组成部分。在假日里举家出游，其乐融融的景象十分常见。因此安排好家庭休息，家庭文化娱乐活动，创造一个舒适、欢乐、富有朝气的家庭生活对于家庭的稳定，增进家庭成员之间的感情，陶冶情操，营造健康的家庭气氛，乃至促进社会安定等方面都有着积极作用。

三、家庭的教育功能

我国家庭教育有着悠久的历史。在封建社会中，把"齐家"作为"治国"和"平天下"的根本，充分体现出家庭在教育子女中的重要作用。随着时代的发展，子女走出家门进入众多的集体教育机构中接受教育，但是家庭的教育功能仍然不容忽视。众多的理论与实践证明，家庭对于儿童身心成长的影响很大。由于家庭对儿童有着早期的和长期持续的影响特点，有着生活与教育交织在一起的特点，还有着广泛而深刻的影响特点，因此家庭在培养和影响子女对社会生活的适应能力、性格的形成以及发育成长等方面都有着重要的意义。具体表现为：

（一）教导基本的生活技能

家庭生活是平凡而琐碎的。家长在与儿童共同的家庭生活过程中，儿童逐渐学会了一些基本的生活技能。这些技能包括基本的生活自理能力、为他人和家庭服务的能力直至最终独立生活能力的形成。我国当前由父母与独生子女组成的核心家庭日益增多，使得父母与儿童的接触增多。加之儿童脱离父母独自活动的机会与条件减少，受照顾过多，造成儿童依赖、懒惰、缺少生活技能等弱点。为此现代家庭中，家长应该加强幼儿基本生活技能的培养。

（二）教导社会行为规范

家庭环境对于儿童品德的成长影响很大，它无时无处不在影响着一个人的品格。家庭和其他形式的社会组织不同，它对儿童有着早期的长期持续的影响特点，有着生活与教育交织在一起的特点，还有着广泛而深刻的影响特点，因此家庭在培养新一代对社会生活的适应能力、性格的形成以及发育成长方面是将环境因素和教育因素融合在一起的。

（三）指导生活目标

家庭在指导子女的生活目标，形成个人理想、志趣方面起着重要作用。个人的理想最初往往由兴趣爱好所引发的，而其兴趣爱好正是在家庭生活中萌发的。家长用自己的全部生活经验去影响和教育子女，并倾注着莫大的期望。

（四）培养社会角色

家庭在培养孩子社会角色过程中也具有独特的作用。家庭是由多种角色组成的群体，有男女性别角色，有子女和长辈的角色等。儿童在这种角色环境中获得了在日后社会上充当这些角色的启蒙经验，如怎样当父亲、怎样做母亲、怎样培养下一代等。这些经验往往会在儿童成人后仍然发挥着影响力。

（五）形成个人性格

家庭在形成个人性格特征、形成个人对社会生活的适应等方面，也有着不可替代的影响。一个人性格特征是在先天遗传因素的基础上，在后天环境的长期影响下形成的。性格反映了人的生活经历，同时也表现为人的生活方式。在家庭的良好影响下，能够培养出性格开朗、刚毅、坚强的孩子，反之，在教养不当的家庭中孩子的性格会偏离正轨，甚至导致孩子走上犯罪的道路。

第二节　家庭教育的特点及其影响因素

一、家庭教育的特点

（一）家庭教育的率先性

正如著名教育家福禄贝尔所说父母是孩子的第一任教师。家庭是儿童成长的第一个环境，也是亲子关系建立与发展的基础。个体从孕育的那一刻起，就在母体中接受着影响和教育。当孩子出生以后，家庭对其的影响就显得更为重要了，这种影响伴随着儿童的一生。

（二）家庭交往的密切性（时间与空间的紧密、直接）

在家庭中父母和子女之间关系是在血缘的基础上建立起来的。随着成长过程的延续，儿童与家长之间建立了亲子关系。家长与儿童在教育过程中均要受到亲密情感的影响。在子女一方有一种对家长的依赖性，幼儿阶段表现尤为明显。这种依恋的亲情关系一方面可以使教育者，即家长对于孩子有一个细致深入的了解，便于教育的开展；另一方面也使家长在教育子女时掺入这种感情成分，常常表现出缺乏耐心、迁怒、责骂、训斥等不当的教育方法，孩子也可利用亲情无理要求，哭闹威胁等。

（三）家庭教育内容的丰富性和生活性

家庭教育领域涉及范围很广。在不同家庭的生活环境、交往关系、生活方式中，儿童可随之获得不同的教育信息和生活经验，儿童在家庭中学习行为规范，学习知识经验，学习生活技能等。在家庭中，只要家长懂得，有关道德教育、情感教育、生活教育、知识教育、待人处世、行为举止、品格性情、音体美、数理化、文史哲等内容都可教给孩子，影响孩子。但是家庭教育是在温馨的家庭环境中进行的，在充满生活气息的各种家庭活动中，如饮食起居、闲暇团聚、娱乐游玩、逛街购物之时充满了教育孩子的时机。因此，家庭是教育与生活的合一。与有计划、有组织、有目的的集体教育机构不同。家庭教育经常是在潜移默化中进行的，是在生活中相伴进行的。

（四）家庭对受教育者的控制方式具有多样性

家长与孩子的关系与师生关系有着不同的特性。教师对学生的控制主要通过对认识和规则的纽带而实现的。而家长对孩子的控制则主要通过情感的和经济的纽带去实现的。

双亲对子女更具有情感色彩和人情味，尤其是母亲的爱是一种伟大的力量。在家庭中向子女传递教育要求、教育信息时，多以家庭情感为载体，饱含着亲切感和信任感。

子女在经济上依赖父母，所以形成了子女和双亲利益相关的依赖关系，建立起"共同感"，使得父母据此在教育指导子女言行方面有较大的优越性和权威性。

（五）家庭教育的终身性

家庭教育不仅在儿童期内使孩子在家庭中接受适当的智能教育，养成良好的劳动习惯，学习适应社会生活与社会交往，培养独立性等，为其终身教育和全程教育奠定基础。而且在儿童入学后，家庭教育的功能依然存在，并与学校教育、社会教育构成完整的教育过程。家庭对孩子的影响和教育是长久和持续的，其影响十分深刻。家长这位教师既是第一任教师，也是终身教师，要负责子女的哺乳期、幼儿期、少年期、青春期、成人期以及成人后期的教育。

（六）父母对子女影响的深刻性

某项调查表明，家庭成员的影响率均在学校人物影响和社会人物影响之上。父母对子女的影响是连续、长期的过程，而且是多个家庭成员对一个子女的教育关系。和师生之间那种发散性的关系相比，亲子关系是聚合性的，从而也增加了父母对孩子了解的深刻性。

这一特点成为家庭教育的优势,能够让家长有针对性地根据自己子女的特点进行教育。

二、家庭因素与家庭教育

在现实生活中,来自不同家庭的儿童具有不同的个性特征、智力兴趣以及兴趣爱好等。为什么不同家庭导致不同的教育效果?从社会学的角度分析,以下因素影响着家庭教育的效果。

(一)家长职业和文化程度与家庭教育

职业是家庭社会经济地位的标志和象征。许多调查显示家长的职业和家庭教育影响之间没有必然的联系。但是在一些调查中显示,家长的文化程度影响着家庭教育质量。一般来讲,文化程度高的家长,比较关注家庭教育的科学性和教育质量,愿意学习家庭教育的知识,更新家庭教育的观念,以更好地教育孩子。

(二)家庭文化与家庭教育

在人类的历史长河之中,家庭的历史比国家还要长。作为一种社会现象,家庭文化同家庭结伴而来。所谓家庭文化是家庭为了求得生存和发展,为了适应特定的自然生态和人文生态所创造与选择的生活方式和生活内容。家庭文化是社会文化的组成部分。家庭文化在陶冶和塑造家庭成员的性格、气质、人品乃至世界观方面都有着别的因素难以取代的特殊作用,对人的发展产生直接而深远的影响。研究表明在文明、健康、科学的生活方式中成长的儿童性格开朗,具有积极向上、喜欢与人交往等品质特点。

家庭的一日生活起居常规、生活自理能力、劳动方式、消费方式和闲暇活动方式等生活方式与其价值观、人生观紧密相连,对人生的价值取向是其生活方式的核心。在某种意义上来说,人的差异就在于生活方式,尤其是闲暇生活方式。调查资料显示,不少家庭教育中,不文明的生活起居方式、消费方式和闲暇活动方式,如生活无节律、暴饮暴食、愚性消费、精神生活贫乏等正危害着孩子的生理健康、心理健康。文明的生活方式将为良好的家庭教育打下基础。

（三）家庭经济与家庭教育

家庭经济是孩子成长的必要因素。良好的家庭经济状况能够为孩子的发展提供必要的物质基础，但是经济状况如何对于教育的影响并不显著。在某些家庭中反而由于优裕的物质生活条件为孩子的成长带来了负面的影响，如孩子一味地追求物质享受，大手大脚，懒惰等。

（四）家庭结构与家庭教育

家庭结构主要指家庭规模以及家庭的完整性。从家庭规模来看，一般包括核心家庭、联合家庭和扩大家庭。从家庭的完整性来看包括完整家庭和不完整家庭（如单亲家庭）。研究表明，核心家庭和完整家庭对子女的教育更为有力度。

核心家庭由父母和子女组成，家庭关系比较密切，父母本身的价值观念、文化教养、性格等对子女产生比较直接和全面的作用。同时由于在核心家庭中只有父母和子女，孩子成为家庭生活的中心，容易使孩子出现自私、任性等不良个性特征。

在联合和扩大家庭中，除了父母子女之外，还有祖父母和其他家庭成员，家庭角色比较复杂。幼儿有较多机会认识不同的角色和责任以及人际关系的技巧。但是由于复杂的家庭成员关系所带来的不同价值观和思想也容易使幼儿感到无所适从，混淆不清。

不完整的家庭，一般是指单亲家庭。在单亲家庭生活的孩子，只有母亲或父亲和他共同生活，一位家长担任了父亲和母亲的双重角色，容易使幼儿对性别角色的认识出现混淆和模糊，不利于人格的发展。此外，在这类家庭生活的成员在一定程度上会受到社会因素的困扰，有时甚至面临经济的困难，家庭生活气氛也会受到影响，从而影响孩子的健康成长。

（五）家庭气氛与家庭教育

家庭气氛如何对子女的影响很大。研究表明，在民主、平等、和谐的家庭中，家庭内部的凝聚力加强，保证了教育效果。而在专断、紧张和常有冲突的家庭中孩子的发展必然受到影响。另外在平淡、不活跃、关系疏远的家庭导致了子女与双亲的离心力，家长难以和子女沟通，也就必然削弱教育的影响力。

（六）子女人数与家庭教育

我国自70年代末期推行独生子女政策以来,城乡独生子女的人数大幅度增加,目前城市独生子女约占90%以上。对独生子女的许多研究,证明独生子女存在着许多个性品质上的毛病,如自私、怯懦、生活能力差等。在许多调查和研究中还发现,独生子女和非独生子女相比在学业和品德上并没有显著的差异,但是独生子女确实在个性上存在着较为明显的缺陷,并且这种缺陷在幼儿和小学阶段较为突出。随着孩子年龄的增长,同龄伙伴的影响力越来越大,使得这一缺陷得到弥补。

（七）家长的人生观和价值观与家庭教育

家庭教育是一种潜移默化的教育,父母所持的对待人生、对待工作的态度、观念都在一言一行中体现出来并在无形中影响着儿童的成长。积极向上、工作认真严谨的父母为孩子作出了榜样,反之,那些作风懒散、不求上进者也给予孩子一种负面的影响。

（八）家长期望与家庭教育

每一位家长都对自己孩子有着这样那样的期望。适当的期望能够激励孩子奋发向上,努力在做人、学业等各方面获得进步,但是家长过高的期望,超过孩子的实际承受能力,则会走向负面后果。在中国文化传统当中,对子女期望过高是人们的一种普遍心理。根据1992年一项对北京、天津、上海三城市家长教育观念的调查,在2 831名4至6岁幼儿的家长中,希望孩子将来"才能出众"的占25.56%。很显然这些家长的期望是不现实的。过度的家长期望造成家长过多地干预孩子的生活和活动,造成保护过度、包办过多、控制过多的不利影响。因此认清自己子女的特点,给予适度的期望也是家长在教育孩子过程当中应该注意的问题。

综上所述,影响家庭教育的因素是多种多样的,而这些因素之间也存在着相互影响、相互作用的关系。有些因素并非是影响教育的必然因素,而有些因素在某些家庭中却有着至关重要的影响。正是在这种错综复杂的影响因素下,儿童呈现出不同的发展特点和差异。

第三节 家庭育儿环境

家庭环境影响着孩子发展的质量。一岁以前的婴儿虽然躺在床上、坐在车上不能走动,但是已经在积极接受环境刺激。一岁以后婴儿学会了走路,开始通过自身的独立活动对周围环境进行探索,各种能力得到迅速发展。世界著名幼儿教育家蒙台梭利认为,对于幼儿,即使是用手触摸东西也是宝贵的体验。我国著名儿童教育家陈鹤琴也指出:"小孩子生来大都是好的,到了后来,或者好,或者变坏,这是环境的关系。环境好,小孩子容易变好;环境坏,小孩子就容易变坏。"良好的家庭环境就像无声的教师,引导着孩子向健康的方向成长和发展。

良好的家庭育儿环境包括以下几个方面:

一、和谐的生活气氛

家庭是依靠有血缘关系的人所组成的。从我国目前的家庭状况来看,多数为父母亲和孩子组成的核心家庭和传统的由三代人或者四代人组成的家庭。家庭成员的关系构成了家庭生活气氛。家庭生活气氛直接影响着家庭成员的情绪和健康。对于儿童来说影响则更大。许多研究证明家庭生活气氛如何对于儿童性格的形成有着十分重要的作用。它在陶冶儿童心灵,促使其情感健康发展方面有着至关重要的地位和功能。

理想的家庭生活气氛是和谐的,各个家庭成员之间关系协调、融洽,形成了温暖、轻松、快乐的、积极向上的氛围。在这样的生活气氛中儿童得到健康的成长。

(一)家庭成员互敬、互爱、坦诚、和蔼

处理好家庭成员之间的关系是建立和谐的家庭气氛的关键。在我国目前城市多数核心家庭中,处理好夫妻关系是每一个家庭首先应该做到的。夫妻之间互敬互爱,感情融洽,就营造出一种温馨的家庭气氛,给孩子带来安全感和情感上的满足,也让儿童从父母身上体会到什么是爱和亲情,关怀和理解,怎样与人相处等。因此夫妻之间和谐相处能够给孩子带来温暖的家庭气氛。为此，夫妻相处时要注意以下几点：

1. 要互相接纳宽容，谅解对方的不足；切忌大吵大闹，出口伤人。

2. 要善于倾听和理解对方的意见和情感；切忌固执己见，以我为中心。

3. 冲突时要自我控制，善于忘掉不愉快；切忌记恨、记仇。

4. 有矛盾冲突时尽量在夫妻之间解决；切忌当着孩子的面发生冲突。

此外在大家庭当中，各个家庭成员之间应该互相尊重，晚辈尊敬热爱长辈，长辈关心晚辈，互相之间坦诚、谅解、宽容和忍让。尤其要搞好婆媳之间、姑嫂之间的关系，使整个家庭人际关系融洽，气氛宽松。当然由于各个家庭成员脾气、性格、习惯和兴趣各不相同，不可能没有任何矛盾和冲突。但是要尽可能冷静理智地处理矛盾，并尽可能避开儿童来解决问题。

（二）文明行为、文明语言

父母的一言一行、一举一动是儿童学习模仿的样板。作为家长一定要处处考虑自己的言行会给儿童留下怎样的印象。为此要检点自己的行为，不可自由放纵。粗言秽语、暴躁行为都可为儿童所学，并常常由此挑起家庭的争吵不和，破坏了家庭的和谐性；文明生活，文明谈话，也就自然给儿童传递了文明，也创造了和谐的家庭生活。家长在带领孩子外出或访友时也要注意自己的言行，做到遵守社会公德，礼貌待人，谦让友爱，为孩子作出正面榜样。在与孩子相处的过程中也要做到以诚相待，以理服人。

（三）生活内容丰富、高尚、多彩

家庭生活应该是丰富多彩的。作为父母应该有广泛的兴趣，不仅在工作之余休息、看电视等休闲活动，还应该引导儿童一起进行多种有益的活动，譬如到大自然中去郊游，下棋、看书、体育锻炼等活动。让孩子在多彩的活动中身心得到陶冶。虽然家庭生活是自由自在的，但是家长应该自我控制避免一些趣味不高、庸俗的活动，如赌博，过分沉迷于打麻将、打牌等活动，以免给孩子造成不良的影响。

二、整洁优美、时有变化的环境布置

家庭中的物质环境是无声的教师。家长在装饰室内环境，追求舒适现代的家居布置时，也要考虑到儿童的需求。

（一）整洁是指摆放有秩序

家中物品的摆放，大到家具，小至日用生活品等都要摆放安全，便于使用。各个物品都有固定的位置，并且养成用后物归原处的良好习惯，使得家庭环境保持整齐。这不仅给人以赏心悦目的感觉，还能够使儿童养成整洁的习惯。

（二）家庭环境装饰和布置应幽雅大方

虽然各个家庭有着不同的审美观点和爱好，但是从儿童教育的角度来考虑，环境色彩不宜过于花哨和艳丽。有研究表明过多的色彩和装饰不利于儿童视觉的发育，而且还会使儿童注意力涣散。

（三）时有变化的环境

儿童喜欢变化和动态的环境，它可不断引起儿童的新鲜感，使儿童更加注意环境的变化，从而发挥环境中各种物品对儿童的刺激影响。变化的环境也有助于精神的焕发。如家具的位置可以做适当的调整，室内装饰和布置也可根据季节、节日以及一些特殊的日子等适时地进行改变。如过年的时候挂上灯笼、对联或者彩灯、彩带等。在春天来临的时候摆放一些花草，使得家庭环境变得更为吸引人。

三、安全的、无危险隐患的环境

环境对儿童的成长具有重要的教育意义，但是不当的环境也会给儿童的身心带来危害。尤其是当儿童会走以后，安全的环境对儿童的成长就显得尤为重要。尚不知人事的幼小儿童会四处走动。知识经验缺乏的他可能会把药片放进嘴里吃了。他们的动作发展还不稳，极容易发生烫、烧、砸等危险事故。近些年来，儿童在家中受到伤害的事件屡见不鲜，应该引起家长的重视。有孩子的家庭应该将环境中一切会造成儿童危险事故的设备以及用品加以妥善的安置。

（一）电器设备的安置

一切电门应该置于隐蔽处，以儿童看不见，找不到为准。如果放置于儿童能够够到的地方，应该选购那些具有安全装置的接线板。电线架设的时候不要沿地，尽量不在明处。对家中的电器设备要经常检查，防止漏电。不用的电器要及时拔掉插销。电器的放置要遵循说明书的安全要求，放置要稳固，不易被推倒砸伤儿童。禁止幼小儿童触摸电器设备。对于稍年长的儿童家长可逐步教给他们安全使用家用电器的方法以及安全常识。

（二）门窗的安全

家中的门窗应该牢固。儿童在家时应该将门窗关好，有牢固的插销和锁。教育儿童不要攀登窗台或者阳台，以免不幸事件的发生。

（三）管理好煤气、煤火，防止漏气造成煤气中毒，或者烧烫事件的发生

尤其在我国北方地区在冬天生煤炉时一定要安装烟筒和炉档。家中无人时要关灭煤气开关以免造成危险事件的发生。要告诉孩子不能随意碰煤气开关，提醒幼儿煤气泄露时的危险，提高安全意识。

（四）家庭药品的管理

成人药品和儿童药品要分开放置管理。药品要放置在儿童拿取不到的地方如放置在柜中或者锁起。过期的药品要及时处理掉，以免误服。

（五）家具的安全

在儿童经常活动的区域，家具的棱角和牢固稳定的程度也应加以改造和加固，以免碰伤。同时尽量将家具放在室内四周，为儿童留出活动跳跃的空间，减少碰撞空间。

（六）进行安全教育

以上环境的创设都是为了使儿童有一个良好的家庭生活环境，使儿童生活得愉快、美好，有助于他们的健康成长，顺利生活。但是在儿童的成长过程中难免会遇到这样那样的困难和危险。因此教会他们独立地面对和处理问题的能力也是十分重要的。这种挫折教育会使儿童受到锻炼，使他变得结实、坚强，增强对挫折的心理承

受能力。但是有些父母宁肯自己吃苦也绝不让自己的孩子受挫，孩子在温室一样的环境中成长，一旦受到挫折和风雨，儿童没有任何承受能力，就显得不知所措，无法应付。因此在为儿童创设安全环境的同时，家长也要有意识地锻炼孩子的能力，经受一定的困难和危险。如小孩子学走路，就不要怕摔跤，要放开心放开手。当然必要的保护是不可缺少的，但是不可有太多的顾虑，应使他们有能力接受生活的挑战。尤其是独生子女，更要有意识地让他们在成长中接受一些生活的挫折和体验。这种心态的变化对子女的成长是十分有利的。对于儿童来说，过于娇生惯养，过度保护的生活是无力成材、无力奋斗、无力迎接生活的。

四、属于儿童的天地

儿童作为家庭生活的一员，他们有着自己的活动、兴趣与能力，所以不能让儿童的活动全部服从或融于家庭生活中，这会忽视儿童的特殊需要。在生活中尊重儿童，就应在家庭里为儿童安排一个属于他支配的、任他活动的小天地。有了这个小天地，儿童的需要可以得到满足，儿童的独立性、自主性以及各种能力可以在这个小天地里受到锻炼和提高。儿童的天地可以随家庭条件而创设，居住条件不宽余的家庭，如只有一个居室的，可以开辟一块小小的地方，放置一个小架子、一把小椅子，如放得下，再设一张小桌子，也就可以了。如果居室条件宽敞，则儿童的小天地就可以大些，甚至可以有一间属于儿童的房间。

儿童天地的放置要求如下：

（一）放置基本设备

在儿童的小天地中可放置的基本用品有小桌子、小椅子、玩具柜（或架子或箱子）、地上铺的垫子（草垫、地毯、地板革、塑料垫等均可）。应该根据各个家庭的实际条件去提供，不断改善，能够更加增加儿童的情趣。

（二）放置儿童玩具

玩具是儿童的伴侣，也是儿童的教科书。有了玩具便可以引起活动，有了活动儿童便可以得到发展。对于不同年龄的儿童，放置的玩具是不同的,要根据儿童的发展能力需要以及兴趣去选择玩具。一岁前儿童玩具主要是练习手的抓握和带响的可活动的玩具;一岁和两岁的儿童玩具是练习行走和手的操作的玩具;三岁儿童的玩具是活动全身的,发展智力的和练习手的技能的玩具;四、五岁儿童的玩具除了成型的积塑、积木、拼板、棋类等玩具外,还可以提供儿童一些玩具性工具和材料,同时也可提供一些文字、数字的材料。

(三)由儿童自己布置,自己管理

儿童的小天地应该鼓励儿童来参与布置和逐渐培养管理能力,使儿童了解这是属于他的一方天地,他要负责,增强主人翁的感觉。管理能力需要逐步培养。3岁以前的儿童不能提出这个要求,只是让儿童知道这个天地属于他,那里有许多好玩的东西,在那里可以自己去玩,由父母亲来为他整理布置这个小天地,3岁以后逐渐培养儿童管理小天地。比如玩后将玩具收好,摆放整齐。5岁以后要调动儿童的主动性、积极性,让儿童用自己的想法来布置小天地,锻炼孩子的独立能力。

(四)儿童天地中的物品与儿童活动连接

儿童的活动是丰富多彩的,是富于变化的。与此相适应,小天地中摆放的玩具和用品应有更换,不可长久不变,这将失去吸引力。可以让儿童从生活中搜集一些可用的物品和材料,拿到小天地中来玩。比如在秋天郊游时捉到的昆虫养起来,拣到的松果、枫叶等做成装饰物点缀空间等。

第四节 家长育儿守则

一、做好榜样

家庭教育的经验告诫人们:"上梁不正下梁歪","有什么样的老子就有什么样的儿子",这些都是要求父母以身作则的警世格言。一般来讲,良好的榜样就能使儿童学善,不好的榜样则会使儿童学坏。学前儿童各方面的发展都处于萌芽和初步形成时期,而好模仿又是学前儿童的普遍特点。他们常常有意无意地模仿他喜欢的和亲近的人的举止言行,只是年龄不同。模仿的内容和模仿的程度不同而已。儿童能够模仿许多连成人都没有察觉到的细节。儿童进入幼儿园之后,老师常常可以从他们身上看到其父母的影子,而回到家中在儿童身上也可以看到老师的影子。

模仿是一种学习活动,是对人或事物外部表现的学习。是用动作、语言、表情等方式表达的学习。这种学习是在学前开始的,由于儿童的认识活动具有具体性,他们接触的事物或现象的具体形象容易引起儿童的注意,所以他们的学习活动表现为模仿人和事物的表面的、生动形象的举动。儿童又十分好奇好动,所以人和物的各种行为举动就成为儿童的模仿对象了,在模仿学习活动中,儿童对新异奇特的、有情感的对象都会去模仿,但儿童不能自发地产生辨别力,因而他们有时模仿的是好的现象,有时却模仿那些坏的现象。

我国著名幼儿教育家陈鹤琴说过"孩子可以说是父母的镜子"。父母与儿童自幼相处,接触时间最长最密切,是最可接近的人,又有权威性,所以他们最先成为儿童模仿的对象。年龄越小,越容易接受父母的影响。父母的一举一动的变化和特点,只要被儿童注意到了,引发兴趣了,就很容易为孩子模仿,因为父母的行为举止是最早,也是最长期地影响孩子的。常说某某孩子真像父母(如动作、性格等),正是说明了早期模仿的重要作用。在实际生活中,确实父母的行为习惯会潜移默化地影响孩子。有的父母平时很少参与集体活动,那么他们的孩子也许就会缩手缩脚;有的父母溺爱孩子,一切包办,那么他的孩子就会产生过度依赖思想,在困难面前退缩。

由于学前儿童的分辨能力差,所以在早年给予儿童模仿的榜样,要力求端正、良好,儿童长大后辨别是非好坏的能力增强,因而对坏的榜样有识别力而不会去模仿了。家长自身应从以下几方面入手注意为儿童作出良好榜样。

(一)凡是对儿童提出的要求,务必身体力行

家长只有这样做,才能为儿童作出良好的行为榜样,使儿童具体可见,并在父母的行为举动下模仿学习,养成各种良好的行为习惯和道德规范。如要求儿童进家洗手,饭前洗手,自己要天天如此去做。如要求儿童关心人,同情人,那么在汽车上就要为老人、为

抱孩子的人让座。如要求儿童诚实不说假话,则父母对待家人对待客人都要以诚相待。如对人不发脾气、不训人、不打人。

(二)完善自我,道德高尚

父母应该以比较高的精神境界来完善自身,发挥完美形象的潜移默化作用,如勤奋、好学、诚实正直、持之以恒、勤劳节俭、温和体贴、道德高尚等,都是作为一个好家长所必备的基本修养和素质。

(三)自身缺点不宜回避

父母的主体形象应是高大美好的,但是父母也有缺点和不足,当表露的时候不要隐藏,要坦率地告诉孩子,请孩子理解和原谅。父母可经常用周围人的榜样教育儿童以弥补自身的不足。父母在作出榜样的同时,要根据儿童年龄的接受程度,进行循循善诱的言教,使身教和言教相结合,以帮助儿童具体理解榜样,从而可以由无意识的模仿到更有意的模仿。无身教的言教是无力的、不具体的,对儿童是不易学的;无言教的身教也是不充分的,儿童不易理解榜样,甚至错误理解榜样,因而也影响儿童模仿学习榜样。

二、尊重儿童

尊重儿童是现代教育的基本理念。它不仅要求教师要尊重儿童,同样也适用于父母。在中国传统观念中,儿童是父母和家庭的私有财产。儿童是父母生下的,是在父母的照料下逐渐长大的,儿童年幼无知,全是父母所教;为父母者要管教儿童,才能扶正长直。儿童只有服从的权利。因此即便在现代社会当中,幼小的儿童在家虽然是个宝贝,却没有得到应有的尊重,儿童的一切都为父母所左右,儿童很少有自由和自主。另外一种不尊重儿童的极端的做法是当前儿童处于独生的地位,在家庭中至高无上,备受宠爱,似乎父母将听命于他。结果造成儿童真正的精神需要没有得到满足,儿童同样处于不愉快的状态之中。因此家长应该尊重儿童,做到以下各方面:

(一)重视儿童,尊重儿童的独立人格

一些父母认为,孩子是我所生所养,要打要骂随我的便。这是极端错误的想法,家长应该认识到儿童年龄虽小,但是他们和成人一样是一个独立的个体。儿童需要得到成人的尊重和爱护。正如马克思曾强调指出的那样："记着，你和你的孩子在人格上是平等的。你富有的，孩子恰恰缺乏；你缺乏的，孩子却很富有。把平等还给孩子"。因此家长要做到：

1. 倾听儿童的意见

在一个家庭中，不管家庭成员有多少，也不管家庭地位和年龄差距有多大，孩子与其他家庭成员之间的关系应该是平等的、民主的。家长要学会倾听儿童的意见和看法，认真对待儿童的观念，给予儿童发言权和决策权，形成宽松愉悦的家庭气氛。

2. 帮助儿童学会独立

我们不主张尊重儿童就是在家庭中把儿童捧为第一位，也不能让儿童感到自己是第一的，谁都得听我的，这种优越感、超人感不利于儿童正常发展。但是儿童脱离母亲已成为一个独立的人，应该尊重儿童这一可贵的独立的人权，正确的做法是慢慢帮助儿童体验独立，学会独立。在家庭生活中需要有一定的时间，不受干涉地独立支配自己的活动，让他体会到父母回家后有自己的事，我也有自己的事，同时也有时间和父母共享，父母把全部时间都给了孩子，关注越多孩子则越不听从，向成人要求则更多。如有的孩子在父母下班回来极度疲劳的时候，缠在妈妈身边让妈妈陪着做游戏，讲故事。这个时候就应该让儿童明白，妈妈上了一天班十分辛苦，需要休息，让孩子学会自己玩一会，不要打扰妈妈休息等。

（二）满足儿童生理的和精神的需要

儿童的需求是多方面的。既有生理方面的需求，也有精神方面的需要。而后者往往容易为家长所忽视。如儿童需要信任、要独立、要面子、要活动、要求知、要和人交往等。而在家长的眼中，以为这些都是成人才有的需要，而没有顾及儿童同样也有这方面的要求。因此父母常常错待儿童，没有给予满足，甚至有的时候还会打击和挫伤这些需要。如有的父母怕孩子受欺负、吃亏，不让自己的孩子和其他小朋友一起玩，还以为这就是对孩子的爱护和关心。

家长要充分理解儿童的需要和提出恰当的要求。在满足孩子吃睡玩等活动的同时，真正了解孩子的精神需求并给予满足。儿童的精神需要主要有游戏的需要、求知的需要和交往的需要等。

1. 游戏的需要

玩是孩子的天性。不会玩的孩子不可能是聪明的孩子。家长要积极鼓励孩子进行探索性玩耍。不要怕弄脏了衣服，而不让孩子玩耍，也不要一味强调孩子的安全，而把孩子禁锢在一个狭小的圈子里，更不能禁止儿童动手摆弄和操作物品和材料。家长要创造条件鼓励幼儿在玩耍中获得知识，在玩耍中发展快乐的情绪和对待事物的正确态度。

2. 求知的需要

孩子的好奇心是十分强烈的，他们会提出各种各样的问题来，甚至有的时候让家长难以招架、陷入尴尬的境地。事实上，孩子的提问是一种思考和钻研，是具有探索意识的表现。家长要心平气和地对待儿童的问题，无论这个问题在你的眼中显得是多么幼稚和荒唐，但都是孩子渴求知识的表现。家长要避免以下三种不恰当的方式和态度：一是拒绝和厌烦。如家长在面对孩子无休止的问题时会说"你哪来这么多问题呀？""你没看见，我正忙着呢吗？""你怎么问这样的傻问题"等等。这类的语言应力求禁止，以免伤害孩子的好奇心。二是敷衍和欺骗。对于回答不了的问题，家长觉得丢面子，于是就会敷衍而过或者胡乱编造一些答案告诉孩子。这样做是十分错误的，不仅影响了孩子对事物的正确认知而且也降低了家长自身的威信。三是给予过难的答案，让孩子听不懂。这三种错误的态度都没有真正满足孩子的求知需求，不利于幼儿的正常发展。家长在对待孩子提问的问题上应通过直接回答，或启发孩子自己去寻找答案，或者实事求是地告诉孩子，和孩子一起寻找答案等方式进行。

3. 交往的需要

小孩子是在与小伙伴的交往中得到发展的，一个简单的游戏可能因为有同伴的加入而变得兴趣盎然，久玩不腻。而即便面对丰富的玩具和材料，如果只是幼儿一个人玩，也会显得枯燥乏味。儿童在与伙伴的交往过程中学会如何与人打交道，学习到同伴身上的一些好品质，并且理解团结协作的重要性。家长要满足儿童寻找小伙伴，与伙伴一起玩耍游戏的需求。更要创设条件，开阔儿童的交友范围，锻炼孩子的社会交往能力。千万不能为了怕孩子受欺负而将孩子禁锢在家中，与小伙伴隔离。这样做只会害了孩子。

值得注意的是，我们提倡尊重和满足孩子的生理和心理需求并不是意味着放任自流，有求必应。而是提出合理的要求或规定，使儿童逐渐明白哪些需要是合理的可以得到满足和鼓励，哪些需要是不合理的或者是错误的，这样帮助儿童更好地从事这些活动。

（三）耐心对待，不粗暴、不歧视

孩子年龄尚幼，行为规范处于初步形成和掌握的阶段。行为经常会有反复和错误。家长要耐心对待儿童的行为问题。不要用歧视、讽刺的语言或者粗暴厌烦的态度对待儿童。

（四）尊重儿童自然成长规律，循序渐进地诱导

儿童生理和心理的发展和成熟是有一定规律的，家长要承认并尊重孩子的成长特点，不要在孩子之间盲目攀比，给孩子造成压力。家长要在真切了解自己孩子发展特点的基础上循序渐进地促进孩子的发展，切不可拔苗助长。

三、理智的爱

爱是人类最美好的语言。人类在养育子女过程中，对于孩子的爱既有缘于血缘的爱，同时又远远超出以生理为基础的爱。研究表明，溺爱这种放任的爱没有使孩子受益，反而会害了孩子，影响他身心的健康发展。有人比喻，溺爱就像泛滥的洪水，只会冲垮儿童未来的人生，危害很大。因此我们提倡家长应该持理智的爱，让爱像和风细雨一样，润入孩子的心田，滋养孩子健康成长。这不仅是对孩子的一份关怀和爱护，也是一种责任和义务。

理智的爱有以下几层含义：

（一）对孩子有要求，不一味迁就

爱孩子绝不意味着放任和放纵。父母要对孩子的行为和规范提出要求，让孩子明白有的事情是可以做的，而有的事情是不能去做的。如孩子明明会自己穿脱衣服却要妈妈来帮忙，这个时候就要让他自己来完成，决不能包办代替。当孩子在户外与别的小朋友一起玩耍时，抢夺别人的玩具或打别人的时候，也要严肃地批评孩子，纠

正他的错误行为。当孩子在商店的玩具柜台前,索要过于昂贵而毫无意义的玩具时,家长也要坚持决定,不能迁就他。逐渐地儿童就会养成懂事明理的行为习惯。

(二)控制情感,掌握分寸

家庭当中充满了浓厚的感情色彩,表达着家长内心深处对孩子的疼爱和无限的期望。一方面,家长要向孩子表达自己的疼爱之情,让孩子感受到家长的爱。另一方面,也要让孩子体会到家长的给予和赞扬是疼爱,家长的要求和批评也是疼爱。如果家长能够做到情感和理智的结合,爱的力量也就越大。对于不同年龄阶段的孩子,家长在表达爱的方式方法上也应有所区别。年龄幼小的孩子更多地需要身体的接触和外露的爱,大一些的孩子则需要家长用相对内敛的方式来表达爱,如运用目光、语言等。值得注意的是,当家长情绪不好或被孩子的言行激怒时,要善于控制自己,切忌暴躁和迁怒于孩子。

(三)增长儿童的爱心

爱孩子的更高目标是焕发孩子学会爱人,将人间的爱心永恒地传递下去。父母在给予孩子爱的同时,也要教孩子懂得爱和给予爱。懂得爱就是体验爱的美好,知道父母在给予爱的时候所付出的辛劳,从而使孩子产生感情和尊敬之情。学会给予爱就是要教孩子爱父母、长辈、关心和帮助他人,去爱一切美好的事物,培养孩子成为一个富有爱心的人。

总之,爱是家庭教育中永恒的篇章,懂得并学会理智的爱孩子,这是有眼光的真正的爱,有益的爱;失去理智的爱和感情将爱得无度、爱得不当,则将害了孩子的一生。

四、规矩明确

儿童最初的规则和懂得遵守规则是从家庭生活中建立的。从孩子年龄很小时就要让孩子懂得有一些规则是必须遵守的。如1岁多的孩子就开始学会要点心之类的东西,父母要让他知道什么时候能够得到满足,在这之前必须等待。如果孩子哭闹,父母就答应他的要求,就等于破坏了规矩,孩子也学会了只要哭闹就可以达到目的。

长此以往,就会养成孩子任性胡闹的习惯。因此家长在坚持规则的时候一定要态度明确。随着儿童年龄的在增长,围绕儿童的家庭生活和儿童的能力建立必要的规矩,这将有益于儿童成长,有益于儿童走向社会。在家庭当中,家长要安排好孩子的日程生活秩序,让孩子在有规律的生活中成长,久而久之,儿童就能够形成好的生活习惯和规矩。在家庭中,家长应该要求孩子掌握以下规矩:

1. 教会儿童做好自己生活的事;
2. 懂得文明礼貌;
3. 懂得不打搅他人;
4. 懂得关心环境;
5. 懂得遵守社会生活秩序。

五、步调一致

教育的合力对儿童具有加倍的效应,教育各方面不统一,则会抵消教育的威力。因此家庭成员应对儿童有一致要求,一致态度,在方法上应沟通默契。

(一)夫妻双方互相配合,支持,对儿童进行一致的教育

在家庭当中,父亲和母亲都理所应当地承担起教育子女的责任。在教育过程中应该注意:

首先父母要达到对儿童有一致的认识和评价,这是达到一致要求的基础。如果父亲要求高,母亲认为没有必要,如对儿童看电视的要求不一致,则儿童不知道应按谁的要求去做才对,从而造成谁的也不听了,或在谁面前听谁的,两种对策,两面为人,教育后果不堪设想。

其次父母要对学前儿童特点有一致的认识,从而取得儿童观的一致和教育态度的一致。否则如果一位主张游戏学习,而另一位主张强迫学习;一位主张严厉,毫不迁就,说一不二,而另一位主张严宽结合,原则性与灵活性结合,不同年龄不同对待。这样父母双方就常会因态度不同而发生争议,进而导致步骤不统一、儿童受难。

此外由于父母个人生活经历不同,受教育情况不同,个人自幼得到的家庭管教也不同,所以形成在教育要求、态度、方法上的不

一致,这是很自然的。但是面对教育子女的严肃问题,双方应坦率交换意见,服从正确的教育观和教育方法,放弃个人所持的偏见,不断地达到统一和一致。如有分歧,力求避开孩子讨论解决,不在儿童面前暴露父母二人的不一致。例如,关于如何掌握儿童的零食的问题,父亲说可以,母亲说违反规定不可以,如都被儿童知道了,孩子自然赞同父亲的,便对母亲说"爸爸说吃点没关系",母亲如赞同则违反了教育的要求;如不赞同,儿童则以父说为挡箭牌不愿接受母亲的要求。诸如此类的问题二人应持商量、合作、支持的态度。

教育儿童是细致的工作,随年龄的增长,教育的要求、方法也有着很大的不同,所以父母应不断地商议对儿童应有各种要求和教育的具体实施方法。二人如果有暂时不一致的意见,也应以一方服从另一方为妥,切不可将不一致暴露在儿童面前,甚至企求儿童对自己的支持,争取多数孤立一方,形成所谓的"父派""母派""我儿站在哪派?"等问题。这样的教育不仅无法对儿童提出各种要求,而且更恶劣的是会直接造成儿童学会以两种面孔对人,看人行事,谁厉害,谁对自己有利就听谁的等等不良行为。所以为父母者务必做到步调一致,在儿童面前是一个而不是两个老师。

(二) 两代养育者之间应保持协调一致

在大家庭当中,养育孩子的责任往往是由父母和爷爷奶奶辈(或姥姥姥爷辈)来共同承担的。在我国城乡地区,这样的家庭教育模式仍然占有很大的比例。由于生活经验的不同和文化素质、生活观念等各方面的差异,两代养育者之间的教育观念和养育行为不可避免地存在差异。双方应该加强交流和沟通,相互理解和宽容,尽可能地保持一致的教育标准。

1. 相互尊重和理解

年轻的父母应该尊敬老人,做好孩子的表率。由于时代的飞速发展,年轻一代人与年长者之间的差距和代沟也越来越明显。许多传统的做法和观念被年轻人所抛弃,而追求"小家庭的世界",与老人之间的情感沟通也越来越少。殊不知,这将会潜移默化地影响到孩子。请家长记住"今天我们怎样对待父母,明天孩子就会怎样对待我们"。

作为家庭中的年长者也应该尊重年轻父母。应该明确地认识到自己在养育孩子过程中起到参谋和助手的角色。要胸襟开阔,尊重年轻父母的意见。承认自己与年轻人之间的差异,当好配角。

2. 相互学习,优势互补

一些研究表明年长者在养育第三代儿童的过程中往往容易过分溺爱和保护孩子,而使孩子的行为习惯和个性品质的发展受到影响,他们丰富的育儿经验当中也有一些陈旧和过时的地方。而年轻父母虽然容易接受新的教育观念和做法,思想活跃,但常常由于缺乏育儿经验而显得力不从心。在这样的状况下,两代养育者互相学习,取长补短,达成教育孩子的共同标准,就能够最大限度地发挥家庭教育孩子的潜力,达到良好的教育效果。

因此,一方面年轻的父母应充分珍惜和重视老一代人的育儿经验,主动地向老人请教,请老人帮助和指导养育好孩子,同时也应坦诚地向老人指出一些错误的陈旧的育儿方法,耐心细致地向老人宣传一些科学育儿知识,求得老人的支持和配合。另一方面,老人也要以开明的态度、谦虚的精神理解和支持年轻父母的正确做法,自觉地理解和接受一些现代育儿知识,并且与自身丰富的经验结合起来,带好孩子。

六、适当回避

儿童和大人生活在一个家庭中,虽然属平等的成员,但由于年龄、知识和需要的差异很大,儿童与父母之间有着共同的需要和欢乐,也还有着许多不同的需求。父母是要持家养家的成年人,儿童属于成长着的孩子,他们在对家庭的责任承担上也是不同的,加之对问题和事物的理解上也有着较大的悬殊。因此,如果家庭生活的一切方面都使儿童平等地、公开地参与,这不仅是儿童不能适应,而且对其成长也是不利的。为了儿童的健康成长,为了家庭生活的幸福和睦,家庭生活的某些方面儿童是不宜参与、不必知道的,这就是适当回避。不要认为一切公开的家庭是最民主的,这是简单幼稚的缺乏教育头脑的看法。

家庭经济、收入、支出、储蓄,家庭社交活动中的某些不必让儿童知道的交谈内容，家庭中对一些政治问题的讨论，家庭成员为教育儿童的意见协商和对儿童的分析、教育的措施，对自己孩子和他人孩子的比较，家长准备和幼儿园老师交换的关于儿童的意见，以及夫妻生活等等，均属于儿童应回避的方面。当夫妻之间出现矛盾和冲突时也要尽量避免在孩子面前发生争执，以尽量减少对孩子的负面影响。

成人的活动不必儿童都在坐旁听，要养成儿童自己活动的习惯。有些回避活动应在儿童不在场时进行。同住一屋时，儿童床最好与父母床分开单睡，并有遮挡，有条件待儿童长到 4 岁后可单独睡在一房中。

第五节　家庭教育的有效方法

一、细心观察

做父母者要具备敏感的洞察力，学会观察自己的孩子，通过观察了解孩子的喜怒哀乐，兴趣爱好，情绪变化等，再从中分析背后的原因，有的放矢地教育孩子。因此父母应该能够敏感地、迅速地觉察到孩子的变化和需要，把握有效的教育时机，对孩子进行引导和教育。

二、满足兴趣

兴趣是一个人积极地认识和探究某种事物的心理倾向，有了对事物和活动的兴趣，就会产生无穷的力量。孩子的学习更多的是凭兴趣，家长要顺应孩子的这个天性，多角度地经常不断地培养孩子的兴趣。由于孩子尚处于人生的起步阶段，其兴趣的定位不宜过早，过急，过窄。而应当力求使孩子的生活、学习和游戏的内容多样化，尽最大可能培养孩子宽泛多样的兴趣。这样不仅有利于孩子在多种体验和感受中奠定个人兴趣的基础，而且促进了孩子多种智力因素的潜能的发挥。

三、动手多练

学龄前儿童处于动作思维发展的时期。他们通过动作活动内化经验，认识事物，掌握事物的特性和变化规律。儿童的智慧是从运动操作中获得的。孩子是十分愿意参与活动的。他们在活动中不仅学习操作技能，而且产生兴趣，激发愉快的情绪。因此父母应该给予孩子机会参加活动，在动手动脑中得到发展。如父母吸引孩子参加一些力所能及的家务活动，和孩子一起做一些手工或者自制玩具等。父母不要因为孩子年龄小，缺乏做事的经验或者怕造成混乱而拒绝给予孩子参与和动手的机会，这样恰恰会因此而丧失了教育孩子的良好机会。

四、游戏学习

随着21世纪的来临，面对新世纪的挑战，最主要的问题是人的培养质量问题，只有全面发展的人才是对社会最有用的人。但是目前社会上存在着一些早期家庭教育的误导和误区，家长为了对孩子进行以数学、文字等为主的超前早期教育，进行了注入式的强制性的培养，迫使孩子用大量的时间投入课业和知识的学习，一些家长认为游戏会妨碍孩子的学习，因此对儿童游戏采取否定的态度。事实上对于学龄前儿童来说，游戏是最好的学习方式。通过游戏孩子可以锻炼肌肉和骨骼，动手操作和探索，学习社会交往，体验成功，获得自信。游戏就是最好的家庭教育形式。如父母在带孩子去公园的时候，看见汽车就讲汽车，划船的时候就讲讲水的浮力，看见松树就讲松树，让孩子数数路边有几棵松树等。通过这样轻松活泼的形式，既开阔了孩子的视野，也不会给孩子造成精神上的负担，孩子觉得学知识是非常活泼有趣的。这种对学习的热爱将为他今后的学习生活奠定良好的基础。又如爸爸妈妈和孩子一起玩"老鹰捉小鸡"的游戏，孩子在欢笑声中不知不觉地锻炼了躲闪奔跑的运动能力和敏锐的反应能力，在拼图、绘画、玩沙和玩水等游戏中训练了孩子的小肌肉群的灵活性和手眼协调能力。因此家长要充分地运用游戏这个教育手段和法宝。

(一) 根据儿童的不同年龄开展丰富多彩的游戏

1岁以前的孩子主要发展运动能力和感知觉的游戏，2、3岁以后开始玩各种各样的游戏，包括积木游戏、角色游戏和智力游戏等。家长要逐渐引导孩子丰富游戏的内容，培养孩子开展游戏的能力。

(二) 提供适当的玩具材料

没有玩具，孩子无法开展游戏。提供适当的玩具和游戏材料是开展游戏的必要因素。家长在根据儿童不同年龄选购玩具的同时，也要注意玩具的可操作性和教育性。看它是否能够发挥孩子的想象力和创造力，并能够从中体验创造的快乐，切不可被其漂亮的外包装和价格所迷惑。此外充分利用和搜集家庭的废旧物品作为玩具资源，也是既符合孩子兴趣，又经济的一种做法。

(三) 多带孩子到户外游戏

由于人们生活水平的提高和居住环境的改变，现代儿童户外游戏的时间和机会越来越少。为此家长应当尽可能地抽出时间，带领孩子到户外游戏，让孩子呼吸新鲜空气，接受阳光的沐浴，适应自然环境的各种变化。让孩子闻一闻泥土、小草、鲜花的芬芳，听一听小鸟的歌唱；让孩子在湖边结识不同年龄和性别的同伴，锻炼他们的社会交往能力；让孩子在玩沙、玩泥、玩水的快乐游戏中增长知识，体验创造的快乐；也让孩子在玩的过程中学会欣赏自然的美和陶冶心灵。

五、鼓励成功

多鼓励、少指责被认为是成功的父母之道。对孩子的行为表现做出肯定、赞赏或鼓励，都将增进孩子的勇气和信心，带来积极情绪。婴幼儿的活动多处于尝试阶段，对于自己的力量没有恰当的估计。当他们的行为一旦被成人承认了，他们的偶然性行为变成了成功的经验，这将对孩子是极大的鼓舞和激励，这种成功的体验给予孩子肯定的评价，增强了自信心，将会促使孩子去进一步地探索和尝试，从而形成一种良性循环。

鼓励对孩子的成长起着积极作用，但并非可以滥用鼓励，而要恰当地使用这个方法。鼓励的方式是多种多样的，对婴儿多用动作来鼓励，如亲亲、抱抱、拍拍、摸摸等同时伴有语言的夸奖和肯定；对幼儿可以用微笑、眼神、点头、手的动作以及语言表示。鼓励的场合有当众的、有私下的，要因人因事地采用。家长在采用鼓励的方法时应该以精神鼓励为主，有控制地使用物质鼓励。虽然鼓励是积极有效的方法，但是不可用得过分，对小年龄的孩子可以多用，对怯懦的孩子也要多用，对于能力强的孩子则要慎用。对于大孩子则不必事事鼓励了。

六、晓之以理，动之以情，导之以行

学龄前儿童处于人生的第一个阶段，在学习行为规范的过程中，他们常常会出现言行不一、行为反复的特点。家长在对孩子讲清道理的同时也要激发孩子的情感，并不断督促孩子的正确行为，让孩子在不断的行为练习中掌握行为规范。如家里来了客人，家人要引导孩子热情招待客人，使用礼貌语言和客人打招呼。当孩子打了小朋友的时候，家长要及时地指出错误，讲明道理，并且让孩子赔礼道歉，鼓励孩子做出正确的行为规范。在这样反复不断地讲理和行为联系的过程中，孩子会逐渐自觉地遵守行为规范，并且成为一种良好的个人素养。

七、巧用提示

为了使孩子的活动顺利进行，并为防止活动中可能发生的不良的现象出现，如孩子无休止地要东西，不满足他便哭闹、发脾气或发生一些破坏性的、危险性的事故等，如果采用事先提示，防患于未然的方法往往是十分有效的。事先提示是在孩子活动之前向孩子提出一定的满足性目标。如今天去公园可以玩三种电动游戏，今天去商场可以买一种玩具；或向孩子提出一定的活动注意事项。家长在运用提示时要有针对性，即在细心观察的基础上针对孩子容易发生的问题作提示，提示可以和孩子商量以后做出。由于孩子参与了意见，受到了尊重，使得提示的作用更显成效。提示要有重点，不可太多，以免引起孩子的反感。

八、公平适度

在教育子女的过程中，只有站在公正的立场上，父母的表率作用才能发挥效果。如当孩子提出合理的理由时就可以改变父母的决定。但是决不允许让他们通过眼泪、发脾气等要挟的方式来达到某种目的。父母对孩子提出的一些要求和规范，父母自己首先要做到。千万不要以为孩子年龄还小，什么也不懂，可以任意地支配和欺骗他们。孩子做了错事要循循善诱，以理服人，不要当着众人的面大声训斥。孩子遇到挫折，不要挖苦嘲弄，要正面引导鼓励。只有这样公正地对待他们，孩子才会心甘情愿地接受成人的决定，赢得孩子对家长的尊敬，同时在这个过程中，他也能逐渐学会公正地对待别人。

九、做轻松的父母

做父母不是一件轻松的事情。许多父母亲尤其是母亲会将精力和情感全部投入到子女身上，事事小心翼翼，对孩子照顾周到，殚精竭虑，结果失去了自我，而孩子的成长似乎也并不如家长期望得那么好。事实上，父母要调整自己的心态，做轻松的父母。

1. 父母应该在教育孩子的同时，也留出自我发展的空间和时间，不要让孩子占据自己所有的生活而迷失了自己。父母也应该让孩子知道，父母也有自己的事情和工作要做，不能随意打扰别人。

2. 信任孩子。父母要充分相信孩子，相信他们有能力去面对现实世界，并放手让孩子独立地面对和处理一些事情。为孩子提供施展才能的机会，对于孩子遇到的挫折和失败应该看作是正常的，多进行安慰和鼓励，帮助他们找出原因，这样他们就会建立起自信和乐观的态度，为他们个性和独立性的成长打下良好的基础。

3. 体味孩子给父母带来的欢笑和快乐，和孩子一起享受生活的乐趣。

在这样的心态下，父母和孩子都有了更多的自由和发展空间，家庭气氛也因此轻松了很多。

第六节 家庭保护的法律责任

儿童不是家庭的私有物,家庭对儿童负有社会的、法律的责任,未成年人应受到家庭、学校、社会和司法的保护。我国《未成年人保护法》规定,对未满18岁的未成年人,国家、社会、学校、家庭共同负有保护其身心健康,保障其合法权益,促进其在品德、智力、体质等方面全面发展,把他们培养成为社会所需要的人才的责任。此外在《儿童权利公约》、《义务教育法》等相关法律条文中也各自对家庭应负的法律责任和儿童应享有的权利作出了明确的规定。

一、家庭保护的法律责任

1. 父母或其他监护人应当依法履行对未成年人的监护职责和抚养义务,不得虐待、遗弃未成年人;不得歧视女性未成年人或者有残疾的未成年人;禁止溺婴、弃婴。

2. 父母或其他监护人应当尊重未成年人接受教育的权利,必须使适龄未成年人按照规定接受义务教育,不得使在校接受义务教育的未成年人辍学。

3. 父母或其他监护人应当以健康的思想、品行和适当的方法教育未成年人,引导未成年人进行有益身心健康的活动,预防和制止未成年人吸烟、酗酒、流浪以及聚赌、吸毒、卖淫。

4. 父母或其他监护人不得允许或迫使未成年人结婚,不得为未成年人订立婚约。

5. 父母或其他监护人不履行监护职责或者侵害被监护的未成年人的合法权益的,应当依法承担责任。

二、保护未成年人的工作原则

保护未成年人的工作应该遵循以下原则:
1. 保障未成年人的合法权益;
2. 尊重未成年人的人格尊严;
3. 适应未成年人身心发展特点;

4. 教育与保护相结合。

儿童因身心尚未成熟,在其出生以前和以后均需要特殊的保护和照料,包括适当的法律上的保护。父母或其他监护人应当依法履行对未成年人的监护职责和抚养义务。

学前儿童属于未成年人,他们的权益、人格、安全、健康、受教育和发展的权利同样将受到家庭保护、学校保护、社会保护和法律的保护。儿童属于父母所有,但并非家庭的私有财产,父母对未成年儿童既承担着亲情责任,又承担着社会责任和法律责任。

复习思考题

1. 从切身的体会谈谈家庭的教育功能。
2. 试述如何创设良好的育儿环境?
3. 你认为家庭教育与托幼机构的教育相比有哪些特点?
4. 试综述家长的育儿守则。
5. 根据家庭教育的特殊方法,对某个家庭进行访问,了解该家庭养育孩子的方式方法。

第十章 托儿所（含托儿班）的保育和教育

第一节 托儿所的性质和任务

一、托儿所的性质

我国托儿所是3岁前儿童的集体保教机构。主要负责教养3岁前的儿童并为其父母参加工作提供方便，具有社会福利性和保教性等双重特性。托儿所一般设乳儿班（10个月或1岁以下）、小班（1岁左右～1岁半）、中班（1岁半～2岁）和大班（2～3岁）。托儿班大都附设于幼儿园，有时被称之为小小班，一般收托2岁以上的儿童，性质与托儿所相同。

1956年我国内务部、卫生部、教育部联合发出通知，其中指出：托儿所与幼儿园应依照儿童年龄来划分，即收3岁以下的儿童者为托儿所，混合收托出生到6周岁儿童的托儿所，如果不满3周岁的儿童居多，则仍称托儿所，其中附设幼儿班。各类型托儿所的经费、人事、房屋设备和日常行政事宜，均由主办单位各自负责管理，有关方针、政策、规章、制度、法令、教育计划、教育内容、教育方法、儿童保健等业务由卫生行政部门领导。1980年卫生部颁发了《城市托儿所工作条例》（试行草案），确定了我国托儿所的性质、任务、办所方针、婴幼儿卫生保健工作、组织编制、工作人员职责及房屋设备的要求等，是托儿所工作的依据。

作为我国学前教育体系中的第一环，托儿所的社会福利性和保教性两个方面的特色是密不可分的。

（一）社会福利性

新中国成立以后，随着我国社会经济的发展以及妇女地位的提高，绝大多数妇女走出家门成为职业妇女。据统计，近半个世纪以来，我国城市妇女除了老年人以外，基本上全部在工作，城市适龄妇女就业率在80%以上。妇女的社会地位和经济地位得到了空前的提高。我国政府规定职业妇女的法定产假为半年。妇女产假修满后需重新回到工作岗位。因此孩子半岁以后由谁来照看孩子成为多数年轻家庭面临的问题，也成为一个不容忽视的社会问题。托儿所这一社会设施的建立正满足了这些父母的需求，解除了他们的后顾之忧，保证父母安心地参加工作。这既体现了社会对广大年轻父母的关心和支持，也体现了政府对于学前儿童成长的重视和关怀。

（二）保教性

教育者应当正确地认识托儿所教育的保教性。简而言之，托儿所教育是保教并重的教育，是根据小儿的生理和心理发展特点进行保育和教育，使3岁前儿童获得健康的成长。

由于托儿所的特殊教育对象，传统观念中人们认为托儿所主要的任务是"看孩子"，只要保证孩子身体健康就可以了。现代心理学、教育学、生理学等科学研究已经从理论和实践两个方面证实了教育必须从零岁开始。3岁前是人一生中生长和发展最迅速、变化最大的阶段，无论在身体、情感、社会和智力各方面的发展都处于人生的开端，是第一步。一些研究表明，3岁前的发展是以后的基础，3岁时就已经出现6岁时的发展特点。如果到3岁以后再注意教育，为时已晚。在这种现代教育观念的影响下，20世纪60年代后，许多西方国家都开始重视学前早期儿童的教育，广泛开展有关的实验研究，如改进托儿所教育，广泛开展家庭辅导，普遍开展早期测验，诊断和早期干预等。我国从80年代以来，随着早期教育热的兴起，传统的观念被打破，人们希望尽早地开始对儿童教育，由此托儿所成为早期智力开发的一个重要场所。

近年来国外国内的一些研究表明，童年早期的集体经验对孩子的发展和生活都有帮助，把孩子送到有经验的工作人员照护的托儿所，对其早期发展比没有入托的好得多。

然而当前仍有许多人包括教师对于3岁前的教育有着种种不正

确的看法。如许多人仍然坚持传统的观念认为3岁前只需给予生活照顾和卫生保健，让孩子吃好、睡好、玩好就可以了，不需进行教育，或认为教育是可有可无的；或认为宝宝很小什么也不懂，不需教育；另一方面，缺乏发展和教育的知识，对宝宝"开发过度"，掀起了"早期教育热"，有些家长甚至从出生之前就开始对肚子里的宝宝进行胎教。从很小时开始教孩子识字，学算术等事例屡见不鲜。造成儿童从小就厌学等，这都是对3岁前教育的误解。

二、我国托儿所的发展历史

我国托儿所的发展经历了一个曲折跌宕的过程。20世纪50年代以来，我国绝大多数妇女参加工作，婴儿入托者达80%。其中分为日托和全托两种，比率约各占一半。不久，全托逐渐减少而日托日益增多。哺乳年龄的婴儿多数托养在母亲所在单位的日托班里，母亲可按时离岗前去哺乳；断奶婴儿则养育在托儿所，日托晚归。

近10多年来，随着社会经济的发展，生育后脱离工作在家抚养孩子的年轻母亲逐渐增多，其原因多种多样，脱离工作的时间也长短不一。其中一部分是出自家庭经济的全面考虑，有的则认为自己抚养可以保证母乳哺喂和精心护理，促进婴儿的健康成长，因此有的脱离工作长达1～2年。但多数妇女在婴儿半岁以后即回到工作岗位，而婴儿则由祖父母抚养或保姆在家照料。因此全托，甚至日托婴儿者日渐减少。婴儿在家生活到2岁或2岁半后再进入集体教养机构者较多。核心家庭增多。母亲忙于工作只好把孩子交给老人或者保姆照看。婴儿缺少亲子接触和母亲的关怀。对婴儿语言、动作和良好情感以及个性品质、社会交往能力的发展都是不利的。另一方面，由于商品经济的冲击，在一些托儿所停办、撤销和合并的同时，一些以牟利为主要目的的私人办托儿所应运而生。其质量参差不等，良莠不齐，远远不能满足家长的需求。1998年北京市学前教育社会需求与对策的调查结果表明，48.3%的家长希望孩子在3岁前入托。而实际上北京市目前3岁前儿童的入托率仅为28.3%。这说明了社会上对3岁前儿童的入托需求和现阶段的机构设置以及收托能力之间有着较大的差距。*

经过近半个世纪的曲折发展,我国托儿所目前仍然是学前教育中最薄弱的一个环节。其类型大致可以分为:街道办的托儿所,单位办的托儿所或附设的托儿班,私立的托儿所等。由卫生部统一管理。由于管理部门及培养宗旨的不同,其收受婴幼儿的年龄亦存在差异。但就整体而言,托儿所无论在质量还是数量上都还不能令人满意。多数托儿所的从业人员只是受过中等教育以下的妇女而不是专业人员。对于3岁以前儿童的心理和教育的研究也很少。此外近年以来幼儿园的年龄向前延伸,囊括了3岁前儿童的教育,从而使托儿所与幼儿园向一体化的方向发展。

三、托儿所的保教任务

对于3岁前的儿童来说,其根本的培养就是促进他们身心的全面发展,包括了身体、智能、情绪和社会性等各个方面。1980年卫生部颁发《城市托儿所工作条例》(试行草案),其中明确规定托儿所的保教任务为:

1. 保障小儿健康。贯彻预防为主的方针,实行科学育儿,控制传染病,降低常见病的发病率;发展小儿基本动作,进行适当的体格锻炼,增强小儿的抵抗力,提高健康水平,促进身心正常发展。
2. 培养小儿的生活习惯,与人交往等各方面的良好习惯;
3. 发展语言能力,获得知识,发展智力;
4. 进行品德教育,培养活泼开朗的性格;
5. 给小儿适宜的艺术形式的陶冶,萌发小儿初步的美的情趣。

四、正确理解早期教育与早期智力开发

十年来,早期教育成为国内社会和教育所瞩目的热门话题。人们逐渐认识到人的生命之初并非一张空白的纸,学前儿童有其思维、个性的发展规律和特点,早期教育不仅具有可能性,也具有必要性。

---

* 徐明执笔《了解社会需求,把握发展契机——来自问卷调查的启示》,《学前教育》2000年,第1期,第38页。

"教育必须从出生开始"成为国际公认的事实,掀起了早期教育的热潮。但是在现实当中,许多人对早期教育的认识并不十分清楚。他们简单地把其归结为"识字教育"、"定向培养"。于是人们花费大量的精力与财力教孩子识字、背诗、送孩子入钢琴班、绘画班、体操班等等,这显然是对早期教育的片面理解。把早期智力开发等同于提前开始的读写算等学业知识技能的灌输和训练,是对早期教育狭隘的片面认识和理解。一些幼儿园或者托儿所为了迎合家长,也不得不做这种违背幼儿身心发展特点与需要的事情。但是如何正确地理解并实施早期教育和早期智力开发仍然是值得讨论的话题。同时这也是3岁前教育的重要基础和原则。

早期教育是指对婴幼儿全面素质的基础教育,它不仅指早期智力的启蒙与开发,还包括其身体素质的提高,品德的培养与性格的陶冶。早期教育的根本就是最大限度地且适度地挖掘其各方面的潜能,提高儿童的素质,为将来的发展奠定良好的基础。坚持使学前儿童在德智体美诸方面和谐地发展,坚持以学前儿童心理指导适合儿童身心发展的教育方法是实现早期教育目标的根本。通过早期教育能够发掘儿童潜在的智力素质、身体素质和个性素质,为其今后进入社会与正规的学校生活打下基础。目前世界学前教育的发展已经从单纯重视智力开发转向全面人格的培养,尤其注重学龄前儿童社会性和情感的培养。智力因素与非智力因素是构成人的整个心理不可分割的有机统一体。它们互相关联,相互影响。我国著名教育家陶行知曾经指出:"6岁以前是人格陶冶最重要的时期,这个时期培养得好,以后只需顺势培养下去,自然成为社会改良分子;倘使培养得不好,习惯成了不易改,倾向定了不易移,态度坏了不易变。这些儿童进到学校里,教师需要花费九牛二虎之力去纠正他们已形成的坏习惯、坏倾向、坏态度,真是事倍功半。"盲目地追求某项技能的培养,可能会导致学前儿童负担过重,形成对学习的厌烦情绪,阻碍其今后的发展。因此早期教育一定要遵循儿童好动、活泼的性格,按照其心理发展的规律,从体智德美诸方面打下全面的基础。

然而近年来由于社会上一些舆论的误导以及一些商业化的炒作,使得早期教育的真正内涵被人所误解,形成了令人担忧的倾向。

人为地加速儿童的发展,这是一种强制性的早期学习,抹杀了学前儿童的年龄特点。这是对学前儿童过分的要求。强迫他们从事力所不能及的事,会损害儿童的健康与发育,会损害儿童个性的和谐发展,会阻碍儿童心理及才能的形成,而这些损害一旦造成,则以后是难以弥补的。

五、托儿所保育和教育的原则

(一)寓教于养,保教并重

以保为主,保教并重是托儿所教育的特殊教育对象所决定的,也是托儿所集体教养的核心。托儿所中的儿童年龄在3岁以下,这个阶段是个体一生当中身体和心理发展最为迅速的时期。据研究,从出生开始至3岁以前脑的发育十分迅速,大致占了整个发育期的70%,而身体的发育更是十分迅速。当新生儿呱呱坠地时,他还只是一个完全依赖于成人的个体,但是经过短短一年的进步,他们就在语言、动作、情感等诸方面都有了飞跃式的变化。

作为我国学前教育的传统经验,现在提倡保教结合的必要性有三:

1. 学前儿童身体发展与心理发展是紧密结合的

人的心理发展是以身体发展为基础、为物质条件的。一个孩子体质差,三天两头地生病,他就无法与正常、健康的孩子一样去学习、游戏和劳动,并获得心理的顺利发展。同时,人的心理发展又能促进孩子的身体发展,如智力发育好的儿童,保持自信心和愉快的情绪,自然身体也好。其中情绪对个体身体影响很大。

2. 保育具有了新的内涵

现代人对健康标准有了新的理解。世界卫生组织对健康下的定义是:健康不仅仅是没有疾病或不虚弱,而且应包括体格、心理和社会适应能力的全面发展。这里指出个体不仅应保持身体健康,而且应保持心理健康。现在保育的意义将随健康含义的扩展而扩展。传统上保育就是对身体的照顾、保护和促进。现代广义的保育不仅包括对孩子身体的照顾,也包括了对孩子心理能力的保护和培养。保育和教育是相互融合的概念,不能割裂开来。学前儿童的保育工作是托儿所幼儿园工作的重要组成部分,它直接关系到学前儿童的正常发育与健康成长。

3. 保教结合是世界学前教育的发展趋势

近年来,世界各国幼教都强调保教合一。在联合国教科文组织1981年向国际儿童年推荐的《发展中国家儿童保育和教育计划》一书中指出:"尤其对幼儿照料与教育,就像纬线和经线一样紧密地交织在一起"。在婴儿的每一项生活内容中都有保健与教育两重任务。托儿所的教育特色即在于通过一日生活中的每一个环节,结合照顾睡、吃、玩等培养婴儿达到以上教育目标。如在培养生活能力和卫生习惯的过程中,教孩子认识生活用品,熟悉行为动作的名称,练习洗手、吃饭、穿脱衣服的技能和技巧。如当户外气温降低,教师和保育员不仅要为孩子及时地添加衣服,而且要循序渐进地锻炼孩子的身体,让他们在户外较冷的空气中进行适当的身体锻炼,不断地提高和增强婴儿对寒冷气候的适应能力以及对疾病的抵抗能力。

(二)个别教育为主,集体教育和个别教育相结合

1. 注重婴儿个别差异,尊重个性,给婴儿充分的活动自由

如户外自由活动是孩子最高兴的事情,教师应该允许并鼓励婴儿依照自己的兴趣和能力,探索各种事物和现象。

2. 根据年龄差异,采取不同的教育形式

1~2岁婴儿以个别活动为主,2~3岁婴儿可适当组织集体性的活动。持续时间从1分钟逐渐增至10分钟,在活动中应允许儿童有一定的自由,帮助他们逐渐地适应集体生活和学习的方式。

我国托儿所教养大纲中规定,2岁以上的儿童可以进行集体参加的活动,时间在5~10分钟左右。孩子们在一起对于发展孩子的集体意识,学会在集体中听从教师指示,学习遵守集体行为规则,都是十分有益的。托儿所可以组织的集体教育活动可以包括语言、体育、音乐、美工、娱乐活动、游戏、散步等。

(三)适应婴儿特点,开展丰富多彩的游戏活动

婴儿的天性是喜欢游戏的,游戏即教育。随着婴儿的成长,游戏逐渐成为他们活动的重要内容。婴儿在游戏中学习,在游戏中增长知识,锻炼身体,发展个性并获得愉快的情绪体验,在游戏中他

们的身体和心理获得健康的发展。作为托儿所的教师应该牢固树立以游戏促发展的教育原则,设计和开展多种游戏促进婴儿在身体、智力、情绪和社会性等各方面的全面发展。

(四)家园配合共同促进婴儿的发展

父母是孩子的第一任教师。在父母的照料下,儿童从相对无能的新生儿变成了发展迅速,具有许多新技能的孩子。父母最了解自己孩子的个性、兴趣和脾气等特点。因此作为托儿所的教师应该与家长密切配合,共同担当起教育孩子的重任。

第二节 托儿所的环境和设备

环境对婴儿的成长起着重要的作用。对于托儿所的婴儿来说,托儿所就成为影响他们成长的一个重要环境。从广义而言,环境涵盖了一切影响婴儿发展的因素,在托儿所当中它包括了膳食、护理、游戏和活动、教师的素质、设备等诸多因素。这一节仅就托儿所的物质环境以及设备和材料的提供等狭义的内容加以论述。

一、托儿所的选址

环境是婴儿成长发展的基础。托儿所的选址应当充分考虑婴儿的生长发育和健康,注意以下几点:

(一)选择地势平缓,空气新鲜的地方

平坦的地势利于安全,也便于婴儿经常在户外活动,得到身体的锻炼。由于婴儿处于生命的早期,新鲜的空气对其身体健康发育尤为重要。不要将托儿所建立在厕所、医院附近,因为有可能对婴儿身体健康带来不良影响。

(二)宁静的环境

婴儿需要宁静的环境气氛。如果托儿所设在交通繁忙的地区或者有嘈杂噪音的工厂、商业区就容易使婴儿产生烦躁的情绪,影响休息,对他们的身体健康有损。

(三)有托儿需求的社区

托儿所应该设立于有托儿需求的社区或者地域内,以满足社会的需求,为家长提供便利和服务。

二、托儿所的房屋建筑

托儿所的房屋应当尽可能符合建筑使用面积以及建筑卫生标准。婴儿的睡眠、哺喂或者进食,活动和游戏等都应有相应的地方。

室内应光线充足,空气流通,室温适合,地板和墙壁要易于清洗。家具和运动器具应保证卫生、安全,促进婴儿发展,便于婴儿活动。

三、布置安全、卫生、富有教育意义的环境

(一)室内布置要适合婴儿的年龄特点和兴趣

室内布置要适合婴儿的年龄特点和兴趣,如颜色鲜艳,对比明显,轮廓简单的图片,实物等。布置的高低要适合婴儿的视线,并考虑到婴儿在各种情况下,如躺下,坐起,爬,站,抱起时能从不同角度都看到一些室内布置。

(二)托儿所室内基本设备

表 10-1 托儿所室内基本设备表

基本设备/用品	注意事项
衣物:衣服、尿布等	婴儿衣物以棉质为佳,取其能保温、吸水力强,不易引起皮肤敏感 衣物应容易清洗
寝具:婴儿床、床垫、被、胶垫布、床单	婴儿床以安全耐用为宜,床边设较高床栏,栏与栏之间的间隔距离应小于婴儿的头部直径 婴儿喜欢咬床栏,往往把喷漆咬掉吞下肚去,有害健康。如经济条件许可,用不锈钢床较为适合 床垫不宜过厚,以 3 厘米左右为宜。婴儿骨骼软骨成分较多,床垫太软,易使骨骼变形 被子要轻而保暖,而且容易洗涤 胶垫布能防止床垫被尿淋湿,胶垫上再铺上床单,让婴儿睡起来舒适
家具:桌椅、婴儿躺椅、玩具柜、储物柜、报告板等	桌椅的大小应适合婴儿。椅子的高度以能让婴儿双足平稳地踏在地面为准,并有扶手和靠背 玩具柜不必设门,以便婴儿拿取玩具

续表

基本设备/用品	注意事项
温度调节设备如风扇、暖气等	电源插座应安装在离地面1.5米高度的地方,使婴儿不能触及 使用暖气或者暖炉时会使空气干燥,应该同时加用加湿器
急救箱	箱内应有消毒剂、消毒棉花、纱布、胶布、温度计等,急救箱平时应放在婴儿接触不到的地方

(选自钱郭小葵《婴儿的培育》,北京师范大学出版社,1994年版)

表10-2 托幼儿童桌椅尺寸表(厘米)

使用者身高	桌高	椅高	椅面有效深度	靠背上缘距椅面高	桌椅高差
110以上	51.5	28.5	26	29	23
100~109	47.5	26.0	24	27	21.5
95~99	45.5	23.5	22	25	20.5
85~94	41.5	21.5	20	23	20
75~84	37.3	18.5	18	21	19
65~74	——	15.5	17	19	

(选自《教育大词典》第二卷,上海教育出版社,1990年版)

(三)提供丰富多彩的玩具和游戏材料

1.玩具和游戏材料应符合安全(大致不能吞下)、卫生(可清洗)等标准

因为婴儿活泼好动,喜欢东摸西闯,容易造成意外损伤。如5、6个月后,在会抓握东西后,他总是把抓到的东西放在嘴里,这就为选择玩具提出了一个安全要求:给婴儿选择的玩具不宜过小,预防婴儿把玩具吞进肚子里或卡住喉咙;要注意玩具表面的圆滑,最好没有棱角和尖角的边缘,更不能含有有毒的化学物质。一些附有小零件的玩具不宜给婴儿玩,以防止零件脱落而被婴儿误吞入口。此外所有的玩具应该容易清洗以保证卫生清洁。

2.根据婴儿的年龄特点选择玩具和游戏材料

(1)初生~2、3个月。这个时期的婴儿刚刚脱离母体,由寄居

生活突然变为独立生活，对于来自客观世界的种种刺激一时很难适应，应该提供发展感觉的玩具；摇篮上挂一些色彩鲜明的小球，墙壁上贴有人脸的图片，并提供听的材料（音乐或小铃）。

（2）3～6个月。除了提供那些带声响的摇铃、摇棒或者八音盒等听觉玩具之外，要增加发展触觉的玩具，如提供能握住、取放的小玩具或用品，能投掷的小球、小盒等；塑料娃娃，不倒翁，拨浪鼓，花铃棒等也可选用，在婴儿的多次抚摸与抓握中，能逐渐形成视觉和运动觉的暂时联系，也就是手眼协调能力。从2、3个月开始就可以给婴儿提供图画大的画书，以后慢慢地随其年龄增长而提供各种画书。

（3）7个月时可提供促进爬的玩具，如流动的小球，用手穿的大木珠，促进手腕、手臂活动的小积木，此外还可备有拉、推的小车，能爬的阶梯以及小滑梯等。这些玩具对促进婴儿的大小关节和肌肉的发育会产生一定的作用。此外在婴儿不会说话之前，可以用大量的形象玩具，如娃娃、小猫、小狗、小汽车等，来丰富婴儿知识和扩大婴儿认识领域。

（4）1岁半以后的儿童可提供操作游戏材料（如积木、套盒、拼图等），手工、绘画材料（大画纸、彩色笔、旧画报等），沙、水等游戏材料（小铲、木桶、杯、漂浮玩具等），角色游戏材料（娃娃、动物、杯、碗、匙等），音乐游戏材料（铃、鼓以及音乐录音带等）。发展婴儿智力的塑料插片，拼图积木，配对画片，几何形体盒等；模仿成人的一些用具，如小铲、小桶、小篮、小碗、娃娃、听诊器等。

3. 注意废旧材料的利用

在日常生活中经常可以见到小孩子对于成品玩具"喜新厌旧"，而却对一些在成人眼中看来是破烂的东西"百玩不厌"的现象。这是因为成型的玩具功能单一，初买来时小儿感到新鲜，而玩过几次以后，就没有任何新意了。而一些废旧的材料，如空的纸盒子，婴儿就可以随意摆弄、操作和想像，如套在头上当帽子，拴上绳子当车子拉，或者当扇子扇等，变化多端，十分有趣。因此为婴儿提供游戏材料时，配合选用一些废旧材料，如竹筒、树叶、贝壳、丝瓜瓤、空瓶、泥团、手帕、糖果纸、碎花布和树叶等更能引起婴儿的兴趣。还要注意同一玩具应有三四个或更多,以便几个婴儿可同时玩。

(四)创设有利于婴儿活动的户外场地

托儿所应该有足够的户外活动场地和设施设备,便于婴儿活动。如增强身体锻炼的滑梯、攀登架、小台阶、爬绳、荡船、走板、沙袋、各种球类、拖拉玩具、小推车、滚筒、沙包、沙水游戏材料等,为孩子开展丰富的活动创造条件。注意环境的绿化和美化。

第三节 托儿所日常生活的护理和教育

托儿所日常生活程序的安排对于婴儿的成长有着重要的意义。合理的作息制度能保证婴儿身体正常发育与发展,促进他们智力、社会和情感的发展,培养良好的生活习惯。在婴儿日常生活的护理工作当中也处处渗透着教育,正可谓保教合一,相互渗透。

一、制定合理的作息时间表

编排婴儿的作息时间表要根据不同年龄的婴儿的生理特点进行。出生后头一个月,新生儿在一天中睡眠时间较长,睡眠与觉醒也没有明显的划分。哺喂时间可隔二三个小时左右;从第二个月开始逐步有一定的生活日程。但在第一年里,主要按照婴儿的月龄和个别特点、睡眠和进食的生理节奏,个别地安排每个婴儿的生活日程。6个月前,婴儿醒后即喂哺,然后再进行其他活动。7个月后,婴儿醒后可先安排喝水和辅食。1岁后为婴儿安排两次点心。1岁以后,婴儿的睡眠时间逐渐减少,而需要更多游戏和活动的时间。

在作息时间表上婴儿的保育和教育也要相互协调,既要注重3岁前婴儿的保健工作,促进其身心健康发展,同时也要提供必要的活动是,刺激他们的大脑,丰富他们的生活,使他们多听、多看、多说、多问,逐步培养和促进其探索客观世界的能力。

在编排作息时间的时候也要考虑到不同类型的活动动静交替,如游戏活动与睡眠休息要交替进行,活动量大的活动和活动量小的活动也要交替进行等。例:

表 10-3　7 个月至 1 岁婴儿的日托服务日程表

时　间	内　容
8：00～8：45	入所、健康检查、排便、盥洗、换尿布
8：45～9：15	早餐
9：15～9：30	盥洗、换尿布
9：30～10：30	游戏活动（体能活动）
10：30～10：45	吃水果/喝果汁、盥洗、换尿布
10：45～12：15	小睡
12：15～12：30	起床、排便、盥洗、换尿布
12：30～1：15	午餐
1：15～1：30	盥洗、换尿布
1：30～2：30	游戏活动（音乐、美工、故事、体能活动、玩具等）
2：30～2：45	盥洗、换尿布
2：45～4：15	午睡
4：15～4：30	起床、盥洗、换尿布
4：30～5：00	午点
5：00～6：00	游戏活动、离所

（选自钱郭小葵《婴儿的培育》，北京师范大学出版社，1994 年版）

表 10-4　2～3 岁全日制婴儿班一日活动安排

时　间	内　容
7：30～8：15	来园，自由活动
8：15～8：55	室内区域活动
8：55～9：25	盥洗、大小便、吃点心
9：25～9：45	室外体育活动
9：45～10：05	盥洗、大小便、喝水、自由活动

续表

时 间	内 容
10：05～10：20	集体教育活动
10：20～10：45	室外自由活动
10：45～11：30	点名、盥洗、大小便、午餐
11：30～12：00	散步
12：00～15：15	午睡、起床、盥洗、大小便、吃点心
15：15～16：30	室外活动

表10-5　2～3岁寄宿制婴儿班一日活动安排（春季）

时间	内容
6：30～7：15	起床
7：15～8：30	早餐，大便，室内游戏
8：30～9：00	早锻炼
9：00～9：45	集体教育活动，吃点心
9：45～10：45	户外活动，喝水
10：45～11：15	室内活动，餐前盥洗，小便
11：15～12：00	午餐
12：00～14：00	午睡
14：00～15：00	起床，吃点心
15：00～15：30	集体教育活动
15：30～16：30	户外活动，喝水
16：30～17：15	室内游戏，盥洗，小便
17：15～18：00	晚餐，散步
18：00～20：00	看电视，室内游戏，盥洗

（选自上海《3岁前婴儿一日活动的设计原则和操作要求》试行）

二、睡眠

（一）根据婴儿生理特点，安排合理的睡眠次数和时间

睡眠是有机体借以维持正常生命活动的自然休息。通过睡眠使神经组织在觉醒时消耗的力量得以恢复，保护大脑皮层的细胞免于衰竭和破坏，有些科学家认为睡眠是一种积极的心理过程，能将人在白天所获得的信息加以整理，排除无用的信息。H·N巴甫洛夫认为："睡眠，还可以叫做睡眠抑制，把机体生命分为不眠和睡眠两个阶段，分为外部积极和外部消极两种状态。直接指向外界的机体各部分之间的平衡，各器官工作时储存物质分解的过程与这些器官平静时这些物质恢复的过程之间的平衡，都是依靠这种抑制达到的"*由于婴儿年龄的不同，其睡眠时间以及间隔的时间也有着较大的差异。下表仅仅是婴儿生活行动的一般规律，事实上，由于婴儿的个体差异以及家庭生活习惯的不同，每个婴儿来到托儿所时都有着不同的生活规律，有的婴儿需要较长时间的睡眠，有些婴儿的睡眠时间却很少。不管怎样，教师要熟悉并记录下每个婴儿的具体情况，并注意观察婴儿是否精神饱满、情绪愉快、体重正常增加等，从而有针对性地进行护理。

表 10-6　3岁以内婴儿一日生活行动时间表

年　龄	饮食		一日安排活动时间（小时）	睡眠时间			
	次数	间隔时间（小时）		昼　间		夜间（小时）	共计（小时）
				次数	持续时间（小时）		
2个月	6	3～3.5	1～1.5	4	1.5～2	10～11	17～18
3个月	5～6	3～3.5	1.5～2	3	2～2.5	10	16～18
6个月	5	4	2～3	2～3	2～2.5	10	14～15
1岁	5	4	3～4	2	1.5～2	10	12.5～13
1.5岁	4	4	4～5	1	2～2.5	10	12～13

（选自《托儿所、幼儿园卫生保健制度》(85)卫妇字第10号，1985年12月7日）

---

*　A·N恰鲍夫斯卡娅．学前儿童卫生保健基础．人民教育出版社，1981.21

(二)创造舒适的睡眠环境

1. 睡床卫生、舒适和安全

为婴儿提供的睡床应该符合婴儿的生理特点,床垫不宜太软,被褥要清洁干爽。教师在婴儿入睡后要经常进行巡视,对于尿湿的床单被褥要及时更换,保证婴儿的健康。在巡视过程中教师也要注意观察婴儿的呼吸、体温等,并且做出记录。睡床的安全也十分重要,切勿在婴儿的床上堆放衣物或者其他物品,以免在睡眠过程中盖住婴儿的口鼻,造成危险。

2. 空气流通,室温适宜

充足的氧气能够促进血液循环和新陈代谢,对于婴儿的健康十分有益。婴儿在睡眠过程中也需要含氧较多的新鲜空气,因此在睡眠室应该始终保持开窗通风,让清新的空气流入室内。但是要避免对流风,以免婴儿受凉生病。

3. 宁静温馨的睡眠气氛

在睡眠时间应该拉上窗帘,教师轻声说话。也可以播放一些轻柔的音乐,有助于婴儿入睡。

(三)培养独自入睡的良好睡眠习惯

好习惯是从小培养出来的。从婴儿降生之时就应该让小儿自然入睡,不用大人抱、摇晃或者抚摩。在托儿所中由于教师要兼顾多名婴儿,更不可能哄着睡。因此教师要鼓励婴儿安静地躺在床上休息。而对于入睡困难,经常哭闹的婴儿,教师也要耐心地帮助他们,给予他们安慰和抚慰。如允许婴儿抱着自己喜欢的小动物入睡或者教师坐在床边陪伴等。随着时间的推移,逐渐锻炼婴儿改掉不良的睡眠习惯,做到独自安静地入睡。

三、科学喂养和饮食

(一)科学喂养

母乳喂养有利于婴儿的生长发育。要提倡母乳喂养。母乳的营养成分最适合婴儿生长发育的需要。据研究母乳当中含有丰富的抗体,可增强婴儿的免疫力,促使婴儿身体的正常发育。国外的医学研究以及大量的亲子关系研究表明,母乳喂养的婴儿身体健康,体质较好,心理发展正常,可预防心理变态问题。近年来国外有的研究还说明,母乳喂养的婴儿有抵抗中耳炎感染的能力,有利于婴儿语言和智力的发展。因为中耳炎常常导致婴儿轻、中度听力丧失,妨碍语言和智力的发展。

在喂养过程中应注意:

1. 不要喂养过量

喂养过量会使婴儿肥胖,肥胖并不是婴儿健康的标志。国外有的研究认为第一年的喂养决定身体脂肪细胞的数量,以后脂肪细胞只长大,不再增加数量。由于婴儿对食物的需要量很大,但胃容量小,消化腺活动尚弱,还不能一下子吃进和消化大量食物,在婴儿出生后的两三个月中,应量少勤喂。随着胃肠道的发育和消化腺活动的增强,婴儿的进食量可逐渐增加,而一日的喂养次数则要减少。

表 10-7 母乳一次喂养量

月 龄	奶量(毫克)
1个月	90~100
2个月	120~130
3个月	150~175
3~6个月	180~200

2. 托儿所必须为母亲喂奶创造条件

有条件的托儿所要给哺乳的母亲开辟专门的房间,放置必备的物品并注意清洁卫生。在没有条件的情况下,婴儿入托儿所后也可改用奶瓶喂养。在婴儿断乳后应逐渐吃多种多样的食物以获得各种营养素。食物烹调要适合婴儿的消化能力。

教育者应该注意:

1. 喂养过程是建立亲子关系和依恋关系的重要时机

母亲或者喂养者应该以爱抚的愉快的情绪抱着婴儿,与他谈话,吸引他吸吮较长时间,用奶瓶人工喂养时也要把婴儿抱在怀中哺喂,使婴儿感受到成人的关怀和爱护,促进他们社会性和情感的发展,同时也使他们有机会从不同的位置,不同的身体姿势去认识周围环境,促进其感知能力的发展。

2. 喂养过程也是培养婴儿主动性和自主能力,发展动作和智力的过程

如成人应逐渐引导婴儿扶奶瓶、自己抱奶瓶到用匙,有意识地让婴儿积极配合,逐步锻炼婴儿的独立性和生活自理能力。

(二) 饮食

1. 根据婴儿的不同年龄给予充足的营养

充分的营养是保证人体全面发展,保证健康和增强体质的重要外界因素。机体为了生存,在其生命过程中,需要不断地向外界摄取营养物质,否则机体就会趋于死亡。任何一个活着的人,即使处于完全休息状态,也在不断地破坏和消耗着构成其本位的有机物,同时释放能量,用以保证机体中生命活动过程的进行。在进行脑力劳动和体力劳动时,这些分解过程更加迅速和增强。这些消耗都是靠摄取食物来补充的,食物是用来修补破坏了的细胞和组织。

儿童正处于生长发育迅速的阶段。他们所需的营养一方面补充每天活动中机体代谢所消耗的能量,另一方面还要供给机体组织生长发育的需要。因此儿童需要的营养要比成人高。营养不仅对于儿童生长发育起着重要作用,而且与大脑的发育也有密切关系。有关的研究表明,膳食较好,营养素摄入量合理,儿童生长发育也较好,血色素平均值也高;膳食较差,营养量摄入不足或者不合理,儿童生长发育也就较差,血色素平均值也低。

托儿所应该按照婴儿生长发育的需要,婴儿的月龄或者年龄供给充分的热量和各种营养素。无论母乳喂养、人工喂养都要及时增加辅食,补充维生素D制剂和含铁食物。卫生部颁发的《托儿所、幼儿园卫生保健制度》中所附《婴儿喂养参考表》以及《每日膳食中营养素供给量》可为提供婴儿营养的参考。

2. 培养良好的饮食习惯

培养婴儿良好的饮食习惯,如,不挑食,不偏食等,让婴儿逐步学会使用餐具,独立进食。

（三）盥洗和排便

在托儿所中，孩子的大、小便问题看起来是非常细小的事情，但是对于孩子来讲却是至关重要的大事。教师能否及时地处理好孩子的这个生理问题，关系到孩子们是否能够适应托儿所的生活，教师是否值得孩子们信赖。通过托儿所的教育，教师要逐步培养婴儿盥洗能力，使之养成爱清洁、讲卫生的习惯。逐步培养小儿养成定时坐盆的习惯和会用语言表达的能力。

新生儿的排便是先天的反射活动，婴儿对大小便的控制，一般到一岁半或两岁时才能达到。他们先能控制大便，以后控制白天的小便，最后才能控制夜间小便，但他们的控制是不稳定的。3岁前的孩子，直肠、膀胱括约肌正在逐渐发育成熟。他们有学会控制大小便的可能性，但完全学会控制还需要时间和一个过程。一般来讲，成人可以训练一岁半的孩子控制大便。我国传统的训练方法是及早开始训练。实际上这是一种以操作条件反射为基础的训练方法。从2个月开始，就进行把尿，估计有排尿需要时，把婴儿抱起，以把尿的姿势和成人发出的声音作为排便的信号。婴儿再大些可适时让他坐盆，一般到2岁，婴儿即能养成习惯。而从西方的育儿经验来看并不强调排便习惯的早期训练。弗洛依德在说明性心理发展的阶段时，提出婴儿是处在从肛门区的快乐的体验而获得最初满足的阶段。排便训练如果妨碍这种满足，就可能引起将来严重的长期的情感失调。以后艾里克森又继续强调这方面的意义。所以一般婴儿都常用尿布，顺其自然排便，到一岁半或两岁时开始进行大小便的训练。并重视训练中带来的行为问题。

对于托儿所的教师来讲，应该做到以下几点：

1. 观察、记录孩子的大小便情况

每个孩子的生长发育情况具有很大的差异性。每个孩子的大小便的次数和间隔都是不同的。教师要观察、记录每个孩子的大小便时间和次数，并进行统计，找出规律，以便准确地掌握每个孩子大小便的情况，从而做到心中有数，能够及时地提醒孩子，照顾好他们。

2. 为孩子准备合适的便盆

由于孩子的年龄还很小，教师要选择与孩子小腿高度相同的便盆。要让孩子知道便盆的位置、使用方法,对男孩和女孩的便盆可以分别作出标志。

3. 教师鼓励孩子大胆表达自己要大小便的意图,并且教会他们表达的方法

要让孩子知道大小便是正常的事。如果孩子将大小便弄到裤子上,教师不要责怪孩子,要减轻孩子的心理负担。无论组织什么活动,教师都不应该限制孩子大小便的时间和次数。

4. 逐渐培养孩子便后洗手的卫生习惯

在刚开始的时候,教师可以帮助孩子洗手,以后逐渐过渡到大小便后孩子自己主动洗手,形成习惯。

第四节 托儿所全面发展教育

一、婴儿动作发展与训练

身体和运动的学习是一切学习的基础。动作是智力大厦的基础。1岁以内的婴儿动作发育很快,对外界的认识逐渐扩大,因而要最大限度地调动他的发展潜能,促进与外界的联系。

(一)根据婴儿的不同年龄,发展抬头、翻身、爬、坐、站、走、跑、跳、攀登等基本动作,使之动作灵敏

爬行对婴儿身心发育具有重要意义。观察婴儿爬行的姿势就会发现爬行是一种极不简单的动作。婴儿爬行时,头部抬起,胸腹高抬,全身重量依靠四肢来支撑,左右上肢和下肢轮换向前移动。这时,婴儿的全身肌肉得到了锻炼,促使腿、手臂、腹部和颈部肌肉的发育。在爬行中还能消耗热量,减少皮脂积聚,加速身体的新陈代谢,增强免疫功能。爬行还会使婴儿的心理产生巨大的变化。在爬行的过程中,由于空间位置发生了变化,婴儿能主动接触周围较多的事物,这样不仅促进了他们感知觉的发展,也增强了他们脑、眼、耳、手脚的协调能力。由于婴儿认识范围扩大了,与人交往机会也增多了,从而促进了语言的迅速发展。可以从7个月时用玩具逗引婴儿开始学爬。

(二)发展婴儿手的精细动作

精细动作是较为复杂的动作，如拿起杯子喝水、拿着勺进食、穿袜子等，需要婴儿身体各个部分的协调能力得到一定的发展，包括大小肌肉的协调、手眼协调等。婴儿手部动作的发展是智力发展的重要组成部分。如在运用手部动作的时候，需要手部的感觉神经和运动神经配合视觉，把外界的信息传给大脑，并传达大脑的指示，这样对于脑神经细胞就起到了刺激作用。

（三）锻炼身体，增强活动能力，增进健康

在托儿所内应该保证婴儿有足够的户外活动时间和足够的运动器械，如滑梯、攀登架、大型积木、平衡木、运动垫等。

（四）通过发展动作和锻炼身体，培养婴儿活泼、好动和勇敢等品行

在托儿所中总有一些婴儿胆小安静，动作发展较为迟缓，教师要通过积极引导这些婴儿参与发展动作的游戏和活动，使他们在活动中锻炼胆量，树立自信、勇敢的信念。

二、3岁前婴儿智力教育

婴儿在3岁前身心处于急剧发展的时期。随着婴儿年龄的增长，睡眠时间比新生儿逐渐减少，有较多玩玩具的时间；大脑重量发生了显著变化，新生儿是390克，9个月后能达到660克；同时其神经突触的数量，长度不断增加，方向不同地深入各个皮层；乳儿的神经髓鞘开始形成，保证了神经兴奋沿着一定的道路传导，而不至于蔓延泛滥。另一方面在具备以上生理基础的同时，也出现了知觉、注意、记忆等心理现象。这些生理心理特征是3岁前婴儿接触客观世界的必要条件。

（一）3岁前婴儿感知觉的发展与训练

婴儿感觉器官的发展很早，通常在出生之后就开始萌芽了。感觉机能对于婴儿来说，相当于通过外界的一道窗口，婴儿经过这道窗口认识新的环境而学习新的事物。这个机能的发达能促进婴儿智力的成长。因此感知觉是智力的基础。

新生的婴儿即具有相当程度的味觉，能够知道甜咸苦酸等各种味道；皮肤的感觉发展也很迅速，尤其是对温度很敏感。喂哺人工

营养时对冷热表现的嗜好也很清楚。另外洗澡水的温度也有个别的偏好;嗅觉方面对于强烈而不愉快的味道很敏感;对光的感觉也很灵敏,出生以后马上有反应。一个月大的时候能注视物体,二三个月左右就能看得出色彩,4个月的时候眼珠可朝任何方向移动,到5个月手的运动便与视线配合一致。在听觉方面,较低的声音是在出生以后3小时就能接受,一周后能听普通的发音,到2个月时就可了解大致的方向,5个月左右能正确判断声音发出的方向。因此,在这段时间内,给予婴儿玩具和锻炼感觉的机会是成人不可推卸的责任。婴儿所接触的东西、聆听的声音、食物的味道以及颜色鲜艳的悬挂玩具等都必须能给予婴儿各种愉快的体验。

1岁以后小儿学会走路,活动范围不断扩展,视野也逐渐开阔,教师要带领婴儿观察各种事物,在增长知识的同时锻炼感知觉和观察力。如在活动室内设置的区域当中提供发展感知觉的材料。

嗅觉瓶:装有香油、醋、香水等不同气味的物体的瓶子;

不同质地的材料:如丝绸、粗纹布、海绵等;

声音材料:铃铛、沙锤、响板、铃鼓等各种小乐器等。

此外,玩沙和玩水的活动被称为感觉运动游戏。在活动中婴儿的感知觉得到充分的运用和锻炼,并且获得了满足感,使婴儿保持愉快的情绪体验,因此在有条件的托儿所,在室内或者室外设置玩水和玩沙的区域也是十分必要的。

(二)3岁前婴儿口语表达能力的发展与训练

1. 引导婴儿发音

引导婴儿笑出声音,从咿呀学语到掌握一定的词汇,并正确发音。教师要尽量给予刺激,简洁而明了的示范,对婴儿的呀呀学语不断地给予反应,在活泼快乐的气氛中说话。

2. 训练婴儿的听力

良好的听力是婴儿语言发展的重要条件。如"猜猜我是谁?"注意异常和障碍。听力不佳的婴儿,因各种生理机能缺陷而导致的语言机能障碍的婴儿都应尽早接受专家的矫正和指导。

3. 指导婴儿进行早期阅读

1岁婴儿对于易了解的短小文章,尤其是出现他所熟悉语言的有韵律的文章会注意去聆听。看到书本上出现自己所认识的东西,立即显得很兴奋。如果看到兔子、汽车的插图,告诉他名称,就会在不知不觉中记下来。下次再问他"兔子""汽车",他就会去寻找那一页,也会发出模仿的声音。婴儿时常会有书本拿颠倒或突然把书本撕破的现象,这些都是很寻常的事情,不管是商品目录或食谱,只要有漂亮的图片,他都很有兴趣,不过这一时期供给的书本以有接近实物的插图者最理想。

4. 耐心倾听婴儿的谈话

2岁婴儿语言能力不成熟,缺乏表达意思的能力,在无法让成人了解时,只会着急地以"不要"一词来表示;如果成人不停质问,他就会烦躁而乱发脾气加以抗拒。

5. 正确对待婴儿的"口吃"现象

这一阶段婴儿语言发展正值词汇、文句和说话急速增加的时候,所以语言表达容易产生混乱,由于急着想发言,急着想回忆,急着反驳别人,或弄错了意思,而使语言结结巴巴,这是学话初期常见的情形。但这往往令人联想起口吃时言语滞塞、重复和急躁的现象。所以周围人容易对孩子取笑,或强迫孩子再说一遍。大多数孩子想努力使用学会的语言。但是无论如何聪明早熟,他们总还不能顺利表达意思,当他们一着急,就经常会发生"啊"、"嗯"的声音,这可以说是2~4岁儿童普遍都有的学习过程,其实刻意加以矫正的结果,可能使孩子真的成了口吃。

三、3岁前婴儿情绪情感的培养

(一)3岁前婴儿情绪情感培养的重要性

3岁前婴儿无论在生活上、情感上和心理上均依赖成人的照顾。对于他们来说,情绪、情感是影响和支配其行为的主要内在力量。因此在托儿所中,幼儿教师的主要任务不在于传授多少知识,培育多少技能,幼儿教师的职责在于使孩子经常处于快乐的情绪之中,培育良好的心理素质和发挥成长的潜力。

3岁前是孩子生理,同时也是心理的转折点。这个时期婴儿中枢神经系统发育迅速,但是大脑皮质功能尚未成熟,仍然留恋做胎儿时在母亲体内的寄生生活,非常需要母爱,需要母亲的拥抱、抚摩,喜欢感受母亲那熟悉的心跳和呼吸,时时吸吮母亲的乳汁。两个月以后,婴儿有了情绪反应。根据孟昭兰的研究认为,3岁前婴儿的情绪情感特征表现为:

1. 需要得到成人的支持、赞许和爱抚。成人的感情态度是婴儿快乐和兴趣的源泉;孩子出生后就有强烈接受爱抚的需要。这种需要无法以食物为满足。每个儿童都要经过爱抚才能健康地成长。得到爱抚的孩子,活泼、开朗、主动、外向、自信、上进心强,心理发育平衡。积极的爱鼓舞儿童成长为成功的人,使天赋的潜能得以实现。心理学家研究表明,皮肤接触如抚摸、爱抚、拥抱、亲昵的满足是最主要的,可以满足孩子皮肤饥饿这一本能需要。因此,教师和保育员要懂得跟婴儿经常逗逗、玩玩,给予抚爱的轻拍。

2. 感受性、模仿性和易导性强。

3. 情绪活泼、明朗和易变,同时较难自我控制,易任性。

表10-8 婴儿依恋行为发展的表现

年　　龄	表　现
头3个月	婴儿对于任何人的反应都没有明显的区别。不管是谁喂他们、抱他们或替他们换尿布,只要能使他们感到舒服,他们都会满意。
3～6个月	婴儿对固定的照顾者表现出更大的兴趣。虽然别人逗他们,他们也会咧嘴而笑。但是母亲或经常照顾他们的人比任何人更能使他们发笑和表现出愉快的神情。在这个阶段,婴儿似乎对主要的照顾者开始形成了一种特殊的依恋关系。
6～8个月	婴儿对母亲或主要照顾者产生了较强的依恋,对家庭以外的人表现出怕生的现象。当陌生人出现时,婴儿先会发愣,接着会害怕,还会啼哭,而不再像从前那样,任谁逗他们都会发笑。
8个月～2岁	婴儿在大多数情形下会表现出对母亲或主要照顾者明显的依恋。他们对人仿佛有了选择:对家庭以外的人不再像以前那样表现出友好,会认定母亲或主要照顾他们的人才是安全的依靠。
2岁以后	婴儿对于母亲的依恋逐渐减弱,与别的婴儿一起玩的兴趣逐渐增加。他们对家人和家庭的注意会逐渐减弱,其生活圈子开始从家庭扩展到家庭以外的范围。

(二)稳定新入所婴儿的情绪,帮助他们尽快地适应新环境

近些年来，人们对于集体教养机构对于3岁前婴儿情绪发展的利弊有着较大的争论。有人认为在24小时服务的托儿所内生活的婴幼儿较多地出现丧失母爱所引起的行为特征。在托儿所内保教人员需要轮班工作，无法像家庭育儿那样提供一对一的连续性的保教方式。因此婴儿很难有固定的依恋对象，这对婴儿与照顾者之间建立稳定的人际关系有一定的妨碍。如当婴儿刚刚建立起与某位保教人员之间的感情时，她却要换班，离他们而去了。婴儿面对分离的不安，而且一次又一次的重复，从婴儿的感受来说，是相当残酷的。他们可能感到，与其对人有了感情后要面对分离的痛苦，不如不和人产生感情。这会使婴儿日后对人冷漠，表面上，他们可以接受不同的人，但这种交往却难以建立深厚的感情。

因此托儿所应该致力于改善服务素质，包括改善设备，改善保教方式，合理安排婴儿的生活，提高保教素质等，尽可能地帮助婴儿与保教人员之间建立起稳定的依恋关系，尽快地适应新环境。同时和家长做好配合工作，给婴儿亲情的保护。

刚刚入所的婴儿离开父母的温暖怀抱，踏进陌生的托儿所，大都出现情绪上的波动与焦虑。针对婴儿的这种表现，教师要组织多种多样的游戏活动来吸引婴儿，用微笑和爱抚来迎接孩子，促使其较快地适应托儿所的生活，愉快地来所。

（三）教师与婴儿之间建立充满爱和亲密的关系

对婴儿的照顾与对其他年龄儿童的照顾显著不同。教师与婴儿之间的关系比对其他年龄儿童的影响要大。2岁左右的婴儿正处于自我概念形成的时期，这个时期的自我概念是个体未来自尊、自信和独立性等个人特征形成的基础，在托儿所中，教师成为他们形成自我概念的重要信息来源。从与教师的交往过程中，婴儿学会了知道自己是否被接受，自己是否有吸引力或是否有能力。如果教师经常对婴儿做负面的评价，孩子往往最后也会对自己做出同样的评价，而周围的小伙伴也会用同样的眼光对他们做出评价。因此，缺乏爱心，过于严肃、冷漠和严酷的教师对儿童的一生都可能产生消极的影响。教师应该与孩子之间营造一种融洽的关系。

拥抱与爱抚是婴儿健康成长的"精神乳汁"。人类对于触摸的需要是与生俱来的。研究发现，婴儿的死亡率和早产儿的成活率与抚摸、拥抱等触摸活动有密切关系。当婴儿的皮肤受到触摸时，体内会释放出一种生长素，激活免疫系统，提高血红细胞的载氧量，增强孩子的免疫力。同时温柔的触摸、爱抚也具有治疗情绪的作用。人们观察生活在孤儿院的孩子发现，虽然他们也能拥有和正常孩子一样的物质条件，但由于缺乏和照顾者之间的肌肤接触，而出现情绪低落、抑郁、易冲动等许多问题。因此，拥抱、爱抚等肌肤接触使宝宝感觉到快乐和安全，对于宝宝的情绪发展是十分重要的。比如，临睡前，妈妈亲吻和温柔的抚摸宝宝的颈部和背部可以让他睡得更安宁。因此对于2岁前的婴儿，成人要经常和他们进行肌肤接触，满足他们的需要。教师面对班级中的婴儿，虽然不可能像家长一样随时随地给予婴儿爱抚，但是也要尽可能地通过多种肌肤接触的方法，比如按摩、抚摸、搂抱、亲吻、轻拍等使婴儿感受到教师的亲情，使其情绪得到健康的发展。

（四）培养婴儿之间初步的友爱关系

据研究3岁前婴儿在游戏活动中主要处于独自游戏期（约0～2岁）和平行游戏期（约2～3岁）。2岁以前的婴儿在游戏时，各自单独玩自己的玩具，即使旁边有别的婴儿，彼此之间也没有什么交往，对别人玩的游戏也不怎么关心，处于独自游戏阶段。到2岁以后，婴儿进入平行游戏时期。虽然在游戏的时候，仍然是各玩各的，但有的时候会观望附近小朋友所进行的游戏，但是彼此还是很少交往。

从上述研究可以看出3岁前的婴儿仍处于自我中心状态。他们在游戏当中更多地喜欢独自游戏或者平行游戏，很少有合作游戏。加之目前我国独生子女政策的推行，每个孩子都是家庭的中心，这就更加加剧了孩子自我中心的倾向。而当他们来到托儿所这个集体环境之中，每天在一起生活、游戏，就会产生各种关系，频繁进行交往。如在游戏活动中，婴儿跑着玩、乱碰乱撞，互相抢夺玩具，不知道谦让的现象经常发生。教师一方面要满足3岁前婴儿个别游戏的发展特点，组织自由活动和个别活动，同时也要结合进行集体活动和小组活动，引导婴儿合群、交往能力的发展，使婴儿喜欢集体生活，乐意与小伙伴在一起游戏。

同时,3岁前婴儿的行为可塑性大,模仿能力强,容易受成人一言一行的影响。这时要有意识地培养、引导孩子朝正确健康的方向发展,形成良好的情绪,健全的性格。要鼓励孩子多与小朋友在一起游戏,培养活泼的性格,广泛的兴趣。对孩子不能溺爱,也不能粗暴或冷漠,要耐心引导他们生活规律化。孩子做对了一件事,要马上予以表扬,做错了,则要善于诱导启迪,及时纠正,不能简单地责备、威吓了事,否则孩子会对周围世界产生不信任感。

复习思考题

1. 什么是托儿所?我国托儿所的发展现状如何?

2. 托儿所保育和教育的原则有哪些?为什么托儿所教育要强调保教结合的原则?

3. 如何为3岁前的婴儿选择合适的玩教具?

4. 观察2~3个3岁前的婴儿,试述3岁前婴儿情绪情感培养的重要性以及培养策略。

第十一章 幼儿园教育概述

第一节 幼儿园的性质和任务

一、什么是幼儿园

(一) 幼儿园发展历史

德国教育家福禄贝尔于1837年在勃兰根堡创设了收托1~7岁儿童的教育机构,并于1840年命名为幼儿园(Kindergarten),意为让儿童像大自然万物在花园中一样自由茁壮地成长。此名通行国际并一直沿用至今。经过一个半世纪的发展,幼儿园在世界各国得到蓬勃发展,是学龄前儿童的集体教育机构。

中国作为一个具有悠久历史文化的文明古国,学校教育有着很长的历史,而幼儿一般只在家庭中接受教育。鸦片战争以后,外国资本主义不仅大量投入在华资本,而且占据了在华的教育特权,大量开办教会学校,这种社会状况的变化也影响到幼儿教育的发展。1903年(光绪二十九年)湖北巡抚端方在武昌创立了幼稚园。1904年1月,清政府颁发《奏定学堂章程》,定幼儿教育机构名为蒙养院,湖北幼稚园改名为武昌蒙养院,也叫武昌模范小学蒙养院。这是中国的第一个幼儿社会教育机构。在《奏定学堂章程》中包括了《蒙养院章程》,规定"蒙养院专为保育教导3岁以上至7岁之儿童,每日不得超过四点钟"。1919年,当时的民国政府将蒙养院改名为幼稚园,并真正纳入学制。1949年新中国成立以后,1951年中央人民政府政务院颁布《关于改革学制的决定》,学制规定教育的第一阶段为幼儿教育,实施幼儿教育的组织为幼儿园。这一名称沿用至今并得到了迅速的发展。

1996年国家教委颁布的《幼儿园工作规程》中规定"幼儿园是对3周岁以上学龄前幼儿实施保育和教育的机构"。也就是说：

1. 幼儿园是我国幼儿集体教育机构的名称。而从全球幼儿教育机构的发展来看，目前呈现出多元化发展的趋势。名称不一，除了称为幼儿园之外，在日本、台湾、香港等地则多称为幼稚园。英国的保育学校、法国的幼儿成长学园、意大利的儿童之家等，实际也相当于幼儿园。

2. 幼儿园的年龄对象是3～6岁。同时幼儿园的年龄对象也是随着社会政治经济、文化以及生活方式的变化而不断变动的。如在日本很多幼儿园只是以5岁幼儿为教育对象。而英国由于其入学年龄定为5岁，所以其保育学校的年龄范围是2～5岁。而在我国的《幼儿园工作规程》中同样指出，除了三年制的幼儿园之外，也可以设一年制或者两年制的幼儿园。

3. 幼儿园对幼儿实施保育和教育相结合的教育。它既区别于学校教育当中的各级教育机构，同时也不归属于那些以幼儿为对象的纯福利机构和慈善机构。

4. 幼儿园教育是我国学制的基础阶段。发展幼儿园教育历来为我国政府所重视。1951年政务院颁布的关于《改革学制的决定》就把幼儿园教育纳入学制系统。1995年颁布的《教育法》明确规定："国家实行学前教育、初等教育、中等教育、高等教育的学校教育制度"。《幼儿园工作规程》第二条指出："幼儿园是对3周岁以上学龄前幼儿实施保育和教育的机构"，"是学校教育制度的基础阶段"。

5. 我国幼儿园的教育对象是尚无独立生活能力的，需要成人精心照顾和保护的幼儿，因此，幼儿园是公共育儿机构，具有社会福利性，而不是以赢利为目的的商业机构。

(二) 我国幼儿园现状和未来

自1979年我国推行独生子女政策以来，"优生、优育、优教"的思想已经深入人心，家长普遍把幼儿园看作是促进幼儿成长的重要基地。另一方面随着全球对于学前教育重视程度的提高也有力地推动了我国幼儿园的蓬勃发展。据统计我国1990年6岁儿童入园率

60%。1996年,全国共有幼儿园18.73万所,比上年增加6 886所,在园幼儿(包括学前班)2 666.33万人,比上年减少44.9万人。因适龄儿童人口减少,幼儿入园率有所提高。幼儿园园长和教师共117.38万人,比上年增加22.8万人。目前我国城市学前教育机构的基本类型有四种,即公立幼儿园、企事业机关办幼儿园、民办幼儿园和私立幼儿园。在农村的广大地区则以入学前一年的学前班为幼儿园教育的主要类型。

新中国成立以后,政府一直十分重视幼儿园的建设和发展。尤其改革开放以来,幼儿园的质量有了大幅度的提高,与世界先进的幼教水平之间的差距也在逐渐缩小。主要表现为幼儿园的硬件设备和办园条件极大改善,幼教科研蓬勃开展,百花齐放,幼儿园师资队伍向专业化、高学历和高素质的方向发展。但是我国幼儿园教育仍然存在着许多问题。主要表现为:

1. 师资队伍不稳定,素质有待进一步提高

据统计1990年全国幼儿教师中高中以上文化程度的占58.3%,受过学前教育专业训练一年以上的仅占18.6%。与发达国家高素质的师资队伍相比还有不小的差距。此外幼儿教师的地位和待遇偏低,造成了一些教师流失,事业心不强,阻碍了幼儿园教育质量的提高和进一步发展。

2. 幼儿园的质量参差不齐,高质量的幼儿园仍为少数

我国广大城镇地区,幼儿入园难的问题已基本解决,主要的问题是入好的幼儿园难。因此常常出现好的幼儿园"人满为患",而差的幼儿园无人光顾的现象。现在的家长基本都具有中学以上的文化程度,家长呼唤优质的幼儿园教育。幼儿园应该努力提高教育质量,以质量求生存,求发展。而国家则应动员社会力量,多渠道、多形式地发展幼儿教育,使各种形式和类型的幼教机构之间形成良性竞争,最终提高教育质量。

3. 市场经济下幼儿园的一些不良倾向

市场经济的浪潮也影响到幼教领域。一些人从赢利目的出发,在社会上推出各种"神童方案",以幼儿超前发展为满足,造成家长对于早期教育的误解,甚至导致幼儿畸形发展。一些幼儿园在市场经

济的条件下纷纷推出各种名目的"特色班"如外语班、舞蹈班、绘画班等来吸引家长,结果影响和阻碍了幼儿身心健康全面的发展。因此幼儿园应该清醒地面对市场经济的热浪,一切以孩子的发展为本,纠正社会上和家长的错误观念,踏踏实实地促进幼儿的发展。

二、我国幼儿园的性质与任务

从教育学的基本原理来看,社会制度的性质决定了各级各类学校教育机构的性质。新中国成立以后,随着我国社会主义制度的建立和巩固,各级各类学校成为社会主义性质的教育机构,我国的幼儿园的性质当然也不例外。

作为社会主义的教育机构,我国幼儿园历来担负着双重任务。在《幼儿园工作规程》中明确规定,幼儿园的教育任务是实行保育和教育相结合的原则,对幼儿实施体智德美全面发展的教育,促进其身心和谐发展,同时为幼儿家长安心参加工作提供便利。另一方面,随着时代的变迁,人们的社会生活,教育观念也在发生深刻的变化,社会、家长、时代发展对于幼儿园保教质量提出了越来越高的要求。在这个新的形势下,幼儿园双重任务的内涵具有了新的含义。

(一)幼儿园担负着不可推卸的社会责任,要服务社会,为社会的发展做出贡献

每一个幼儿都连接着一个或者几个家庭,因此幼儿园牵动了全社会。尤其在我国推行独生子女政策以来,幼儿园担负着更加重要的职责,要为"优生、优育、优教"起到保障作用,使家长积极投身工作,安心事业。为家长服务是幼儿园的另外一大任务。由于社会经济的发展和生活方式的变迁,社会和家长对于幼儿园的需求更加多样化。这就要求幼儿园无论在办园模式、收托时间以及保教范围等各方面更灵活、更方便和更有效。比如,根据家长的需求安排幼儿园教师的上下班时间,延长服务时间;幼儿园增设备用的棉衣和单衣,解决幼儿大小便弄脏衣服的问题;对生病幼儿给予护理;增设服务项目,提供节假日临时收托孩子的服务和早晚接送孩子的服务等,切实做到急家长之所急,忧家长之所忧,减轻家长抚育幼儿的负担,使他们安心工作,努力为社会创造财富。幼儿园对于社会

发展,人民生活的安定,社会秩序的稳定都起到了积极的、重要的作用。其服务于社会的功能显而易见。另一方面由于社会经济的飞速发展,对人才规格的要求也不断赋予新的内容。这就要求幼儿园不断调整培养目标,改进教育内容和方法,以适应现代社会的变革。

幼儿园担负着满足家长需求和指导家长的责任。指导家长更新教育观念,正确进行家庭教育,和幼儿园协调配合共同教育好幼儿。随着家长本身素质的提高和教育水平的提高,其择园标准也在不断地发生变化。他们不再满足于孩子在幼儿园能够得到良好的照看,而是更看重幼儿是否能在幼儿园得到很好的教育和发展,幼儿园的教育质量成为家长择园的主要标准之一。在这样的形势下,以质量求生存将是未来幼儿园的发展趋向。

幼儿园担负与社区、家庭交流和合作的重任,以促进各种学前教育形式相互沟通,形成教育合力推动幼儿的健康成长。幼儿园作为专业化的学前教育机构,在社区内起到了示范和带动的作用,它不仅要为社区内的在园幼儿和家长提供专业服务,同时也要为那些不在园的幼儿和家长提供教育指导,形成以幼儿园为核心,多种教育形式为基础,相互补充,共同促进幼儿发展的模式。

(二) 幼儿园担负教育幼儿的责任

1. 促进幼儿体智德美全面发展

幼儿园教育是整个学前教育的核心。它通过有计划、有目的、有组织的教育和专业的水平促进幼儿身心的全面发展,其权威性和优势是其他教育形式或途径所不能比拟的。要明确幼儿教育的任务不是为了儿童将来的特殊职业、特殊劳动做准备,而是为幼儿基本素质的发展服务。幼儿教育的基础性就体现在为幼儿未来的发展提供全面的准备,开拓尽可能广阔的空间。许多研究证明,经受过三年幼儿园教育的幼儿在小学阶段也表现得更加出色。办特色园、特色班或者兴趣小组都必须以提高幼教质量,促进幼儿发展为目标。

2. 早期发现幼儿的身心障碍,进行早期治疗

个体生理的残疾和障碍如能尽早发现尽早治疗,就能得到一定程度的补救。因此对于3~6岁这个特殊的教育群体,幼儿园担负着早期发现幼儿身心障碍的重要职责。例如如果能够早期发现幼儿的

听力缺失问题,就可以及时地对该名幼儿进行特殊训练和纠正,促使其智力的发展。

3. 对处境不利的幼儿进行补偿性教育,使广大幼儿接受教育

21世纪的教育推崇"教育人人平等"的理念。作为基础教育的基础,幼儿园更应该坚持这一思想,保障每个幼儿的受教育权。而从国际教育的发展潮流来看,世界的一些发达国家已经在这方面做了许多尝试。如美国著名的"提前开始"计划(Head Start Program),就是面向有色人种和贫穷的白人家庭中的孩子进行的,其宗旨就在于向他们提供适宜的教育,促使他们和其他家庭背景的孩子一样拥有平等的受教育机会。在英国也有类似的项目来帮助少数民族家庭的孩子。而在我国由于地域辽阔,城乡差异,沿海城市和内陆城市之间的差异很大,也造成了幼儿园教育发展的不平衡状况。因此需要提供多样化的教育形式为儿童提供学前教育,使他们能够在入学前受到一定程度的教育。

第二节 幼儿园的保育和教育目标

幼儿园教育目标反映了教育者对人才培养的理想。具体来说它代表了社会经济的发展对人才规格的需求,也代表了心理学、教育学等社会科学的研究进展,同时也体现出家庭对儿童的期望。从1996年国家教委正式颁布《幼儿园工作规程》后,对于幼儿园教育目标有了新的诠释,表达了现代社会和未来社会对新一代人才规格的需求。

一、幼儿园保育和教育目标的制定依据

幼儿园教育目标是教育目的在幼儿园阶段的具体化,是幼儿园人才培养的规格和要求。社会要求和幼儿身心发展的规律是制定幼儿园教育目标的主要依据。

(一)社会要求

1. 幼儿园教育目标要符合我国社会发展和国情的需求

我国现有的政治经济制度和生产力发展水平是制定幼儿园教育

目标的重要现实依据。自改革开放以来,我国生产力飞速发展,人们的生活水平有了大幅度的提高。另一方面,人们对于学龄前儿童的培养目标仍然存在着认识上的偏差和一些错误的做法。这就要求幼儿园的教育目标要适合我国经济发展的需求和我国国情,并且成为指导人们正确培养孩子的纲领和原则。

就目前来看我国社会发展对教育提出了如下问题:

(1)家庭规模的小型化趋势。联合国调查资料表明至1994年止,中国家庭人口已减到平均4.2人,而日本为3.1人,美、英、法、德四国则分别为2.7,2.6,2.5,2.3人。现在家庭结构模式虽然多样化,而核心家庭(父母加一个孩子)将成为未来社会的主流模式,家庭模式小型化给我国学前教育带来了新特点和新问题。

(2)独生子女问题。我国自20世纪70年代末80年代初开始推行独生子女政策以来,独生子女人数急剧增加。据统计目前我国城市90%以上为独生子女,农村独生子女也占40%左右。独生子女在具有聪明活泼、知识面开阔等优势的同时,在交往能力、独立性以及个性方面则较为弱势,容易出现自私、霸道、胆小、生活能力差等行为问题。另一方面家长普遍具有强烈的望子成龙心理和攀比心理,把学习文化知识和技能技巧看做是孩子发展的重要目标,认为只要孩子多识字、会算算术,能使用一两件乐器,将来就能够成材。因此幼儿园教育必须对这种错误的教育观念加以纠正。

(3)农村、贫困地区对学前教育的需求。改革开放的形势使中国广大农村开始摆脱封闭状态,在经济得到发展的同时,教育也被提到一个重要的地位上来。但是我国幅员辽阔,城乡差异仍然很大,幼儿园发展水平差异悬殊。这就要求幼儿园教育要充分适应农村的需要和条件,研究出农村幼儿园教育的目标和体系。

2. 幼儿园教育目标也要预见社会新的要求,具有前瞻性

世界正在进行的一场新的技术革命,我国也毫不例外地处在这个浪潮之中。这就要求教育不仅要面向本国社会的需求,还要面向世界,面向未来,以适应未来社会的发展。

(二)幼儿身心发展特征和规律

教育是培养人的活动。教育目标体现了教育者和社会对于教育

对象的期望，这种期望是以幼儿身心发展水平和规律为基础的。这是制定幼儿园教育目标的重要依据。随着人类的进化以及生活水平的提高，幼儿身心发展体现出以下特点：

1. 幼儿的生理和心理呈加速度发展。现代儿童与10年前的儿童相比，无论在生理还是心理发展上都要成熟得多。如儿童的身高、体重都要超出10年前儿童的发展水平。儿童动作的发育也在提前。出牙的时间也大大提前于以前。儿童心理的成熟度也在提前。

2. 儿童智力发育好，知识面开阔。好奇、好问、喜欢想象，不断尝试新事物。

3. 活泼好动，喜欢交往，但是在交往过程中也表现出主动性偏低，防御心理较重和在活动中自我中心较强，合作精神不足的特点。

4. 运动能力偏低，独立性差。城市儿童因居住在空间狭窄的高楼大厦，户外游戏场地缺乏，没有伙伴一起游戏及学业的沉重负担等原因，使得他们户外活动和锻炼身体的时间大大减少，而更多地在家中从事一些安静的活动和智力游戏，如看书、看电视，玩电子游戏，做手工等。据某项研究表明我国4岁幼儿的立定跳远成绩要远远低于日本的同龄幼儿。此外幼儿的独立生活能力普遍较差，娇气、怕吃苦现象严重。

二、我国幼儿园保教目标

1996年颁布的《幼儿园工作规程》中提出我国幼儿园的教育目标是：实行保育和教育相结合的原则，对幼儿实施体、智、德、美诸方面全面发展的教育，促进其身心和谐发展。具体保教目标如下：

促进幼儿身体正常发育和机能的协调发展，增强体质，培养良好的生活习惯、卫生习惯和参加体育活动的兴趣。发展幼儿智力，培养正确运用感官和运用语言交往的基本能力，增进对环境的认识，培养有益的兴趣和求知欲望，培养初步的动手能力。萌发幼儿爱家乡、爱祖国、爱集体、爱劳动、爱科学的情感，培养诚实、自信、好问、友爱、勇敢、爱护公物、克服困难、讲礼貌、守纪律等良好的品德行为和习惯以及活泼、开朗的性格。培养幼儿初步的感受美和表现美的情趣和能力。

从上述保教目标中,我们可以看到现代幼儿园教育目标的特点:

1. 重视幼儿身体健康。幼儿阶段身体的发育和机能的健全发展是其他一切发展的基础。因此幼儿园教育把幼儿身体的健康发展放在首位。

2. 幼儿智力教育决不仅仅是知识的传授,强调利用感官,培养幼儿的动手能力、学习兴趣和求知欲。

3. 幼儿品德教育。强调从情感教育入手,重视幼儿良好性格和习惯的培养。

4. 幼儿美育,把培养幼儿感受美的情趣放在第一位,适合幼儿的年龄特点。

三、幼儿园教育目标的层次

(一)幼儿园教育目标

也就是上述所提到的幼儿园具体的保教目标。是指导幼儿园开展教育工作的纲领性目标,具有普遍的指导意义。

(二)中期目标

即幼儿园小、中、大等各年龄班的教育目标。也就是说在总的幼儿园教育目标的指导下,对不同年龄班的幼儿提出了不同的要求。如同样是培养良好的生活习惯,小班和大班的具体目标就不一样,小班要培养幼儿愉快地进餐,正确地使用小勺,饭后擦嘴;而大班则要求培养幼儿进餐,饭后收拾干净等。

(三)近期目标

也称短期目标。它指在某一阶段内要达到的教育目标,如几个星期,一个星期或几天内要达到的教育目标。近期目标的制订是为完成最终的目标服务的。如要求幼儿认识国旗、国徽,这是一个具体的短期内可以达到的目标。这个短期目标是为最终目标的完成——萌发幼儿爱祖国的情感服务的。如要求幼儿学会自己的事情自己做。它的最终目标是要培养幼儿良好的生活习惯,爱劳动的情感以及不怕困难的好品质。短期目标一般是教师在日常生活的教育活动中制订的,往往在月计划和周计划中体现出来。

(四)活动目标

即某次教育活动需要达成的目标。在一节课或一次活动中教师可能会提出这些目标,如要求幼儿掌握某一事物的名称、特征,学会使用某一种工具或学会观察和比较的方法等。这个层次的目标通常通过教师的活动计划或教案来体现。

在幼儿园教育中,教育总目标要通过上述层次的目标才能落实到幼儿身上。目标越小,越具体,目标的实现也就越容易。上述四个层次的目标由抽象到具体构成了幼儿园教育目标体系,通过上述层次的转化,使宏观的教育目标真正成为可操作的活动目标,从而促进幼儿个体的发展,最终实现教育目的。

第三节 幼儿园教育工作的基本原则

一、促进幼儿体智德美的全面和谐发展

《幼儿园工作规程》中明确规定,幼儿园教育的基本任务是促进幼儿体智德美的全面发展,这是符合幼儿身心发展规律的。应该重视"完整儿童"的培养,即儿童的社会、情感、身体、智力和道德的发展之间是相互联系,不可分割的;不能片面追求幼儿的特长和技能。但是目前在幼儿园教育中有一股不好的倾向。如开办特色园,举办兴趣班;读拼音、识汉字,学电脑,念外语,画图画,练舞蹈等等,其名为开发幼儿的学习潜力。作为幼儿教师应该明确办特色园、特色班或者兴趣小组必须以提高幼教质量,促进幼儿的发展为落脚点。幼儿教育的任务不是为儿童将来的特殊职业、特殊劳动做准备,也不是培养什么专家的教育,而是为幼儿基本素质的发展服务。不能盲目地追新求异。

二、尊重儿童,建立平等的师生关系

(一)尊重儿童是幼儿园教育的基本原则

具体来讲包括以下几层含义:

1. 儿童期是人生的一个特殊阶段,有其特有的价值,不仅是下一个教育阶段的准备。

2. 强调儿童学习的自动化和自律。

3. 在人生的早期阶段儿童是通过操作来学习的;正如美国华盛顿儿童博物馆上的格言所说:"我听见就忘记了,我看见就记住了,我做了就理解了。"儿童通过主动地操作、观察和动手动脑,获得经验,发展智力,增长知识,通过与人们的交往,促进社会化。

4. 儿童会做的是教育的出发点。

5. 所有的儿童都能在适宜的条件下发展的潜力;幼儿在教师的眼中不应该有智愚之分,而只有发展阶段和速度的快慢之别。教师的责任就是要了解幼儿的个体差异,提供与幼儿心智能力相匹配的教育目标、内容、形式和材料等。鼓励每个幼儿参与活动、进行探索、体验成功。而更为重要的是对于发展中有缺失,存在不足的幼儿,不但不能嫌弃他们,不以蠢笨看待他们,而且应该作"缺失优先"的补偿性教育。以积极的语言鼓励他们动手、动口,耐心启发他们动脑,营造恰当的氛围让他们主动探索,主动追求,自然表现,积极发展,让他们在这人生的起步阶段的幼儿期尽可能地获得身心各方面均衡发展。

6. 在教育过程中成人和同伴是最重要的教育因素。

7. 幼儿园教育不仅是儿童与知识、材料之间建立联系,而且也包括儿童与环境、人之间的接触。

(二) 建立平等的师生关系

师生关系是指教师与幼儿之间的关系。它体现了教师的儿童观和教育观。在中国几千年悠久的文化传统当中,师生关系一直等级分明,是管与被管的关系。教师是权威,他的命令和尊严不可侵犯。而教师评价学生的重要标准就是听话,纪律性,努力学习,勤奋。近年来随着现代儿童观的建立,儿童的地位不断提高,人们逐渐认识到师生关系本质上是一种平等关系。即儿童在人格上与教师或者成人是平等的,需要得到尊重和承认。为此,幼儿园教师在处理与幼儿之间的关系时应该注意:

1. 态度诚恳,和蔼可亲,对儿童表现出信任和忍耐。

2. 要尊重儿童,重视儿童的感受。如有一天老师教儿童画太阳下几只小鸡在草丛中吃虫子。范画上画的是大红颜色的太阳。小朋友的太阳大都画成红色或者金黄色。惟独有一个孩子画的是个黑太阳。老师起初觉得孩子是故意捣乱，想就此批评他几句。但是转念一想应该先问他为什么要把太阳涂成黑色的。结果孩子说他画的是晚上的太阳。从这个事例当中可以看到教师对幼儿的尊重和爱护。

3. 促进师生之间的沟通。教师要熟记每个儿童的名字，说话的语调和速度恰当，运用恰当的语言，说话态度要友善，注意与儿童的目光接触，善于倾听。

三、重视年龄特点和个体差异

根据儿童心理学的研究，不同的年龄阶段其心理发展呈现出不同的水平，如2岁的儿童开始呀呀学语，4岁的儿童就会比较自由地表达自己的想法了。教师在教育过程中一定要重视了解儿童的年龄特点，了解该年龄段儿童的发展特点，从而有针对性地进行教育。另一方面，在同一个年龄段的儿童其发展又是千差万别的。比如，过去的教育常常以儿童的平均水平为依据，而忽视了这一范围以外的儿童，使得许多儿童无法充分发挥其潜力和健康地成长。因此教师应该舍弃以往那种面向中间、舍弃两端的做法，面向每一个儿童，使他们的潜力得到充分的发展。

四、发挥一日生活的整体功能

幼儿园的一日生活是指幼儿园每天进行的所有教育活动。它包括日常生活活动和其他活动。教师应该充分认识和利用一日生活的各个环节的教育价值，通过合理组织，科学安排使其成为有机的一个整体，让幼儿在自然的生活中身心健康地发展。幼儿园的一日生活包括：接待幼儿入园，早操，教育活动（有组织的集体活动和小组活动等），间隙活动，自由游戏活动，进餐，睡眠，午点，离园，晚间活动和盥洗等。一日生活的整体功能指保教结合，日常生活活动与教育活动相结合，处处渗透教育，在各个环节注意幼儿身体的养护，使之成为一个有机的整体。而在幼儿园实践当中教师对一日活动各环节的作用认识单一、片面，把保育和教育两者的界限划分得过清，以为保育就是管好孩子的吃、喝、拉、撒、睡，保证孩子的卫生和安全；教育就是传授给幼儿知识，掌握技能，割断两者之间的有机联系。如把来园活动仅仅看做是安定情绪，把进餐看做是为了给幼儿提供营养，游戏只是为了满足幼儿活动的需要，只有上课才是传授知识，发展智力的唯一途径。事实上应该认识到幼儿园每个环节的活动都是对孩子有效的教育。

五、创设与教育相适应的环境

幼儿是在与环境的相互作用过程中获得成长的。"孟母三迁"、"近朱者赤，近墨者黑"等古已流传的语句充分说明环境对人发展的重要性。从广义而言，幼儿园环境指影响幼儿园教育的一切外部条件，它既包括人的要素也包括物的要素，既包括家庭、社会、自然等幼儿园外的大环境，也包括幼儿园内的小环境。狭义而言，它主要指幼儿园内一切影响幼儿发展的因素，包括幼儿生活、学习和游戏的全部空间。众多理论研究认为幼儿的学习乃至整个发展都是在与环境的交互作用中完成的，强调环境对儿童发展的作用。我国《幼儿园工作规程》指出，要"创设与教育相适应的良好环境，为幼儿提供活动和表现能力的机会和条件"。

一般来说，幼儿园的环境创设主要包括以下两方面：

（一）物质条件

合格的物质环境是保证幼儿园教育质量的第一要素。幼儿园应该有足够的室内和户外活动空间，应该有丰富的游戏材料和适合幼儿身心发展的环境。同时，优美、整洁的物质环境也是十分必须的，它能够唤起幼儿对生活的热爱，激发幼儿的求知欲，使幼儿园成为儿童的乐园。

（二）精神环境

幼儿园的精神环境是由人的因素构成的。精神环境是幼儿园环境质量的关键。在幼儿园教育中，园长的观念和管理水平，教师的观念、专业素质、人格品质等是影响幼儿成长的潜移默化的，又是最具影响力的因素。在某种程度上它可以弥补幼儿园物质条件的不足，使幼儿在各方面都得到很好的发展。

六、以游戏为基本活动

游戏是儿童的权利，是学龄前儿童全面发展的重要手段。我国一度片面强调智育的倾向，一些人包括幼儿园教师和管理者认为游戏是浪费时间，孩子上幼儿园就是为了学知识，开发智力，致使有的幼儿园幼儿的游戏被课堂教学和繁琐的生活环节所侵蚀。游戏从儿童的生活中被排除了，儿童失去了自己活动的天地，失去了自己健康发展的摇篮。这种倾向对幼儿的心理健康产生了不利的影响，妨碍着中国幼儿教育的进一步发展。

本世纪上半叶鲁迅先生提出游戏是儿童的正当权利，著名的幼儿教育专家陈鹤琴提出游戏是儿童的第二生命。在这个新的世纪里我们更加要强调游戏的教育作用，把它看做是幼儿园教育当中的基本活动。

七、充分利用儿童、家庭和社会的教育资源

这是教育社会化、社会教育化的发展趋势。教育仅仅局限于幼儿园内部是不够的，不仅造成教育自身的封闭，而且也是教育资源的极大浪费。充分利用来自各种不同的环境，有着不同经验的儿童、家庭和社会的教育资源，发挥各类环境、各种力量的合力作用，将使教育更加开放，更经济，更生动活泼，更有意义。

复习思考题

1. 实地调查某一个幼儿园，分析幼儿园服务社会和服务家长功能的具体体现。
2. 正确理解幼儿园保教目标的内容以及教育目标的层次。
3. 谈谈对幼儿园教育七大教育原则的理解。
4. 观察记录某幼儿园老师的半日活动，分析老师和儿童之间的关系，说明如何建立正确的师生关系。
5. 什么是幼儿园的教育环境，它对儿童发展有着什么样的意义？
6. 试述幼儿园、家庭和社区之间的相互配合的重要性。

第十二章 幼儿园各年龄班的教育特点

第一节 幼儿园小班的教育特点

一、小班幼儿的身心发展特点

我国幼儿园小班幼儿年龄一般为3～4周岁。3岁对于大多数幼儿而言是人生的第一个转折期。大部分幼儿离开温暖的家庭,开始进入幼儿园或其他集体教育机构,踏入了人生一个新的旅程,从此幼儿将在幼儿园度过三年的时光。就总体而言,小班幼儿在身心发展上具有以下特点:

(一) 动作迅速发展

迈入3岁这个年龄阶段,幼儿身体组织结构和器官的功能都有所增强。幼儿的动作有了较大的进展。他们基本掌握了走、跑、跳、爬、攀登等动作技能,并在各种各样的体育游戏活动中发展起运动能力,学会了更为复杂的动作技能,为幼儿认识世界开拓了广阔的天地。但是小班幼儿动作仍然不够协调和平稳,大肌肉动作比控制手指小肌肉发育更早些。因此教师要安排与幼儿肌肉发育水平相适应的活动,并提供适当的活动工具。逐渐训练幼儿系鞋带以及扣纽扣等动作。

(二) 幼儿对教师有很强烈的依恋感情,并向往得到教师的赞赏和认可

教师要尽可能地公平关注和对待每一个幼儿。在给予某个小朋友表扬、奖励时,要坚持一致的标准。如果教师总是偏爱某个幼儿而经常性地给予公开赞赏,会给其他幼儿的心灵带来极大的伤害。

（三）处于直觉行动思维阶段

3岁前幼儿的思维主要是直觉行动思维阶段，他们的思维和动作行为紧密联系，一旦动作停止或转移，思维活动也随之而停止或转移。比如玩插塑玩具，插好了，像什么就说是什么。由于小班幼儿思维的特点，在教育教学过程中教师应该坚持正面教育，运用直观形象的教具，对幼儿提出具体要求。他们在认知过程中，容易受外界事物和自己情绪的支配，无意记忆占优势，常常在无意之中记住一些事物，而有意记忆的内容反而记不住，因此小班的教育尤其要注意生活化、娱乐化，让幼儿在日常生活、游戏中愉快地学会知识，发展智力。

（四）行动容易受情绪支配

幼儿期是情绪情感十分丰富的阶段。在多种分化的情绪基础上，幼儿期出现了一些高级情感，如同情心，羞愧感等，这些情感的产生和发展成为幼儿社会性行为产生发展的内部动力和催化剂，但总的来说，幼儿高级情感的发展还处于初级阶段，需要教育者不断引导和培养。

（五）喜欢模仿，辨别是非的能力较差

小班的幼儿十分喜欢模仿父母、教师等亲近的人，因此在幼儿面前成人一定要注意自己的言行。

（六）开始关注同伴，社会性得到初步发展

3岁幼儿完全能够自己控制大小便，开始能够按成人要求控制自己的行为。他们进入幼儿园以后，生活范围扩大了，幼儿园的环境比家庭里要丰富得多，他们开始接触更多的成人以及小伙伴，看到许多新鲜的事物，独立生活能力和自理能力有了进一步的发展，比较喜欢独自游戏，对外部动作感兴趣。

（七）语言发展快，爱说话

随着儿童生活范围的扩大，他们认识了更多的事物，因而有许多话要说。如要求主动或被动地回答老师的问题，回家喜欢说说幼儿园、老师和小朋友以及在幼儿园发生的事情。但这个年龄段的孩子发音仍然不够准确，词汇比较贫乏，说话不够完整。这个时期的幼儿喜欢听成人讲简短的童话、故事和儿歌，并能记住它们的内容。

幼儿不仅能够理解和直接感知的事物有关的话语内容，而且能理解对其未直接感知而熟悉的事物的描述内容。因此，成人能够利用语言作为向幼儿传授知识经验的工具。

（八）感知觉发展迅速，观察力有待发展

小班幼儿是感知觉迅速发展的时期。他们通过五官与周围环境相接触，并获得感性经验。但是小班幼儿的观察力还很弱，他们观察事物时只注意事物的表面的、明显突出的特征，不太注意事物各部分之间的关系，也不善于从整个事物中发现内在的联系，随着儿童思维能力的增强，观察的概括性将不断增长。

二、小班幼儿的入园教育

入园教育指教师通过各种方法引导新入园幼儿顺利适应幼儿园的教育。

一般而言，幼儿3岁前是在家庭中度过的，受到父母良好的照顾、抚养，在丰厚舒适的物质条件下生活。在3岁幼儿稚嫩的心灵中，家是其最温暖的窝，是最可靠的依托。孩子从家庭进入幼儿园是个体在人生道路上跨入社会的第一步，是生活中的重要转折，如果幼儿能顺利过关，将为其今后的生活、学习、成长创造一个良好的开端。

（一）入园对于幼儿的成长具有重要意义

1. 入园是促使幼儿健康成长的重要途径

由于大多数幼儿在家中都是独生子女，他们的游戏伙伴是玩具或者成人，很少有机会与同龄孩子在一起游戏。而幼儿园则提供了这样一个伙伴环境，能够满足幼儿的心理需求。进入幼儿园也是幼儿迈向独立的第一步。幼儿逐渐摆脱了对父母的依赖，学习自立。通过幼儿园有计划、有目的的教育活动，也促使幼儿的智力发展。

2. 幼儿具备了参加集体生活的条件

无论从生理还是心理发展来看，3岁的幼儿已经具备了参加集体生活的条件。父母应及时将幼儿送入幼儿园接受教育。孩子3岁后已经具备了学习和生活的有利条件，身体发育逐渐完善，中枢神经系统的活动功能渐趋成熟，已经具备了独立吃饭，正确地拿铅笔，解、扣纽扣。并且独立性形成很快,渴望参加成人活动、自尊、好奇心的心理逐渐增加。根据幼儿的上述特点,应该说,他们能够适应新的环境和新的生活。有条件的家庭都应该把幼儿送入幼儿园接受教育。

(二)幼儿入园不适应现象及原因分析

幼儿从家庭生活迈入幼儿园这个集体,是其人生中的一大转折点,产生不适应是正常的,主要表现为:依恋亲人,哭闹不愿来园,情绪低落等。这种表现在心理学上被称为分离焦虑。所谓分离焦虑即指"因与亲人分离而引起的焦虑、不安或不愉快的情绪反应",也就是说幼儿最初离开亲人、家庭、对新环境会产生不适应的现象。在婴儿呱呱坠地脱离母体后,与母亲之间逐渐建立起一种亲密的依恋关系。这种关系对幼儿的情绪发展和与人交往方面的发展有着重要的影响。而当幼儿与家人暂时分离后,幼儿会出现情绪不安的表现,如哭泣、叫喊、沉默不语等。约翰·鲍尔比(John Bowlby)通过观察把婴儿的分离焦虑分为三个阶段:反抗阶段——嚎啕大哭,又踢又闹;失望阶段——仍然哭泣,继继续续,动作的吵闹减少,不理睬他人,表情迟钝;超脱阶段——接受外人的照料,开始正常的活动,如吃东西,玩玩具,但是看见母亲时又会出现悲伤的表情。

对于正常的幼儿,在他们离开家庭进入幼儿园的最初阶段,都会有上述表现,这是正常的。在教师的关怀照料和同伴的玩耍中,过一段时间后,幼儿就能够克服分离焦虑,适应新的集体环境和生活,从而在心理发展上又步入了一个新的阶段。但是如果幼儿长期保持分离焦虑的状态,不能进入适应新环境的正常生活,将给幼儿的心理成长带来严重的损害,同时也影响了幼儿园教育教学活动的正常开展。

幼儿之所以出现入园不适应的现象,其主要原因为:

1. 环境的巨大变化

幼儿从家庭迈入幼儿园,环境有了巨大的改变,被称为"心理断乳期"。

(1)生活规律和生活习惯的改变。幼儿园有相对固定的一日生活时间表，什么时候吃饭，什么时候盥洗，什么时候上课，什么时候起床，而幼儿在家中的生活规律并不一定与此相符。有的家庭中生活作息比较随意，一切以幼儿的意愿为中心；有的幼儿甚至有一些不良的生活规律和习惯，如晚上熬夜，早上睡懒觉等；有的幼儿则精力旺盛，没有睡午觉的习惯。据调查一些幼儿就是因为怕在幼儿园睡中午觉而不愿意来园。因此在入园之初，幼儿不习惯固定化的生活制度。此外幼儿园的饮食和饮水也和家中不同。一些幼儿在家中养成了挑食、偏食的不良饮食习惯，到幼儿园后不愿意进食一些食物。而有的幼儿则在家中从来不喝白开水，而在幼儿园提供的饮水都是白开水等。

（2）成人与幼儿的关系。幼儿入园之初，见到的教师和小伙伴是陌生的面孔，容易使幼儿感到不安全。由于幼儿园是集体教育，师生比例为1∶15或者1∶20。也就是说一位成人负责照顾15～20名幼儿，这和幼儿在家中的环境有着天壤之别。幼儿不可能像在家里一样得到一对一甚至是几对一的无微不至的关怀和照顾。如许多幼儿在家中睡觉时要有大人陪伴和哄睡，而在幼儿园则需独自入睡，幼儿在入园之初感觉失去了亲情和温暖。此外幼儿在幼儿园不可避免地会处于一种竞争的环境之中，如如何获得教师对自己的注意和关怀，如何占据自己喜欢的玩具等等。因此一些幼儿在入园之初会感到不知所措。

（3）陌生的活动室环境。当幼儿初次踏入活动室时，活动室的环境对他来讲是完全陌生的和新鲜的。无论是桌椅的摆放还是盥洗室的设备等都与家中不同。这在使幼儿感到好奇和新鲜的同时，也会引起他的恐慌和不安。如有的幼儿在家中大便时是用坐式的尿盆或者抽水马桶，而幼儿园则是蹲式的，幼儿就感到不适应而引起心理上的压力。

（4）要求的提高。在幼儿园中教师要求幼儿具备一定的独立和自理能力，包括：自己吃饭、自己穿脱衣裤、自己上床睡觉、能够控制大小便、自己游戏、遵守一定的规则等等。这些要求都有可能使幼儿感到是一种挑战和压力。

2. 家庭的因素

家长的教养方式是幼儿入园适应快慢的重要因素。实践证明，在平时不娇惯孩子，注重幼儿独立能力培养，鼓励孩子探索新环境和与新伙伴一起玩的家庭，其幼儿入园的适应期就较短，幼儿的情绪问题也较少。而那些娇宠溺爱、一切包办代替的家庭中的孩子则需要较长的适应期。甚至有一些孩子由于环境的巨大差异和转折而出现情绪和生理上的问题。如有的孩子因过分哭闹和情绪的不安，而出现夜惊、梦魇或者腹泻、生病等问题。

3. 幼儿自身个性与以往经验

研究证明在入园之前有与家长分离经验的幼儿比较容易适应幼儿园的生活。性格外向、活泼大胆的孩子则要比那些性格内向、安静胆小的孩子更容易适应幼儿园的生活。

(三) 幼儿入园工作

发展是一个错综复杂的过程，它既有阶段性，又有连续性，是一个由显著的渐进的量变到比较显著的跃进的质变过程。孩子从家庭进入幼儿园，怎样帮助孩子过好入园这一关，教育应根据幼儿身心发展的特点，做好入园前的心理准备，帮助孩子从一个阶段顺利地过渡到另一个阶段。这是幼儿园教育中一个不可忽视的工作。

1. 进行家访

进行家访，了解、熟悉幼儿的基本情况，并使幼儿与教师之间建立初步的联系。教师家访不单纯是调查了解情况，而应作为教育幼儿这个复杂工作中的朋友和帮手。目的在于了解幼儿受教育的条件，在家的生活习惯，教养的要求，做到心中有数，以便教师对幼儿实施教育时有的放矢。教师主动上门家访，还可以与幼儿增进感情，使幼儿感到教师亲切可爱，建立最初的师生关系，使得幼儿来到幼儿园后对教师有熟悉的感觉。

2. 发放调查问卷

通过调查问卷的方式了解新入园幼儿的情况以及家长的需求，以便有针对性、有重点地做好新生入园工作。问卷的发放既可以选在教师登门家访时，也可以是在报名期间或者家长会上。要尽可能地在幼儿来园之前就能通过问卷搜集到幼儿及其家庭的相关资料，以便有针对性地安排新生入园工作。(见表12-1，表12-2)

表 12-1 幼儿家庭环境及幼儿行为调查表

调查日期_____

调查者_____

幼儿姓名		性别		出生年月	
家庭住址				居室类型	
地区环境	嘈杂/安静				
家居环境	整齐清洁/杂乱无章/肮脏				
家长或保护者姓名		职业		文化状况	
家庭其他成员					
幼儿健康状况					

幼儿在家中活动情况	生活时间	早上起床　　午睡　　晚上睡眠		
		早餐　　午餐　　晚餐		
	饮食	是否会使用餐具独立进餐　　进餐所需时间		
		进餐情绪　喜欢/讨厌　　饭量　　是否挑食		
	睡眠	是否独睡　　是否尿床　　是否赖床		
	自理能力	是否喜欢自己做事		
		能否控制大小便　能否表达需要　解手能否自理（自己脱穿裤自己用纸）		
		是否会独立穿脱衣、裤、鞋/会脱不会穿　是否会扣扣系带		
		能自己洗手　　能否自己洗脸		
	游戏	最喜爱的玩具图书		
		能否自己玩　周围是否有游戏伙伴		
		是否常看电视　　喜欢的节目		
	日常行为表现	是否爱发脾气　　是否过分活跃安静		
	其他			

家庭闲余活动	
家长与幼儿之间的关系、态度	
家长对幼儿的希望以及对幼儿园的要求	

表 12-2　幼儿基本情况调查表

　　　　　　　　　　　　　　　　　　　　　　园　　　　　班

幼儿姓名		性别		出生年月	
家庭住址					
家长姓名	具体职务		工作单位及地址		联系电话
父亲					
母亲					
家长工作班次			有何特长		
是否愿意参加园内教育活动					
幼儿身心发展状况 是否健康　　有何病史 特殊生活习惯与个性					
幼儿受教育情况 是否上过托儿所幼儿园　　　　园所名称　　　　时间期限					
家中有无其他人照料					

　　　　　　　　　　　　　　　　　　　　　填表人＿＿＿＿＿＿

　　　　　　　　　　　　　　　　　　　　　填表日期＿＿＿＿＿＿

（选自陈帼眉主编《学前儿童发展与教育评价手册》，北京师范大学出版社，1994年版）

3. 召开家长会，与家长沟通，求得家长的密切配合

教师可以在幼儿入园之前召开家长会，向家长介绍幼儿园生活和工作制度，教育教学内容，共同做好新入园的孩子的教育工作。

教师应该求得家长的支持，要求家长做到：

（1）创造条件帮助幼儿尽快适应新环境。在孩子入园前的一两个月根据幼儿园的作息制度来安排孩子的生活，尽可能地使幼儿的生物钟与幼儿园的作息制度吻合，以便孩子更容易地适应幼儿园的生活。

（2）激发幼儿喜欢幼儿园。家长可以有意识地给孩子讲讲有关幼儿园的故事，让幼儿知道幼儿园是一个孩子们的乐园，是他们学习本领的地方。使他们对幼儿园的生活充满美好的憧憬。千万不要用老师和幼儿园来吓唬孩子。如"不听话就送你去幼儿园"，"叫老

师把你关起来,不接你回家"等都会造成孩子对幼儿园的消极印象,从而惧怕上幼儿园。

(3) 鼓励和培养孩子间的交往。家长应想方设法为幼儿创造与其他孩子一起游戏的机会。使孩子喜欢与同龄的孩子玩,培养他们的交往能力和乐群性。

(4) 培养孩子基本的生活自理能力。家长要放手培养孩子的自理能力:如能够自己吃饭,自己上厕所,自己睡午觉等,以便更好地适应集体生活。

(5) 家长为幼儿入园做一些必要的物质准备,并在此过程中引发幼儿对幼儿园的兴趣。如家长和幼儿一起准备合适的被褥,告诉幼儿这是在幼儿园用的物品。在入园之初,家长最好让幼儿穿着便于穿脱的衣裤和鞋子。如易于活动的布鞋和运动鞋,不需要系鞋带的松紧口或者粘扣的鞋子,不要穿背带裤等等。

(6) 家长要坚持送幼儿来园,逐渐使幼儿树立一种观念:我已经长大了,每天都应该去幼儿园。家长在送幼儿来园的时候,应该态度坚决。在实践中发现有一些家长在送孩子入园后,仍然在活动室门口张望,本来幼儿已逐渐进入到幼儿园的游戏中,结果看见自己的家长后又哇哇大哭起来,再次造成情绪上的波动,给孩子造成一些不必要的影响。因此家长要充分相信教师,送孩子入园后要迅速离开,以免影响幼儿的适应过程。

4. 参观幼儿园,引起幼儿对于幼儿园的兴趣和向往

在幼儿入园以前,邀请孩子和爸爸妈妈来园做客、参观,参加幼儿园的某些活动,一起和老师游戏,使孩子对幼儿园产生兴趣,为顺利愉快地进入幼儿园做好各种心理准备,也使家长对幼儿园的生活有感性认识。

5. 把握好幼儿入园的第一个月

入园的第一个月主要是迎新活动。通过这一个月的活动主要要达到以下目的:

(1) 帮助幼儿适应和享受新环境;

(2) 帮助幼儿适应与一直照顾他们的人分开一段时间,安心在园游戏、学习;

(3)帮助幼儿结交新朋友，使他们知道除了家中照顾他的人之外，还有人关心他们；

(4)帮助幼儿平静情绪，舒畅地学习新事物。

教师在这个月的活动中要注意以下几点：

(1)布置活动室环境。教师利用彩带、气球以及各种色彩鲜艳的装饰物布置活动室，营造一种热烈欢迎的气氛。投放充足数量的玩具和游戏材料，让幼儿自由玩耍。

(2)通过丰富多彩的活动吸引幼儿。幼儿的天性是喜欢游戏的。教师抓住幼儿的这种心理特点，精心设计各种有趣的活动来吸引孩子，让幼儿忘却离别的痛苦，并产生对幼儿园生活的兴趣。如开展"大带小"的活动。教师可以请大班的小朋友来和小班的幼儿一起玩。也可以组织新入园的幼儿参观哥哥姐姐的活动、上课和游戏等，使孩子体验集体生活的快乐，降低幼儿对新环境的陌生感，从而产生对新环境、新生活的美好印象。也可以借助木偶、幻灯、听录音故事，看少儿节目等吸引幼儿，使他们在幼儿园获得愉快的情绪体验。

(3)用爱来打动幼儿。教师在拿到本班孩子的名单时要熟记每个孩子的名字。当教师见到孩子能叫出孩子的名字，会使幼儿感到十分温暖。在孩子来园时，教师要以亲切的态度迎接幼儿，注意观察不同个性特点的幼儿，给予温暖的支持。对于情绪不好、爱哭、爱闹的孩子可以去抱抱他们，亲亲他们，引导他们参加一些他们感兴趣的活动。对于情绪较好的孩子，只要跟他们进行简短的谈话，使幼儿感到教师亲切，并且安排好他们的游戏。

(4)灵活安排一日生活。在幼儿入园之初，一日生活制度可以灵活安排，不要求幼儿太多。如在入园的头几天，对于那些适应困难的孩子，允许他们上半天，中午午饭后由家长接回，然后逐渐延长其在园的时间。

(5)及时和家长沟通。对于孩子在幼儿园的表现以及生活、游戏和学习情况，教师要及时地向家长通报，如幼儿在园的时候情绪如何，是否午睡，是否大便等，使家长了解和安心，舒缓家长的焦虑情绪，使家长相信自己的孩子能够适应幼儿园的生活。

6. 分批接收幼儿入园

幼儿入园时可分批接收,最先收托那些容易适应环境的幼儿。这样一方面能够使教师有足够的精力对幼儿进行入园教育,另一方面这些孩子适应幼儿园的生活也为后入园的新孩子做出了榜样。

7. 重点帮助有困难的孩子

在每个班上,总有个别孩子适应起来十分困难。教师可以尝试用以下方法来引导这些特殊的孩子逐渐适应幼儿园的生活。

(1) 为帮助有困难的儿童适应新环境,找一个小伙伴,同他接近陪同他玩;先接触少数人会使难以适应的孩子感到容易些。

(2) 允许有困难的儿童暂时不参加集体活动,有年长的教师专门照顾和带领。

(3) 允许幼儿带一些家中的小玩具来园,减轻幼儿的焦虑感;幼儿在玩自己的玩具时会有一种亲切感,使这些新入园的孩子在新的环境中保留了家庭生活的痕迹,使之减轻在陌生环境中的焦虑和紧张的情绪。同时幼儿用玩具相互交往,也缩短了幼儿之间的距离,增添了亲切感。

(4) 多表扬、鼓励那些努力克服分离痛苦的孩子,如离园时送给孩子一件小礼物,使幼儿对幼儿园保持美好的印象和记忆。

[例1] 小玲玲第一天来到幼儿园哭了,老师走过来,蹲下身,拉着小玲玲的手问:"怎么了?想家了吧?"小玲玲甩掉老师的手,仍然在哭。"噢"老师说:"小玲玲最爱听唱歌。来,我唱一支歌给小玲玲听:玲玲好,好玲玲,来到幼儿园,不哭不闹是个好宝宝"这招真灵,它吸引了小玲玲。瞧!小玲玲睁大眼睛看着老师,用心在听,她一定惊讶地发现老师唱的歌中竟然有自己。

[例2] 为吸引孩子入园,老师在墙上布置了一个栏目"我上幼儿园",栏内贴有每个小朋友的照片,并挂一朵小红花。幼儿离园时,老师把小红花戴在小朋友身上,鼓励小朋友第二天再来,并把小红花挂在自己的照片下面。幼儿对小红花十分珍惜。睡觉前,把小红花放在自己的床前,上幼儿园时戴在身上,美滋滋的,小红花像是个小伙伴,使孩子从中得到了安慰和鼓励。

表 12-3 新入园幼儿适应性观察评价表

班级_____   评定教师_____   日期及周次_____

项目＼姓名				
1. 幼儿和家长分开时的表现 A. 哭闹、不愿分开、追逐 B. 哭泣、不安 C. 平静				
2. 接受劝慰情况 A. 难以接受劝慰 B. 不稳定 C. 易劝慰，较稳定 D. 无须劝慰				
3. 消极情绪持续时间 A. 较长 B. 一般 C. 短 D. 基本无消极情绪				
4. 参加活动情况 A. 良好 B. 一般 C. 不适				
5. 有无特殊表现 A. 拒食 B. 拒睡 C. 大小便失禁 D. 其他				

（摘自陈帼眉主编《学前儿童发展与教育评价手册》，北京师范大学出版社，1994年版，第969页）

三、建立常规，组织好小班一日生活

（一）什么是常规

幼儿常规是指幼儿的行为常规。具体来说就是教师将幼儿一日

活动的各个环节有顺序地制定一系列的行为规范，让幼儿经常固定地执行，从而形成良好的习惯。如幼儿睡眠、起床、进餐的时间，以养成幼儿科学的生活秩序；控制幼儿活动与游戏的纪律等。如幼儿玩完玩具后应该放回原来的地方；吃饭前要洗手；水杯应该放在写有自己名字或者标志的地方；上课的时候不要打扰别人；不能强占别人的玩具等等。

(二) 常规的意义

对于刚刚迈入幼儿园集体生活的幼儿来说，建立常规是十分重要的教育内容，对于组织好一日生活和开展教育活动起着至关重要的作用。良好的常规是做一个全面、健康、正常发展的人的基本需要。孩子们的规则意识是在有条不紊的每日生活中受熏陶而自然形成的。建立并坚持每日生活中的行为规范是首要的。在集体中什么时间应该做什么，怎样做，要形成常规。这样会避免许多不必要的矛盾，孩子们也可以享受到一定范围的自由，从而表现出自得其乐，不拘束和不压抑的心情。由此常规教育不是限制孩子的行为，而是促进每个孩子充分发挥潜能的重要条件。

具体来讲，常规的意义主要体现在以下方面：

1. 培养幼儿的生活规律

从幼儿个体的发展来看，建立良好的常规可以使幼儿的生活具有合理的节奏，既能使神经系统得以有益的调节，促进身体健康，又能使幼儿积极愉快地参加各种活动。由于幼儿园里的幼儿来自不同背景的家庭，有些幼儿由于各种原因生活作息没有规律，而在幼儿园则是按照幼儿生理和心理的需要作出符合科学的合理安排，幼儿生活在其中，就能逐渐养成有规律的生活习惯、时间观念和有组织、有条理的办事能力。从建立班级集体的需要来看，每一个孩子都是生活在一个由几十个小朋友组成的集体之中，他们都要按一定的要求从事集体、小组或者个人的活动。如果每一个孩子各行其是，不仅教师无法按照教育计划实施教育活动，就连幼儿的日常行为也无法协调。所以培养常规有利于建立良好的班集体，保证教育工作的顺利展开。

2. 建立安全感

人在一个有规律的环境里生活才会感到安全。幼儿也是如此。他们喜欢按照一定的程序做事。每做完一项活动后,知道接下去要做的是什么,心中有数,感觉也安全得多。合理的常规为孩子创造了一种有序的、和谐的生活,使他们在心情愉快的情境中自然地形成一种符合其身心发展水平的规则意识和规范行为,使遵守规则成为孩子们的自主行为。

3. 培养幼儿的自律能力

自律是指控制自己,并遵守一些共同制定的规则的能力。也就是说,为了顾全团体和个人的安全与利益,幼儿必须具备克制自己的能力。这种能力可通过遵守一日生活中的常规而逐渐培养出来,如幼儿在听故事、进食、午睡或者自由活动的时候,学会控制喜欢自我活动的欲念,做到进食时不说话,排队时不乱挤,游戏时不强抢别人的玩具、不伤害别人等。

(三)小班常规教育

教师在进行常规教育时,首先要明确常规不等于紧箍咒。在实践中我们会发现那些过多地要求听从命令排队行动的孩子一旦没有老师监督,就会横冲直撞、争先恐后、难以自控。这样的常规既束缚了孩子,又难以为他们将来遵守公共秩序打下基础。教师应该在正确的儿童观的基础上来看待常规。应该明确认识幼儿的主体地位,将常规看做是保证幼儿发展所需的"润滑剂"。如小班的孩子不需要老师在教室门口组织他们排队等候,而是孩子们自由地进入活动场地后找到自己的位置,在音乐的伴奏下愉快地锻炼身体。老师给孩子们讲故事时,孩子们不是排排坐在远离教师的位置上,而是参差不齐地围坐在老师身旁,气氛很融洽,关系很亲切。在这样的方式组织活动时,孩子们显得十分协调和愉快,这正是良好常规的表现。

根据小班幼儿的特点,常规应该简单、明确、适合小班幼儿的心理发展水平。小班幼儿的认知水平和能力都比较低,经验少,对幼儿的要求不宜超过他们所能承受的范围。只有适合幼儿的能力要求,才有可能使他们体验到成功而愿意去做。我们应该根据幼儿的实际情况提出适宜的要求。

在制定和使用常规时,应该注意以下几点:

1. 常规应当是积极的，不能有使孩子感觉很坏的规则

常规是在明确行为标准的基础上着眼于行为习惯的培养。这些习惯又是建立在一定的自觉性的基础上的。不能把常规搞成强制性的行为，而应当通过正面引导，使幼儿懂得接受各种行为标准的必要性，从而能愉快地接受这些要求。俗话说"习惯成自然"，当幼儿将常规转化为习惯之后，幼儿就能轻松自然地去履行既定的各项要求，也就不会因此而压抑幼儿的主动精神了。小班幼儿刚刚进园，个性、能力和兴趣等都千差万别。教师不能要求幼儿在较短时间内全部掌握。要承认幼儿的差异，允许幼儿在遵守常规过程中有反复，并且对每个幼儿的点滴进步表示鼓励和赞扬。

2. 制定常规时应该向幼儿解释理由，使幼儿知道为什么

这样使幼儿接受起来比较容易。如："你应该和××一起玩积木，小朋友之间应该友好分享，这样××会很高兴。有人跟你玩，你也会很高兴的"，"玩沙子的时候不要扬沙子，因为沙子弄到眼睛里会很痛"，"来，再穿一件衣服，这样才不会感冒"。

3. 教师在描述规则的时候应当用积极的语言，避免说反话

由于小班幼儿年龄尚小，语言理解能力有限，因此教师在描述规则的时候要尽量用清楚明确的语言来加以表达，并且要从正面来讲述和要求孩子，以免引起误会和错误的理解。如对于新入园的孩子，教师制定生活常规，不应该说："不要用别人的毛巾"，而应当说："用你自己的毛巾，上面绣着你的名字"，这样更易于幼儿理解。如果我们经常对幼儿提一些否定性的要求，如"不要"、"不能"，就容易使幼儿的一些良好的做事愿望被否定。长此以往对幼儿造成消极影响，使他们的自信心和自主性得不到良好的发展。

4. 教师要按一日活动的顺序制定明确具体的要求，并逐步让幼儿掌握这些要求

教师在制定要求时应当考虑到活动内容、活动方式和活动量等方面的因素，制定出切合实际的常规。这些要求不应该是从教师的方便考虑而是从促进儿童身心发展的需要来考虑。教师要尽可能地创造条件让幼儿较多地获得自由活动的机会，尽量减少呆板的活动。

小班幼儿的一日生活时间表举例：

7：30～7：45	幼儿来园
7：45～8：15	早餐
8：20～9：20	活动区活动
9：20～9：40	集体教育活动
9：50～10：30	做操、户外体育活动
10：30～11：00	室内活动区活动
11：10～11：40	午餐
11：40～11：50	饭后散步
12：00～14：30	午睡
14：50～15：10	午点
15：10～16：00	户外活动
16：00～16：50	活动区活动
17：00～17：30	晚餐
17：30	幼儿离园

5．讲解示范是对幼儿进行常规培养的基本方法

初入园的孩子对幼儿园的环境，活动内容都不熟悉，也不习惯按相对一致的要求去行动。教师不能操之过急，对于各项常规，逐一地、由少到多地、有顺序地向幼儿讲解，必要时也可以做给他们看。在幼儿领会要求的同时，再通过模仿，对常规就能够掌握了。比如教师在教孩子正确的洗手方法时就可以配合歌谣和示范，让幼儿印象深刻地掌握。

6．行为训练

小班幼儿刚刚进入集体生活，对于新的常规需要有一个适应过程。因此教师要持耐心细致的态度，帮助幼儿在适应新的集体生活的同时，逐步帮助幼儿习惯集体生活所必须的一些常规。常规的建立需要依靠反复练习。所以在各项活动中教师应严格地按既定的要求行动，而且每次的行动方式不能随便更改，否则幼儿会感到无所适从，就不可能建立规范化的行为方式。因此班级教师和保育员之间应该相互配合，采取一致的标准和要求，促使幼儿自动、自主地遵守常规。

7．经常性的督促检查和必要的个别教育

在整个幼儿时期，由于幼儿的心理特点，行为上的反复较多。为此对于初建立起来的良好常规，还要督促检查，做到持之以恒。幼儿之间的个别差异也是客观存在的，所以必须注意个别教育才能使常规教育达到比较圆满的结果。

[例1] 南京如意幼儿园托班常规的培养

托班的孩子活泼愉快，规则意识明显。对两三岁的孩子来说，规则意识表现在能主动地按生活常规行动，并能在有限度的范围内自选操作材料、自由活动。其培养过程如下：

在室内游戏和户外活动中既有规则要求又尽可能地给予自选机会。每天早晨入园时间内，在室内准备六张桌子，放上不同的玩具，孩子们都知道：玩具不可以搬家，小朋友们可以走动；离开桌子前要把玩具收好放回桌子中间。每种玩具开始时候可以自由玩，有些玩具到一定时候要按规定要求玩。如套盒人手一套，先随意摆弄，探索玩法，逐渐地按序套入、顺序排列；积木则几人同桌各搭各的，用几块取几块，不独占。户外活动，玩球的时候人手一个，各按兴趣自由玩；练跑时备多种玩具供选择，以激发奔跑兴趣。这样的培养是：从激发兴趣开始，调动孩子内在的发展需求，培养一定的专注能力；从集体中各玩各的，促使孩子们自发地相互交往，从中培养人际交往能力。在这种既有规则、规范要求又给予自愿、自立机会的游戏中，孩子们的自由创新能力到了中班、大班会越来越明显地表现出来。（选自《学前教育》1999年，第4期，第5页）

[例2] 为了使小班孩子尽快地适应集体生活，养成爱集体、守纪律、互相谦让等良好品质，我给孩子们编了"小鸭子幼儿园"的系列故事。我有意识、有针对性地把故事情节与班上存在的问题结合起来。在这组连续故事中，小胖鸭聪明、活泼、热情，但不懂集体生活的规则，经常做错事。在大白鹅老师的教育下，小胖鸭不断进步、成长。这小胖鸭实际上就是新入园小班幼儿的形象。故事中还有和蔼可亲的大白鹅老师，勇敢、机智、爱帮助人的猎狗叔叔以及几个活泼可爱的小动物朋友。我用塑料小动物、小假山等道具，用花草、小河等布景，在桌上表演起来。这种形式简便易行，深受孩子们的喜爱。又如有的孩子刚入园时，不懂集体纪律，爱一个人到

处溜达,我就编了"差点让狐狸吃掉"的故事。故事大意是大白鹅老师带小鸭们学游泳,小胖鸭却独自跑到草地上捉蚱蜢玩,渐渐离开了集体,差点让狐狸吃掉,多亏猎狗叔叔救了他,小胖鸭表示以后再也不离开集体了。看完表演后,孩子们说"我也不能到处乱跑,要不然会让坏人抱走的","会被车撞倒的"……(选自琚贻桐《叩开孩子的心扉》,《幼儿教育》1996年,第4期,第12页)

四、布置活动室环境,开展游戏活动

活动室是幼儿的主要活动场所。教师要合理布置活动室的环境,并使之成为教育幼儿的重要手段。

(一)活动室墙面的布置

1. 适合小班幼儿的身高

墙面的布置要适合小班幼儿的身高,一般以幼儿的视线能够看清楚为宜。如果是供幼儿操作的墙面,则要在1米和1米30厘米之间。

2. 配合教育内容

在活动室的墙面上除了有长期的具有教育价值和观赏价值的墙饰以外,还应该有配合当前教育内容的一些墙饰,如在入园之初配合入园教育可以张贴画有小朋友高高兴兴上幼儿园的图画,在认识秋天以后,在活动室墙面上张贴秋天情景的画面等,使教育内容与活动室环境相融合,使幼儿在形象生动的气氛中接受教育。

3. 美观、活泼和实用

小班幼儿活动室的墙面布置要色彩鲜艳、协调,看上去十分舒服。过于花哨的墙面布置会分散幼儿的注意力,引起幼儿的过度兴奋。

4. 幼儿的参与

虽然幼儿年龄尚幼,但是教师应该在布置活动室的过程中注意参考幼儿的意见,并留出适当的空间让幼儿能够操作、展示他们的作品。

5. 儿童化

小班幼儿喜爱动物和一些形象活泼的卡通人物。因此在布置小

班幼儿活动室墙面时教师可以布置一些上述的图案。

(二)活动区的布置

1.适合小班幼儿的心理特点,做到儿童化和家庭化

小班幼儿刚刚离开家庭来到集体环境中,因此娃娃家的设置最适合其心理特征。教师据此可以在活动室内划分出较大的空间作为活动区。布置一些色彩鲜艳,感觉温馨的图案。另外用小家具、小屏风把"娃娃家"隔成不同的小活动区,使幼儿在"家中"不同的小房间里快乐地玩耍。在娃娃家中放一些小椅子,或者软垫子等,营造一种随意温馨的气氛。

2.动静交替

由于小班幼儿的心理发展水平有限。活动区的设置也不要过多过繁,一方面造成空间的拥挤不堪,另一方面也使幼儿无所适从。因此在设置活动区时要做到动静相配合。既设置一些动态的活动区,如角色游戏区、积木区等,也设置一些静态的活动区,如图书区、美工区、自然角等。

3.适合小班幼儿的生理特点

要为小班幼儿选择适合他们身高的家具。一般认为适合孩子的椅子高度是幼儿坐下背部紧靠椅子背,双脚放在地画,足跟加上小腿的长度。桌子的高度是幼儿双臂平放于桌面上时,幼儿双肩端平。教师为幼儿投放的游戏材料要适合小班幼儿的大小肌肉群的发展。如供应大小积木、钝头剪刀、拼插玩具不宜过于细小等。

五、发展小班幼儿的社会交往能力

随着幼儿进入幼儿园,他们接触的同伴范围要比以前大大扩展了。由于幼儿语言能力的提高,在社会交往能力上也有了提高。据研究,2岁半到3岁是幼儿自发地运用语言相互交往进步最快的时期。他们逐渐地能够讲一些别人愿意听的东西,并且同对方保持目光的接触。平行游戏在3岁以后逐渐减少,并逐渐被合作游戏所代替。3~4岁的孩子不仅更愿意参加合作游戏,同时独自游戏的性质也变得复杂起来。独自游戏有其存在的价值和原因。一是认为幼儿独自游戏是独立的一个标志,是自主的、不受约束的活动,不是因

为没有搭上伙伴而不得不退出伙伴集体，自己一个人玩。独自游戏是自由的、放松的、随便的，所以许多幼儿乐意一个人单独活动，另外一些幼儿可能十分愿意参加到伙伴集体中去，但是由于没有人愿意和他们玩，他们迫不得已才一个人玩。

结交小伙伴是十分有意义的。伙伴之间相互提供的活动和发展机会在他们和成年人的关系中是不存在的。其意义主要体现在以下方面：

1. 有助于培养交往能力

在由儿童组成的集体中，儿童们学习如何建立友谊。要想不被集体排挤出去，他们就必须掌握协商和解决冲突的技能。由小伙伴组成的集体能够对幼儿产生教育性的影响。幼儿通过观察同伴的所作所为来学习。

2. 提高自我认识能力

通过结交伙伴，幼儿通过比较来进行自我认识。如幼儿通过与小朋友的比较，就能对自己的能力做出判断。如我的个子高吗？我跑得快吗？他们也从同伴那里了解到别人对自己的评价。

3. 增强集体观念

孩子们在一起玩的时候就要开动脑筋，要安排角色，要组织活动，可以充分利用他已有的经验，大大发挥孩子们的聪明才智和独立思考的能力。其次可以学会相互交往、相互适应。独生子女习惯于别人适应自己的需要，而很少感到自己去适应他人和环境的需要。小伙伴在一起玩，就有交往，有交往就有适应的问题。有的孩子在家很娇气，有的很霸道，这种性格都是不受小伙伴欢迎的。他们喜欢能力强，会出主意而又随和的伙伴。为了想和小伙伴一起玩，娇气的、霸道的很容易懂得他们不能像在家里一样任性。这样的环境可以使孩子逐步自然地放弃自己的优越感，学会忍耐、适应，还能容忍别人比自己强。那些在家和成人玩游戏只能赢不能输的孩子，这个时候也只好认输了。这些在与小伙伴一起时受到的磨炼是家庭中做不到的，也是非常有价值的。三是可以充分反映出孩子的个性。一个孩子一个样，不仅外表不同，性格、爱好、能力也都不同。这并没有好坏之分。有些孩子在自由状态下表现出来的能力常使老师和家长感到意外。在游戏中会很自然地出现小头领,他在小伙伴中有威信,能把大家组织起来,指挥得体。有的孩子头脑灵活,会出主意,是个小参谋。有的孩子特别守纪律,按规矩行事,一丝不苟。当然也有爱捣蛋的,也有没常性的。也有哭鼻子的,但是他们都会在和小伙伴一起玩时得到锻炼。

因此,教师要鼓励和促进小班幼儿的社会交往能力的发展和提高。

一方面,教师组织丰富多彩的活动,鼓励幼儿在活动中积极交往。如在娃娃家等角色游戏中,引导幼儿认识不同的角色,他们的行为方式、人物之间的关系以及语言表达方式等,使幼儿学会不同人物之间的交往方式。又如在户外体育活动中,教师不失时机地引导小朋友在一起游戏,学会轮流、等待、分享、合作、帮助等社会性行为和技巧。

另一方面,教师在投放活动材料时要充分考虑小班幼儿的年龄特点,既要提供充足的玩具材料保证幼儿顺利开展游戏,也要有意识地投放一些需要幼儿互相合作,共同进行操作的游戏材料,促进幼儿的社会交往能力在游戏中得到发展。

此外,抓住日常生活的各个环节,细心观察不同个性的幼儿,有针对性地引导幼儿进行交往。在班集体当中,幼儿的个性千差万别,有的外向开朗,喜欢和小朋友一起玩,善于出主意,具有号召性;有的则内向胆小,不敢也不知道怎样和小朋友玩;还有的孩子精力充沛,常常有破坏、捣乱的行为。教师要善于观察不同类型的孩子,引导内向的孩子参加到同伴游戏中来,让他们体验交往的快乐,增强自信心。对于那些调皮捣蛋的孩子则要教会他们与别人交往的技能,使他们懂得哪些行为是小朋友喜欢的,哪些行为是小朋友不喜欢的,从而学会与同伴正确地进行交往。

第二节 幼儿园中班的教育特点

一、中班幼儿的发展特点

中班是幼儿园三年教育中承上启下的阶段。中班幼儿一般指4～5岁的幼儿。一些有经验的教师认为中班的教育工作难度最大,最富于挑战性。这是由中班幼儿的特点所决定的。经历了一年幼儿园的集体生活,他们在生理和心理各个方面都获得了巨大的发展。也比较熟悉和习惯幼儿园的集体生活。他们的语言丰富多了,活动范围也比小班大得多,不再显得那么娇小温顺,他们的自我意识增强了,具有强烈的反抗心理,无论对什么都充满兴趣,并且十分喜欢提问。具体来讲,其特点主要表现为:

(一)运动机能进一步发展

中班的幼儿身体进一步发育。生长速度趋于平稳。4岁时身高约为出生时的两倍,体重约为出生时的五倍。4岁男孩子的平均身长是104.3厘米,平均体重是16.6千克。女孩子的平均身长是103.1厘米,平均体重是16.1千克。体型逐渐和大人接近。

随着年龄的增长,中班幼儿的行动比小班时灵活多了,身体各个部位都能较好地协调活动。走路的方式也和大人近似,快走和停步都可自如。会单脚向前跳,会翻跟头。会跑步、跳远和立定跳远。运动机能进一步发展,不仅可以做全身运动,而且可以做较细腻的动作。如中班幼儿能够自己系鞋带会用筷子,能够用剪刀沿着直线剪纸。能够进行简单的折纸活动。会自己穿衣服、系扣子等。并且具有各种基本运动能力,能主动从事各种活动,因而教师要多创造条件,让幼儿参加活动。

(二)思维具有具体形象性

在幼儿园中班和大班,幼儿的形象知觉、图像知觉的识别能力都有了很大的提高,抽象逻辑思维也开始萌芽,并有一定的口语表达能力和主动看书、认字的愿望。但在整个幼儿期都是以具体形象思维为主。中班幼儿更为典型。皮亚杰认为这个时期幼儿的思维方式为自我中心性思维。幼儿头脑里的事情都是生动形象的，叙述一件事情时往往十分具体。这个阶段的孩子最喜欢听故事、看小人书等。中班幼儿思维由直觉行动性向具体形象性过渡，意志力逐渐加强，行为有了初步的目的性、组织性，过集体生活时能较好地遵守规则，能完成一些简单的任务。

（三）强烈的好动活泼

4～5岁的幼儿正处于发展的不平衡期，甚至出现"撒野"的行为。老是让幼儿呆坐不动，这做不到，一味让幼儿想干什么就干什么，也不恰当。教师要有意识地安排一些既有自由又有一定约束的游戏和活动，尽可能地为幼儿提供充分的户外活动时间和机会。从中班开始由幼儿轮流担任小组长和值日生的角色，培养幼儿的责任感和组织能力，也可以让幼儿佩带相关的标志提高孩子对于角色的意识和责任感。

（四）交往能力有所发展，能自动结伴交朋友

大部分幼儿已经习惯幼儿园的生活，跟伙伴之间的友谊加强了，非常喜欢与小朋友们一起游戏,但是幼儿独自霸占玩具的欲望强烈。经常会发生争吵或者打闹。通过解决发生的矛盾，孩子们懂得了一起游戏的规则和作用，学会了交往方法。因而教师要培养幼儿乐意将玩具借给别的幼儿玩。同时教育幼儿懂礼貌，相互间会用礼貌用语。老师要经常创造机会，训练幼儿学会礼貌用语。此外中班幼儿的自我意识在增强。受表扬的时候，会得意地告诉别人；自己做事失败了，会感到懊丧。已经有了同情心，听到令人伤心的故事就落泪等。

（五）游戏能力发展很快，游戏情节丰富

中班幼儿会互相商量安排游戏角色，游戏情节丰富。游戏中幼儿的交往增加，玩的时候往往形成了一个小团体。

（六）认识能力提高

对周围事物充满兴趣，求知欲增强。总爱向大人提问："这是什么？""那是什么？"等等，反映出幼儿对事物强烈的兴趣。

（七）词汇增加

发音比较清楚,句子结构比较复杂,开始能用较清楚的语言表达自己的要求和欲望。中班的孩子基本上能够正确发音,会说1 000至2 000个单词,但是仍然以名词和动词为主,同时会说一些形容词和常用的连接词。

二、处理好中班幼儿的同伴关系

(一)教给幼儿必要的社会交往技能

幼儿社会交往能力的发展对其社会化及其道德品质的形成是十分必要的。幼儿通过与人交往,认识到他人的存在,并且发展自我意识。心理学家认为学前儿童如果缺乏社交能力,会影响今后的学业。而且到成人期时社会适应能力差,导致情绪问题和社会适应不良。教育家们也指出,缺乏社会交往能力会导致个人在集体中的不便,造成发展中的严重障碍,形成消极、孤僻和自卑的性格。

社会交往能力是与人发生联系,进行人际间信息交流,沟通与理解,协调相互行为,处理人与人之间相互关系的能力。儿童与他人的交往有两种类型,一种是和成人的交往关系,一种是儿童之间的相互交往。幼儿与成人之间的交往关系是"从属型"的关系。比如,孩子在幼儿园里非常自信,敢想敢干,但是当他在他母亲面前的时候,则变得被动和屈从起来。而儿童之间的交往关系则是"对称型"的关系。通过社会交往,幼儿与伙伴之间能够建立起相互尊重、平等、互助、合作的关系。

随着幼儿年龄的增长,接触面的扩展,幼儿社会交往能力的发展呈现出以下特点:

3岁以下的儿童与其他儿童的社交很少,3岁以后有显著的增加。3岁前的儿童主要由父母或抚养者伴随在家中度过,其语言能力、骨骼活动能力较弱,因而限制了他们的活动范围,也限制了与他人的交往。3岁以后,大部分幼儿进入幼儿园等社会教育机构。幼儿园的群体生活,以游戏为主的轻松愉快的学习活动,平等的交往,欢乐的气氛都有利于幼儿社会性的发展,儿童的社会交往能力逐渐增强了。

据研究,随着幼儿交往关系的发展,在班集体当中逐渐形成不同类型的交往关系,值得教师注意。

1. 受欢迎型。这类儿童大都长相端正,身体健康,智力发育好,性格活泼开朗,容易获得伙伴与成人的喜欢,被称为明星型的孩子;

2. 被拒绝型。这类儿童精力充沛,社会交往的积极性很高,但是因为交往技能差而常出现一些攻击性行为,不被同伴所接纳;

3. 被忽略型。这类儿童社会交往的积极性很差,更不具备交往技巧,逃避群体,孤僻、沉默,被同伴和成人所忽视。

根据中班幼儿的发展特点,教师在教育过程中应该注意以下几点:

1. 尽可能地为幼儿创造交往的机会,鼓励幼儿与人交往

幼儿的社会交往能力是在交往的过程中逐渐形成的,教育者可以通过组织各种形式的教育活动,为幼儿提供交往的机会。

如开展"异年龄班"活动,使幼儿在与不同年龄伙伴的交往中,认识自己的角色,学会与他人交往。研究证明孤独的儿童可以通过比他自己年龄小的儿童在一起游戏而改变孤独的性格。因为当他们在与比自己年龄小的儿童一起玩耍时就不会感到不安,也有机会表现自己,从而提高自信心和社交兴趣。因此教师可以带领本班幼儿与小班和大班的幼儿接触游戏,一起出外郊游、参观等,使幼儿在不同的交往过程中充当哥哥姐姐或者弟弟妹妹的角色,积累交往经验,提高交往能力。如在幼儿园开展户外开放活动。在固定的时间内,全园幼儿打破班级界限到户外活动。教师分别负责户外活动场地的各个区域,包括钻爬区、攀登区、球类区、玩沙玩水区等,不同年龄的幼儿在同一个区域内活动,在自由游戏的气氛中,不同年龄的幼儿相互交往,获益颇多。

又如自带玩具、图书的活动也可促进幼儿之间的相互交流与交往。使幼儿体会到分享的快乐。

2. 教给幼儿交往的技巧

幼儿从很小的时候就表露出交往的愿望,但是由于教育不当造成很多幼儿不善于交往,因而教师要有目的有意识地教给幼儿交往的技巧:如如何与别人交谈,如何学会独立地解决问题,如何帮助别人,与别人合作等。

3. 通过角色游戏发展幼儿的社会交往能力

角色游戏是一种集体性的游戏。它使幼儿之间的相互关系达到很高的水平，充分表现出幼儿社会交往能力的发展。首先，角色游戏能扩大幼儿的交往空间。因为角色游戏是社会的反映，反映社会实践内容。幼儿把成人交往的方式，交往的内容和交往的艺术寓于扮演的角色之中，为其交往提供了一个良好的环境，使交往的过程在角色游戏中得以实现。其次，幼儿交往能力的发展是与角色游戏自身水平的提高相辅相成的。角色游戏越深入，幼儿交往率越高，交往越积极主动，就越能促进交往能力的发展。再次，丰富幼儿的感性知识是发展幼儿交往能力的源泉，提供必要的玩具和游戏材料是发展幼儿交往能力的手段，发挥教师的主导作用是发展幼儿积极交往的重要保证。

4. 通过一些专门设计的活动来发展幼儿的社会交往能力

[例1] 秘密朋友

目的：帮助儿童同别人建立友好的关系。重点理解概念"朋友"。

准备：组织一个小组。

材料：纸、蜡笔、纸袋、每个儿童一张纸（纸上写着儿童的名字）、信封。

活动：

（1）告诉孩子们我们玩一个有趣的游戏，这个游戏就是每个小朋友给自己的"秘密朋友"画一幅画，组织孩子们简单地讨论一下什么叫朋友以及什么叫保守秘密。

（2）把写有全组儿童名字的纸片装进一个纸袋里，让每个孩子到前面来任意抽一张纸片。如果孩子太小，不识字，教师可以小声地告诉他抽到的纸片上写的是谁的名字，这时应该再嘱咐孩子不要说出自己的秘密朋友的名字来；然后，让儿童以友好的态度为自己的秘密朋友随便画一幅画。儿童可以到附近的桌子上去画画，桌子上有蜡笔和纸。等孩子们画完后，把他们的作品叠起来，把他们的名字写在外面，然后一份一份地装进信封里。一定注意，写着他们秘密朋友名字的纸条不要让别人看到。

(3)过一段时间以后,再让孩子们谈谈什么叫朋友,什么叫保守秘密。在适当的时候把孩子们召集到一块围成圈,你围着圈走一遭,让每个孩子从信封里拿出自己的画交给自己的秘密朋友。

(选自霍力岩、雷玉华、张燕编著,《幼儿的交往》,华夏出版社,1994年版,第163页)

(二)纠正幼儿的不良行为,解决幼儿之间的冲突

幼儿到了中班年龄,开始理解行为的规则,能够初步地遵守规则,但是总的来说,由于他们的自控能力有限,犯规的行为仍然经常不断,其行为问题的发生频率高,呈现出行为问题突增的趋势。这也是一些教师认为中班幼儿最难带的主要原因之一。对此需要教师在这个阶段给予特殊的关注和指导。同时教师应该持冷静的心态,将其看做是幼儿心理发展过程中的正常现象,认真、耐心、及时地引导并纠正其不当的行为。

1. 正确引导幼儿的竞争行为

竞争是现代化大工业生产的产物。竞争对个体的成长有着重要的意义,可以养成幼儿自主、自立、勇往直前的精神,从而适应现代社会生活。从幼儿竞争的发生发展来看,在其交往的早期就有表现,如很小的孩子看见自己的母亲抱另一个孩子时就会表现出伤心、愤怒不安等表情或动作。幼儿进入幼儿园之后,其竞争的行为表现会有进一步的发展。幼儿为了得到教师的喜爱、称赞,相互之间的竞争意识加强了。为了使幼儿养成正确、适当的竞争行为,教师应注意:

(1)正确地理解竞争。培养幼儿的竞争心,在于使幼儿养成积极、独立、进取的个性品质,在行动中表现出更多的自信心和主动性。

(2)处理好竞争和合作的关系。竞争与合作是互相依存的两种行为,也是个体生存所必备的行为品质,片面强调和鼓励某一方面都是不恰当的,教师要促进幼儿之间的合理竞争,同时鼓励幼儿之间的相互合作行为。

(3)处理好竞争与攻击的关系。所有的竞争行为都可能导致攻击,因为在竞争的情景中,不能满足其期望目标的幼儿会受到暂时

的挫折,这种挫折会导致攻击。成人和教育者要对幼儿进行及时的疏导和指点,如制定公平竞争的游戏规则,或轮流让幼儿体验成功,减少幼儿的失败感和挫折感,使幼儿的攻击意识与攻击性行为减少到最低限度,同时要教育幼儿正确看待挫折。

2. 幼儿的攻击性行为的矫正

攻击性行为也称侵犯性行为,是幼儿最常见的行为问题。通常表现为身体攻击,如打人、推人、咬人、拽人,言语攻击,骂人。有攻击性的幼儿不但会给他人和整个班集体带来不好的影响,而且也影响到幼儿自身的发展。攻击性行为较多的孩子一般与同伴的关系较差,得不到同伴的接纳和认可。也成为在教师眼中不受欢迎的人。如果幼儿长期生活在这样一种消极的环境中,其身心发展就会受到严重的影响。因此教师要重视幼儿的这个行为问题,认真查找原因,并加以纠正。

攻击性行为的产生原因是错综复杂的,一般而言,有以下原因:

(1) 生理特征。一些研究表明幼儿的气质类型会影响其攻击性行为。那些身体强壮、精力旺盛,易怒易哭闹的幼儿容易出现攻击性行为。

(2) 家庭影响。幼儿具有易模仿的特点,许多攻击性行为是模仿所致。美国心理学家班杜拉的一项实验揭示了模仿对幼儿侵犯行为的影响。实验被试分为A、B两组,A组幼儿观看成人安静摆弄玩具的电影,B组幼儿观看成人对玩具娃娃的侵犯行为,然后让幼儿玩这些玩具,结果发现B组幼儿的侵犯行为大大高于A组幼儿。现代幼儿在日常生活中也经常会接触到一些暴力的榜样。如有的幼儿家长脾气暴躁,经常用棍棒来教育孩子,结果也造成孩子模仿。也有的家长怕自己的孩子到幼儿园吃亏,教给孩子打人和欺负别人,久而久之,幼儿形成攻击的习惯。

(3) 大众媒介。电视充斥着许多暴力、复仇的镜头,甚至一些面向儿童的卡通片也在宣扬着暴力的情绪,而幼儿分辨是非的能力较差,常常因好奇、刺激而模仿,对于孩子产生了不良的影响。

(4) 幼儿园。研究证明空间狭窄、游戏材料不足也是引起幼儿攻击性行为的重要因素。在班集体的一日生活当中,幼儿交往密切,许多活动常常需要轮流、谦让、协商等。由于幼儿的自我中心意识强烈，往往因得不到或自身利益受损而出现攻击性的行为。而一些幼儿则因得不到教师的关心和平等对待，而采取一些攻击性行为以引起教师对他的注意与关心。

因此，作为教育者应该关注幼儿的攻击性行为并及时地予以纠正：

（1）树立正确的儿童观和教育观。教师应该对待儿童一视同仁，尽可能地给予每个幼儿情感上的支持和关怀，即便孩子有一些行为问题，也应该把它看做是幼儿身心发展过程中出现的正常现象，不能因此而对幼儿冷眼相看，更不能对幼儿冷嘲热讽。这样做只能加剧幼儿的攻击性行为，同时幼儿也从教师的身上学到了敌意、冷淡等不良的情绪情感，不利于幼儿攻击性行为的纠正。

（2）提供充足的材料与空间，避免攻击的产生。空间过于狭窄，人与人之间过于拥挤时极容易爆发摩擦、争吵与攻击性行为等。因此教育者在布置环境、投放材料和组织活动的时候，要为幼儿提供足够的空间、材料、玩具和图书等。同时也可以有意识地减少玩具的数量，鼓励幼儿自己想办法如何让每个孩子都能有机会玩，从而培养幼儿轮流、分享的良好行为。

（3）提供合作的榜样。实践与研究均证明，幼儿是最易模仿的。因此教师在日常生活中要随时注意自己的言行，给幼儿树立合作的正面榜样，减弱其攻击性行为的发生。

（4）帮助幼儿转移情绪，给幼儿提供宣泄的机会。教师在纠正幼儿攻击性行为时，可以教幼儿用语言技巧表达内心的感受，也可以让幼儿进行活动量较大的动动游戏，或观看体育比赛来宣泄内心的郁闷。在有的幼儿园还专门开辟了"宣泄区"，在其中放置拳击手套、软沙袋等材料，幼儿可以在这个活动区内得到情绪上的宣泄和满足。

（5）组织丰富多彩的活动，避免无谓等待的环节和时间，使幼儿全身心地投入到活动中去。在幼儿园当中如果转换环节繁琐，等待时间过长，幼儿就会无所事情，容易出现矛盾和冲突。教师要合理安排一日生活，尽量减少等待时间，吸引幼儿参与到丰富多彩的活动中去。幼儿有事可做，攻击性行为的发生频率就会降低了。

3. 幼儿说谎行为的纠正

说谎是一种故意的欺骗行为。是对真实情况加以歪曲的行为表现。很小的幼儿是不会说谎的。幼儿的说谎大致有以下几种情形：

（1）分不清事实与想像的谎话。幼儿处于想像力十分丰富的年龄阶段。他们常常会搜集自己幻想世界中的各种素材加以渲染。

（2）夸耀式的说谎。有的幼儿为了提高自己的自信心，增强在群体中的地位，会说一些极度夸张的事。如有一个小女孩为了表现自己就说：我家有50多个洋娃娃。事实上她只有3个洋娃娃。

（3）掩盖式的说谎。由于成人在教育过程中不恰当的态度，造成幼儿的不诚实。如：幼儿无意中做错了事，诚实地告诉大人，受到严厉的批评和惩罚。以后他为逃避惩罚而掩盖错误，说了谎话，果然没有受到批评。长此以往，他会心安理得，说谎成为一种习惯。

（4）模仿式的谎话。由于成人当着幼儿的面无意中说出一些不切合实际的话，幼儿会在潜移默化中学会。

针对上述幼儿的不同表现，教师要细致、耐心地分析幼儿说谎的原因，区别加以对待。切忌随便给孩子扣上一顶说谎的大帽子。在日常生活当中教师首先要做出榜样，对于说真话的孩子要及时表扬和鼓励，使幼儿感受到诚实是做人最基本也是最重要的品质。

4. 幼儿告状行为的纠正

告状是幼儿常见的行为，由于幼儿社会交往技能有限，当他们遇到矛盾和冲突的时候不能够通过协商、帮助和谦让的方法来解决，所以求助于教师来解决。幼儿园小班的幼儿由于刚刚入园，对于一些必须遵守的规则还不了解、不熟悉，他们的道德感往往是由教师对行为的直接评价所引起的。到了中班，他们渐渐地在形象水平上懂得了一些道理，开始把自己的或别人的言行与一定的规则和作为规则体现的榜样相比较，产生相应的道德体验。如这时的儿童很喜欢告状："老师，他打人"，"老师，他不肯把玩具给我们玩，就他自己玩"。这种告状实际上反映了幼儿正在把别的儿童的行为与老师经常教导他们的行为准则做比较，并且已主动地产生了某种道德体验。但是幼儿相互之间的频繁告状容易导致同伴之间的相互怨恨，也干扰了教师组织正常的活动，同时养成幼儿事事依赖老师，不能自己独立解决问题的不良习惯。因此教师在对待幼儿告状这个问题上要从两方面着手：一方面，倾听幼儿的告状，对于幼儿出现的矛盾和冲突进行解决。另一方面，教师要培养幼儿独立解决问题的能力，教给解决问题的技巧。鼓励幼儿在遇到冲突时，首先小朋友之间相互交谈、商量、想办法解决，实在解决不了再来找老师。通过多次的锻炼，幼儿就能逐渐养成独立解决问题的能力，并且从中自觉地掌握合作、协商、分享和轮流等社交技巧。

三、进行常规教育，组织好幼儿的一日生活

必要的常规能够保证幼儿一日生活的顺利进行，使群体生活有秩序而又有安全感。中班幼儿的心理发展处于不平衡和冲突时期，更需要教师小心和谨慎地运用常规，帮助幼儿顺利地度过这个时期。

常规是一些需要幼儿经过努力才能达到的规则，有的时候不太容易被幼儿接受。中班的幼儿坚持性较差，往往稍遇到困难就退缩不前，意志品质较差，如在美工涂色活动，有些幼儿开始的时候还能一笔一笔按要求涂，不久就开始乱涂一气。在活动区活动中，有些幼儿一会儿到娃娃家，一会儿又到积木区。这个时候如果教师能够放下架子，和幼儿坐在一起讨论制定规则，请幼儿发表他们自己的意见，提出恰当的规则，幼儿就会愿意遵守。如在开放某一个活动区时，教师请幼儿发表意见，一起来制定活动区的人数，如何收拾活动区等等，这样使幼儿更加了解规则，也就更容易接受。

建立值日生制度，让幼儿在做老师小帮手的过程中锻炼能力。中班幼儿已经具备了一定的独立能力和责任感，经过一年的教育对于班集体有了很深的感情。教师通过让幼儿轮流担任值日生，可以培养幼儿的责任感、自豪感和集体精神。当幼儿当值日生的那天，幼儿要提醒同伴遵守常规，首先要约束自己，同时监督其他小朋友。幼儿轮流当值日生，每个幼儿都有提醒别人的义务，让幼儿自己来管理自己，幼儿的责任感也提高了，实践证明这是一条行之有效的教育经验。值日生的职责范围可以包括：帮助教师和保育员做好进餐前的准备工作和饭后的收拾整理工作，如擦桌子，分碗筷，扫地等；

管理活动区的常规，如分派幼儿管理不同的活动区，让幼儿负责本活动区的清洁以及物品的摆放等。

总之，常规的培养是一项长期的、琐碎的工作，幼儿良好的习惯也是在不断地反复和练习中逐渐养成的。教师要持耐心一致的教育态度，采用灵活的教育技巧，使幼儿愉快地度过幼儿园的一日生活。

四、开展活动区活动

中班幼儿在常规、知识、技能方面已有一定基础，同时中班幼儿极为活泼好动，因此教师要充分发挥活动区活动的教育作用，使幼儿在轻松愉快的活动中增长知识，发展兴趣。

（一）角色游戏区

角色游戏区是中班幼儿十分感兴趣的角落。幼儿在这个区域当中扮演着不同的角色，将他们经历过的生活细节重演出来，满足了他们渴望参与成人社会生活的需要。角色游戏区的内容可以根据幼儿的生活经验，经常变换，但是最好是幼儿经历过的，以激发幼儿的想像力，如医院、商店、理发店、照相馆等。

（二）图书区

可设置小型书架、椅子坐垫或者地毯，各类适合幼儿阅读的图书。也可以放置录音机、耳机、故事磁带等，使幼儿的阅读欲和求知欲得到满足。教师也可以让幼儿将家中自己喜欢的图书带到幼儿园，放在图书区内，既可以自己阅读，也可以和其他小朋友一起分享。

（三）自然角

配合教育活动的开展摆放各种自然界的物品，如树叶、松果、石头、贝壳、植物、泥土、动物等，也可以摆放放大镜、温度计、标本等，激发幼儿探索自然界和科学现象的兴趣。

（四）美工区

在幼儿十分喜欢的一个区域。教师可以提供多种美术材料和用具，如水彩笔、蜡笔、纸张、胶水、剪刀等激发幼儿的创造力和想像力。

（五）积木区

幼儿到了中班以后，教师可逐渐增加积木区的材料。可以供应各种大小不等、种类不同的积木、插塑，配合各种辅助玩具如模型、动物、玩具车、飞机、人物、交通标志或者花草树木的模型等，使幼儿在堆砌、搭建的过程中发挥想像力和创造力。积木区内的游戏既可以让幼儿独自玩，也可以让幼儿和同伴一起玩，发展幼儿的思维、语言等各种能力。

（六）玩沙玩水区

在有条件的幼儿园可以在室内设置沙箱和水箱，并投放适合玩沙玩水的用具，包括大小不同的塑料容器、铲子、小桶、漏斗、水车、筛子、海绵、洒水壶等。此外要准备足够的围裙给幼儿穿。

第三节 大班幼儿的教育特点

一、大班幼儿的发展特点

大班幼儿一般指5～6周岁的幼儿，处于学前晚期，即将跨入小学的大门。其身心都有了进一步的发展：儿童观察力和理解力增强，求知欲和好奇心盛，爱说，好动，而且，逐渐变得有情感，有意志要求和独立个性，自我意识有一定的发展，喜欢自由活动，渴望参加成人活动，盼望自己快点长大。

具体表现为：

（一）身体发展迅速，动作协调

身体比较结实，活动量大，手的动作精细、准确和熟练，更能独自活动。基本活动习惯已经初步形成，并能够自理，但是自我保护能力较差。大班幼儿初期，男孩子的平均身长是109.6厘米，女孩子是108.7厘米。男孩子平均体重是18.5千克，女孩子为18.1千克。有部分幼儿已经长出了1～4颗恒牙。

随着年龄的增长，大班幼儿的动作开始出现协调性和稳定性，基本掌握了主要的全身运动。会把几个运动要素统一为一个行动，并能做一些复杂的动作。如会跳绳、翻单杠、爬树等。手指的灵活性也在增加，能做复杂的手工，会灵活地使用筷子等。

（二）语言能力增强

大班幼儿的语言能力有了显著的提高，主要表现为5岁幼儿能够掌握词汇2 200～3 000个，而6岁的幼儿为3 000～4 000个。词汇比较丰富，并且会用形容词、连接词等，语言连贯，逐步掌握了语法结构，已经会连贯地讲故事。能够准确地区分一个句子中两个相似的音，还会说绕口令、诗歌等。其语言特点表现为：会像成人一样地交谈，说话有逻辑性，会有表情朗诵诗歌，讲故事；喜欢问为什么，开始使用一些比较复杂的句子结构来表达意思和想法。词汇是语言的建筑材料，幼儿掌握词的多少，理解的深浅程度，直接影响语言的表达质量。词汇越丰富，语言就越充实生动，所以培养幼儿口语表达能力首先必须从丰富词汇入手。5～6岁的幼儿随着身体的成长，活动范围逐渐扩大；知识经验逐渐丰富；思维能力有了较大发展；抽象逻辑思维已开始萌芽。他们已经掌握了大量的词汇，也有了比较丰富的生活经验。理解能力有限，连贯性口语表达的能力就较差，常常不能准确地、完整地表达自己的意思，特别是对事物之间的关系更不容易理解和表达清楚，为此，必须在继续丰富幼儿实词的同时，重视并加强虚词的教学。

（三）情绪情感的调节能力逐步加强

大班幼儿情绪的自我控制能力和调节能力有了较大的增长。

（四）责任感增强

随着幼儿年龄的增长，大班幼儿对于教师交给的任务大都能够较好地完成，愿意积极承担一些为集体服务的工作并且为之而自豪。

（五）好学乐问

大班幼儿的特点是求知欲强，好奇好问，喜欢动脑筋思考，对周围一切都非常关注。他们不仅喜欢问是什么，而且还要问为什么。其抽象概括能力开始发展并初步掌握了一些比较抽象的概念。他们能对熟悉的事物进行分类，也能初步地了解事物的因果关系。注意的稳定性增加，记忆开始具有一定的目的性，想象也有较高的创造性和目的性，但是仍以无意想象和再造想象为主。大班孩子的思维仍然是具体的，但是已经能出现抽象逻辑思维的萌芽，能够对一些事物进行分类，如交通工具、水果等。

（六）个性初具雏形

大班幼儿已经初步形成了比较稳定的心理特征，能够控制自己的行为，但是容易冲动，有时不能与同伴友好合作。自我意识有了进一步的发展，但是幼儿对自己的评价能力还很差，成人对幼儿的评价在其个性发展上有重要作用。

（七）社会性有很大发展

兴趣广泛，有一定的自尊心，能控制自己的愿望和冲动，按目的去行动，举止行为更有组织性。大班幼儿的社会性有了很大的发展，能够自发地结成小集体在一起玩。发生矛盾时能够独立地协商解决，而不需要依靠大人。

二、大班幼儿的入学教育

（一）入学教育的意义

升入小学是幼儿成长的客观需要，也是我国《义务教育法》的规定。由于幼儿园教育和小学教育存在差异，使幼儿在入学这又一个人生转折期中容易出现问题，因此入学教育是十分必要的。

（二）幼儿园教育与小学教育的差别

广义而言，为幼儿升入小学的准备工作，实际上从幼儿入园时就已开始，并贯穿于整个幼儿园教育的过程。经过幼儿园三年的生活，幼儿在身体与动作的发展上，在智力、学习兴趣和求知欲方面都有了很大的进步，为入小学打下了必要的基础。但是幼儿园与小学教育之间的差距仍然较为悬殊，表现为：

1. 开始正规的学习生活，要求提高了。幼儿园是保教并重的机构，以游戏为主要活动形式，幼儿主要进行灵活、自由、富有趣味性的活动，教师对幼儿的约束少，不像学校教育那么规范。而小学是实施义务教育的机构，以上课为主要活动形式，必须根据国家统一规定的教学计划，教学大纲和教材进行系统的文化知识教育，要达到一定的质量要求。

2. 幼儿园幼儿是在各种有趣的活动中获得对周围世界的认识的，教师不给幼儿打分，幼儿无压力，更谈不上对学习的责任感，而幼儿入小学成为小学生后，学习成为一种社会义务，开始系统地接受各门学科的基本知识，进行基本的学习能力训练，这是社会的责任，这就迫使儿童不仅要学习自己感兴趣的课程，同样还要学习不感兴趣的内容，并且要求取得好成绩，这就需要有意志的努力。

3. 学习内容从口头语言过渡到书面语言，要求心理活动的有意性和抽象概括性，难度增大。

4. 学校实行升留级制，学习程度以分数衡量，分数的高低会受到周围人们的评价和成人的奖惩，儿童之间存在竞争，必然引起压力，紧张和情绪上的恐惧。

5. 生活制度的变化。幼儿园的一日生活以游戏为主。动静交替，每天上课（或集体教育）时间不过一小时。其他时间以游戏为主，还有2小时午睡。小学生除早读课外，上午上课3～4节，下午1～2节，课间休息，游戏时间很短，午睡得不到保证。因此，使儿童身心负担加重，疲劳，不愿上课。

6. 师生关系的变化。在幼儿园中，老师像母亲一样关心孩子，对幼儿的睡眠、生活、饮食、清洁卫生等都关怀备至，与幼儿的个别接触多，老师与幼儿关系密切融洽。幼儿入小学后，教师与幼儿的个别交往减少，态度也较为严肃。

7. 生活环境的改变。幼儿园的生活环境注意娱乐性和趣味性，比较自由，而小学多数只有桌椅，座位固定，对儿童缺乏强烈的吸引力。

上海市闸北区幼教工作者曾对40名大班幼儿和40名一年级小学生进行24小时跟踪观察记录,证明大班幼儿入小学一年级后紧张的智力活动时间骤然增加，大脑皮层细胞能量消耗增长，而用于保护和恢复大脑皮层细胞工作能力的休息睡眠时间和自由轻松的智力活动时间却大为减少，神经系统负担增加，使得初入学的儿童倍感疲劳，面容消瘦，体质下降，学习成绩不佳，同时还导致各种行为问题。

表 12-4　大班幼儿与一年级小学生一日时间安排比较

所在园校＼平均时间	休息和睡眠 (1)	一般生活活动（不是明显的体力或脑力活动）(2)	明显的体力活动 (3)	自由轻松的智力活动 (4)	需要意志控制的智力活动 (5)
大班幼儿	12 小时	5 小时 29 分	1 小时 14 分	3 小时 33 分	1 小时 24 分
一年级小学生	9 小时 56 分	4 小时 30 分	1 小时 34 分	2 小时 11 分	5 小时 49 分
差数	－2 小时 04 分	－59 分	＋20 分	－1 小时 22 分	＋4 小时 25 分

注：(1) 休息和睡眠，包括晚上的睡眠和中午的休息。

(2) 一般生活活动，包括起床、穿衣、梳洗、大小便、吃东西和闲谈等。

(3) 明显的体力活动，包括需要消耗较多体力的运动，如体操、运动性游戏、与同伴一起追逐、奔跑、球类活动及其走较远的路。

(4) 自由轻松的智力活动。包括在无意注意状态下接受知识，认识事物，解决问题等，如看电影、电视、阅读图书，听故事和讨论问题等。

(5) 需要意志控制的智力活动。包括在受有意注意状态下进行的紧张智力活动，受纪律约束，要准确地完成工作任务，如上课、作业和家庭辅导等。

（三）入学教育

1. 培养入学意识

培养幼儿向往入学学习的感情，激发良好的入学动机和学习态度是十分重要的，教师从以下几方面进行引导：

(1) 组织幼儿参观附近小学，逐步熟悉小学校的环境，认识校舍、操场、教室和图书室等。观察一年级小学生上课的情况，课前的准备，举手和端正的姿势，回答提问的行为方式等。

(2) 可参加少先队活动和入队仪式，使幼儿喜欢做小学生，同时也使他们了解做一个合格的一年级小学生并不容易，是要付出努力的。

(3) 要向大班幼儿提出要求，逐步养成小学生应有的行为习惯，如有规律的生活习惯，爱护书籍、文具的习惯，认真学习，严格遵守上课纪律的习惯，文明礼貌行为习惯。

（4）进行毕业离园教育。毕业代表着一个学习阶段的结束，新的学习阶段的开始，也代表着幼儿的成长和发展。通过组织毕业告别会，幼儿与小学生联欢会，庆"六一"赠文具活动等，激发幼儿对于小学生活的向往和"我已经长大了"的自豪感。也可以举行毕业典礼。幼儿园大班毕业的时候，举行毕业典礼，可以增强幼儿的自豪感，引发对小学新生活和向往之情。幼儿园的毕业典礼应该是教师、幼儿和家长欢聚一堂的时刻，一切安排都要让每个幼儿都能够参与。时间不要过长以免引起幼儿厌烦，反而效果不好。

2. 培养社会适应能力

我国在1990～1994年期间，由联合国儿童基金会与国家教委合作进行了"幼儿园与小学衔接的研究"。该研究在长达五年的调查研究后指出"幼小衔接教育的实质问题是主体的适应性问题"，并将衔接点直接指向"幼儿入学适应能力的培养"。学前教育要重点为幼儿做好学习适应和社会适应性的准备。

（1）培养规则意识与执行规则的能力

①认识理解教育环境中的规则；

②养成按规则进行活动的行为习惯；

③养成按指令统一行动的习惯；

④学习制定有关规则，形成规则意识。

（2）培养任务意识和完成任务的能力

①认识到凡是教师（成人）要求做的事情都是必须完成的任务；

②养成认真专注做事的习惯；

③学习一些执行任务的技能；

④学会正确看待自己的能力，做事有信心，有毅力。

（3）培养独立性和生活自理能力

①培养自己的事情自己做的习惯；

②学会自己管理好自己的物品、用具；

③学会自己照顾好自己。

（4）培养人际交往能力

①学会与他人友好和睦相处；

②学会关心和参与集体的活动；

③学会主动接近老师。

3. 培养学习适应能力

培养大班幼儿的学习适应能力决不是要对幼儿进行大量的文化知识教育,而是从培养幼儿的能力入手,注意发展幼儿心理活动的有意性、稳定性,培养幼儿的责任感,如在大班末期布置一些家庭绘画、书写、语言作业等,让幼儿独立完成一定的学习任务,使幼儿能够较为顺利地走向小学的学习生活。

(1) 培养幼儿的口语表达能力和听的良好习惯。幼儿进入小学以后主要依靠在课堂听讲获取知识。因此养成注意听讲的良好习惯十分重要。同时理解语言和表达自己想法的能力也要在大班得到培养。教师可以通过日常生活中的各种活动来培养幼儿专心听话的能力,如绕口令、传电话等游戏。

(2) 培养幼儿的阅读兴趣,良好的阅读习惯以及一定的读书技能。教师要引导幼儿对书感兴趣,同时教给幼儿基本的读书技能,如翻页的技能,爱护书的习惯等。

(3) 加强幼儿手的小肌肉协调的训练,培养正确的执笔姿势。教师可以多让幼儿练习用手握笔的活动,以及运用手的一些操作活动,锻炼幼儿手指的灵活性和耐力。如绘画活动、手工活动以及筷子夹豆等游戏活动。

4. 培养生活适应能力

幼儿入学后,标志着人生新的阶段的开始,要求幼儿具有相当的独立意识和生活能力。小学教师不再像幼儿园教师那样精心照顾幼儿的生活,许多幼儿升入小学后出现许多不适应的现象。我国90年代初进行的一项较大规模的"幼儿园与小学衔接的研究"发现,由幼儿园升入小学一年级的儿童中,不适应小学学习生活的情况普遍存在,表现为:相当多的儿童虽然知识技能掌握较好,但不少儿童缺乏小学生的角色意识和相应能力,独立管理自己学习和生活的能力也很不理想。他们有时丢三落四,用完东西不收拾,自己的事情自己不做,不敢在老师面前发表自己的意见,不敢与人交往等。因此在大班教师要有意识地锻炼孩子的独立意识和生活自理能力。

(四) 家长和学校在入学教育中的责任

作为教育的重要力量，家长在帮助孩子适应入学方面起着十分重要的作用。家长在积极配合幼儿园开展入学教育的同时，也要在以下几个方面做出努力：

1. 放手锻炼幼儿的独立生活能力。家长要充分相信孩子的能力，让孩子做到自己的事情自己做。

2. 激发和引导幼儿向往入学的美好愿望。

3. 为幼儿入学做好必要的准备。家长要在幼儿入学前准备好书包、文具、水壶等用品。

4. 调整作息时间，养成早睡早起的生活习惯，以配合将来的小学学习生活。

同时小学在幼儿入学适应过程中同样负有重要责任。如一年级的教师来幼儿园访问，做好迎接新生的工作，调整作息时间，多采用游戏方法等。总之通过幼儿园、家长、小学三方的共同努力和配合能够帮助幼儿度过这个转折期，顺利地适应小学的学习生活。

（五）国外解决衔接问题的一些尝试

包括增进两个教育阶段的相互了解。最普遍的解决方法是幼儿园和小学举行联席会议，互相访问，交换情况，共同研究衔接方案和改进工作的建议，同时组织幼儿与小学生相互参观，共同活动等；改革现有的教育机构，把小学低年级和幼儿园联系起来；改革师资培训工作，使从事小学低年级教育的教师与学前教育的教师接受同样的培训，达到统一的要求，这样每一个合格的教师都能掌握这两个教育阶段的教育任务、内容和方法，有利于幼儿园与小学之间的相互配合；提前一至两年开始普及义务教育，使学前教育纳入国家统一的教育计划、大纲之中，以便幼儿园与小学保持密切联系，共同负责完成国家常规的教育任务。

三、促进大班幼儿社会性发展

（一）引导大班幼儿集体责任感的发展

集体感的产生与幼儿自我意识和社会角色认知的发展有着密切的关系。大班幼儿已经从对自我的关注向对集体的关注发展，表现为喜欢参加集体活动，乐于为班集体做事情，关心班级和小组的荣誉等。集体感的产生和发展可以促进幼儿进一步从自我中心的状态中摆脱出来，加快其社会化的进程，为适应未来的学校集体生活奠定基础。教师可以从以下几方面加以引导：

1. 提供机会让幼儿为班集体做事，增强集体意识

大班教师要有意识地建立制度，如小组长工作和值日工作、教师助手等工作，让每一个幼儿轮流担任负责，使他们在为集体做事的过程当中体会自己是集体中的一员，体验为集体做事的光荣和愉悦。

2. 建立班级集体规则

教师和幼儿一起讨论制定一些在集体生活中必须遵守的规则，并且由小朋友来监督执行，使幼儿形成集体意识，知道为了小组或者班级的利益要学会控制自己的某些行为和意识初步学会处理集体和个人之间的关系等。

3. 适当开展竞争性活动

如班与班之间，组与组之间的比赛，让幼儿从中得到各个成员之间相互协作，共同努力的体验，理解个人和集体之间的关系。

（二）引导大班幼儿解决问题能力的发展

1. 教幼儿正确对待挫折和困难

挫折与困难是现实生活中每一个人都会遇到的必然现象。如何对待挫折，并通过自己的努力摆脱困境是成功的社会人士所必备的能力。现代儿童有着优越的生活条件，受到成人的悉心照顾，很少尝到失败和受挫的滋味。而当他们一旦面临挫折的时候就会不知所措，甚至一蹶不振。失败和挫折可能使孩子产生一些消极的影响。

（1）不愿再尝试。每个孩子都渴望体验成功，失败常使孩子怀疑自己的能力，对失败产生恐惧，不愿再尝试，由此失去更多的学习和锻炼机会。如孩子因为某次画不好或不会画，在活动区活动时候就总是避开美术区，只去玩他认为自己能胜任的活动或玩具。

（2）消极的自我评价。经常性的失败经历加上别人的否定态度和评价，可能造成幼儿轻视自己的能力，认为自己"笨"、"不行"。这样的消极评价会影响到幼儿自信心的建立，即便在成功地完成任务后他们也会觉得这是偶然的，而非自己的努力所起的作用。

(3)造成同伴交往困难。同伴是孩子认识自己的重要参照物。从同伴那里他们获得别人对自己的一些看法，认识到自己的能力和价值，失败一方面使孩子失去自信，另一方面使孩子因怀疑同伴不喜欢他或害怕同伴轻视他而疏远他们。

因此引导幼儿自己解决问题，树立不怕困难的意志力有利于其社会化的进程，同时也能够帮助幼儿较快地适应小学的生活，使之正确地面对新的学习和生活带来的挑战。因此教师应该把这种教育渗透到幼儿身边的每一件事，抓住每一个教育机会。

教师应该适时地利用幼儿学习生活活动，促进幼儿开动脑筋，根据已有的生活经验，经过自己的努力克服困难，完成任务。如让幼儿到暗房子里面去取东西；在野外活动时，引导幼儿去走勇敢者的道路，在日常生活中接受适当的批评等。当幼儿登山摔跤时，教师在旁边鼓励"别怕，你行的。再说，摔一跤有什么。看，别的小朋友都爬上去了。"

2. 当孩子遇到困难和失败的时候多肯定和鼓励孩子

教师不妨用一些积极肯定的评价"虽然没有成功，但是我想表扬你，因为你在努力尝试，试试就很好"；"你一直在努力，再加把劲，你一定能找到办法"。这样就客观地承认了孩子的失败，又看到了孩子的努力，还为孩子提供了继续努力的方向和动力。

3. 教会幼儿正确处理生活中的矛盾

随着幼儿年龄的增长，幼儿的视野和活动范围日渐开阔，也容易遇到各种各样的问题。如何面对新的陌生的环境和新的挑战，是当代儿童面临的极大的问题，如果处理不当，幼儿容易出现一些心理问题。因此教师应当适时地教育幼儿学会处理生活当中的矛盾，以便将来能够较顺利地适应社会生活。

在日常生活中教师要注意观察儿童，了解他们出现的心理健康问题。其衡量指标如下：

(1)幼儿的心理发展是否与其年龄特点相符合。学前儿童从出生至6岁这个阶段是心理飞速发展的时期。同时在每一个年龄阶段都显现出其发展的特点，如果幼儿的心理发展水平远远低于所处的年龄阶段应具备的年龄特点，就需要引起教师的注意。如5、6岁的幼儿仍然尿床,还在不停地吃手指头等。

(2)幼儿的情绪是否稳定,是否经常处于快乐的情绪之中。健康的儿童一般情绪比较恒定,自我控制能力强,在生活中快乐情绪比消极情绪所占比例大。如果幼儿的情绪极为不稳定,经常反复变化,长期处于忧郁、恐惧等消极情绪状态中,也应该引起教师的注意。

(3)幼儿是否能够保持良好的同伴关系。幼儿3岁后进入幼儿园,交友的愿望不断增强,交友范围也不断扩大。但是由于诸多原因,有一些儿童会在同伴交往中出现这样或者那样的问题。幼儿能否保持良好的同伴关系主要包括以下两个方面:一是幼儿是否乐意与其他小朋友一起玩;二是幼儿是否被其他小朋友所接纳。如果幼儿在与其他同伴相处的过程中,总是处于不合群、孤僻、胆怯的状态或者总爱攻击他人、独占等,就应该注意观察这类儿童,并适时地给予教育。

4. 教会幼儿对待成功和失败的正确态度

孩子在碰到困难和失败的时候,往往会产生消极情绪,不能以正确的态度对待失败,表现出畏缩、退却、逃避等消极行为。如大班棋类区两个小朋友正在下棋,眼看一个小朋友就要输了。只见他"哗啦"一下,把棋子搅乱并且说这次不算。在另外两个小朋友的棋局中,一个小朋友败局已定,她"哇"的一声哭了起来。针对幼儿这种赢得起输不起的心理,幼儿园要为孩子们设计丰富多彩的活动,在活动的特定情景中使他们产生、发展良好的情感;在具体活动的操作实践中,培养他们的进取心和责任感。这时成人要告诉孩子:"不要怕,你努力就能做好的";"失败并不可怕,你要勇敢,想想办法。"在一次次的竞争中,锻炼他们沉稳、胜不骄、败不馁的心理品质,这种积极向上的情感和积极进取精神,将使他们在未来社会的竞争中立于不败之地。

四、大班幼儿的活动区活动

大班幼儿各方面都有较大发展,要求独立和扩大交往范围的需要更为迫切。同时大班幼儿的好奇心和求知欲与小中班相比更加强烈。他们不仅喜欢问"这是什么","那是什么",而且要问:"为什么"。他们对新知识和新技巧的学习求知欲强烈,喜欢各种动脑筋的智力活动,如下棋、猜谜语等。

根据大班幼儿上述心理特点,在设立活动区时就应注意划分细致,讲究活动区的独立性。内容更应丰富多彩,益智区、计算区、语言区、实验操作区、表演区、娱乐区、建构区等都应该设置齐全,投入的材料也应讲究多功能、多类型和多形式,激发其探究、创造的欲望,尽可能地扩展幼儿的知识范围,满足幼儿的好奇心和求知欲。

活动区的管理工作可以交给幼儿。每天由几名幼儿专门负责活动区的材料放置、整理等工作,培养孩子的责任心和主人翁的感觉。

第四节 学前班与混合班的教育特点

一、学前班的教育特点

(一) 什么是学前班

学前班是以学龄前1~2年的儿童为教育对象的教育组织形式。在我国各地经济、文化、教育发展很不平衡,大部分地区幼儿教育发展不够发达的情况下,它是农村发展学前教育的一种重要形式,在城市则作为幼儿园数量不足的一种辅助形式,以满足群众送子女接受学前教育的一种要求。学前班大都附设于小学内,独立设置的较少。

学前班是农村幼儿教育的重要形式。我国农村人口有8亿多,约占总人口的70%。然而我国目前的农村幼教事业,从总体上来讲还处在刚刚起步的阶段,仅有30%强的学前儿童受到幼儿园或者学前班的教育。学前班在有的地方被称之为幼儿班,它的招收对象大致与幼儿园大班一样,是入学前5、6岁的孩子。其性质以及教育方向与幼儿园大班没有什么根本的不同,都是为孩子入学前在身体、品德、智力、行为习惯以及审美情趣等方面打基础、做准备,是入学前的启蒙教育。

在我国的大城市幼儿园的开设已经能够满足群众的需要。在经济落后、幼儿园稀少的城区,学前班也充当了幼儿教育的重要角色。然而就北京而言,近年来城区学前班幼儿数量有增无减。1990年北京市城市学前班幼儿占城市在园(班)幼儿总数的9.6%,1991占11.75%,1992年占10.93%,1993年则增长至14.5%。

(二)学前班的教育目标

原国家教委先后下发了《关于进一步办好幼儿学前班的意见》(1986年6月)、《关于改进和加强学前班管理的意见》及《学前班保育与教育的基本要求(试行稿)》(1991年6月),1996年1月原国家教委在一些省份学前班教育的试点的基础上,颁发了《学前班工作评估指导要点(试行)》。其中明确规定,学前班的基本任务是"根据五至六周岁幼儿生理、心理发展特点和规律,创设良好环境,通过各种活动,促进幼儿身心和谐发展,为幼儿入小学做准备,为培养一代新人打下良好基础。"学前班教育教学方面的基本要求是"要注重培养幼儿良好的生活卫生习惯和参加体育活动的兴趣,增强体质;注重培养幼儿的良好的品德、行为习惯;注重发展幼儿的语言和一般认知能力;注重培养幼儿动手能力;注重培养学习的兴趣和良好的学习习惯。不要求幼儿学习拼音、书写汉字、学做算术题(笔算)。"

从上述政府文件当中可以看到学前班的教育目标与要求仍然与幼儿园相同,注重幼儿身心的和谐发展,并不等于小学化的教育。但是当前无论是农村学前班还是城市学前班,其管理形式和教学内容都存在着小学化的倾向。大都按小学模式进行管理和组织教育教学活动,方法呆板,不适应儿童生理和心理特点。把学习文化知识当做了学前班的主要任务,游戏、唱歌、舞蹈、户外活动等多种形式的活动被忽视甚至被排斥在活动计划安排之外。这种把幼儿统统当作小学生的"小学化"的倾向是不符合当前农村比较落后的实际,也不符合幼儿身心发展规律的特点,是违背幼儿教育规律的一种拔苗助长的做法。理论与实践证明,学前班单调、枯燥的活动形式与内容对幼儿身心发展是极为不利的。

1. 学前班教育小学化的危害

(1)影响幼儿身体的正常发育。幼儿时期,是身体各种机能迅速发育的时期,尤其是高级神经系统和骨骼肌肉的发育,常会使他们不停顿地活动,又在活动中得到发展。但幼儿大脑的成熟程度还很不足,兴奋过程胜于抑制过程,骨骼比较柔软,弹性大,脊柱的弯曲还没有定型,肌肉收缩力也比较差。因此过多地把孩子限制在狭小的教室里,每天几小时静坐,将会使某些部分的神经细胞长期处于抑制状态,严重制约身体各机能的迅速发育。

(2)制约幼儿智力的发展。幼儿时期,是以具体形象思维为主的智力发展时期,抽象逻辑思维尚处于萌芽状态;思维的形式主要靠表象,而非抽象的词或概念。幼儿思维的这种具体性和形象性,就决定了他们只有充分运用各种感觉器官,广泛地与人、与物直接接触,在动态活动中获得大量的感性经验,智力才有进一步发展提高的可能。活动则是获取直观表象、感性经验的基本途径,也是促进观察力、想像力、创造思维能力等智力因素迅速发展的主要驱动力。当前农村学前班以单一的集体教学形式为主安排一日活动,就必然把教师和幼儿带入到一种狭小而又十分严肃的氛围之中,教师讲,幼儿听,教师布置作业幼儿完成作业成为每天的主要内容,幼儿完全处于被支配的被动地位。此外,在课堂教学中占主要地位的是认读、拼写、计算,把大量的时间用来教授幼儿不感兴趣而且难以理解的抽象符号系统,这样时间长了,不但会妨碍幼儿获取打基础的、广泛丰富的感性知识经验,还会使幼儿对学习产生畏难、厌烦情绪。在这种消极、被动的心理状态下,是不可能调动、激发各种智力因素,尤其是观察、思维和想象等因素的积极活动的。

(3)压制幼儿良好个性的形成。幼儿期是各种心理过程迅速发展的时期,也是一个人个性开始形成的时期。在良好环境中成长的幼儿一般都比较活泼好动,好奇好问,兴趣广泛,喜欢与同伴交往,喜欢得到成人的重视和夸奖。在生活中我们常常可以看到幼儿是不会因为自己不断变换活动方式感到疲劳的,相反往往由于活动过于单调或重复而引起厌倦。现在学前班过多的集体教学活动,使得幼儿整天只能忙于完成教师提出的知识积累与训练任务,没有充足的游戏时间和自由活动时间。同时过多的集体教学活动,也使得教师没有时间和精力与幼儿进行更多的个别接触和交谈。而这些被挤掉的活动，却正是幼儿形成良好个性所不可缺少的。活泼好动是幼儿的天性，过分严肃的人际环境只能使幼儿学会听话，表现老实，遵守纪律，但缺少兴趣与热情，勇气和自信等最可贵的个性品质。学前儿童正处于一个"玩中学"的时期。他们在学习是在游戏的过程当中轻松地完成。作为学校，不应该剥夺学龄前儿童游戏的权利，而且更有责任和义务，为他们创设良好的游戏环境，寓学于玩，使这些儿童的智力因素和非智力因素得到发展。

（4）不利于幼儿入学后良好学习习惯的养成。大量实践经验证明，在学前班提前进行知识教育并没有达到为入学做好充分准备的教育目标。虽然在入学之初，学前班的幼儿已经有了一定的知识准备显得较为轻松，但事实上使幼儿处于一种松懈的状态，他们会以为教师在课堂上讲的内容都是他们已经掌握的，没有必要再认真听讲，儿童表现为注意力涣散、学习态度马虎等不良习惯。这种不良的学习习惯为儿童以后学习新知识新技能带来了许多消极的影响。小学教师反映上过学前班的儿童不良学习习惯多，学习后劲不足等。

2. 学前班教育小学化倾向的原因

学前班教育小学化倾向的主要原因有：

（1）迎合了家长"望子成龙"的心态。据问卷调查结果显示，有35.9%的家长把孩子送入学前班是"为了更好地使孩子全面发展"；有39.7%的家长认为"能学到知识"；还有14.5%的家长把孩子送入学前班是"为了孩子能更守规矩"；家长把孩子送入学前班的另一重要因素是使孩子"更好地上一年级"占46%。此外收费低也是家长送孩子入学前班的另一个因素。调查者得出结论，由于学前班的办学方式迎合了家长的需求，有97.4%的家长对学前班感到满意。在这个市场的吸引下，不少小学为了迎合家长望子成龙的心理，以创收为目的，不顾自身是否具备举办学前班的条件，盲目开设学前班。

（2）师资力量薄弱。幼儿教师不同于小学教师，有其特有的要求和素质。而在学前班有相当一部分从未接受过系统正规的专业训练，或是因为不能胜任小学教学工作而被"下放"下来的。教学活动带有很大的随意性和盲目性。如幼儿的一日生活与小学相同，按照小学的铃声上下课;教学内容方面,使用的是小学一年级教材,注重读、写、算的学习;教学方法上,教师讲、幼儿听,教师念,幼儿读,教师做,幼儿看的注入式或填鸭式的方式统治着学前班,有的每周上课节数多在 18 节以上,有的甚至达到 24 节,每节课长达 45 分钟,还有期中期末考试。

(3)办学条件差。由于我国农村幼教起步较晚,条件差,幼儿班里很少玩具和教具和图书图片,也没有适用于学龄前儿童的教材参考资料。使教师难以开展适合幼儿年龄特点的教育。

(三)学前班的教育要点

学前教育有别于学校教育,有其特有的教学目标、管理模式和教育方法,要注意杜绝学前班"小学化"的倾向。

1. 以游戏活动为主,在丰富多彩的活动中促进幼儿的发展

在原国家教委颁布的《学前班保育和教育的基本要求》中明确规定"要合理地安排和组织幼儿一日活动,学前班的教育活动应以游戏为主,采取全班活动、小组活动以及个人活动相结合的组织形式"。掌握知识不是学前班教育的主要目的,而应当通过游戏活动来增强体质,增长经验,为今后的学习打下良好基础。学前班幼儿在班的主要活动时间应该是游戏,在第二学期逐渐增加上课的时间。规定指出,学前班的第二学期可逐步增加集体活动时间,并可适当采用上课的形式,但上课每课时不得超过 30 分钟,每周不得超过 12 课时。

2. 根据农村幼儿卫生习惯差、社会适应能力弱的特点,抓好生活常规的培养和文明礼貌的教育

农村幼儿没有养成个人身体和服装清洁卫生习惯。如不经常洗头、洗澡、换衣报、剪指甲、随地吐痰,不会使用手帕等。其次是语言表达能力差,不爱说话,对陌生人不敢大声说话。农村学前班一日生活中各项具体活动的安排必须符合农村幼儿的生活规律。教师要在日常教育中重视幼儿生活卫生习惯的培养,及时纠正幼儿的不良行为,在班级当中提供正面榜样,使幼儿逐渐学会如何与别人相处,如何礼貌等行为规范。

3. 根据农村幼儿知识面窄、语言表达能力差等认知能力发展的

特点，培养良好的学习习惯和读写算等能力，为入小学打下基础

由于许多农村的学前班附设于小学内，可以有计划、有目的地组织小学生到学前班充当"小老师"，利用课余时间开展各类活动，既丰富了幼儿的生活，使他们从哥哥姐姐身上学到许多知识，同时也使小学生受到锻炼，促进其全面素质的提高。

4. 充分利用大自然对幼儿进行教育

大自然对于儿童身心发展的作用是巨大的。它不仅能够增进儿童的健康，而且可以陶冶情操，丰富知识，增长智慧。农村的幼儿教育虽然缺乏像城市幼儿园那样条件良好的活动室和丰富多彩的玩教具，但是农村在自然条件上与城市相比有着无与伦比的优势，农村有着广袤的户外活动场所和丰富的自然材料。那一望无际的田野和草地是农村幼儿教育的广阔舞台。这些自然材料通过教师的巧思奇想，都能成为极佳的玩教具。如麦秆、高粱秆、玉米芯、玉米叶、树叶、柳条、杏核、桃核、各种豆子、瓜子、竹子、石子、松塔、黄泥、沙土等，既可以用来数数，也可以用来作为手工材料，粘贴装饰，制作小碗、小篮、动物、小人等各种玩具，开展各类游戏活动，同时这些玩教具的制作又优化了幼儿园的教育环境，丰富了幼儿活动的内容。

如在建筑游戏中，用泥巴建房屋、垒猪圈、鸡窝、兔舍，用条子、秸秆编篱笆、架瓜果、折插眼镜、家具、车辆、农具，比积木积塑玩的范围更大、更有兴趣。在活动中，儿童的空间思维能力将得到不同程度的发展，使他们的双手更加灵巧。在智力游戏中，利用千差万别的天然材料，安排孩子们做比较、分析、概括、综合、分类、归纳等各种内容的智力游戏，十分吸引孩子。

[例] 走出我园大约5分钟，就有田野、草地、田间小路、山坡、茶园、果园，大约15分钟，就有小溪、水上公园，这些都是我们进行体育活动的天然场所。每周在天气条件许可的情况下，我们都利用晨间活动或下午游戏时间选择2～4次到野外开展体育游戏及户外活动，带幼儿在草地上做徒手操、轻器械操；在小溪边练习投掷；在山坡上比赛攀登；在茶园里钻钻跑跑；在田埂上练习平衡动作；在田间小路上走跑或开展分组接力赛跑；让孩子们在果园里尽情地追

逐、嬉戏。野外宽阔的活动场地、多样的自然地形，克服了我们学前班没有独立的活动场地和小学争地盘的现象；这种就地取材，也克服了幼儿体育器械、设施不足的困难；大自然赐予的清新空气、温暖阳光更能锻炼幼儿强壮的体格。

5. 正确评价学前班的教育质量

学前教育机构是不允许进行任何形式的测验和考试的，应该综合评价儿童的发展水平。学前班幼儿发展的评价主要是通过幼儿在教育教学活动过程中的表现来进行的，主要评价每个幼儿在原有水平上的发展。

对学前班教师的考评。有些家长对学前教育的理解存在着偏差，因而他们认为只有尽早地开始教幼儿学习文化知识、认字、算算术等才算得上是真正的学前教育。由于家长的这种心态，学前班的教师要给幼儿多灌输书本知识，才显得有水平。因此在教师的考评上也要和小学教师的考评区别开来。更多地注重教师的全面技巧，包括教师组织的活动是否符合幼儿身心发展特点，是否为幼儿创设良好的教育环境，儿童在活动中是否个性得以全面发展，而不是衡量教师是否教会了幼儿书本知识。

二、混合班的教育特点

（一）什么是混合班

混合班是指将年龄相差在12个月以上的学前儿童编排在一个班级里学习、生活、游戏的一种教育组织形式。这种班级类型大都设在农村或厂矿企业内。近年来在我国引进的蒙台梭利教育模式当中也有采取混龄编班的形式，但是这不属于我们探讨的范围。我们主要针对那些经济落后，师资缺乏或者居住分散人口较少的地区设置的混合班而言。混合班的类型主要有双龄班、三龄班和多龄班等。

（二）混合班的教育特点

1. 科学安排一日生活作息表

由于混合班中幼儿年龄参差不齐,生理与心理水平各不相同,因此需要教师兼顾不同年龄幼儿的需求科学安排其一日生活作息表。

表 12-5　农村混合班幼儿春季作息时间表

时间		活动内容
上午	8：00～8：30 8：30～9：10 9：10～9：30 9：40～10：10 10：20～10：50 11：00～11：20 11：25～11：55 12：00	接待和晨检 早锻炼和早操 上厕所和盥洗 集体活动一 集体活动二 吃点心 室内游戏 离班回家、进餐、午睡
下午	3：00～3：30 3：30～4：00 4：10～5：40 5：40～6：00 6：00	接待和卫生检查 室内游戏 户外活动和散步 盥洗与当日小结 离班回家

（选自《中国学前教育百科全书·健康体育卷》，沈阳出版社，1995）

2. 分层分组教育，促进原有水平的提高

幼儿教师在日常生活、学习和游戏中要照顾到各年龄不同幼儿的特点，为使他们在一日活动中受到不同内容的教育，就要根据不同教学内容和幼儿的特点采用多种方法进行教学活动。如最有韵律感和节奏感的音乐课，教师在一个混合班内授课，既要讲歌词、示范表演，又要伴奏，一节课不可能选择几种内容，个个示教，因此要选用大小幼儿都感兴趣的歌，使小年龄的幼儿随着大幼儿一起唱歌并做一些简单的动作。还可以让大幼儿做"小先生"，辅导小幼儿唱歌，从而调动各幼儿的学习积极性。

又如色彩鲜艳的绘画课，应按内容的不同提出不同的要求。由于混合班幼儿年龄相差较大，他们的表现力、思维力和想象力以及握笔能力和绘画技巧都相差较大。要在一节课内完成不同内容的教学，一般采用复式教学。先给大的幼儿示范讲解，安排作业，再给小的开始示范讲解，布置作业，最后教师进行巡回辅导，大小交叉，相互照料，要求一起完成作业，共同小结评比。

此外像手脑并用的手工课，就可以采用大、小幼儿互相合作，完成同一教学内容的方法。让大的幼儿做难度大的部分，小的幼儿做简单部分,最后组合成一个完整的作业,如"小白兔吃萝卜",让大的幼儿做小白兔,小的幼儿做萝卜。大小幼儿互相配合,各自发挥所长,完成教学内容,从而提高操作能力,培养参与意识,使每个幼儿都感到在共同劳动中有自己一份成果。(选自王兆惠《如何教育好独生幼儿》,《甘肃教育》1994年,第12期,第12页)

3. 发挥混龄优势,让儿童教育儿童

混合班的大孩子和小孩子在初期接触时,需要一个较长的适应过程,交流起来要受到生理、心理不同水平的限制。如小孩子的语言表达能力有限,还不能与语言表达能力强的大孩子进行沟通。然而在孩子们彼此熟悉以后,混合班的幼儿在人际交往中表现出一些同龄幼儿所无法表现出来的行为。如小孩子对大孩子有一种天然的崇拜感和依赖感,使得不同年龄之间的孩子在相互交往中互相帮助,共同提高。如大哥哥、大姐姐会学着成人的样子帮助小弟弟、小妹妹穿衣、系鞋带。

在混合班中,大孩子起到了小先生的作用,把他已经掌握了的知识传授给小孩子。如:一种玩具的玩法比较复杂,大孩子就可以亲自教给小孩子玩,并一起分享乐趣。老师可以只起观察和指导的作用,孩子们充分发挥了主动性。

复习思考题

1. 观察2~3名新入园幼儿记录他们在一周内的表现,说明如何进行小班幼儿的入园教育。
2. 结合实例说明常规在幼儿园教育中的必要性,并谈谈如何进行常规教育。
3. 试述同伴交往教育的重要性以及培养策略。
4. 观察记录某中班幼儿在一周内不良行为的次数并说明纠正方法。
5. 试述入学教育的重要性及如何进行入学教育。
6. 试列举学前班教育小学化的倾向以及危害,说明如何进行学前班的教育。
7. 什么是混龄班?混龄班的教育要点是什么?

第十三章 托儿所、幼儿园与家庭的相互配合

第一节 托儿所、幼儿园与家庭相互配合的意义与内容

一、托儿所、幼儿园与家庭相互配合的意义

一位幼儿园教师在她的教育笔记当中写道:"你是母亲,我是老师/我们拥有同一个天使/将母爱与师爱融于一体/在幼小的心灵中播下希望的种子"。其中充分体现出世界著名的教育家福禄贝尔的观点,即学校和家庭的联系是完美教育的基础。托幼园所与家庭是对儿童进行保育和教育的不同的场所和环境。托儿所、幼儿园是在同龄人的集体中进行的、有专门建立起来的保育和教育的环境,并由受过专门训练的教师实施保育和教育。而家庭则是幼儿出生后第一个保育和教育的环境,是父母或其他长辈在家里自觉、有意识地对幼儿进行的保育和教育。两种教育形式各有所长,也各有所短,其差异主要体现在:

(一)目的性和计划性

托儿所、幼儿园的保育和教育是有着明确目标,有严密计划和组织形式的,使儿童在一定的时间段达到某个目标。家庭教育则是结构松散的教育。家长没有明确的教育目标和计划,对儿童的教育也是在家长工作之余、见缝插针地进行的。家庭给予儿童的影响更多的是在潜移默化之中进行的。

(二)教育对象

在幼儿园教育中,一名教师要面对几十名儿童,幼儿的大部分

活动都是在集体中完成的。儿童在这种集体教育中也逐渐学习到如何与人相处、合作等社会规范，加速了其社会化的过程。而在家庭中进行的是一对一的教育，甚至是六对一的教育（即家中的爷爷、奶奶、外公、外婆、爸爸、妈妈等对一个幼儿）。儿童的个体需求得到最大限度的满足，家长也更加了解自己孩子的身心发展水平和个性特点等，便于有针对性地进行教育。另一方面，由于整个家庭的重心放在一个孩子的身上，容易使家长的教育心态出现偏差，如无条件的宠爱、教育的不一致性等，从而使孩子出现自理能力差、自我中心、霸道、怯懦等行为问题。

（三）教育者与教育对象的关系

在托儿所、幼儿园教育中，教师在婴幼儿眼中是无比高大的，教师具有权威性，因而对于教师的要求婴幼儿更愿意接受。而在家中，家长的要求和命令则很容易就被亲情所冲淡变得不那么有效了。

从上述两种不同教育形式的特点，我们可以得出结论，即托儿所、幼儿园与家庭构成教育幼儿的整体，其互相配合，互相补充，协调一致能最大限度地发挥教育的作用，更好地促进儿童的发展。

二、托儿所、幼儿园与家庭相互配合的内容

（一）托儿所、幼儿园方面

1. 帮助家长创设良好的家庭教育环境。
2. 向家长宣传科学保育、教育儿童的知识。
3. 指导家长正确了解托儿所、幼儿园教育的目标、任务、内容、方法和工作计划。
4. 互相沟通儿童在家庭和在园所的情况，为教育提供依据。
5. 吸收家长对园所保教与管理工作的意见。
6. 充分利用家长资源，为托儿所、幼儿园教育服务。

（二）家长方面

1. 向托儿所、幼儿园提供关于儿童的一切有用的资料，帮助教师了解儿童的发展水平和特点。
2. 帮助托儿所、幼儿园开展教育活动。
3. 为园所工作提供精神和物质上的支持。

4.参与园所的管理工作,为园所的发展出谋划策。

三、托儿所、幼儿园与家庭相互配合的原则

现代教育理论认为托儿所、幼儿园与家庭是伙伴关系。这种伙伴关系存在于家庭和学校之间,是面向整个家庭,而不是孤立地针对个别儿童。这种伙伴关系强调了家长和教师的平等性,肯定了家长的潜能和作用。正是教师和家长共同活动,促使家长之间相互作用,从而有利于家长的关系融洽而形成家长教育群体。反过来,这个群体有效地作用于教师,使伙伴关系进一步发展。

在这个指导思想下,在园所与家庭的相互配合工作中,教师要坚持尊重家长,确立家长的主体地位的原则。那就意味着教师不再是充任权威的角色仅仅把教育知识传授给父母,而是与家长相互作用,共同讨论儿童在家庭和园所发生的问题,相互支持,相互配合以保持共同工作的兴趣和热情,从而达到园所教育与家庭教育的一致。

在实际工作中,由于托儿所、幼儿园是教育机构,有受过专门训练的教师,因而处于领导地位。在教师的传统观念中教师是教育权威,家长则是受教育者、受指责者和幼儿园命令的执行者。由于家长不是与教师平等的教育者,因而难以发挥家长的主体性,无法使家长主动有效地配合幼儿园工作。有以下三种错误的做法:

其一是有些幼儿教师和家长处于敌对状态。如教师和家长互相埋怨对方教育不当等,严重地影响了教育的效果以及幼儿的发展。也有些幼儿园甚至拒绝家长参与,有意隔离家庭与园所。

其二是教师单向影响家长,并没有吸收家长参与园所的教育活动。正是由于园所处于领导地位,因而在家长工作中只有教师影响家长,如家长学校是教师教育父母的场所,家访的目的是教师弄清儿童在家里的情况以提出改善家庭教育的建议等。家长对教师的影响则根本谈不上,家长的教育意见、教育经验很少对教师发挥作用。园所虽然有家长委员会、开放日制度,但常常是徒有形式,家长并未真正参与到园所的教育。即使有家长参与的活动,唱主角的是教师,充当听众的仍是家长。

其三是园所与家长的联系只限于交流信息（如告诉儿童在家或在园所的情况）、缴学费、让家长提供方便等，这种联系仅仅是因为儿童在园所才产生，家长工作并没有使教师与家长基于共同的责任而建立起亲密的关系，使双方主动热情地合作。

在家长和教师的关系上，家长和教师是平等的教育主体。只有把家长摆在教育主体的位置，家长才能充分发挥自己的主动性、能动性和创造性，更有效地促进园所教育水平的提高。事实上，改革开放以来，随着全民素质的提高，家长对于教育子女问题十分重视，他们增强了自身的主体意识，迫切要求参与到园所教育中来，与教师共任教育之职，其中也有许多家长十分注重学习教育子女的方法，具备了不少育儿知识，这一切为家长参与提供了必要性和可能性。应做到：

（一）尊重家长和他们正确的育儿方式

英国幼教专家 T·布露丝（Tina Bruce）指出，和尊重儿童一样，教师应该承认家长的尊严，教师不应充当教育的权威，应当尊重家长的个性、需要和文化价值观念。教师应该认识到：

1. 每个家庭都是不同的，他们有不同的需要和传统。教师也应当相信绝大多数家长都在为孩子的发展而做出努力。家长有自己的价值观、教育经验，而且最了解自己的孩子。

2. 家长一般会欢迎并接受教师的建议但是并不会改变太多。

3. 教师应当把自己看作是家长教育孩子的资源和支持者。

4. 教师可以提出建议，但是不要充当"裁判"的角色。

5. 如果你不是家长，你就没有家长的亲身经历；如果你是家长，你只知如何抚养你的孩子。你不可能完全了解别人的家长的经验和感受。

6. 教师应当尊重所有的家长。绝大多数的家长，包括那些打骂自己孩子的家长都是在用自己认为适当的方式在管教孩子。教师不能轻易地否认家长的教育方式。

（二）注重教师与家长及家长之间的相互作用

教师不仅要影响家长、干预家庭教育，而且要吸取家长的教育经验，听取家长的教育意见，与家长共同讨论问题，共同解决问题，共享教育成功的快乐。

（三）开拓家长工作的广度和深度

不仅吸收、允许、鼓励家长参与园所的管理，而且使家长参与园所教育活动的开展和设计。不仅同家长交换孩子在家、在园所的情况，而且要在行动上取得一致，在教育观念上相互尊重，在情感上相融。

第二节　托儿所、幼儿园与家庭相互配合的形式

一、园所的家长工作

（一）园所开展家长工作应该注意的几个问题

1. 了解家长心态，有针对性地进行家长工作

家长对于托儿所、幼儿园的心态可分为以下几个阶段：

第一阶段——希求期（孩子初入园所）

（1）对孩子的不适应状态感到忧虑；

（2）担心孩子跟不上群体的发展水平；

（3）希望孩子能顺利度过这个转折期；

这个阶段的家长由于对家庭教育的作用以及父母的教育地位缺乏认识，缺乏自信心，希望幼儿园开展教育指导的心情比较迫切。

第二阶段——忽略期

（1）比较关心教师对儿童的评价，关注儿童在园所的表现，而较少发挥家庭的教育作用；

（2）家长与教师联系的热情逐渐减退；

（3）家长对子女的教育较注意知识教育，而忽略良好个性与行为的培养。

第三阶段——需求期

（1）对婴幼儿教育的关注程度呈上升趋势，有接受教育指导的强烈愿望；

（2）让婴幼儿超前接受知识教育，而忽略学习兴趣的培养；

（3）以成人的观念强加于婴幼儿，影响婴幼儿个性心理的正常

发展。

2. 区别对待不同类型的家长

(1) 对孩子要求过高，急于求成的家长。教师一方面要肯定家长对于孩子教育的重视和关心，同时要多向他们解释婴幼儿的年龄特点，使家长了解过高、过急的要求是不符合婴幼儿心理发展特点的，对婴幼儿的发展有很大的危害，如可能使孩子胆怯，丧失自信心等。如某位教师教大班的时候，不少家长反映，孩子在练习加减法的时候，总有数手指的现象，该怎么办？教师向家长耐心解释了婴幼儿的思维特点，使家长了解这个阶段儿童的思维是具体形象的，他们需要有实物来帮助进行运算，这是正常现象。

(2) 对儿童不太关心，认为交给老师就放心的家长。一些家长因为工作繁忙、家庭问题或者其他原因，很少在园所露面，以为把儿童交给园所就万事大吉了。教师要耐心向他们宣传家园共育的重要性，使家长知道自己的言传身教对孩子的影响，切实担当起做父母的责任。

(3) 不懂得如何教育婴幼儿或者教育方法不当的家长。教师要尊重家长，先听一听他们的想法，然后再逐步引导家长观察、了解孩子，帮助他们寻找适合自己孩子的教育方法。也可以让家长之间互相交流教育的心得，和家长们一起讨论正确、有效的教育方法。

(4) 对儿童评价不当的家长。有一些家长总是把自己的孩子看作是一朵花，没有缺点。对这样的家长，在交谈时要首先肯定孩子的优点，再站在孩子的立场上来谈问题。这样家长容易接受，也愿意合作，不会发生告状的负效应。

3. 讲究谈话和交往的艺术

无论与哪一类型的家长沟通，都要讲究谈话和交往的艺术，切忌告状式的谈话方式。另外在表扬孩子进步的同时，也要适当地向家长表示对其教育方法的赞赏。可以通过让孩子捎话或与家长谈话时自然流露的方法，让家长了解老师的态度，这样更加能够调动家长的教育积极性。(张素文《如何与不同类型的家长沟通》，《学前教育》1999年，第4期，第36页)

(1) 教师在与家长谈话时切忌使用专业术语。采用日常使用的普通语言与家长交谈,家长听得懂。在介绍孩子发展情况时,不要说得过于笼统,而要具体一些。

(2)要用平等的身份与家长交谈。教师切勿以专家自居,采取居高临下的态度教训家长,不要发号施令似的老是说"必须"、"应该"怎样,更不能责怪家长,要尊重家长,多倾听家长的话。教师提出共同促进孩子发展的措施时,宜采用商量的口吻,征求家长的意见。

(3)交谈时不要谈及别的儿童。与家长不要谈论别的儿童,也不要随意和别的儿童做比较,说长道短。因为这样做会使家长怀疑,不知老师在别人面前怎样说自己的孩子。

(4)谈儿童缺点的时候要注意方式方法。对儿童的评价一定要客观、全面,既要肯定儿童的优点和进步,也要真诚地提出不足之处。在谈儿童缺点的时候要根据情况区别对待。对某些家长可以开门见山,直截了当地谈;对有的家长要耐心解释说服;对有的家长则可以从介绍他人的经验或介绍书籍入手;有的则需要采取较为委婉的方式,如先倾听他们的意见等。可以采取和家长聊天的方式,先听一听他们的想法,然后再逐步引导家长观察、了解孩子,帮助他们寻找适合自己孩子的教育方法。有些家长自尊心很强,把谈孩子的缺点视为对自己的批评,感到有压力。所以教师要特别注意方式,不要用"迟钝"、"调皮"等字眼来形容孩子,以免家长听了不舒服。

(5)如幼儿在场,教师要注意双方谈话的内容,以免影响幼儿的自尊心以及家长的威信。

[例] 当孩子发生纠纷时

孩子们在一起玩着玩着就会吵起来,甚至动拳脚。有的父母一听说自己的孩子在幼儿园与人吵架了,被人欺负了,就常常不冷静地出面干涉,使事态扩大化、复杂化,难以解决。这天上午带班,我边整理教室边迎接儿童们来园,突然一阵吵嚷声由远及近,我循声望去,只见小明妈妈拉着小明站在教室门口,她眼光不停地在来园的孩子中间搜寻,一边还大声嚷嚷:"小海呢?小海在哪儿?我非找他算账不可!"一副气势汹汹的样子。

对这种火气十足的家长,我采取"降温"的方法,主动承担责任。同时向家长解释小朋友之间发生摩擦是正常现象,作为成人重要的是如何引导;我们要想办法,让孩子学会如何与小伙伴正确交往。这样使家长改变对立的情绪,并愿意和老师合作,共同教育孩子。

(二)托儿所、幼儿园家长工作的主要形式

1. 家长会

家长会是面向全体家长的会议。有全园性的家长会,也有班级的家长会。也可以根据实际情况将全园性的会议与班级的会议分先后进行。家长会的主要内容一般有:

(1)新学期之初,向家长报告新学期的安排,主要的教育工作、计划以及家园配合的要求等,使家长心中明了幼儿园的主要教育工作,以便有的放矢地进行家庭教育。

(2)阶段性的家长会。在一段工作之后,召开家长会,向家长反馈阶段工作情况,如幼儿的生长发育、智力和非智力因素培养的情况等。并尽可能地向家长反馈每个孩子在幼儿园的表现或者其特点,与家长进行交流,做好个别孩子的教育工作,求得家长的配合。

(3)家长会也可以开成咨询、交流的形式。鼓励家长对一些有争议的教育观念、方法等发表自己的看法,也可以鼓励幼儿家长互相之间交流有效的教育经验,从中使家长互相熟悉、互相分享,也使教师更加了解情况。

(4)新生家长会。专门面向新入园所的家长,一般在新生入园所之前或者入园所之初。由管理者向家长介绍园所的基本情况,园所的日常运作,儿童应该注意的事项等。使家长初步地了解园所,并配合园所做好新生入园所工作。

2. 家访

家访是园所进行家长工作的一种重要而又有效的方式。目的在于深入了解幼儿在家中的生活情况、家庭环境以及家长的教养态度、方法和认识等,从而为教育提供良好的基础;另一方面通过家访也使家长了解自己的孩子在园所的情况,包括进步和不足等,和家长共同探讨教育措施,争取家长的密切合作。通过家访,也使教师和儿童、家长之间的感情得到交流,产生亲近感和熟悉感。一般情况下，教师应该在学年初即进行合理安排，尽量做到每个幼儿都能在一个学年度轮到一次。

(1) 新生家访。了解新入园所婴幼儿的基本情况，建立师生感情，帮助婴幼儿较快地适应园所的集体生活，也使幼儿家长熟悉园所（参见第十二章，第一节入园教育内容）。

(2) 定期家访。对儿童进行定期家访是幼儿教师不可推卸的责任和工作。随着婴幼儿年龄的增长，婴幼儿的身心发展也在不断变化，不断出现新的进步，也有问题出现。通过定期家访，一方面教师向家长汇报孩子的变化、进步和问题，求得家长的配合。另一方面也使家长能够对幼儿不同阶段的发展及其影响因素有一个连续性的了解。教师应对家访情况作出记录和整理。

(3) 情感性家访。儿童生病，过生日或者是对一些特殊家庭的访问，既能体现教师对儿童的关心和爱护，也能拉近教师和家长之间的距离，使双方的情感得到沟通与交流。

(4) 问题儿童的重点家访。在每个班上总有一两个过分淘气，问题行为不断的儿童让教师烦恼不已。对于这些儿童的问题教师需要先弄清楚问题的根源，才能够对症下药。访问问题儿童的家庭是其中的一个重要环节。在访问这样的家庭时，教师要持心平气和的态度，向家长如实反映幼儿在园所里出现的一些问题，并真诚地倾听家长的看法和意见，耐心和家长一起分析原因，共同找出对策。对于一些不适合当着儿童面说的话，教师可以和家长约定时间和地点（如在办公室中）再做进一步的了解。

3. 家长学校

家长学校面向家长开放，其主要宗旨在于向家长系统宣传和指导教育孩子的正确方法。家长学校由园所管理，通过讲座、讨论、参观等形式提高家长教育孩子的能力。家长学校的开放时间可以根据各园所的具体情况而定，一般来说，每个月或者两个月活动一次。园所要注意选择适合家长需要和渴望的一些题目，真正通过家长学校帮助家长提高教育意识，指导家长的家庭教育，不要流于形式。家长学校的任课教师既可以请一些专家、学者，也可以请本园的教师和管理者来担任，只要言之有物，切实有效，受家长欢迎即可。

4. 咨询活动

园所可以不定期地举办咨询活动，解答家长在育儿过程中的疑问和难题。也可以将其固定为一种制度，在园所中专设咨询室向家长开放，及时有效地帮助家长解答一些问题。也有的园所在"六一"儿童节或者其他有意义的节日请一些专家学者和本园的教师一起举办有一定规模的咨询活动。

5. 开放日制度

托儿所、幼儿园的开放日活动是目前我国家园工作中最常用的一种形式。所谓开放即请家长来园所参观各种保教活动，参加运动会，元宵灯会，节日庆祝活动等，使家长具体了解幼儿园的工作，看到自己孩子在集体中的表现以及教师的教育要求和方法，增进对园所工作的感性认识。同时家长通过对同一年龄幼儿行为和能力的对比，可以从侧面认识自己的孩子的发展水平，改进家庭教育。较为常见的是半日开放活动，在一些园所则将开放日固定为一种制度，定期开放，便于家长参与和更好地了解园所的教育以及孩子在园所的情况，普遍受到家长们的欢迎。

在半日开放活动中，教师应该按日常生活的程序进行，使家长了解到园所的日常工作，同时也可以设计一些让家长一起来参与的活动，充分发挥家长的主动性。有的园所还尝试使用发放记录表格的方法请家长记录下孩子在各项活动中的表现，并且对老师的施教方法等各方面进行评价，提出不足和建议，便于教师改进工作。

托儿所、幼儿园也可将来园的主动权交给家长，请家长根据自己的时间和需要，作出选择和安排，再和带班教师预约；教师也要求家长不干扰班级的正常教学活动。例如英国保育学校的做法。教师每天邀请一名幼儿的家长来校参加整个半天的活动。在孩子早晨来园的时候教师首先向大家介绍今天来的是谁的家长，小朋友表示欢迎，而那名幼儿也感觉十分骄傲和自豪。在半天的活动中，家长陪伴幼儿参加每一项活动，如在读书角为幼儿读书，和全班小朋友一起唱歌做游戏等。促使家长了解教师的教育思想和教育方法等。

6. 家长接待日

由园所安排一个固定的时间,园长或主要管理者接待家长的来访,听取家长的意见和建议。也可设立意见箱收集家长的意见,从而更好地改进和完善园所工作,拉近家长和园所之间的距离。

7. 家长委员会

我国《幼儿园工作规程》规定幼儿园应成立家长委员会。其成员由各个年龄班选出的家长代表组成。参与幼儿园的民主管理,参与幼儿园重大问题的讨论和决策,同时家长委员会也是家长和幼儿园之间的桥梁,促进家园的合作,体现幼儿园和家长的伙伴关系。

8. 电话联系

利用电话联系是家园联系中最快捷也是最灵活的一种方式。能够及时沟通幼儿在家或者在园的情况,迅速处理一些应急性的问题。尤其适用于寄宿制园所或者平时不常见面的家长。寄宿制托儿所、幼儿园,婴幼儿在园长达3~5天,平时教师极少有机会与家长沟通和交流。通过电话联系,教师可以简短地向家长介绍婴幼儿在园的表现以及生活学习情况,使家长放心和安心。如果家长有事情也可以及时地通过电话告知教师。

9. 书面联系

书面联系的形式包括家长园地,家园通讯,宣传报,联系手册,问卷调查表,征求意见书等,其中家园联系册是书面联系的主要形式,在幼儿园经常使用。幼儿人手一本。尤其适用于与不易见面的家长联系,寄宿制幼儿园尤其要经常利用这一方式。在联系册上,老师向家长介绍幼儿园的情况,幼儿在园的表现以及要家长配合的事项,家长向老师反映幼儿在家的情况等。通过经常性地使用,使家长和园所之间有了良好的沟通渠道,便于双方配合一致地对幼儿进行教育。(见表13-1)

表13-1 某园大班某幼儿的幼儿园—家庭联系卡

教师——　　　　日期——

一、情绪及健康
  1. 情绪稳定,能愉快地参加各项活动。
  2. 健康状况良好,体质比原来有明显增强。

二、兴趣及行为习惯
  1. 对看书、听故事、绘画、拼图等内容感兴趣。
  2. 自我控制能力较强,能自觉遵守常规和要求。

三、进步及趣事点滴
  　与小朋友之间的友好交往能力有提高。遇到困难或一些不愉快的事情,能想办法解决,不总依靠老师了。

四、共育目标
  1. 在大胆表述方面还要加强培养。
  2. 培养心理承受能力。男孩子要坚强,不要遇到挫折就掉眼泪。

五、给家长的建议
  1. 感谢家长对班上工作的支持和对老师们的理解。
  2. 在心理承受能力方面还要加强培养。如有做的不对或不正确的地方要方法得当地提出批评,使他慢慢经得住批评。因为将来步入社会会经历许多挫折。特别是个男孩子,这方面的能力更为重要。要有胆量,要坚强。
  　以上看法如不准确,请您谅解。

续表

家长—— 日期——

一、情绪及健康

每次从幼儿园回来,情绪均很好,表现出对幼儿园兴趣很浓。特别是得了小红旗或受到口头表扬后。

二、兴趣及行为习惯

爱画画,爱跳绳,喜欢听故事。对学习新的技能不够耐心,经常表现出畏难、退缩或胆怯。

三、进步及趣事点滴

1. 跳绳进步很明显
2. 能够在幼儿园午睡了。
3. 与幼儿交往能力有提高。
4. 能较多地回忆学过的课程。

"爸爸,××小朋友得了4个小红旗,我要能得那么多,该多好啊!"

四、共育目标

培养胆量和与小朋友的交往能力。这个孩子的自尊心很强,且敏感,很在意别人的评价。过去由于身体的原因,上幼儿园时断时续。因此胆量、交往能力、自理能力均较同龄孩子差。

五、给教师的建议

很感谢各位老师对这个孩子的关照以及对我们每天接送孩子的谅解。
建议:
1. 多鼓励他主动回答问题或主动承担一些为集体的服务性工作。
2. 鼓励他独立处理与小朋友之间的争执或冲突,并教会其方法。
以上不当之处,请老师们包涵。

与家园联系册相类似的书面形式还有期终报告单。即幼儿园每

学期用固定格式的报告单向家长汇报幼儿在幼儿园各方面的发展情况，内容要具体、全面、有重点，文字简明。家长也可在意见栏中填上自己的意见与要求。

[例] 某教师为幼儿写的学期评语："小彬彬，你是个有礼貌的好孩子。每天早上总是笑眯眯地来幼儿园，亲切地叫'老师早'。平时你很会讲一些有趣的事情，可是为什么一上课，你就跟小朋友玩，从不举手呢？希望你上课也跟平时一样爱动脑筋，好吗？"（选自《幼儿教育》1998年，第2期，第38页）

家长园地也是幼儿园家长工作中常用的形式，一般张贴于本班的活动室门外，主要介绍本班一周工作重点，教育活动的安排，需要家长配合和注意的一些问题，以及一些短小的教育文章供家长参考。

[例]"家长园地"的创新设计

我们给"家长园地"取了若干个栏目名称，又可加上标题，如"今天我最好"或"今天谁优秀"，表扬一天中表现好的孩子，鼓励幼儿争做好孩子。又如为鼓励幼儿积极开动脑筋思考问题并大胆地回答问题，我们设计了一张表格，贴在"表扬栏"内，及时表扬幼儿。

在"本周工作栏"内，我们以表格的形式张贴本周工作目标、主要活动安排、有关环境布置工作以及保教注意事项等。每周教的儿歌、故事等内容也都公布出来，使家长能及时了解幼儿的学习和发展情况。

"知识栏"也可取名为"看世界"或"外面的世界"。在幼儿园里，教师传授的知识毕竟是有限的，为了让孩子更多地了解自然和社会，扩大知识面，需要家长密切配合。如在组织科学教育活动"苹果"之前，我们找了一些关于苹果的资料摘抄在"知识栏"内，让家长首先给孩子介绍一些科学常识，以便教师开展教育活动。又如，幼儿园每天都要进行晨检，但许多家长却不知道它的内容和意义，我们就通过"知识栏"向家长介绍有关晨检的知识。

"家长请帮忙"栏目以发动家长动手制作为主。如为帮助孩子学会系鞋带，老师用洗洁净瓶做成鞋面模板，把样品挂在该栏内，附上说明和我们自编的儿歌,请家长做一个模板供孩子练习,并一边念儿歌一边用游戏形式教孩子系鞋带:"两个好朋友/交叉握握手/变只兔耳朵/交叉握握手。"还有许多自制玩具如沙袋、软飞盘、毽子等,很受孩子欢迎,若只是老师做一两件,显然是不能满足幼儿人手一件的需要的。我们将自制的玩具挂在此栏内,说明制作方法和用途,请家长照着给孩子做一个。这样既可以解决幼儿园的实际困难,也能增强家长的参与意识。

经过努力,"家长园地"真正成了联系家长、老师和幼儿三方面的纽带,成为大家每天关心的重要窗口。(选自徐玮玮《"家长园地"的创新设计》,《幼儿教育》1998年,第5期,第36页)

10. 面向家长的宣传教育活动

如家庭教育知识有奖赛,家庭教育小品表演,展览会等,通过这些丰富多彩的活动使家长受到教育。

11. 接送幼儿时的随机交流

家园共育是一项持久的细致入微的工作。接送幼儿时的交流是一种便捷灵活的指导和沟通方式。每天早晨幼儿入园和每天晚上幼儿离园这段时间都是幼儿园和家长之间交换意见,配合开展工作的有利时机。教师要见缝插针,适时利用,有效地发挥作用。在家长来接孩子离园的时候,教师可以向家长通报以下情况。通过几句短短的真诚话语,就能够拉近家长和教师之间的距离,使家长感受到幼儿教师对幼儿的关怀和爱护。在接送时可以交流沟通以下信息:

(1) 幼儿的健康情况;
(2) 幼儿表现的童真、说过的趣话;
(3) 生活情况,如饮食、睡眠、大小便等情况;
(4) 幼儿在园学习活动中的表现;
(5) 特殊事故或者意外发生的原因;
(6) 园所内的消息或者通告;
(7) 归还家长交来的幼儿衣服、药瓶或者幼儿弄脏的衣物;
(8) 育儿经验的交流。

二、家长参与

家长参与是指家长通过不同的形式,参与幼儿园的一些教育教学活动,协助教师的工作,以丰富幼儿的学习经验,达到家庭与幼儿园的相互配合和协调一致。

(一)园所内参与

即家长亲自到园所主持一些教学活动或者参与一些教育教学活动。这种参与形式极大地调动了家长的积极性和资源优势,使他们通过参与活动更加深刻地认识到教师工作的特点以及艰辛,使得教师与家长之间的感情拉近,同时也让家长了解了自己的孩子在幼儿园的表现。

[例]英国保育学校的家长参与活动——食品制作活动

一名幼儿的母亲来到学校时,组织一组幼儿开展食品制作活动。当天制作的食品是三明治(Sandwich)。家长请这组幼儿围坐在桌子边,系上小围裙,挽起袖子。家长早已准备好了面包、黄油、奶酪、生菜、黄瓜片等。幼儿只需将上述食品放在一起就可以了。孩子们饶有兴趣地操作着,家长则适时地给予指点和帮助。当孩子离开学校时,每个孩子都将他们做好的三明治带回家,对于他们的劳动成果他们感到十分的激动和骄傲,纷纷举起手中的三明治展示给家长:"妈妈,快看,这是我做的三明治!"。

(二)园所外参与

园所外参与是指家长间接地协助配合园所进行教育。包括协助幼儿搜集资料,配合幼儿园的教育活动;回答幼儿的提问;带领幼儿做实地观察,增加幼儿生活经验等。如春天来临,在幼儿园开展了认识春天的教育活动,家长可以有意识地在双休日带领孩子到公园或者郊外观察变绿的树木草地,含苞的花朵等,增加幼儿对于春天的感性经验,加深印象。又如幼儿园需要一些废旧材料自制玩具时,可以发动家长搜集一些家中的空易拉罐,纸盒,旧挂历等。家长也可以发挥自己的特长制作一些玩教具,支持幼儿园的工作。

(三)亲子活动

使家长通过参与活动,了解园所的工作。增加家园互相了解的透明度，加强双向沟通。如组织参观、义卖、郊游、野餐、运动会、演唱会等各种亲子活动。如在义卖活动中，请家长把在家里自制的或闲置的玩具带到幼儿园，再请家长前来义卖，这项活动一方面可以让幼儿体验钱的来之不易，是劳动所得；一方面又使孩子学习与人交往，同时也向家长展示了素质教育的未来人才观。使家长、教师和幼儿之间的情感得到了交流。

[例1] 这所幼儿园的家长很热心：有一位家长专门负责留意所有幼儿的生日日期。由家长发起组织了一个"生日书会"。某幼儿生日，由他的家长在那一天捐出一本书给幼儿园，书内注明幼儿的姓名以及出生日期。家长还会带一些小食品或者糖果来请班上的小朋友吃。（选自朱邓丽娟《幼儿游戏》，北京师范大学出版社，1994年版）

[例2] 谁没休息

活动目标

1. 利用休息日观察、了解没有休息的叔叔、阿姨们的工作，知道很多人为了大家的快乐付出了辛苦。

2. 提高独立思考、大胆交谈的能力。

指导要点

1. 建议幼儿在休息日与爸爸妈妈一同去观察、寻找哪些地方的叔叔、阿姨仍在工作，没有回家休息。问一问他们为什么不能休息，想一想如果他们全都休息了，会给人们的生活带来哪些不方便。

2. 与家长沟通，使其了解该活动的教育意图和需要家长配合的内容。请家长利用休息日带幼儿外出，通过摄影、摄像、录音、访谈等形式将休息日仍在工作的人们的情况记录下来。

3. 教师准备统计表，指导幼儿进行记录、统计。

记录范例（可以用图画形式）

场所	没有休息的人数	对别人的好处（幼儿画）
公园	20人	一家人到公园游玩
菜市场	30人	一家人吃着热腾腾的饭菜

4. 可请休息日仍去工作的家长到班上座谈，接受小朋友的采访。

(教师可事先与幼儿讨论,拟定采访话题)

(选自郑淑娟《谁没休息——大班家园共育观察活动》,《学前教育》,1999年,第3期,第20页)

复习思考题

1. 托儿所、幼儿园与家庭配合的原则有哪些?
2. 托儿所、幼儿园可以开展哪些形式的家长工作,和家长进行沟通?
3. 托儿所、家长如何参与到园所教育中,发挥家长的作用?
4. 调查某个园所与家庭配合的状况并做出分析。

第十四章 幼儿教师和保育员

第一节 幼儿教师

在德国著名教育家福禄贝尔创设幼儿园之前，儿童的教育大都由父母以及其他家庭成员、保姆、长者、奴仆及家庭教师担任的。自福禄贝尔开始，幼儿教师正式从教师系列中分化出来，逐渐成为一支专门的教师队伍。随着社会的进步和经济的发展，在世界范围内幼儿教师的地位、素质都有了巨大的提高。我国幼儿教师队伍在近十年来也有了突破性的进步。我国幼儿教育师资的培训工作基本形成了多种渠道、多种形式、多层次的系统工程。

自1994年1月1日开始，我国各地相继实行了幼儿教师资格制度，幼儿园教师资格的认定一般包括以下几方面：

1. 遵守宪法和法律，拥护党的基本路线；
2. 热爱幼儿教育事业，爱护幼儿，具有良好的思想品德，为人师表，忠于职守。
3. 具备幼儿师范学校毕业及其以上学历，或经国家教师资格考试合格；
4. 有教育教学能力，努力学习专业知识和技能，提高文化和专业水平；
5. 身体健康。

认定合格者，均可取得幼儿教师的资格。从1996年起，我国幼儿园教师实行聘任制，对有幼儿教师资格的人员进行招聘，择优录用。

一、幼儿教师劳动的特点

幼儿教师是教师这个群体当中十分特殊的一分子。在我国悠久的教育历史长河之中,学龄前儿童的教育一直都在家庭当中进行,没有受到社会的重视。长期以来,在我国的传统观念当中,幼儿园教师被称之为"保姆"、"小阿姨"或者"孩子王",可见其地位的低下。人们以为幼儿教师是一个不需要专业知识和专业技能的职业,是妇女母亲这个角色的自然延续。随着我国社会经济的发展和对早期教育的全社会的重视,幼儿教师的地位得到空前的提高,对于幼儿教师这个职业的认识也逐渐与国际接轨,幼儿教师正在成为受人尊敬和仰慕的职业。在今天的中国有成千上万优秀的女青年在这块希望的田野上耕耘着,为培养未来人的事业做出奉献。

作为幼儿教师应该对这一职业有清醒和正确的认识。

(一)纯真美好

正如一名刚刚踏上工作岗位的幼儿教师所说的那样"作为'孩子王',与孩子们在一起的氛围是任何现代装饰手段都无法营造的。望着那一张张甜美可爱的小脸,一切的烦恼与忧愁刹那间消退,生活的诗画便在眼前飞扬,使心田灿烂、温馨无比……"幼儿园教师是一个纯真和美好的职业。有人形容幼儿教师永远都显得那么年轻和充满朝气。这种形容不无道理。当你面对幼儿那双清澈无比充满童真的眼睛时,当你聆听着幼儿银铃般的笑声时,每个人都仿佛又重新回到了童年时光。

(二)教育效果的长期性

俗语说:"十年树木,百年树人",正是形容教育者这个职业的特点具有长期性和远期效果。与普通教育相比,幼儿教育更具有其典型特点。由于幼儿教育的对象是稚嫩的儿童,幼儿教师劳动的成果或许要等上十年、二十年甚至更长的时间才能看到。因此幼儿教师的工作效果是长期的,需要教师十分的自觉性和自我激励才能够坚持在这个岗位上。

(三)幼儿教师的劳动是精神生产

与其他职业相比,教师这个职业是一种精神生产。它不可能有固定的工艺过程，也不可能有硬性的技术指标。对于教师劳动的质量和成果是难以做精确的测定的。

（四）多重角色

幼儿教育面对的是有血有肉、充满感情需求的孩子，而非无生命的物质材料。他们有着多种多样的需求：他们需要生理上的满足感，也需要心理上的支持和指导。而每个孩子都是独特的个体，他们的相貌不同，性格不同，认知能力不同，兴趣也不同……如此多的不同使得幼儿教师的工作变得错综复杂，也因此使得这个职业具有挑战性和创造性。教师需要具备良好的个人素质才能够胜任这一工作。幼儿教师由于其工作的特殊性，担负着重要的职责。其角色是：生活中当妈妈，学习中当老师，游戏中当伙伴。

二、幼儿教师的职责

幼儿教师是幼儿园中全面负责幼儿生活与教育的人员。《幼儿园工作规程》中明确规定其主要职责为：

1．观察了解幼儿，依据国家规定的幼儿园课程标准，结合本班幼儿的具体情况，制订和执行教育工作计划，完成教育任务。

2．观察分析并记录幼儿发展情况。

3．严格执行幼儿园安全、卫生保健制度，指导并配合保育员管理本班幼儿生活和做好卫生保健工作。

4．与家长保持经常联系，了解幼儿家庭的教育环境，商讨符合幼儿特点的教育措施，共同配合完成教育任务。

5．参加业务学习和幼儿教育研究活动

6．定期向园长汇报，接受其检查和指导。

三、幼儿教师应具备的素质

（一）幼儿教师的心理品质

1．执着的事业心

由于幼儿教师工作的特殊性，需要教师具有一颗热爱事业的心。幼儿园的日常工作是琐碎和平凡的，同时情况又是复杂多变的，有时孩子的行为会出现问题，有时孩子的生活又需要教师特殊的照顾。

在这样艰巨的工作中，许多教师不免会出现烦躁情绪，而这种情绪会传递给敏感的孩子，使他们感到焦虑不安，严重的甚至伤害到孩子的心灵，有些教师，尤其是新教师甚至因此畏惧或者厌烦幼儿教师这个职业。所以教师应该对幼儿教育工作的特点有一个正确的认识，有充分的思想准备，坚定信念，保持一颗执着的事业心，这样才能在幼教工作中取得成绩。

2. 自信、自尊

有位学者认为，在肯定他人之前，必须先肯定自我。自信、自尊是现代人应该具备的个性特征。一个对自己工作没有信心，消极懈怠的人是无法做好工作的。一些刚刚从学校毕业踏上幼儿园的年轻教师，由于缺乏实践经验和应有的技巧，往往会被一时困难和挫折所压倒。对自己的能力和知识产生怀疑。事实上，每一位幼儿教师都有这样一个过程，在实践的过程中慢慢积累经验，充分发挥出自己的聪明才智，只要对自己充满信心。自尊和自信是做好幼教工作的基础。此外学龄前儿童正处于自我概念形成的重要时期，幼儿教师自身充满自信、自尊的人格，处理问题时也表现出自信都将感染幼儿，给幼儿树立一个良好的模仿榜样，使幼儿在潜移默化中学习到这个良好的个性品质。

3. 意志坚强

教师对幼儿的爱不仅体现在微笑、关怀和温暖的支持，也体现在对幼儿的严格要求上。由于幼儿年龄尚小，自我控制能力较差，难免会出现一些行为问题。教师要坚持对孩子的要求，保持要求的一致性。同时教师应该具有稳定良好的情绪。教师的情绪如何直接影响到幼儿。教师作为一个有血有肉的个体，难免会有烦恼和痛苦，但作为幼儿教师，如果将一些消极的影响带到幼儿园，带到工作中，就会影响幼儿的发展，因为孩子的心灵是脆弱和敏感的。教师要时刻意识到这种不良情绪给孩子造成的恶劣影响，保持开阔的心胸，善于调节、控制自己的不良情绪，在幼儿面前始终保持稳定、良好的情感。

4. 聪慧的认知能力

幼儿教师应该是心思聪敏，具备良好的认知能力和敏捷的反应能力。在面对一些问题的时候幼儿教师能够头脑冷静,运用教育机智加以处理,没有良好的认知能力,是无法胜任幼儿教师这一工作的。

5. 乐于接受新事物的良好心态

在21世纪到来之际,教师应该打破固有的思维模式,以良好的心态面对改革。这些心态包括:准备和乐于接受没有经历过的生活和思想方式;准备接受社会变革、变化;思路开阔、思想解放;守时、惜时;强烈的个人效能感;工作生活有计划;尊重、获取知识;有可信赖性;尊重专门知识;乐于选择传统不尊重的职业;相互了解、尊重、自重;同时要求幼儿教师由能歌善舞型向能力型、科研型转变,要具备思维能力,规划能力,合作能力,交流能力,组织能力,解决问题能力,跟踪能力。

6. 合作精神和能力

教育孩子的工作本身就是一件复杂的工作,需要幼儿园内的工作人员相互合作,各司其职,各尽其能,齐心协力为幼儿提供一致的教育影响,从而达到较好的教育效果。一般来讲,在城市幼儿园的教师配备上,一个年龄班有两名教养员和一至两名保育员。作为幼儿教师要与本班的教师互相沟通,相互配合,同时更不能因为自己主要负责幼儿的教育工作而瞧不起配班的保育员。应该本着互相尊重,团结协作的精神共同教育幼儿。

7. 良好的自我形象和个性品质

幼儿虽然年龄幼小,但是也喜欢美好的形象。孩子们会说:"史老师真好看,和妈妈一样"。在一次户外活动的时候,因为天气炎热,教师随手解开了衬衣的纽扣,露出了里面的真丝背心,结果就有孩子马上跑过去说:"老师你这样做不美,应该把衣服扣上"。幼儿在幼儿园得到启蒙的教育,教师教他们各种本领。所以在他们幼小的心灵中教师什么都懂,其形象在他们眼中无比高大,老师是幼儿学习的榜样,是敬仰和崇拜的对象,老师的位置往往在父母之前。因此教师要格外严格要求自己,每一句话、每一个行动都会给孩子留下深刻的印象和潜移默化的影响。教师的仪表是赢得幼儿信任和尊敬的第一步。孩子们十分喜欢举止大方,亲切活泼,穿着得体的教师。因此教师要注意自己的仪表和举止。举手投足和仪表穿着都要注意。可以适当地修饰自己，保持一种整洁、优雅的形象。做到文静中显活泼，飘逸中显庄重、自信。幼儿一般喜欢那些性格开朗、活泼、热情、有朝气、性情温和、和蔼可亲、耐心、民主、有幽默感的老师。

(二) 幼儿教师的专业素质

1. 爱心

[例] 孩子年龄越小，越需要得到成人的爱抚。爱抚会使他们感到温暖，产生幸福感。所以我平时采用各种巧妙的办法亲近他们、抚摸他们。如玩开火车的游戏时，我通过数数有几节车厢（摸摸孩子的头），检查车厢有没有毛病（轻拍每个孩子的肩膀），拧紧螺丝（用手指在每个孩子的耳朵眼转转）等方法亲近他们、抚摸他们，孩子们边玩边甜甜地笑着。我还通过"骑大马"的游戏，请他们轮流骑在我的腿上，一边颠，一边与他们进行简短的对话。这样，孩子们很快就和老师建立了感情。（选自琚贻桐《拨动孩子的心弦》，《幼儿教育》1996年，第3期，第16页）

前苏联教育家苏霍姆林斯基指出："我生活中最主要的东西是什么？我毫不犹豫地回答：对孩子的爱。"也有人说，世界上不存在没有爱的教育。没有爱的教师是一座冰库，没有爱的幼儿园只能是一片沙漠。我国IEA研究结果表明，教师热爱和关心儿童的程度对儿童的发展影响极大。爱心是教育幼儿的前提。幼儿像稚嫩的小草，需要温暖和关怀的环境。爱心促进幼儿身心健康成长，使幼儿感受到幼儿园像家庭一样温暖，从而愉快地参加活动和接受教育。幼儿教师是决定幼儿是否能够适应集体生活并在集体生活中获得发展的重要因素。幼儿常常根据幼儿教师的态度来判断这个陌生的集体环境是否是一个安全和可信赖的场所。只有当孩子觉得他是在被关心，感到安全的情况下，他们才能放心地离开父母，才有好奇心去探索周围事物。幼儿的情感的健康成长需要靠成人的爱心来营造。有人提出只能单纯传授知识已不能算是合格的幼儿教师，只有在保护和培育孩子的心灵上做得出色，才能称得上是优秀的幼儿教师。

IEA调查表明，城市幼儿园教师在表明其对儿童的喜爱程度时，有34.3%的明确回答"一般"，有3.26%直接说"不喜欢"。在调查教师喜欢的原因时，"聪明的"比例占14.23%，"品质好"的占11.32%，"口语表达能力强"占3.8%。由此看出作为一项基本的专业素质，仍然有许多幼儿教师做不到或者做得不够好。

（1）爱心和"教育爱"。对于幼儿教师来说，这种爱心，不仅来自女性意识，也来自受到的专业教育和训练，更来自教师自身的文化修养。幼儿教师的爱不同于母爱，它高于一般父母的爱。它是构成师德的核心部分。希望获得教师的爱是每个儿童的心理需要，爱是一种强有力的教育力量，能够发挥其他任何教育手段所不能发挥的作用。这就要求教师爱班级中的每一个孩子。有这样一则故事：长颈鹿和小羊在一起玩，他们来到一棵大树底下，长颈鹿很轻易地就吃到了树上的叶子，而小羊个子太小，吃不着。它真羡慕长颈鹿有一个长长的脖子。后来他们又来到了草地上，小草多鲜嫩呀，小羊吃得可欢啦。而长颈鹿太长的脖子，却妨碍了它吃草。从这个故事里我们知道每个人都有自己的长处和不足。教师不仅要爱漂亮的孩子，也爱长相一般甚至丑陋和有缺陷的孩子；不仅爱聪明的孩子，也爱发展速度缓慢甚至迟钝的孩子；不仅爱听话的孩子，也爱调皮的甚至有许多问题行为的孩子；不仅爱家庭背景富裕、社会地位高的孩子，也爱平民甚至家境贫寒的孩子。

（2）爱心和童心。苏霍姆林斯基说，在探寻童年这座神话之宫的入口的时候，我总认为有必要在某种程度上使自己变成一个孩子。只有在这种情况下，孩子们才不会把你看做是偶然出现在他们的童话世界大门口的人，才不会把你看做一个监护这个世界的看守人——一个对这个世界内部发生的事情漠不关心的看守人。大量成功的经验表明，童心是教师通往每个孩子的心灵世界的桥梁。一个失去了童心的教师就不可能理解儿童，了解儿童的心理。一位好的幼儿园教师往往是幼儿的"忘年交"，是幼儿群体中的一分子。她们保持了一颗纯真的童心，积极参与孩子们的各种活动，和他们一起游戏、讲故事、说悄悄话。在这种平等的关系中，教师就能够和幼儿之间产生情感上的交流，就会在幼儿内心引起"共鸣"，同时教师也会在生活中发现每一个孩子身上的闪光点，从而更加爱孩子，由此教师的教育工作就有了良好的基础。如教师与幼儿在户外活动的时候发现地上有一条大青虫,小朋友们都好奇地围上去看,有的孩子说:"大青虫真可爱",教师没有躲在一边而是和孩子们围在一起观察大青虫。

(3) 爱心和尊重儿童。每个个体都有尊严,幼儿也如此。虽然他们年龄尚幼,也有着强烈的自尊心。作为成人应该尊重儿童的个性发展,用欣赏的目光去关注每一个幼儿。如小班幼儿经常会尿湿裤子。教师发现这类情况后,不仅应该立刻给孩子换上干净衣裤,而且还要考虑到幼儿的自尊心,不要当众斥责,要避开众人换洗衣裤并查找原因,从而为孩子树立做人的自信和尊严,同时要叮嘱孩子以后遇到这种事要及时上厕所或报告老师。又如某个大班在冬季开展跳绳活动,锻炼孩子的体质,培养大班幼儿的跳绳技能,经过一个阶段的锻炼,在班级的家长园地就公布了孩子跳绳的成绩,好的,差的,一览无遗。无形中给孩子和家长列了一张名次表。这样的做法就是不恰当的,它不仅伤害了孩子的自尊心并且也损害了家长的尊严。教师在一日生活的各项活动当中要细心处理点滴小事,爱护孩子的自尊心。

(4) 爱心和严格要求。教师的爱不是溺爱。对于幼儿出现的问题,教师要坚持一致的要求,培养幼儿的良好行为。

2. 观察力

世界著名幼儿教育家蒙台梭利认为每位教师都要将自己的眼睛训练得如同鹰眼般的敏锐,能观察到幼儿最细微的动作,能探知到幼儿最殷切的需要。一个不会观察的教师是绝对不称职的。由于幼儿语言能力较弱,教师可以通过每天实实在在的与幼儿接触,仔细地观察,记录,获得第一手的宝贵资料,为教育提供基础。

幼儿教师的观察能力主要包括以下两类:有计划的观察能力和随机观察能力。

(1) 有计划的观察能力。幼儿是有差异的。有的活动积极性高,有的对活动则不感兴趣。但是不管是优秀的或是较差的孩子,在他们身上都有不同的闪光点,作为教师要善于观察发现他们的优秀点。从而寻找到不同的方法来调动孩子的活动积极性,做到因人施教。通过有计划的观察，教师可以了解幼儿身心发展的水平，把握每个幼儿的独特性以及幼儿的某一方面的发展水平。通过观察教师了解到每个幼儿：

- 有什么独特之处？
- 他的兴趣是什么？
- 他有什么长处？
- 他与成年人相处的时候，一般的表现是怎样的？
- 他与别的儿童相处是怎样的？
- 他的情绪表现通常是怎样的？
- 他的学习能力倾向于哪一方面？
- 他的语言能力怎样？
- 他面对困难时会有什么反应？怎样去解决困难？
- 他的家庭生活对他会有什么影响？

通过上述观察，教师可以对每个幼儿的兴趣、个性、情绪、认知及社会性等方面有总体的了解。可以将每个幼儿的情况分门别类地加以整理，建立档案卡片。

为了深入了解幼儿某一方面的发展水平或对幼儿的某些行为做详尽的了解，教师也需要事先设计一些问题或指标从而有目的地进行观察，从而得到教师所需要的资料，如教师需要了解本班幼儿攻击性行为的发生情况，或了解孩子的生活自理能力如何，或了解幼儿社会性行为发展情况等，见表 14-1。

表 14-1　角色游戏中幼儿对待玩具的态度观察记录表

日期_____

姓名	分享玩具		爱护玩具			评价			分析与措施
	独占	不争抢	轻拿轻放	不扔不踩	物归原处	好	中	差	

记录者_____

评价标准：

好：上述要求基本做到。

中：上述要求大部分做到。

差：上述要求少部分做得到。

（选自郑美玲编著《幼儿园教师评估手册》，上海科学技术出版社，1996年版，第80页）

（2）随机观察。随机观察是教师事先没有计划，在一日生活的真实场景中对随时随地发生的事件的观察。随机观察体现了教师的教育素养，教育机智。需要教师不断积累经验，才能做到眼观六路，耳听八方。如在开展小组操作活动，教师进行巡回指导时，教师就需要仔细观察每个幼儿的动作、面部表情，用心去体会幼儿行为背后的实际意义。哪些幼儿需要帮助，哪些幼儿处于游离状态，哪些幼儿正在思考不宜打扰他们，哪些幼儿只需给予鼓励等，教师要心中有数。

[例] 在一次游戏中，我看见周旺辰小朋友一会儿趴在地上，一会儿钻入桌底，忙得不得了。如果在以前，我可能会把他叫过来训斥一顿。那天，我跟在他后面，想看个究竟。只见他跑到"商店"的"柜台"下摸摸，又很神秘地看了看旁边人的脸。我就上前问道"你这么忙在干什么呀？"他说"有人想搞破坏，放了定时炸弹，我正在找呢！"原来他担任的是警察角色，他做得多么认真，要不是观察了解，我肯定会武断推测，或者会批评他的。（选自郑美玲编著《幼儿园教师评估手册》，上海科学技术出版社，1996年版，第75页）

3. 沟通能力

沟通是指人际之间信息的给予和接受。幼儿教师的沟通对象不仅包括与幼儿之间的沟通，也包含着与家长的沟通，与其他教师之间的沟通等。沟通能力是教师的基本功。这里主要讲述教师与幼儿之间的沟通。教师与幼儿的沟通是一个双向交流的过程。在教师与幼儿之间的关系中，教师是一个主动者，在这个主动的交往过程中，需要良好的沟通能力。沟通是需要技巧的，教师首先应该认识到孩子虽然小，但并非什么也不懂，是一张白纸，因而没有必要与孩子沟通。与孩子良好的沟通不仅有助于了解孩子，融洽与孩子之间的关系，而且也能使孩子了解幼儿教师。在《香港学前教育优质计划标准》中指出："儿童与教师的沟通，可给予儿童发展了解自己及他人的机会，沟通态度的特色在于亲切，尊重个人，表现个性，积极支持以及相互回应。教师鼓励儿童与人沟通，并提供机会促进儿童的社交、情绪、生理与智力的发展"。（选自李季湄，肖湘宁著《幼儿园教育》，北京师范大学出版社，1997年版，第87页）

教师与幼儿的沟通方式不仅包括言语沟通，还包含着非言语沟通，包含着面部表情、姿势、身体动作等。教师在与幼儿进行沟通时应注意以下问题：

（1）注意倾听。倾听是沟通的基础。教师要用语言和非语言的方式表示关注、接受和鼓励幼儿的谈话。如教师关注地用目光注视幼儿，用点头、抚摸孩子表示鼓励和对孩子谈话的兴趣，使幼儿感觉到"老师很喜欢听我说"。倾听时教师要有耐心，因为有的时候幼儿会口齿不清，谈话内容含糊，语法结构出现错误等。教师在倾听的时候还要细心揣摩和理解幼儿语言中所蕴涵的意义。

如下例*：

一位新入园的儿童问教师："妈妈什么时候来接我？"（儿童有孤独感）。教师理解儿童的问题是：孩子不知道妈妈什么时候来接他。所以教师回答："11点半。"儿童的孤独感并未减轻。

在这个例子中教师没有察觉幼儿问话中所隐含的情绪问题，所以她的回答并没有切合儿童的需要。在这种情况下，教师应该做出正确的判断，即儿童问教师："妈妈什么时候来接我？"（儿童有孤独感）教师理解儿童的问题是：孩子想念妈妈。教师回答："你现在很想念妈妈，是吗？妈妈11点半就来接你。"儿童就得到一些同情和安慰。

（2）教师在与幼儿交谈的时候注意身体的姿势。如一个具有良好沟通技巧的教师在与孩子谈话时，会注意她自己的声音、姿态以及运用和强调的词语。当她看到一个孩子害怕时，她会弯下身体和孩子平视，用双手扶住他，注视着他，以平静的、自然的声音，以

---

* 孟昭兰．婴儿心理学．北京大学出版社，1997．486

稳定的情绪与孩子谈话。

（3）语言的表达要简明，易于理解。

（4）教师在与孩子沟通的时候也可以表达自己的思想和情绪，使幼儿了解教师的想法。如在讲故事的时候，一个孩子老是打扰别人，影响了小朋友们听故事。教师可以说："当听我讲故事时打扰别人，别的小朋友都很难听到故事，你自己也听不到，这让我觉得很失望。"教师用这样的语言表达出来自己的情绪和想法，使幼儿比较容易接受，其效果要比单纯的压制和责备好得多。

4．组织教育活动的能力

幼儿园教育是基础教育的基础。其主要任务是对幼儿进行全面发展的教育，提高素质，培养各种兴趣等。教师要想给孩子一杯水，自己首先要有一桶水。幼儿教师要有广博的专业知识和技能技巧。教师在设计教育活动的时候，能够根据幼儿的思维特点，准备大量的学教具，让他们动脑动手动口。充分调动各种感官，以启发诱导的方式和发散式的提问形式，激发幼儿学知识的愿望，要变让我学为我要学，真正形成以教师为主导，幼儿为主体的正确的师生关系。

具体说来教师组织教育活动的能力包括制定教育计划和设计教育活动的能力、组织和管理的能力以及指导与评价的能力。

5．科研能力

随着幼儿教育改革热潮的掀起，幼儿园教师的工作已经不仅仅限于带好班，上好课，而向着全面素质的提高而扩展。在这一形势下，幼儿教师需要积极开展科研活动，在教育教学过程中发现课题，开展科研并以科研促教学。幼儿教师的科研活动应该本着"从实践中来，到实践中去"的原则，与幼儿园的教育教学实践活动密切相连。从而促进幼儿园保教质量的提高。如"如何对待幼儿的告状问题？""怎样提高孩子的午睡质量？""创设活动区促进幼儿的社会性发展"等。

6．写作能力

幼儿教师的文字工作包括教养日记、工作汇报和论文写作等。教师在日常生活中多读书、多积累材料、多练笔，也是提高业务素质的重要途径。因为在写作过程中，教师需要重新思考，总结、分析自己的经验教训，并与所学的理论知识融会贯通，达到一个新的认识高度。

7. 自学能力

苏霍姆林斯基在《给教师的一百条建议》一书中为我们讲述了这样一个故事：一位有着33年教龄的历史教师上了一堂非常成功的观摩课，课后人们问他花了多少时间准备这堂课，他回答：我准备了一生，可以说，每堂课我都用一生来准备。在这个瞬息万变的信息社会中，终生学习成为适应这个社会的重要信条。幼儿教师需要不断地吸取新知识，学习新技能，开阔眼界，提高自己的素质，以跟上时代的变化。

8. 意外事故的急救和处理能力

由于幼儿教育的教育对象是身心发育尚未成熟的幼儿。在幼儿园的一日生活中难免会出现一些意外的事件。如幼儿被烫伤，被食物噎住或者一些急性疾病的发作等，都需要幼儿教师及时地发现、辨别和当机立断的处理。因此教师应该具备基本的卫生常识和急救能力，以便更好地担负起幼儿教师的重任。

除了以上能力之外，在这个新的世纪到来的时刻，作为幼儿教师也应该具备一些新的技能技巧，来迎接21世纪的挑战。它包括：使用电教设备和制作电教软件的能力；计算机应用能力和心理诊断能力等。

第二节 保 育 员

幼儿园的保育工作是幼儿园教育不可分割的组成部分。它是指成人为学前幼儿提供生存、发展所必须的环境和物质条件，同时给予精心的照顾和保护，以促进他们的健康成长，逐步增进他们生活自理能力。作为全面负责幼儿园保育工作的保育员担当着十分重要的角色。学龄前儿童的生理和心理发展还远远没有成熟，当他们离开家庭的呵护进入幼儿园后，尤其需要保育员的关心、保护和养育。

一、保育员的职责

保育员是在幼儿园中主要负责幼儿的卫生保健、生活管理的人员。国家规定保育员应该具备初中毕业以上的学历，受过幼儿保育职业培训，能够履行幼儿保育员的职责。

（一）负责本班房舍、设备、环境的清洁卫生工作

为幼儿提供一个清洁的环境是保证幼儿身体健康的基本保障。为此保育员应该与教师相配合，建立室内外环境清扫制度，建立责任制，分工包干，应该明确要求，定时清扫，定时消毒，定期检查。对幼儿卫生也要按规定勤加照料，日常生活用品，专人用品，定时清洗消毒。指导幼儿讲究卫生，养成良好的生活、卫生习惯，逐步培养生活自立、自理能力，增强对于疾病的抵抗能力。

（二）在教师指导下，管理幼儿生活，并配合本班教师组织教育活动

幼儿的生活管理是琐碎而复杂的，它要求保育员不怕累，不怕苦，不怕脏，不怕烦，全心全意地看护、照料幼儿。

保育员的另外一个重要职责是配合教师搞好教育活动，牢固树立保教结合的观念，配合教师的教育计划，在幼儿一日生活的各个环节中，注意观察幼儿，照看幼儿，开展随机教育，与教师共同培养良好的品德行为习惯和卫生习惯。幼儿园的教师和保育员对于幼儿身体和心理的成长都负有不可推卸的责任和义务，只有保育工作和教育工作相互结合，渗透于幼儿的一日生活中，才能真正有效地发挥教育的作用，促进幼儿身心全面和谐地发展。保育工作绝不仅仅限于扫地、擦桌子、拿饭、维持秩序这样一些工作，而是要和教师密切配合，全方位地参与教育工作。

（三）在医务人员和本班教师的指导下，严格执行幼儿园安全、卫生保健制度

幼儿年龄幼小，尚缺乏安全知识和自我防护能力，重视幼儿安全，加强安全保护教育，制定和严格执行安全保护和检查制度是幼儿园保育工作的重要组成部分。这就需要保育员辛勤而细致的工作。防失火、防触电、防走失、防摔伤等等都需要保育员多加操心。此

外幼儿茶杯、餐具的消毒,饭前便后的洗手,饭后漱口、饮水的及时提供,甚至幼儿的大小便,都需要保育员提醒,才能形成幼儿良好的卫生和清洁习惯。

(四)妥善保管幼儿衣物、药物和本班的设备、用具等

保育员和教师相互合作配合妥善保管幼儿的衣物、药物等。为幼儿服药时要仔细核对,剧毒药品要专人管理,严禁放在班上。要健全和建立儿童接送制度,不得丢失幼儿。同时幼儿经常在保育员身边,保育员对物品、设备的爱护和摆放整齐,对幼儿具有潜移默化的作用,为幼儿和家长树立了勤俭节约的良好榜样。

二、保育员应具备的素质

(一)心理素质

1. 合作精神

在幼儿园教育当中保育员扮演着"绿叶"的角色。需要保育员具有团结协作的精神,与教师之间配合默契,共同做好保教工作。如果保育员素质不高,带有明显的随意性,幼儿园精心设计的教育活动就会被这种低水平的保育工作的负面影响所抵消。作为保育员应该以促进孩子发展为立足点,努力提高自身素质。

2. 意志坚强,耐心细致

保育员的工作是琐碎平凡的。需要保育员有坚强的意志,克服一些烦躁的心理和对保育员的一些不正确的看法。保育员的工作是在一点一滴的日常工作中体现出促进幼儿身心发展的教育效果。由于一个班上有几十个孩子,每个孩子的生活习惯不同,体质不同,自理能力也不同,保育员在和孩子接触的过程中就要耐心细致地观察孩子,及时地进行保育工作。下面一位保育员的工作自述充分表达出其爱心、耐心和细心。

[例] 午睡时间为幼儿晒鞋

每天幼儿午睡时,只要有太阳,我就坚持为孩子晒鞋子。孩子好动,经过一上午的活动,鞋子或多或少都已经有脚汗了。有的家长为此要为孩子准备两双鞋替换着穿。而我们为孩子中午晒鞋后,下午他们起床以后穿进去就干爽了。许多小朋友对我说:"下午穿晒过

的鞋子真舒服,老师,您真好!"许多家长也为此赞不绝口。(选自宋培红文,《幼儿教育》1993年,第9期,第29页)

3. 良好的自我认知能力和形象

在幼儿园中保育工作和教育工作同等重要。但是在实际工作以及人们的传统观念中,常常存在着重"保"轻"教"的现象。保育员在人们的心目中只是扫地、擦桌子的清洁工和服务员。不少保育员也自认为是这样一种角色。因此常常怀有自卑感,影响其工作的积极性。事实上,保育员是管理、教育幼儿的重要力量之一,是班级的教育助手,在人格上没有高低贵贱之分,与教师一样是幼儿园教育中的重要力量。

(二)专业素质

1. 爱心

由于保育员的日常工作更多的是幼儿生活的管理,因此要求保育员要有慈母一样的爱心来照顾孩子。

2. 丰富的知识

幼儿卫生保健制度和幼儿生活管理,涉及到幼儿卫生学、幼儿教育学和心理学的很多基本知识和技能。因此保育员除了符合国家规定的基本要求外,必须具备一定的文化知识基础,才能够更好地理解上述学科的有关知识和技能。

3. 教育意识和教育能力

在教育过程中,教师的主导作用固然重要,保育员的配合协助与教学过程中的辅导强化作用也是不可缺少的。所以保育员要系统学习儿童心理学、教育学等理论知识,对幼儿教育有理性的认识,自我强化教育意识,丰富教育方法和手段。

[例] 一位保育员的工作体会

在幼儿的一日生活中,进餐、喝水、睡眠、盥洗等生活环节占据了许多时间。但是在我看来,这并非是简单的生活活动,其中也充满了教育孩子的好机会。如幼儿进餐时,我不仅做好分饭、添饭、巡视幼儿吃饭情况等工作,而且结合进餐,培养幼儿良好的进餐习惯和进餐技能,教幼儿认识各种食物,知道食物与幼儿身体生长发育的关系,引起幼儿对于食物的兴趣,对幼儿进行营养教育。有一次午餐吃炒肝，有的孩子不爱吃，看着食物发呆。我注意到了这种现象，就对孩子们说："你们看刘老师的眼睛又大又亮，就是她爱吃肝。"刘老师也会意地点点头。小朋友们听了都大口大口地吃了起来。又如有的幼儿午睡时有拆被子的坏习惯。我一边给孩子们缝被子，一边问他们："你们谁爱睡漏棉花的被子呀？"孩子们都摇头。"为什么不爱呢？""漏棉花不好看。""棉花毛毛会跑到嘴里和鼻子里去的。"他们七嘴八舌地答道。我趁机说："小朋友们说得对……"又如有一次我发现幼儿对于新增设的"服装店"很感兴趣，而旁边的故事区却十分冷清，我就搬把小椅子一边摆弄实物一边讲故事。小朋友们被我的举动所吸引，也来到故事区听我讲故事，然后我请小朋友用实物讲和我不一样的故事。大家玩得十分愉快。当我看到孩子们开心地操作材料教具时，当我看到每一次教育活动顺利完成时，我的心中充满了一种喜悦和满足，因为那里也有我的一份功劳。

4. 熟练的操作技能

包括清洁卫生技能、生活管理技能、配合教育活动的技能、安全与卫生消毒技能等。

5. 处理意外事故和急救处理能力

由于保育员与幼儿的生活有着更加密切接触的机会，因此也更有可能及时发现幼儿的一些疾病症状并采取恰当的措施，因此保育员要自觉地学习关于处理意外事故的知识和技巧。

复习思考题

1. 谈谈自己对幼儿教师和保育员这两个职业的认识。

2. 幼儿教师应该具备哪些专业素质？你认为还需要在哪些方面进一步学习提高？

3. 保育员应该具备哪些专业素质？教师为什么要和保育员配合开展工作？

第十五章 社区学前教育

第一节 社区教育

一、什么是社区

社区是在一定的地域内的人群从事经济、政治、科学文化活动，并由此构成一定的生产关系与社会关系的小社会。

人口是社区的组成要素。社区人口包括人口的年龄结构、性别结构、出生率、生育率、死亡率、文化教育结构以及职业结构、健康结构等。

地域界限是构成社区的另一个要素。在长期经济、政治和文化活动中产生了区域划分。我国的省市、城镇、区、乡是大的社区。在大社区中，又含村、街道等小社区。在我国目前的经济、文化发展水平下，城乡社会有着明显的差别，但是随着经济的繁荣，交通的改进，文化教育的普及，城乡界限趋于模糊，最终将走向消灭差别。

二、社区教育的发展及特点

社区教育起源于丹麦。1844年丹麦教育学家科维隆在乡村建立了国民高等教育学校，是成人教育形式的社区教育。19世纪末芝加哥设立社区学院，培养适应美国工业发展需要的实用技术人才。

社区教育的真正发展是在第二次世界大战之后的美国。当时战后300万美国退役军人进入新建的社区学院学习，为战后的经济发展准备人才。60年代后，美国社区教育进入了发展的第二个阶段。其影响因素为：科学技术的更迅猛的发展；人们工作时间缩短，闲暇时间增多；人们的精神追求随之提升；妇女参加工作人数增多；儿童行为出现了新的社会问题等。这些因素促使社区教育的内涵扩大了。美国有适应社会需要而设置专业的社区学院，学制多样，占美国高等学校的 2/3；有面向中小学生的社区学校，其水平高于公立学校；还有为处境不佳儿童实施的"提前开始计划"。美国社区教育发展较早，适应了经济文化的发展需求，随着时间的推移，逐渐形成了成熟与发达的社区教育模式。

英国社区教育是在本世纪 70 年代后发展起来的，社区教育服务的对象为教师、儿童、家长和社区居民。社区教育的目的在于改善家庭与学校的联系，改善成人教育，改善儿童的学前教育和义务教育，改善移民的家庭教育，改善学校的课程，进行教师交流以及为留学生的孩子提供服务等。社区教育或建有教育中心或利用中小学校舍，社区中的社会机构为社区教育提供服务。

日本的社区教育机构有为公民和青年设立的，还有儿童中心、妇女中心等。日本社区教育中重视对青少年的意志品德教育，学校和社区联合组织儿童的训练活动；重视成人与老人的教育。日本人平均寿命为世界第一，退休后的时光如何度过，是社区教育关心的问题，由社区提供活动设施。

从上述发达国家的经验来看，在第二次世界大战以后，社区教育成为国际性的教育形式，并逐步走向学校、社会、家庭相互服务、互惠互利的一体化教育形态。

作为社会经济、文化、教育发展的产物，社区教育的共同特点是：

（一）地方与民众办教育的一种新的教育管理制度

社区教育一般都是在现有的行政建制的区域内进行。由该区域内的行政部门或者社会团体来组织管理以满足该地域内的共同利益和需求。

（二）社区教育形式多样，面向社区全体成员

社区教育面向广泛的人群，年龄从幼年到老年，从事不同职业，具有不同背景的人群均囊括在内。可以是具有一定规模的社区学院，也可以是灵活多样的中心、活动场所等。

（三）适应社区需要，服务社区，教育具有极大的灵活性，服务意识强

社区教育适应社区的需要而发展变化，没有像正规教育那样有严格的规定性。

第二节　国外社区学前教育

一、美国的社区学前教育

（一）美国的"提前开端计划"

美国1965年政府颁布"提前开端计划"（Head Start），现约有70多万儿童在该计划中。该计划以联邦政府以及州政府为主投入资金，由受过培训的教师对家庭环境不佳的儿童提供负责的学前教育。开端计划为每个参加的儿童提供合适其发展的活动，或在家庭中接受开端计划，或把孩子送到中心去，进行画画、科学、文学阅读、戏剧活动、游戏或计算机等活动，一日3~4小时。开端计划还包括培训家长，向家长提供教育、健康、保健等服务。开端计划10%的费用用于为残疾儿童提供特殊培养。美国的专家、教师和家长认为，要为每个残疾儿童安排在最有利的环境中矫治。回归主流是将残疾儿童与正常儿童在一起受教育，大部分时间和正常儿童在一起，对其障碍问题由专门人员给予一定强度的单独训练，这是他们最成功的。开端计划在美国属于非正规计划，由社区组织实施。社区努力使开端计划与公立学校或幼儿园合作。如教师交流、公立学校教师到中心去执教以及共同使用场所等。开端计划还包括在地区内组织电视节目教育儿童。师资培训是美国开端计划的重要内容，有的地区将开端计划的5%的费用用于师资培训。分多层次、多形式，分短期、集中与分散边远地区（通过卫星培训）等。师资培训包括其他工作人员如营养师、社区工作人员、司机等。接受培训人员是免费的。一个地区的培训计划是根据地区师资的需要以及经费进行安排。对于想深造学习的教师，社区给予支持，到大学进修课程、取得学历的费用可以得到开端计划的资助。美国各州、各地区执行开端计划是

有差别的。但是他们认为该计划已经取得了成功,为低收入家庭的处境不佳儿童做了入学前的准备。经过开端计划的儿童可与其他幼儿园的儿童一样适应入学后的学习,他们之间不再有显著的差异。学业成绩不佳、辍学现象明显减少。实施开端计划的教师负责地将每个儿童的发展记录交给小学,并参与家长为儿童选择小学提出建议。开端计划帮助了美国的基础教育,帮助了儿童获得良好的发展。

(二)美国社区学前教育的多种形式

美国在社区中还为学前儿童提供了多种内容、多种形式的教育设施。如玩具图书馆、儿童博物馆、儿童展览会、儿童游戏场、儿童电视节目等形式各具特色,极大地推动了整个社会文明素质的提高。

二、澳大利亚的社区学前教育

澳大利亚国土辽阔,人口仅有1 700万,且多数人口集中在繁华地区,在农村边远地区的人口非常稀少,社区之间相隔几百里是十分常见的事情。也正因如此,澳大利亚的社区学前教育比较发达,体现了澳州政府关怀本国的每一个家庭、每一名儿童,确保使所有地区的儿童都有同样教育机会的政策和宗旨。

澳洲的社区教育由社区行政部门主持,由社区行政投入经费,其特色是重点为边远地区的家庭和儿童提供服务。有面向儿童的服务,有面向儿童与家长共同参与的服务,还有面向家长的服务,其服务的方式适应性强,灵活多样,因而提供的服务范围和对象十分广泛,尽可能多地满足本地区的不同需求,提高家长的知识和经验,帮助家长照顾儿童,直接为儿童发展提供各方面所需的条件。

澳洲社区学前教育的主要形式有:

(一)玩具图书馆

作为社区中儿童玩具不足的补充,丰富儿童的玩具世界。儿童由家长带领进入馆中玩耍或者借出回家玩均可。玩具图书馆设有辅导员,对儿童的游戏和使用玩具起帮助和指导作用,并对玩具图书馆实行管理。玩具图书馆的玩具经常有调剂和增添,被损坏的玩具及时修理,原则上不允许陈列。玩具图书馆还可以吸收大一些的孩子参加管理和做小辅导员。

（二）游戏小组

由儿童和家长共同参加，大多面向3岁以下儿童开设。儿童在游戏小组中玩耍，有母亲在旁，儿童可减少分离焦虑，又获得与同伴共同生活的乐趣，使儿童对社会交往活动有最初的适应。一般由5个家庭组成一个小组，以居住距离决定活动次数，如一周活动一次，有教师参加和辅导，家长也参加分组、分工辅导或者做教师的助手。

（三）儿童活动中心

多设于城市的郊区，一个班25名儿童，小的班有15～20名儿童，由一位教师负责，是全天的。根据地区情况有的每天活动，有的地区距离较远则隔日活动。

（四）远距离教育计划

为不同年龄组、不同发展水平的儿童提供适应其发展的教育馆，内装有教具、玩具、视听材料，并有家长反馈记录。家庭距服务中心2.5千米便可得到寄去的箱子，按期使用完毕后退还更换，这项服务是免费的。

（五）组织家长学习

组织家长学习，由教师或社区志愿人员到当地家庭中去组织。使家长懂得抚养、健康、教育等知识，帮助家长根据地区的不同生产与生活条件，安排儿童的生活和教育。

师资是开展社区教育的重要条件。澳大利亚到边远地区从事社区学前教育工作的多为志愿人员，一方面到那里服务可以得到比城市更多的待遇，另一方面脱离一段城市生活，可以到真正的澳大利亚去。对于师资的要求如下：教师必须是具有同情心、有责任感的人，具有广泛的知识，如学会急救，会与其他人员（医务人员，教会人员等）合作建立协调关系，能对0～8岁儿童进行教育，能为家庭提供各方面的咨询，善于运用当地的教育资源。对于教师的培训工作也是多种多样，如研讨会、建立教师咨询网络、专题研究、每年有在职培训机会等，十分注重教师的知识更新，以适应社会发展的需求。

第三节　我国的社区学前教育

我国的社区教育起步较晚。一些学者在本世纪二三十年代受到美国社区教育思想和实践的影响，相继在农村办起了教育，以此来改良中国社会。如陶行知1927年搞乡村教育实验，并宣言"我们的使命，是要集一百万个同志，创一百万所学校，改造一百万个农村"。晏阳初1926年在河北定县开展"平民教育"实验，为改造农民、发展农村，提出在农村实施四种教育："以文字教育救愚，以生计教育救穷，以卫生教育救弱，以公民教育救私。"梁漱溟1928年在山东邹平县开展"乡村建设"试验，创办乡农学校，以教育的力量建设乡村。这些都是立足乡村社区发展教育，将教育与社区建设发展融为一体，使教育的社区效益突出出来的范例。但是这些创举没有得到当时政府的支持而被窒息了。中华人民共和国成立后社区教育从理论到实践均处于空白状态。教育处于统一领导体制下，对于教育在社区中的作用、教育和社区的关系，均未予以重视和研究。直至80年代改革开放打开国门，接触了国外社区教育的理论与实践后，开始在经济发达地区，率先探索社区教育的模式。十几年来，经过政府、教育部门以及众多幼教理论与实践工作者的探索与尝试，我国目前城市与乡村的社区学前教育正在蓬勃发展，适应21世纪教育和社会发展的需要和挑战。

一、城市社区学前教育

我国城市的行政区划的层次为市—区—街道—居委会。社区教育活动一般在街道或居委会的基层社会中进行。

（一）发展城市社区学前教育之需要

有些人认为，在当前多数城市中幼教机构已经能够满足大多数家庭的需求。发展社区教育的意义又在哪里呢？

1. 树立大教育观，促进儿童的发展

事实上，随着时代的发展，学前教育已经不再是托儿所、幼儿园单一的、封闭式的教育，而是家庭、社会和托幼园所共同参与的对全体零岁至入学前的婴幼儿进行的一种综合的、整体性的教育。只有将影响儿童发展的这三大因素有机地结合起来,形成正确的、统一的教育思想观念,优化育人环境,才能使儿童教育达到良好的效果。这就是我们所要树立的新的教育观念——大教育观。

儿童的发展与健康成长需要一个良好的社会环境。社区是儿童生活的小的社会环境,与儿童的成长息息相关。托儿所、幼儿园的教育固然很重要,但是家庭环境和邻里、周围地区社会的环境也不可忽视。成人、长辈的教育态度和教养方式,邻里、社区成员的言行举止、精神风貌等,都会直接地或潜移默化地影响着儿童。

家庭是社会生活的细胞,是儿童接触社会、接受社会化教育的起点。在我国城市中,独生子女的教育已经成为当今社会面临的重要课题之一。一方面,年轻的父母虽然文化水平相对较高,但却非常缺乏基本的科学育儿的知识和技能,在学前儿童的保育和教育上常常表现为束手无策,或盲目行事,或以自己的愿望主宰和控制孩子的发展方向。另一方面,年长者虽然有一定的育儿经验,但是面对家庭中的"小太阳"、"小皇帝"却又会百般迁就、过分保护和溺爱,因而放任型、保护型、溺爱型、严厉型的家庭较多,教育上的不一致性、矛盾性和片面性突出。这些都影响了学前家庭教育的质量,也在某种程度上削弱了托幼园所的教育效果。为了提高下一代人的素质,使儿童的身心得到全面、健康、和谐的发展,将来成为社会所需要的合格人才,需要充分重视学前儿童的家庭教育,提高家长的教育素质,充分挖掘家庭教育的潜力和资源。城市社区是人们生活、居住较为集中的地方,社区可以成为广泛宣传、指导实施正确的家庭教育的一种很有效的力量。

同时,社区也具有优化育人环境的重要责任。邻里之间、地区社会的环境,都需要不断改善,以有利于儿童的健康成长。在社区当中优美整洁、赏心悦目的街道、里弄、胡同,人们文明富有教养的言行举止,良好的道德风貌,友善的邻里来往,健康有益的报刊、影视的内容和导向,以及社会各界对儿童的关心、支持和帮助等,都会形成良好的社区氛围和教育环境,深深影响着儿童的发展。

总之这是学前教育社会化的方向,也正是社区学前教育所要达到的重要目标。

2. 城市社区教育具有极大的可能性

因为这也是和我国目前社会需求密切相关的,是群众需要的教育形式。当前我国城市中双职工家庭占多数。一般来说,妇女产后半年到一年就要上班工作。城市中的家庭结构又以核心家庭为主。即使是在主干家庭,许多退休的长辈仍然在或多或少地从事一些社会工作。而在城市中以低幼儿童为服务对象的托儿所目前处于萎缩状态,年幼的孩子很需要得到照料,年轻的父母急需有专门的机构来解决其后顾之忧。此外,城市中人口的文化素质相对较高,孩子又多为独生子女,传统的"养儿防老"的观念正在淡化。更多的家庭希望自己的孩子能成为社会承认的有价值的社会个体。因此家长普遍十分重视对子女的教育,重视孩子将来的发展,很希望社会能够为他们孩子提供受教育的机会和良好的教育环境。在这一背景下,为城市中更多的学前儿童提供照料和接受学前教育的机会,是广大家长的迫切需要和渴望。它已不单单是教育问题,而成为社会关注的社会问题。

(二) 社区学前教育的内容和形式

根据我国已经开展的一些城市社区学前教育工作的经验来看,社区学前教育的工作从以下几方面开展:

1. 积极创造条件,为更多的学前儿童提供保育和教育的机会

我国城市中幼儿园较多,而托儿所较少。为满足广大群众送子女入托的迫切需要,街道和居委会应借助于社区内的力量以及社区成员的共同愿望,积极筹集资金,创造条件,开办一些简易的托儿所,以解决社区内居民孩子"入托难"的实际问题。简易托儿所的保育员应进行必要的专业培训,以确保保教质量。托幼中心的指导教师应定期对街道或居委会办的简易托儿所或幼儿园进行业务指导,不断提高保教质量。也可聘请街道幼儿园或其他机关单位有幼教经验的退休教师作为业务顾问或领导。此外社区还应鼓励居民个人开办私人幼儿园或家庭托儿班,并与其建立管理及业务上的联系。这样既可以解除双职工家庭的后顾之忧,又可使更多的学前儿童得到受教育的机会,同时也可以通过这些机构的开办解决社区内人员

再就业和再上岗的问题。

2.以"三优"工程为龙头,形成社区学前教育工作网络

"三优"是指优生、优育、优教。"三优"工程是由全国妇联倡导的,通过各级妇联组织在全国各地开展的,以促进学前儿童身心健康发展为宗旨的群众性活动。社区学前教育以"三优"工程为中心,充分发挥社区内妇联群众团体的优势,团结各方面的专家,协同社会力量,宣传科学育儿的知识,提高家长的文化素质和教育水平,这对促进儿童健康成长具有重要的社会意义。

科学育儿是一项多学科、综合性的工作。要在社区内开展这一项工作,必须得到有关部门的业务配合和科学的、具体的指导才能取得成效。为此需要卫生保健部门或地段医院、教育机构、文化宣传机构以及居委会等单位共同参加、相互配合协助,形成一整套的工作与服务的网络和体系。在这个网络和体系中,以下形式是十分行之有效的。

(1)家庭教育辅导站。一般以各居委会为基本单位,由居委会负责人、卫生站人员、退休教师以及社会热心人士等组成一个工作班子。主要的任务是:开展从新婚指导、孕期保健和孕期家庭自我监护,到新生儿保健、婴幼儿保健和教育等系列化的教育。

(2)家长学校。以居委会或托儿所、幼儿园为中心开办的学前儿童"家长学校",也是一种社区学前教育的有效形式。在居委会主办的"家长学校"里,应逐渐形成教育对象的层次化。一方面,根据学前儿童所处的不同年龄阶段开设相应的"父母班",指导孩子的父母如何对子女进行正确的教养。另一方面,为了使老一辈的人也能树立起正确的教育观念,摒弃传统封建的育儿方式,还可以开设"爷爷奶奶班",以便使孩子生长的环境和所受到的教育能和谐一致,从而更好地促进孩子的健康成长。作为托幼园所的"家长学校",其工作重点在于密切家园之间的联系,形成家长参与托幼园所的教育,托幼园所指导家庭教育的合理机制,以形成教育合力,全方位地对儿童实施有效的教育影响。

3.优化街道地区的社会环境

这也是城市社区学前教育工作的重要内容。独生子女在家庭中

扮演的角色过于单一。他们总是受到全家族成员的关注和过分爱护，没有兄弟姐妹的交互影响。加上城市生活的节奏较快，居住的环境比较独立，使儿童缺乏与小伙伴交往的机会和天然的集体环境。因而独生子女常常表现出以自我为中心、孤独、独立性较差、胆小、退缩或放任、霸道、攻击性和破坏性较多等方面不适应社会生活的倾向，这些都会给儿童的社会化进程带来消极的影响。利用社区的力量，在社区内开办儿童玩具图书、儿童游戏、儿童游乐场或儿童乐园等多种形式的教育和活动场所，可以为广大的儿童提供接触社会、加强交往的机会，以利于培养儿童良好的社会适应能力，同时也能为孩子们智力的开发、动作的发展创造良好的条件。

[例] 上海市卢湾区打浦桥街道于1990年1月开办了街道儿童图书馆和儿童乐园。在儿童玩具图书馆中分设有玩具室和图书室两部分。来馆的儿童需办理玩具卡和借书卡。学前儿童一般由家长带着来玩。小学生通常是自己来玩。孩子们除了可以在玩具室、图书室里活动以外，还可以将玩具图书借回家。只需交纳一定的租金即可，十分方便。在儿童图书馆的旁边，街道还开辟了一个儿童乐园，儿童乐园中有滑梯、荡船、攀登架、摇马、电瓶车、滑冰车等活动器材。孩子们只需一角钱就可以在其中自由游戏。儿童玩具图书馆和儿童乐园的开办，深受当地儿童和家长们的欢迎，并获得了较高的社会效益。与此同时，街道还办起了"成人图书馆"，为广大的青少年、家长以及退休职工提供了丰富知识的学习园地。(选自梁志燊著《学前教育学》北京师范大学出版社，1995年版，第347～348页。)

4. 充分利用社区资源，为家庭提供帮助，为儿童提供活动环境

在城市中，散居的儿童仍占有一定的比例。这些散居儿童一般是由祖父母或者是休长期病假的母亲来带。为了把这些散居儿童的教育纳入社会影响的轨道，促使儿童健康的发展，街道社区应充分利用社区内的资源，为散居儿童的家庭教育提供科学的指导，并为散居儿童创设活动的环境。例如为散居儿童的家长举办科学育儿讲座和咨询活动，定期送辅导材料上门，将其作为"家庭教育辅导站"和"家长学校"的重点服务对象；开办儿童玩具图书馆、儿童

乐园等教育和活动场所,为散居儿童提供良好的交往和活动机会;街道幼儿园和自办的简易托儿所定期向散居儿童开放。在开放日里,散居儿童可以在家长的带领下,自由地参加托幼机构一日的生活活动和娱乐活动;还可以利用社区电视台、录像厅等传播媒介,播放有关的儿童教育节目等。

另一方面,社区应设立一些服务项目,满足家长的不同需求。如为方便父母工作,设立接送孩子上下学的服务。在假期设立临时的儿童托管站或管理班,解决父母的后顾之忧等。

目前在一些大的城市里,正在兴起着一股由社会力量投资或利用自身的现有资源办婴幼儿教育和家长教育的热流,他们以优质的和富有特色的教育为0～3岁的婴儿开办亲子活动园,为3～6岁的幼儿开办幼儿之家,为小学生开办活动中心等等,形式多样,活动内容丰富多彩,以一种新型的学前社会教育机构出现在城市社区中。

总之,社区学前教育作为一种新兴的教育形式,它所涉及的范围很广。从纵向来看,包括了从怀孕前至入小学前这个年龄阶段在优生、优育、优教三方面的内容。从横向来看,即从影响儿童发展的诸因素来看,包括了家庭、托幼园所、社会三者有机的结合和通力合作,形成三位一体的立体化学前教育体系,促进全体儿童身心健康和谐的发展。

二、农村社区学前教育

我国农村地域辽阔,条件各异。有平原、山区、草原和沙漠,沿海与内陆交通和经济发展程度差别很大,气候状况和民族分布也有很大的不同。改革开放以来农村学前教育有着较快的发展,已经有了一批比较正规化的幼儿园和学前班。但是从整体来看,还有大面积的农村尚未普及学前教育。农村儿童受教育状况仍普遍明显落后于城市。但是随着经济的发展,信息的传播,广大农民渴望受教育的心愿与日俱增。在一些偏远的山区牧区,教育部门与乡村政府相结合,采用适合当地特殊条件的教育方式,送教进山、送教入草原,以农村乡、社区为依托开展灵活多样的学前教育,立即得到农牧民的欢迎和支持,深为家长和儿童喜爱。

(一)当前我国农村学前教育的各种形式

1. 幼儿园

接收 3、4、5 岁年龄的儿童,三个班为起点规模,单独设置园址、活动室及户外场地,符合安全、卫生和教育的要求。备有供儿童进行室内外游戏和活动用的小型及大型玩具。有必需的生活设施和用具。如儿童厕所、儿童用桌椅和玩具架、饮水容器、洗手用水容器、儿童用毛巾、水杯等。全日活动或半日活动。提供伙食和午睡与否,由幼儿园视自身的条件和需要来定。配备经过专业训练的幼儿教师,按《幼儿园工作规程》组织教育活动。我国一些先富裕起来的农村地区已陆续在乡和村中建立了幼儿园。如江苏省无锡市的郊县,村村建有幼儿园。新建的农村幼儿园有宽敞的户外场地,有明亮的活动室,设备齐全,绿化美化得好,并有幼师毕业水平的年轻教师。这些幼儿园的环境、设备、师资以及教育活动均可与城市幼儿园相媲美。优质的幼儿园吸引了家长和幼儿,儿童入园率保持稳定。

2. 学前班

接收入小学前一年的儿童,也可接收入小学前两年的儿童。农村在没有幼儿园的地方可以建立学前班。目前学前班是我国农村学前教育的主要形式。学前班多附设于小学中,由学校管理。学前班的房舍、场地应与小学场地隔开,以免相互干扰。学前班的房舍、场地、玩具、设备、师资以及教育活动组织等,均应按国家教委(现国家教育部)1991 年颁发的《关于加强和改进学前班管理的意见》以及《学前班保育和教育的基本要求》进行工作。学前班应接受幼教辅导员或幼教专干的业务指导。(请参见本书第十二章)

3. 幼儿班

接收 3~6 岁的儿童。在村小人少的村中设立。由于各年龄儿童人数少。幼儿班以混合年龄的形式组织儿童活动,为单班制。一般只配一名幼儿教师或一名助手。多按不同年龄分组施教,也有各年龄儿童全体参加的活动。幼儿班的环境、设备、师资以及教育活动要求和幼儿园或学前班类同。

4. 流动幼儿园

创建于内蒙古锡林浩特的草原牧区。该地区地广人稀（平均每1.8平方千米只有1人），且居住分散，交通不便，全年无霜期短（只有90～120天），推进学前教育不宜采用幼儿园、学前班、幼儿班等形式。他们的做法是：在旗（县）幼儿园建立中心游戏点，幼儿园选派得力的幼儿教师，自治区教育厅投入玩教具。旗政府派出车辆（汽车或拖拉机），在旗内选择若干地理位置适中的嘎查村，建立草原流动幼儿园。由嘎查筹备儿童活动用房（或帐篷）、场地和必要的设备（儿童桌椅、玩具架等）。选派有文化的品貌俱优的青年做幼儿教师的助手。每年5月到8月为幼儿园的活动期。在这期间每月开展2～3次的活动日。活动日到来，家长清早带上孩子（3～6岁），或骑马或开摩托车或乘车，从四面八方赶到草原流动幼儿园。幼儿教师按有准备的教育计划组织儿童活动。教育活动从上午9点到下午4点，是全日的。教师依据幼儿园保育和教育的目标，充分利用玩教具和环境，组织丰富多彩、生动有趣的室内外都有的教育活动。幼儿园向儿童提供午餐。有条件的幼儿园还安排儿童午间睡眠休息。草原流动幼儿园的特色在于：

（1）流动性。一套人力物力流动于牧区嘎查间。

（2）集中性。在有限的活动日中，牧民儿童获得接触社会和与人交往的难得机会，同时提高了施教的成效。

（3）优质的教育。选派优秀的教师，提供现代化和民族化的玩教具。扩大儿童的视野。在短期的教育过程中，儿童收获很多。

（4）开放性。儿童全部教育活动均向家长开放。家长了解了自己的孩子，学习怎样教育孩子。幼儿园的教师或嘎查的干部还利用活动日这一天开展家长教育活动。

5. 巡回辅导班

创建于河北省滦平县山区。山区村落小，而且分散，爬山涉水，交通不便。为适应该山区的环境，推进学前教育，他们的做法是：从乡里选派1名男性幼儿教师，经过培训，负责两个自然村的学前教育。两个自然村为一座大山或一条河水相隔。教师备有玩教具，以自行车代步，采取巡回辅导的方式轮流对两个自然村中的3～6岁儿童进行学前教育。各村则为巡回辅导站提供儿童活动室一间，室外场地一块，并配有简易桌椅和室外的儿童运动器具。

6. 游戏点

试建于广西上林县境内的山村中。由村民委员会提供房屋场地。由上级教育部门提供一定数量的玩具，由乡教育辅导站选派1名经过专业培训的幼儿教师负责游戏点的指导。游戏点向本村3～6岁儿童开放，每周活动2～3次。由幼儿教师指导儿童游戏，使儿童通过游戏活动获得良好发展。幼儿教师要不间断地为开展游戏制作玩具，以求玩具不断更新和补充。教师要选择游戏，以便不断向儿童推出新的游戏，丰富游戏内容。在试建初期，县幼儿园对游戏点提供指导和帮助，选派优秀的幼儿教师协助游戏点教师创设环境，制定活动计划，教授儿童游戏的技能等。

7. 学前教育基地

在广西上林县境内人口多的大村庄中试建。由村民委员会提供房屋、场地以及必须的设备。上级教育部门提供一些玩教具。乡教育辅导站选派经过专业培训的幼儿教师在学前教育基地任教。教育基地的功能有二：一是吸收本村中3～6岁儿童每日到基地活动，视人力、物力条件可做全日活动或做半日活动。活动的要求基本上与幼儿园或学前班类似；二是向儿童家长进行教育，列出家长教育计划，开展家庭教育。在试建初期，县幼儿园负有指导责任，负责选派优秀幼儿教师参加基地的筹建和基地的教育儿童、教育家长的工作。

8. 儿童游戏场

创建于福州市黎明村。黎明村经济发达，生活富裕。已建有村办的设施齐备的儿童乐园（幼儿园），全要3～6岁儿童均已入园。该村为满足儿童每日离园后仍有做游戏的需要以及节假日要求活动的需要，由村财政拨款，为儿童筹建了配有各式大型、中型和小型的体育器械和益智玩具的游戏场。儿童可在家长带领下去游戏场活动，也可以独自去活动。游戏场地配有辅导员，负责对儿童的管理、活动指导和安全工作。

9. 家庭辅导站

设立于乡或乡村中，由该地区中的幼儿教师或幼教专职干部，负责向本地区的儿童家长普及保育与教育儿童的知识，并解答儿童家长的咨询，指导家长改善家庭教育。辅导站的工作方式是灵活的，如集中辅导、家访、定期咨询、发放宣传材料、组织家长会和家长活动日等。

10．家长学校

目前在农村中较为普遍建有家长学校。有设立于学校中、幼儿园中、学前班中。也有单独设立的。家长学校的校长一般由本地区较有威望的人兼任。如校长、幼儿园园长、村长、村党支部书记等。家长学校按儿童不同年龄编班。如哺乳期家长班、婴儿家长班、幼儿家长班、学前班儿童家长班；还按家庭不同成员编班，如爸爸班、妈妈班、爷爷奶奶班等。家长学校制定教育计划，安排系列活动，采用生动有趣的教育方式，如讲座、幻灯、放录像、讨论会、交流会、问答会、现场参观等多样化的活动等。

（二）适应农村不同经济发展水平的社区学前教育

在我国广大的农村地区，由于自然条件、资源以及其他因素的影响，经济发展水平差异较大。适应不同地区的经济水平，社区学前教育也呈现出不同的形式：

1．我国农村不发达地区的社区学前教育形式

在我国农村贫困地区，教育处于落后状态，在许多地区，学前教育几乎是一个空白点。为此十分有必要发挥社区教育的优势，让儿童能够在入学前接受教育。其较为有效的社区学前教育形式有：

（1）二部制幼儿园。为了适应所在地区园舍缺乏、设备不足、适龄幼儿多的特点，采取二部制。如上午设为5～6岁幼儿的活动时间，下午设为3～4岁幼儿活动时间。活动交替进行。也可以采取轮流的方式，如一、三、五为大年龄孩子的活动日，二、四、六为小年龄孩子的活动日。这样能够最大限度地利用资源，发挥潜力。

（2）完全幼儿园。在有一定条件的规模较大的村镇建立完全幼儿园。对周边地区的学前教育起到示范、带头和指导作用，带动该地区学前教育的发展。

（3）学前班。在无条件建园的乡村建立学前班。根据条件接受入学前两年的儿童，将同一个年龄段的幼儿组成一个班，进行入学

前的教育。

（4）混合班。在一些人口分布分散的农村地区，可以采取多年龄层次混合编班的办法吸收幼儿入班，采取以大带小，分步进行的办法组织活动。

（5）巡回辅导班。对于居住极为分散的地区，如山区，可以采取分散设点，就近集中的办法建立辅导班。在每个点设置简易活动室，布置一些必须的桌椅和玩教具。由一名巡回辅导教师统一巡回组织教育活动。

（6）家长辅导站。对于那些相对集中建巡回辅导班仍有困难的地方，可以考虑建立家长辅导站。由家长带领自己的孩子定期进站接受辅导。辅导站聘有专职的幼教辅导员进行辅导。时间视具体情况和条件而定。正常情况下每周辅导一次，农忙时10天一次。主要通过辅导教师、家长和幼儿的共同活动和完成交付给家长平日的活动任务来提高幼儿的认识、情感、行为和身体素质。辅导内容既包括提高家长教育水平，文化知识等方面，也包括具体的语言、计算、常识和美工等方面的知识和技能。在这样的家庭辅导站中，幼儿教育、家庭教育和扫盲教育有机地结合在一起，达到了很好的效果。

总之，通过灵活多样的社区学前教育，使学前教育用可行的多种形式走进穷乡僻壤，千家万户，让每一个儿童都能在人生的早期接受一定的教育，为其今后的发展和进一步接受教育打下了基础。

2. 我国农村发达地区的社区学前教育形式

随着我国改革开放、土地承包责任制的推行，许多农村地区率先尝到了"富起来"的甜头。他们在经济发展，生活富裕的同时，也深深体会到了教育的重要性。因此在许多农村富裕地区，为了提高村民的素质，提高他们的文化科技水平，办起了从幼儿到成人各种类型的学校。与农村社区学前教育密切相关的形式有：

（1）儿童乐园与玩具图书馆。其宗旨在于丰富本地区儿童的文化娱乐生活。有专门的场所和一定量的玩教具。在这些场所还聘请了教师和热心社区教育的人士担任管理员，制定了完善的管理制度，并且还聘请幼教专家做顾问。受到家长和孩子们的欢迎。

（2）儿童教育电视节目。由村文化站、录像厅组织定时播放儿童电视节目，丰富儿童的文化生活。此外也播放"三优"科普知识，提高村民的科学育儿水平。

（3）科学育儿宣传栏。组织专人编写宣传资料，张贴于宣传栏中，供村民们随时阅读。必要的时候也可以将宣传资料印发给家长。

（4）家长学校。以自然村为单位设立家长学校，就村民们感兴趣的育儿问题进行辅导，有针对性地指出家长在教育孩子过程中一些错误的想法和做法，提高家长的文化素质和教育能力。

（5）建立优生、优育辅导站。对孕期保健、婴儿喂养、疾病预防、早期教育等各个方面进行指导宣传，建立一整套的服务体系。

通过上述各种形式的社区学前教育，将家庭和自然村和学前教育有机地结合在一起，不仅提高了农村地区的教育质量，而且起到了带动创建文明社区，发展积极向上的社区氛围的重要作用，为儿童创造了一个良好的社区教育环境。

3. 我国草原地区社区学前教育形式

由于草原地区地域广阔，牧民以流动放牧为生。牧民居住又极为分散，因此儿童进入正规教育机构成为十分困难的问题。从我国草原地区社区学前教育的实践经验来看，非正规化的草原流动游戏点或流动幼儿园是适合牧民特点的幼教形式，是解决牧民幼儿接受社会教育的有效途径。

草原流动幼儿园（游戏点）的特色主要有：

（1）季节性和流动性。根据自然地理条件，游戏点时间定为每年的春夏季节。由于牧区人口居住极为分散，为此游戏点采取流动游戏大篷车的形式，在活动季节到所辖的几个游戏点巡回开展教育活动。这种流动性的形式充分发挥了教育设备、玩具材料以及师资的作用。

（2）混合年龄。由于牧区地广人稀，比较适宜于混合年龄的教育形式，分层次对不同年龄组的孩子进行教育。

（3）教育孩子和培训家长同步进行。在游戏点组织活动时，孩子活动，家长观看，孩子和家长同堂学习。这样回家以后，家长可以辅导孩子，帮助他们掌握和巩固所学的知识技能。家长也在观看的过程当中学到了一些教育孩子的技巧和正确的教育观念，无形当中，家长的教育水平也提高了。

（4）体现牧区特有的民族文化传统。牧区有着良好的民族文化传统，如他们具有善良、勤劳、诚实、勇敢、好客等伦理和价值观念。在草原游戏点的教育活动中自然地体现出这种优秀民族传统文化的积极影响，使孩子们身心得到健康发展。

三、幼儿园与社区

幼儿园是社区当中的重要教育机构。它与社区的发展息息相关。幼儿园与社区之间应该密切沟通、联系互相补充，利用各自的优势，共同搞好社区内的教育。

（一）幼儿园以自身的教育优势服务社区

与非正规的社区学前教育相比，幼儿园具有许多教育优势，包括完备的硬件设施和环境、专业的师资力量、有计划有组织的教育内容和活动组织等。因此幼儿园在社区教育中处于核心地位，通过其示范性的教育工作带动整个社区学前教育的发展。在这个重任下，幼儿园要以自身的教育优势服务于社区，支持社区各项教育活动的开展。具体来讲可以开展以下工作：

1. 幼儿园可以承担社区内幼教师资力量的培训和再提高工作，帮助社区教育质量的提高。

2. 幼儿园开放自身的教育资源供社区使用，提高资源的利用率，使社区内的全体儿童受益。

3. 幼儿园的师资力量可以兼任社区教育的指导和顾问，服务于社区。

4. 幼儿园支持参与社区有益的文化教育活动，使幼儿园成为教育和文化宣传的阵地，推动整个社区文化教育素质的提高。

（二）争取社区对幼儿园工作的支持和参加

幼儿园教育也要充分利用社区的资源，调动社区对幼儿园教育的支持和帮助，共同协作办好教育。社区作为一个生产功能、生活功能、文化功能兼备的社会区域，能够为幼儿园提供教育所需的人力、物力、财力等多方面的支持。此外争取社区对幼儿园教育的积极参与也是当前幼儿教育改革与发展的趋向。如幼儿园教师带领孩子走出园门到社区内的博物馆参观,扩大知识和眼界,利用社区的教育资源进行教育。又如请社区有关人员到幼儿园来,给幼儿讲解有关知识,组织开展一些活动等,这些做法打破了幼儿园封闭的教育模式,变为开放式的办学、办园,让幼儿真正接触社会,也让社区融入教育孩子的行列,共同促进孩子的健康成长。

[例] 水果和干果

某教师设计了认识水果和干果的活动。按照惯例,教师需要搜集各种水果和干果的图片和实物,在课堂上来观察,讲述。但是这一次,教师改变了以往的做法,带领幼儿走出幼儿园,来到幼儿园所在的胡同里。那里有一家小小的水果店,在胡同口也摆放着几个水果摊。幼儿在教师的指导启发下辨认着各种水果和干果,小朋友们也兴奋地交流着,一个孩子说:"这是芒果,我吃过。"另外一个孩子说:"我也吃过。"教师还请售货员阿姨向幼儿介绍一些他们不认识的水果。活动进行得十分有趣和生动。许多孩子纷纷把这样一件新鲜事告诉了家长。

总之,我国社区学前教育才刚刚起步。它的兴起和发展是人们多年来探索儿童教育和保健社会化的结果,也是现代社会前进和教育发展进步的一个大趋势。随着试建的不断深入,我国城市和农村社区学前教育一定会走向更加成熟,向着机构网络化、管理统一化、内容系列化、对象层次化、方式多样化的方向发展。在这个新的世纪当中,将有更多的儿童,尤其是农村和贫困地区的从社区学前教育中受益,也将有更多的儿童在社区、幼儿园和教育的三合一的教育影响下,健康茁壮地成长。

复习思考题

1. 谈谈你对社区教育这一概念的理解。
2. 对你所在的社区进行调查,社区学前教育的形式都有哪些?它的作用体现在什么地方?你认为还有哪些方面需要提高?
3. 试析如何利用社区的资源为幼儿园教育服务。幼儿园教育又能为社区做出哪些贡献?

主要参考书目

1. 叶澜.教育概论.北京:人民教育出版社,1998
2. 袁振国.当代教育学.北京:教育科学出版社,1999
3. 厉以贤.现代教育原理.北京:北京师范大学出版社,1988
4. 梁志燊.学前教育学.北京:北京师范大学出版社,1995
5. 孟昭兰.婴儿心理学.北京:北京大学出版社,1997
6. 钱郭小葵.婴儿的培育(上、下).北京:北京师范大学出版社,1994
7. 钱郭小葵.幼儿游戏(上、下).北京:北京师范大学出版社,1994
8. 陈帼眉.学前儿童发展与教育评价手册.北京:北京师范大学出版社,1994
9. 唐淑,虞永平.幼儿园班级管理.南京:南京师范大学出版社,1997
10. 李季湄,肖湘宁.幼儿园教育.北京:北京师范大学出版社,1997
11. 赵寄石.托儿综合教育课程.南京:南京师范大学出版社,1998
12. 阎水金.学前教育学.上海:上海教育出版社,1998
13. 李生兰.学前教育学.上海:华东师范大学出版社,1999
14. 卢乐山.学前教育原理.北京:北京师范大学出版社,1991
15. 魏美惠.近代幼儿教育思潮.心理出版社,1995
16. 汝小美,刘焱.儿童 游戏 家庭.北京:北京师范大学出版社,1997
17. 北京师范大学学前教育教研室.国家颁发托幼工作文件汇编,1994
18. (美)丹尼尔·戈尔曼.情感智商.上海:上海科学技术出版社,1997
19. 黄人颂.学前教育学.北京:人民教育出版社,1989
20. 王天一,夏芝莲.外国教育史.北京:人民教育出版社,1988

21. 皮亚杰. 教育科学与儿童心理学. 傅统先译. 北京：文化教育出版社，1981
22. 朱智贤，林崇德. 儿童心理学史. 北京：北京师范大学出版社，1988
23. 陈帼眉. 学前心理学. 北京：人民教育出版社，1989
24. 庞丽娟，李辉. 婴儿心理学. 杭州：浙江教育出版社，1994
25. 李辉. 去自我中心化：个体心理发展的一般规律. 北京师范大学学报（社科版），1992（2）98～103
26. Tina Bruce, Child Care and Education, second edition. Hodder & Stoughton, 1999
27. Janet R. Moyles, Excellence of play, Open University Press, 1994

后 记

《学前教育学》是根据全国高等教育自学考试学前教育专业（专科）考试计划的要求编写的。2000年4月教育类专业委员会召开审稿会议，对本教材进行了讨论、评审。修改后，经主审复审定稿。

本教材由北京师范大学梁志燊教授主编，中华女子学院陈虹副教授副主编。分工执笔：第1、2章梁志燊执笔撰稿；第3、4、7、8章李辉执笔撰稿；第5、6、10、11、12、13、14章陈虹执笔撰稿；第9、15章梁志燊、陈虹执笔撰稿。参加本教材审稿的专家有：北京师范大学卢乐山教授主审，中央教育科学研究所郑慧英研究员、北京师范大学刘馨副教授参审。

本教材最后由全国高等教育自学考试指导委员会审定。

全国高等教育自学考试指导委员会
教 育 类 专 业 委 员 会
2000年6月

附

学前教育学
自学考试大纲

全国高等教育自学考试指导委员会　制定

《自学考试大纲》出版前言

为了适应社会主义现代化建设事业对培养人才的需要，我国在20世纪80年代初建立了高等教育自学考试制度，经过近20年的发展，高等教育自学考试已成为我国高等教育基本制度之一。高等教育自学考试是个人自学、社会助学和国家考试相结合的一种新的高等教育形式，是我国高等教育体系的一个组成部分。实行高等教育自学考试制度，是落实宪法规定的"鼓励自学成才"的重要措施，是提高中华民族思想道德和科学文化素质的需要，也是造就和选拔人才的一种途径。应考者通过规定的考试课程并经思想品德鉴定达到毕业要求的，可以获得毕业证书，国家承认学历并按照规定享有与普通高等学校毕业生同等的有关待遇。

从80年代初期开始，各省、自治区、直辖市先后成立了高等教育自学考试委员会，开展了高等教育自学考试工作，为国家培养造就了大批专门人才。为科学、合理地制定高等教育自学考试标准，提高教育质量，全国高等教育自学考试指导委员会（以下简称全国考委）组织各方面专家对高等教育自学考试专业设置进行了调整，统一了专业设置标准，全国考委陆续制定了几十个专业考试计划。在此基础上，各专业委员会按照专业考试计划的要求，从造就和选拔人才的需要出发，编写了相应专业的课程自学考试大纲，进一步规定了课程学习和考试的内容与范围，有利于社会助学，使自学要求明确，考试标准规范化、具体化。

全国考委根据国务院发布的《高等教育自学考试暂行条例》，参照教育部拟定的普通高等学校有关课程的教学大纲，结合自学考试的特点，组织制定了《学前教育学自学考试大纲》，现经教育部批准，颁发试行。

《学前教育学自学考试大纲》是该课程编写教材和自学辅导书的

依据,也是个人自学、社会助学和国家考试(课程命题)的依据,各地应认真贯彻执行。

全国高等教育自学考试指导委员会
2000年6月

Ⅰ 课程性质与设置目的

一、课程性质与特点

《学前教育学》课程是全国高等教育自学考试教育类专业必考的课程,是培养和检验考生的教育与学前教育的基本知识和应用能力的一门专业基础课程。

《学前教育学》以辩证唯物论和邓小平的教育思想为指导,研究教育的基础知识,研究学前年龄儿童(出生至入学前)教育的观念、知识和实施,其内容具有宏观性、全面性、兼容性和应用性的特点。

二、本课程的基本要求

设置本课程的具体要求是:使考生掌握教育的基本原理和知识,掌握学前教育的基本理论和现代学前教育的新观念、新方法,掌握在家庭中、在托儿所中、在幼儿园中以及在社区中实施学前教育的基本知识和实际能力。总之,具有一定广度和深度的学前教育基础知识和能力,毕业后能较好地适应多种类学前教育工作的需要。

三、本课程与相关课程的关系

本课程与《学前卫生学》、《学前心理学》构成三者互依的专业基础课。《学前教育学》以《学前卫生学》和《学前心理学》为科学依据,良好的学前教育又是儿童身体和心理全速发展的必要条件。《学前教育学》与各类专业课程构成学前教育的整体,使学前教育从宏观到微观达到精细和完善。

Ⅱ 课程内容与考核目标

(考核知识点　考核要求)

第一章　教育的基本概念

一、学习目的和要求
通过本章学习，应理解教育现象的特定含义和构成教育的基本要素，理解现代教育的结构和功能。

二、课程内容

第一节　教育概念的界定

一、教育是人类社会特有的一种社会性活动
二、教育是一种特殊的社会性活动
三、广义教育中的学校教育（即狭义教育）

第二节　教育的基本要素

一、教育者
二、受教育者

三、教育内容
四、教育的物质资源

第三节　教育的功能

一、教育的宏观功能——促进社会发展
二、教育的微观功能——促进人的身心发展

第四节　现代教育的特征

一、现代教育的主要特征
（一）教育的发展急剧增长
（二）教育体制和结构的显著变化
（三）教育的内涵扩大
（四）教育作用愈加重要
（五）教育的不平等依然存在
二、现代教育发展趋势
（一）全民教育是教育发展的方向
（二）终身教育
（三）教育民主化
（四）教育现代化
（五）教育与社会的紧密交叉、相互影响、相互联系
（六）教育科学研究是教育决策的先导

三、考核知识点
（一）教育
（二）教育者与受教育者
（三）教育内容
（四）教育物质资源
（五）教育的功能
（六）现代教育的特征

四、考核要求

（一）教育

1. 识记：(1) 教育是人类的社会活动；(2) 教育活动的特殊性；(3) 学校教育。

2. 领会：教育对人类社会的意义。

（二）教育者与受教育者

1. 识记：(1) 教育者的含义；(2) 受教育者的含义；(3) 教育者与受教育者在教育过程中的相互关系。

2. 领会：在教育过程的教与学两大类不同活动中，教育者与受教育者是复合主体，互为存在条件，教育者与受教育者的主动性、能动性均应恰当、充分地发挥。

（三）教育内容

1. 识记：(1) 教育的内容；(2) 学校教育的内容。

2. 领会：教育活动和教育内容之间的相关性。

（四）教育物质资源

1. 识记：(1) 学校教育的含义和特征；(2) 非学校教育。

2. 领会：从现代教育的构成看教育的新观念——大教育观。

（五）教育的功能

1. 识记：(1) 教育的社会功能；(2) 教育的个体发展功能。

2. 领会：教育在实现社会现代化中的重要战略地位。

（六）现代教育的特征

1. 识记：(1) 现代教育的主要特征；(2) 现代教育的发展走势。

2. 领会：现代社会的发展与教育之间的关系。

第二章 学前教育与社会因素

一、学习目的与要求

通过本章学习应了解教育与其他社会现象的关联。如教育与环境之间的关系,教育与经济的关系,教育和社会政治的关系,教育与人口的关系,教育与社会文化的关系等。同时也要理解教育和人的社会化之间的关系,在此基础上认识到其间的关系在作用的性质、作用的程度和作用的过程是各不相同的,务求把握得当,发挥教育的积极、正面的社会功能。

二、课程内容

第一节 学前教育与环境

一、物质环境与学前教育
(一)物质环境的概念
(二)物质环境对人的生存发展有着直接与间接的影响
二、精神环境与学前教育
(一)精神环境的概念
(二)精神环境对学前儿童有着潜移默化的影响

第二节 学前教育与经济

一、经济是教育的基础
(一)经济发展是教育发展的物质基础
(二)经济发展决定着教育发展的规模和速度
(三)经济发展引发的经济结构的变革影响着教育结构的变化

（四）经济发展水平制约着教育内容和手段
二、现代教育对整个社会经济发展起着巨大的促进作用
（一）现代教育是物质资料生产和再生产的重要条件
（二）现代教育是提高劳动生产率的必要因素

第三节　学前教育与政治

一、关于政治的基本概念
二、政治对教育的影响（政治与教育的关系）
（一）政治对教育目的的影响
（二）政治对教育制度的影响
（三）政治对教育财政的影响
三、政治与学前教育
（一）政府权力机关及职能部门对学前教育的重视与领导是发展学前教育的决定条件
（二）不同社会制度下接受学前教育的程度不同

第四节　学前教育与文化

一、关于文化的一般概念
二、文化与教育的关系
（一）文化是经济政治作用于教育的中介
（二）文化还可主动地相对独立地影响教育
三、我国文化传统对教育的影响作用
（一）对教育的目标及人才标准的影响
（二）对教育认识论和教育方法论的影响
（三）对个体的发展方面的影响
四、文化水平对教育的影响
五、文化传递、传播与教育
六、文化选择与教育
七、文化变迁与教育

八、文化与学前教育

第五节　学前教育与人口

一、人口对教育的影响
（一）人口对教育发展战略目标及其战略重点的影响
（二）人口对教育结构的影响
（三）人口对教育区域布局的影响
二、我国人口现状对教育之影响
（一）现状
（二）趋势
（三）人口状况对学前教育的影响
三、我国人口与学前教育

第六节　学前教育与人的社会化

一、人的个体社会化
二、学前教育在个体社会化中的作用

三、考核知识点
（一）物质环境对教育的作用
（二）精神环境对教育的作用
（三）经济对教育的影响
（四）教育对经济的作用
（五）政治对教育的影响
（六）政治对学前教育的影响
（七）文化对教育的影响
（八）人口对教育的影响
（九）学前教育和个体的社会化

四、考核要求

（一）物质环境对教育的作用

1. 识记：（1）物质环境的概念；（2）物质环境是学前教育存在和发展的必要条件。

2. 领会：如何创设物质环境促进学前教育的发展。

（二）精神环境对教育的作用

1. 识记：（1）精神环境的概念；（2）精神环境对学前教育起着潜移默化的影响。

2. 领会：如何创设良好的精神环境促进学前教育的发展。

（三）经济对教育的影响

1. 识记：（1）经济发展是教育发展的物质基础；（2）经济发展决定教育发展的规模和速度；（3）经济发展影响教育的结构变化；（4）经济发展制约教育内容和手段。

2. 领会：经济发展是教育发展的重要因素，发展教育必须以经济为基础。

（四）教育对经济发展的作用

1. 识记：（1）现代教育是物质资料生产和再生产的重要条件；（2）现代教育是提高劳动生产力的必要因素。

2. 领会：教育是与经济发展密切联系的，教育发展间接为经济发展作出重要贡献。

（五）政治对教育的影响

1. 识记：（1）政治对教育目的的影响；（2）政治对教育制度的影响；（3）政治对教育财政的影响。

2. 领会：政治决定教育的性质和教育的发展。

（六）政治对学前教育的影响

1. 识记：（1）政府权利机关和智能部门重视学前教育是发展学前教育的决定条件；（2）不同社会制度下接受学前教育的程度不同。

2. 领会：教育为政治服务，教育促进政治发展。

（七）文化与教育之间的关系

1. 识记：（1）文化的概念；（2）文化对教育的影响；（3）我国传统文化对教育的影响；（3）文化水平对教育的影响；（4）文化传

递、传播对教育的影响；(5) 文化选择对教育的影响；(6) 文化变迁对教育的影响；(7) 文化与学前教育。

2. 领会：教育本身是文化的重要组成部分，它既要为文化发展服务，同时也受到广义文化的多方面的影响，要极大地发挥教育在发展文化上的重要功能。

(八) 人口与教育

1. 识记：(1) 人口对教育的影响；(2) 我国人口现状对教育的影响；(3) 人口与学前教育。

2. 领会：人口关系着教育发展的速度和质量；要发展教育推动国家计划生育国策，改善和提高我国人口质量。

(九) 学前教育和个体社会化

1. 识记：(1) 人体社会化的概念；(2) 个体社会化过程分类。

2. 领会：学前教育在个体社会化过程中起到重要作用。

第三章　学前教育与儿童发展

一、学习目的和要求

学前教育与儿童发展之间的规律性关系，就是学前教育学首先要面对的一个基本问题。通过本章学习，学生应了解儿童身体和心理发展的基本特点和规律，掌握影响儿童身心发展的各个因素以及相关的理论派别，在此基础上正确理解儿童观、发展观和教育观，以自觉地运用于学前教育实践。

二、课程内容

第一节　儿童发展的概念

一、儿童发展的含义
（一）发展的含义
（二）儿童的发展
二、与儿童发展有关的因素
（一）遗传决定论
（二）环境决定论
（三）辩证客观地对待影响儿童发展的因素
1. 先天因素与后天因素。
2. 遗传素质。
3. 后天环境和教育。
三、发展的特征
（一）个体发展是有规律地进行的
1. 个体发展是从简单到复杂。
2. 个体发展都要经过由一般到特殊的过程。
3. 个体发展是由头到脚，由中间向四周进行的。
（二）发展具有个别差异
（三）发展具有阶段性

第二节　儿童发展的内容

一、儿童生理的发展
（一）儿童身高体重的生长
（二）儿童骨骼与肌肉的生长
（三）儿童牙齿的生长
（四）儿童神经系统的发育
（五）儿童感觉器官的发育
1. 视觉的发育。

2．听觉的发育。
3．味觉和嗅觉的发育。
4．触摸觉的发育。
5．动作及运动能力的发展。
二、儿童心理的发展
(一) 智力的发展
(二) 语言的发展
1．词汇的发展。
2．语法的发展。
3．口头语言与书面语言的发展。
(三) 情绪情感及社会性的发展

第三节 儿童发展观

一、儿童观
(一) 社会本位的儿童观
(二) 人本位的儿童观
(三) 正确的儿童观
二、儿童教育观
(一) 教育观
教育观是人们对于教育在儿童发展中作用的根本看法。
(二) 我国的现代教育观
1．儿童是学前教育的主体。
2．因人而异地对儿童实施体、智、德、美、劳等全面发展的教育。
3．学前教育的内容和方法要符合"发展适宜性"要求。
4．游戏是幼儿期的主导活动和教育活动中的主导形式。
5．家园配合，协同发展。

三、考核知识点
(一) 儿童发展的含义

（二）与儿童发展有关的因素
（三）发展的特征
（四）儿童发展的内容
（五）儿童观
（六）教育观

四、考核要求

（一）儿童发展的含义

1. 识记：(1) 什么是发展；(2) 儿童发展的含义。

2. 领会：儿童身心发展是相互作用，密不可分的。

（二）与儿童发展有关的因素

1. 识记：(1) 遗传决定论；(2) 环境决定论；(3) 遗传—环境交互作用论；(4) 先天因素和后天因素；(5) 遗传素质；(6) 后天环境与教育。

2. 领会：儿童的发展是在先天因素与后天因素相互作用中不断地发展的，应该充分发挥教育在儿童发展中的作用。

（三）发展的特征

1. 识记：(1) 个体发展是有规律地进行的；(2) 发展具有个别差异性；(3) 发展具有阶段性。

2. 领会：教育应该根据个体发展的特点和规律进行。

（四）儿童发展的内容

1. 识记：(1) 儿童生理的发展；(2) 儿童心理的发展。

2. 领会：儿童时期是生理和心理发展最迅速的时期，教育者要了解儿童生理和心理发展的特点，有的放矢地进行教育。

3. 应用：观察和记录数名儿童的生理和心理发展特点。

（五）儿童观

1. 识记：(1) 什么是儿童观；(2) 社会本位的儿童观；(3) 人本位的儿童观；(4) 正确的儿童观。

2. 领会：儿童观是教育的基础和指导思想，应当正确理解儿童观的内涵。

3. 应用：观察和记录某幼儿园教师的活动，并对其儿童观作出分析。

(六) 教育观

1. 识记：(1) 什么是教育观；(2) 我国现代教育观的主要内容。

2. 领会：教育观是儿童观的具体体现，应自觉地运用于教育实践中。

3. 应用：观察和记录某幼儿园的教育活动，并对其教育观作出分析。

第四章 学前教育理论流派

一、学习目的和要求

通过本章学习，了解学前教育基本理论的起源、发展历程及其发展趋势；掌握人类思想发展史中有关学前教育方面的重要理论、经验和思想；尝试批判性地认识和思考各种学前教育理论流派；融会贯通现代学前教育各个基本流派的理论与实践，并与自身实践相结合。

二、课程内容

第一节 学前教育思想溯源

一、学前教育的起源
(一) 氏族社会时期
(二) 母系氏族社会时期
(三) 父系氏族社会时期
(四) 军事民主时期
二、奴隶社会的幼儿教育
(一) 古埃及的幼儿教育

(二) 古希伯来的幼儿教育

1. 家庭教育时期。

2. 会堂教育时期。

(三) 古印度的幼儿教育

1. 婆罗门教的幼儿教育。

2. 佛教的幼儿教育。

(四) 古希腊的幼儿教育

1. 斯巴达的幼儿教育。

2. 雅典的幼儿教育。

三、近代学前教育思想

(一) 夸美纽斯的大教育观

1. 夸美纽斯十分重视儿童的体育。

2. 强调德行的培养。

3. 智力是无价之宝。

4. 拟定了百科全书式的启蒙教育大纲。

5. 进行教学方法的改革。

6. 提出了循序渐进的原则。

7. 教学要彻底与巩固。

(二) 洛克的"白板说"

1. 洛克的教育理论。

2. 洛克的教育内容：体育、德育、智育。

(三) 卢梭的自然主义教育观

1. 人的发展和教育分四个阶段。

2. 教育要遵循儿童的自然成长规律。

3. 教育原则。

4. 教育方法。

(四) 裴斯泰洛齐的自然教育

1. 倡导爱的教育。

2. 强调母亲的教育作用。

3. 明确教学过程的基本要素。

4. 强调教育要适应儿童心理发展特点的原则。

5. 教育内容分为体育和劳动教育、智育、德育。
(五) 福禄贝尔的教育理论
1. 教育的目的在于唤醒人的内在精神本性。
2. 人的发展应该是循序渐进的。
3. 儿童发展三段论。
4. 儿童的四种本能。
5. 教学即生活。
6. 福禄贝尔的教育方法。

第二节　现代学前教育理论流派

一、杜威的进步主义教育思想
(一) 杜威的儿童观
1. 重视儿童的本能。
2. 儿童具有自我生长的能力。
3. 儿童与成人在心理上存在着很大的差别。
(二) 杜威的进步主义教育思想
1. "教育即成长"。
2. "教育即生活"。
3. "教育即经验的不断改造"。
(三) 杜威的教育原则
1. "儿童中心论"。
2. "从做中学"。
二、蒙台梭利教学法
(一) 基本教育思想
1. 发现儿童。
2. 吸收的心智。
3. 自由的原则。
(二) 教育基本内容
1. 肌肉练习。
2. 日常生活训练也是蒙台梭利学校的一个显著特点。

3. 初步的知识教育。
4. 文化历史教育。
(三) 教育方法
1. 提供有准备的环境。
2. 教师。
3. 教具——活动材料。

三、皮亚杰认知结构主义流派
(一) 皮亚杰的认知发展心理学理论
1. 感知运动阶段（0～2岁）。
2. 前运算思维阶段（2～7岁）。
3. 具体运算思维阶段（7～11岁）。
4. 形式运算思维阶段（11～15岁）。

(二) 皮亚杰的教育思想
1. 强调活动的重要性。
2. 强调兴趣和需要的重要性。
3. 发现式教学方法。
4. 强调智力发展是一种积极的、主动的建构过程。

(三) 儿童教育基本原则
1. 教育要符合儿童心理发展阶段，符合儿童心理发展的水平，避免儿童教育成人化的倾向。
2. 发展儿童的主动性。
3. 强调儿童的实际活动。
4. 重视儿童的社会交往。

四、加德纳的多层智力观与幼儿的完整学习
五、维果斯基"最近发展区"理论
六、戈尔曼的情感智力理论
(一) 什么是情商
(二) 情商是决定人生成功与否的关键因素

第三节 我国学前教育思想家

一、陶行知的学前教育思想
(一)"幼稚教育尤为根本之根本"
(二)幼儿教育应面向大众
(三)幼儿教育应解放儿童的创造力
(四)教育内容
(五)幼儿教育的教学方法:"教学做合一"
(六)开办师资培训
二、张雪门的学前教育思想
(一)基本教育思想:儿童身心发展与社会环境相统一
(二)幼稚园课程
(三)幼稚园教材教育方法
1. 教材须合于现实社会生活的需要。
2. 教材须合于社会普遍生活标准。
3. 教材须适合于儿童目前生长阶段中的需要。
(四)幼稚园教学法
1. 做学教合一。
2. 教材与教法融为一体。
3. 自由自动教学。
4. 制定儿童能力目录表。
(五)幼稚园教师
三、陈鹤琴的学前教育思想
(一)陈鹤琴的教育思想
(二)陈鹤琴的教育方法
(三)教育内容
(四)教师应具备的条件
1. 政治思想方面。
2. 业务修养方面。
3. 教学技术方面。

4. 优良品质方面。
(五) 幼儿园的惩罚

三、考核知识点
(一) 学前教育起源和奴隶社会的学前教育
(二) 近代学前教育思想
(三) 现代学前教育理论流派
(四) 我国学前教育思想家

四、考核要求
(一) 学前教育起源和奴隶社会的学前教育
1. 识记：(1) 学前教育的起源；(2) 奴隶社会的学前教育。
2. 领会：学前教育有着漫长的历史，古代的学前教育有着鲜明的阶级性和等级性。
(二) 近代学前教育思想
1. 识记：(1) 夸美纽斯的大教育观；(2) 洛克的白板说；(3) 卢梭的自然主义教育观；(4) 裴斯泰洛齐的自然教育；(5) 福禄贝尔的教育理论。
2. 领会：近代学前教育思想是学前教育思想中的灿烂而珍贵的一部分，对当今学前教育仍有着重要的启示。
3. 应用：结合当时历史背景分析某一流派，指出其进步和局限之处。
(三) 现代学前教育理论流派
1. 识记：(1) 杜威的进步主义教育思想；(2) 蒙台梭利教学法；(3) 皮亚杰认知结构主义流派；(4) 加德纳的多层智力观与幼儿的完整学习；(5) 维果斯基最近发展区理论；(6) 戈尔曼的情感智力理论。
2. 领会：现代学前教育各理论流派对学前教育的启示。
(四) 我国学前教育思想家
1. 识记：(1) 陶行知的教育思想；(2) 张雪门的教育思想；

(3) 陈鹤琴的教育思想。

2. 领会：我国学前教育思想家对我国学前教育发展的重大贡献。

第五章　学前教育目标

一、学习目的和要求

通过本章学习，理解教育目的在教育过程中的地位和作用，学前教育目标制定的依据，全面了解我国学前教育目标的内涵。

二、课程内容

第一节　学前教育目标的制定

一、什么是教育目的
二、制定学前教育目标的依据
（一）我国教育方针
（二）社会发展的需要
1. 培养幼儿的全面素质。
2. 重视培养幼儿的竞争意识、竞争道德、竞争能力。
3. 重视培养幼儿开阔的眼界、宽广的胸怀、开放性的思维习惯。
4. 重视培养幼儿的创新精神。
（三）学前儿童发展的需求

第二节　正确理解我国学前教育目标

一、我国学前教育目标

二、正确理解学前教育目标

（一）全面发展的教育是全球幼儿教育目标的发展趋势

1. 体育目标。
2. 智育目标。
3. 德育目标。
4. 美育目标。

（二）正确处理好以下几个关系

1. 处理好体育和其他各育之间的关系。
2. 处理好智育和德育之间的关系。
3. 处理好知识和智力的关系。
4. 处理好全面发展和因材施教之间的关系。

三、考核知识点

（一）制定学前教育目标的依据
（二）我国学前教育目标

四、考核要求

（一）制定学前教育目标的依据

1. 识记：（1）什么是教育目的；（2）我国的教育方针；（3）社会发展的需要和儿童自身发展需要也是制定学前教育目标的重要依据。

2. 领会：（1）教育目标的制定既要考虑社会发展的需求，同时也要满足儿童自身发展的需求；（2）教育目标要根据社会发展的要求和不同时期儿童身心发展的特点，不断调整和完善。

（二）我国学前教育目标

1. 识记：（1）我国学前教育的目标；（2）学前儿童全面发展教育的含义；（3）体育和其他各育之间的关系；（4）德育和其他各育之间的关系；（5）知识教育和智力教育之间的关系。

2. 领会：（1）学前儿童体、智、德、美各育之间是相互联系的统一体；（2）全面发展教育和因材施教之间的关系。

第六章 学前教育的基本活动——游戏

一、学习目的和要求

通过本章学习，让学生了解游戏是学前教育的基本活动，它对儿童发展具有重要意义。学会创设幼儿园活动区以及正确选择和运用发挥游戏材料和玩具的作用，掌握学前儿童角色游戏和结构游戏的特点以及指导要点和评价标准，并能运用于学前教育实践当中，充分有效地发挥游戏的教育作用。

二、课程内容

第一节 游戏对儿童发展的重要意义

一、游戏的特点
（一）游戏是自发的、自愿的
（二）游戏是自由自在的
（三）游戏是愉快的
（四）游戏是充满幻想和创造的
二、游戏对儿童发展的作用
（一）游戏促进儿童的认知发展
1. 在游戏中幼儿可以潜移默化地学到许多知识。
2. 游戏有助于培养儿童的注意力、观察力和判断力。
3. 游戏能够激发儿童的创造力和思考力。
（二）游戏促进儿童的社会性发展
（三）游戏有利于儿童情绪的发展
1. 游戏是儿童表现情感的一种重要方法。

2. 游戏是儿童克服情绪紧张的一种手段。
3. 游戏有助于消除孩子愤怒的心情。
（四）游戏有助于学前儿童身体的锻炼和成长

第二节　游戏条件的创设

一、给儿童充足的游戏时间
二、户外游戏环境的创设
（一）场地是儿童游戏必须的空间条件
（二）户外活动时间的保障
三、幼儿园室内活动区的创设
（一）关于活动区种类和数量的选择
1. 培养目标。
2. 本班的实际情况。
3. 本阶段的教育重点。
（二）关于活动区材料的投放
1. 材料玩具多样化。
2. 材料玩具摆放清楚、明确。
（三）关于活动区的合理布置
1. 各个活动区之间的界限性。
2. 各活动区之间的相容性。
3. 各活动区之间的转换性。
（四）关于活动区规则的确定
四、提供玩具和游戏材料
在管理和使用玩具和材料时，应注意以下几点：
1. 因地制宜，注意废旧材料的运用。
2. 让幼儿自由选择玩具。
3. 制定常规，养成好习惯。

第三节　游戏的指导和评价

一、树立正确的游戏教育观
(一) 游戏是儿童的正当权利
(二) 爱玩、会玩是评价婴幼儿发展的标准之一
(三) 游戏是婴幼儿最自然、最有效的学习
二、教师在游戏过程中的作用
(一) 创设游戏环境
(二) 指导和促进游戏的开展
(三) 观察和评估游戏
三、各类游戏的指导和评价
(一) 角色游戏
1. 角色游戏的教育价值。
2. 教师在组织指导儿童开展角色游戏时的注意事项。
3. 儿童角色游戏能力评价。
(二) 结构游戏
1. 教师在指导儿童结构游戏时的注意事项。
2. 儿童积木游戏水平评价。

三、考核知识点
(一) 游戏的特点
(二) 游戏对儿童发展的作用
(三) 游戏时间和户外环境的创设
(四) 幼儿园室内活动区的创设和游戏材料、玩具的提供
(五) 正确的游戏教育观
(六) 教师在游戏过程中的作用
(七) 角色游戏
(八) 结构游戏

四、考核要求

(一)游戏的特点

1.识记:(1)游戏是自发、自愿的;(2)游戏是自由自在的;(3)游戏是愉快的;(4)游戏是充满幻想的。

2.领会:游戏不同于学习、工作,在儿童的生活中充满了游戏。

3.应用:观察数名儿童的游戏,记录分析儿童游戏特点的具体体现。

(二)游戏对儿童发展的作用

1.识记:(1)游戏促进儿童认知发展;(2)游戏促进儿童社会性发展;(3)游戏有助于儿童身体的锻炼和成长;(4)游戏对儿童情绪发展的作用。

2.领会:游戏对儿童发展具有重要价值,应充分发挥游戏的教育功能。

3.应用:观察数名儿童的游戏,分析总结游戏促进儿童发展的具体表现。

(三)游戏时间和户外环境的创设

1.识记:(1)游戏时间是开展游戏的必要保障;(2)户外环境的创设要点。

2.领会:游戏是幼儿园教育的基本活动,要确保充足的游戏时间和足够的户外环境。

3.应用:调查统计两所幼儿园游戏时间以及户外环境的创设情况,分析其不足和长处,提出对策。

(四)幼儿园室内活动区的创设和游戏材料、玩具的提供

1.识记:(1)活动区内容的选择;(2)活动区材料的投放;(3)活动区的合理布置;(4)活动区规则的制定;(5)管理和使用游戏材料以及玩具的要点。

2.领会:(1)创设活动区的根本目的在于提供游戏的情景,使儿童在与环境、材料的相互作用中获得认知、情感、社会和身体的发展;(2)材料和玩具是儿童开展游戏的必要条件。

3.应用:(1)调查记录某个幼儿园室内活动区并做出分析;(2)设计某一年龄班的活动区内容以及各活动区应配备的游戏材料和玩具。

（五）正确的游戏教育观

1. 识记：（1）游戏是儿童的正当权利；（2）爱玩、会玩是评价儿童发展的标准之一；（3）游戏是儿童最自然、最有效的学习。

2. 领会：正确理解上述观点是做好幼儿园教育工作的基本点。

3. 应用：调查家长和教师对游戏的看法和做法，指出不正确的倾向以及好的做法。

（六）教师在游戏过程中的作用

1. 识记：（1）制定游戏计划；（2）创设游戏环境；（3）指导和促进儿童的游戏发展；（4）观察和评估游戏。

2. 领会：教师在游戏过程中的作用是至关重要的，让儿童通过游戏学习并不等于放任自流。

（七）角色游戏

1. 识记：（1）角色游戏的教育价值；（2）组织指导角色游戏的要点。

2. 领会：角色游戏是儿童喜爱的游戏活动，应当充分发挥角色游戏的教育价值。

3. 应用：（1）观察记录某次角色游戏活动，分析角色游戏的教育价值，指出在该次游戏活动中教师是如何指导的；（2）运用角色游戏水平评价表评估某次角色游戏活动。

（八）结构游戏

1. 识记：（1）什么是结构游戏；（2）结构游戏的组织指导要点。

2. 领会：处理好结构游戏中教师指导和鼓励儿童自由探索之间的关系。

3. 应用：（1）观察记录某次结构游戏活动，分析教师是如何组织指导该次活动的；（2）运用结构游戏水平评价表对某次结构游戏进行评价。

第七章　学前教育的基本原则

一、学习目的和要求

通过本章学习，掌握并理解学前教育各项原则的内涵，并能运用于学前教育实践。

二、课程内容

第一节　独立自主性原则

一、独立自主性原则的内涵
（一）什么是独立自主性原则
1. 培养儿童学会依靠自己的经验和能力进行活动。
2. 让儿童了解和认识独立自主性。
（二）幼儿独立自主性教育的基本内容
1. 生活方面。
2. 动作方面。
3. 关注环境。
4. 待人接物。
5. 学习的自主性。
二、独立自主性教育应注意的问题
（一）教育在儿童独立自主性形成过程中起着至关重要的作用
（二）给儿童提供多种机会，让他们把在幼儿园学来的知识运用到日常生活中去
（三）教师要有一颗宽容的心

第二节 发展适宜性原则

一、发展适宜性概念
（一）年龄适宜性
（二）个体适宜性
二、发展适宜性课程
（一）发展适宜性课程
1. 发展适宜性课程应该是综合性的。
2. 发展适宜性课程建立在教师对儿童充分观察和了解的基础上。
3. 发展适宜性课程是一个互动学习的过程。
4. 发展适宜性课程应该是具体的、真实的，与儿童日常生活关联的。
（二）发展适宜性的教师—儿童相互作用
1. 教师应对儿童的需要、兴趣和渴望做出快速且直接的反应。
2. 教师应给儿童提供足够的、多种多样的交流机会。
3. 教师应提供必要的帮助和鼓励以促进儿童成功完成各种任务。
4. 教师应促进儿童自尊心和自信心的发展。
三、实施发展适宜性课程应注意的事项

第三节 保教结合原则

一、保教结合的任务与范畴
（一）保育者工作范畴
（二）保育工作者的任务
二、良好的工作伙伴与师生关系是实现保教合一的前提
三、建立良好的师生关系
1. 消除幼儿对教师的恐惧。
2. 让幼儿学会如何尊重他人。

3. 与儿童共同制定良好师生关系的基本原则。

第四节 综合性原则

一、教育目的与教育内容的综合性
（一）教学内容的综合性
（二）分科教学的内在综合性
二、教育手段的综合性
三、综合性原则所应注意的事项
（一）教师的素质很重要
（二）因地制宜地使用综合性原则
（三）不可为综合而综合

第五节 启蒙性原则

一、学前教育的启蒙性
二、学前启蒙教育的内容
（一）品德方面的启蒙教育
（二）智力方面的启蒙教育
（三）体能方面的启蒙教育
（四）美的启蒙教育

第六节 活动性原则

一、活动性原则的重要意义
二、活动性原则的实施
（一）提供活动机会和环境
（二）鼓励儿童活动的积极性、主动性和创造性
（三）活动是多样的
（四）活动不是装饰品

三、考核知识点

（一）独立自主性原则

（二）发展适宜性原则

（三）保教结合原则

（四）综合性原则

（五）启蒙性原则

（六）活动性原则

四、考核要求

（一）独立自主性原则

1. 识记：（1）什么是独立自主性原则；（2）幼儿独立自主性教育的基本内容。

2. 领会：独立自主性教育应注意的几个问题。

3. 应用：（1）调查某个家庭，对其幼儿独立自主性的培养状况做出分析；（2）调查某幼儿园，描述并分析教师对幼儿独立自主性的培养。

（二）发展适宜性原则

1. 识记：（1）发展适宜性概念；（2）发展适宜性课程的内涵。

2. 领会：发展适宜性教育应注意的几个问题。

（三）保教结合原则

1. 识记：保教结合的任务和范畴。

2. 领会：（1）教师与保育员之间应建立良好的工作伙伴关系；（2）建立良好的师生关系。

3. 应用：观察记录某幼儿园教师与保育员、教师与幼儿之间的关系并进行分析。

（四）综合性原则

1. 识记：（1）教育目的和内容的综合性；（2）教育手段的综合性。

2. 领会：（1）综合性原则应注意的事项。

3. 应用：记录某幼儿园一个年龄班的课程设计，分析其综合性原则的具体体现。

（五）启蒙性原则

1. 识记：学前启蒙教育的内容。

2. 领会：学前教育是启蒙性的教育。

3. 应用：分析当前对学前教育的种种误解说明学前教育的启蒙性。

（六）活动性原则

1. 识记：(1) 活动性原则的意义；(2) 活动性原则的实施。

2. 领会：学前教育应以活动为主导，以活动贯穿整个教育过程，活动是学前教育的主要内容和形式。

3. 应用：观察记录某幼儿园的半日活动，分析活动性原则在幼儿园的运用情况。

第八章 学前教育的基本方法

一、学习目的和要求

通过本章学习，使学生了解学前教育中常用的①直观形象法、②游戏化法、③语言法、④移情法、⑤角色扮演法、⑥环境体验法、⑦行动操练法、⑧发泄法、⑨表扬鼓励法、⑩批评惩罚法等十种基本教育教学方法，理解其教育原理，掌握实施要点，并能在教育实践中灵活地加以运用。

二、课程内容

第一节 直观形象法

一、直观形象法的内容

（一）观察法

（二）演示法
（三）示范法
（四）范例法
二、采用直观形象法应注意的事项
（一）内容的选择
（二）实施要求
三、参观法

第二节　游戏化方法

一、游戏化方法的实施
（一）游戏活动教育化
（二）教育活动游戏化
二、注意事项
（一）采用游戏化方法要注意"发展适宜性"原则
（二）明确游戏规则
（三）教师应掌握指导游戏的技能
（四）创设游戏角

第三节　语言法

一、故事法
（一）操作定义
（二）操作特点
（三）操作形式
二、讨论法
（一）操作定义
（二）操作特点
1．实践性强。
2．针对性强。
3．自由性强。

（三）教育价值
（四）操作过程
1. 运用情景表演引发问题。
2. 运用各种手段展开问题。
3. 运用正面行为练习展示问题解决方向。
4. 运用各种讨论解决问题。

第四节　移情法

一、移情法所用的训练技术
（一）认知提示
（二）情绪追忆
（三）情感换位
（四）巩固深化
（五）情境表演
二、移情法的实施
（一）第一阶段
（二）第二阶段

第五节　角色扮演法

一、角色与角色扮演法
二、角色扮演法的心理效应
（一）及时模仿和简单再现
（二）认同
（三）内化
三、角色扮演的特点
（一）角色扮演训练是促进幼儿亲社会行为、减少消极社会行为的有力手段
（二）适合幼儿的年龄特点与兴趣
（三）角色扮演训练与表演游戏是截然不同的

（四）角色扮演注重对他人内心世界的分析，促进幼儿角色承担能力的提高

四、角色扮演法的教育过程

（一）教育过程

（二）注意事项

（三）教育活动举例

第六节　环境体验法

一、环境体验法

二、环境体验法的操作内容

（一）精神环境体验法

（二）物质环境体验法

三、注意事项

（一）所创设的环境要富有儿童情趣，不宜成人化

（二）为幼儿提供熟悉的利于开展想像与拟人化交往的环境

（三）注意环境的可体验性、可参与性和可操作性

（四）可在局部环境中提供不太完善、不太平衡的环境让幼儿去体验环境中不尽完善的一面

（五）随时根据教育目标和幼儿发展的需要调整环境布置

（六）教师、家庭及其他工作人员要注意精神环境的一致性和教育目的的一致性

第七节　行动操练法

一、行动操练法

（一）动作技能练习

（二）心智技能练习

（三）分段练习

（四）综合练习

二、实施行动操练法应注意的问题

（一）要明确练习的目的
（二）行动操练的方法要正确
（三）练习要符合儿童年龄特点
（四）练习的方式和要求可以多样化
（五）家园配合

第八节　发泄法

一、发泄法的内容
（一）生理的发泄
（二）心理的发泄
二、发泄法的注意事项
（一）教师创设发泄环境
（二）教师向幼儿介绍发泄角落的用途与使用方法
（三）培养幼儿正当而多样化的发泄方式

第九节　表扬鼓励法

一、表扬鼓励法
（一）表扬鼓励的方式
（二）表扬鼓励的场合
（三）表扬鼓励的时机
二、实施表扬鼓励法应注意的事项
（一）正确选择所要表扬鼓励的行为
（二）因人而异，有针对性地表扬鼓励
（三）表扬鼓励要具体明确、及时得当、不流于形式

第十节　批评惩罚法

一、批评法
（一）操作内容

1. 批评的态度。
2. 批评的方式。
3. 批评的形式。

（二）实施批评法时应注意的事项

1. 要根据不良行为的性质选用不同的批评方法。
2. 批评要有针对性，实事求是，注重事实和幼儿的态度。
3. 批评必须做到公正合理，以促进幼儿身心发展为原则。
4. 批评要考虑幼儿的年龄特点和个别特点。
5. 批评要注重实效。

二、惩罚法

（一）操作内容

1. 社会性惩罚。
2. 生理性惩罚。

（二）实施惩罚法应注意的事项

1. 要使惩罚具有教育意义。
2. 运用惩罚法要做到"三要"。
3. 惩罚的基础是尊重与严格要求相结合。
4. 要注意儿童受惩罚后的情绪。
5. 惩罚要依靠集体对儿童的帮助与支持。
6. 采用惩罚方法要考虑年龄特点和个性特点。
7. 惩罚应和其他教育方法相结合。
8. 要注意不要轻易惩罚儿童。

三、考核知识点

（一）直观形象法
（二）游戏化方法
（三）语言法
（四）移情法
（五）角色扮演法
（六）环境体验法
（七）行动操练法

(八) 发泄法

(九) 表扬鼓励法

(十) 批评惩罚法

四、考核要求

(一) 直观形象法

1. 识记：(1) 观察法的含义；(2) 实施观察法的注意事项；(3) 演示法的含义；(4) 实施演示法的注意事项；(5) 示范法的含义；(6) 范例法的特点；(7) 参观法的含义。

2. 领会：实施直观形象法应注意的几个问题。

3. 应用：在教育工作实践中尝试使用直观形象法。

(二) 游戏化方法

1. 识记：(1) 游戏活动的教育化；(2) 教育活动的游戏化。

2. 领会：(1) 实施游戏法的注意事项；(2) 十种教育方法的综合与灵活运用。

3. 应用：在教育工作实践中尝试使用游戏化方法。

(三) 语言法

1. 识记：(1) 故事法的含义；(2) 故事法的操作特点；(3) 故事法的操作形式；(4) 讨论法的含义；(5) 讨论法的特点；(6) 讨论法的教育价值。

2. 领会：如何运用故事法和讨论法。

3. 应用：在教育工作实践中尝试使用语言法。

(四) 移情法

1. 识记：(1) 什么是移情法；(2) 认知提示；(3) 情绪追忆；(4) 情感换位；(5) 巩固深化；(6) 情境表演。

2. 领会：如何运用移情法。

3. 应用：在教育工作实践中尝试使用移情法。

(五) 角色扮演法

1. 识记：(1) 什么是角色扮演；(2) 角色扮演法的注意事项。

2. 领会：(1) 角色扮演法的特点；(2) 角色扮演法的教育过程。

3. 应用：在教育工作实践中尝试使用角色扮演法。

(六) 环境体验法

1. 识记：(1) 什么是环境体验法；(2) 精神环境体验；(3) 物质环境体验。

2. 领会：运用环境体验法的注意事项。

3. 应用：在教育工作实践中尝试使用环境体验法。

(七) 行动操练法

1. 识记：(1) 什么是行动操练法；(2) 行动操练法的内容。

2. 领会：实施行动操练法的注意事项。

3. 应用：在教育工作实践中尝试使用行动操练法并加以分析。

(八) 发泄法

1. 识记：发泄法的含义。

2. 领会：运用发泄法的注意事项。

3. 应用：在教育工作实践中尝试使用并分析发泄法。

(九) 表扬鼓励法

1. 识记：(1) 表扬鼓励的方式；(2) 表扬鼓励的场合；(3) 表扬鼓励的时机。

2. 领会：实施表扬鼓励法应注意的事项。

3. 应用：在幼儿园中尝试使用表扬鼓励法。

(十) 批评惩罚法

1. 识记：(1) 什么是批评法；(2) 批评的态度；(3) 批评的形式；(4) 什么是惩罚法；(5) 社会性惩罚；(6) 生理性惩罚。

2. 领会：(1) 批评法的实施要点；(2) 惩罚法的实施要点。

3. 应用：在教育工作实践中尝试使用批评惩罚法。

第九章　学前儿童家庭教育

一、学习目的与要求
通过本章学习，应了解家庭的教育功能，家庭教育的特点，家庭各种因素与家庭教育的关系，并应了解家庭如何创造良好的育儿环境，家长的育儿守则，家庭的法律、责任和有效的教育方法。

二、课程内容

第一节　家庭的教育功能

一、家庭
二、家庭的社会功能
（一）繁衍后代功能
（二）经济功能
（三）教育功能
（四）休息娱乐功能
三、家庭的教育功能
（一）教导基本的生活技能
（二）教导社会行为规范
（三）指导生活目标
（四）培养社会角色
（五）形成个人性格

第二节 家庭教育的特点及其影响因素

一、家庭教育的特点
（一）家庭教育的率先性
（二）家庭交往的密切性（时间与空间的紧密、直接）
（三）家庭教育内容的丰富性和生活性
（四）家庭对受教育者的控制方式具有多样性
（五）家庭教育的终身性
（六）父母对子女影响的深刻性
二、家庭因素与家庭教育
（一）家长职业和文化程度与家庭教育
（二）家庭文化与家庭教育
（三）家庭经济与家庭教育
（四）家庭结构与家庭教育
（五）家庭气氛与家庭教育
（六）子女人数与家庭教育
（七）家长的人生观和价值观与家庭教育
（八）家长期望与家庭教育

第三节 家庭育儿环境

一、和谐的生活气氛
（一）家庭成员互敬、互爱、坦诚、和蔼
（二）文明行为、文明语言
（三）生活内容丰富、高尚、多彩
二、整洁优美、时有变化的环境布置
（一）整洁是指摆放有秩序
（二）家庭环境装饰和布置应幽雅大方
（三）时有变化的环境
三、安全的、无危险隐患的环境

（一）电器设备的安置
（二）门窗的安全
（三）管理好煤气、煤火，防止漏气造成煤气中毒或者烧烫事件的发生
（四）家庭药品的管理
（五）家具的安全
（六）进行安全教育
四、属于儿童的天空
（一）放置基本设备
（二）放置儿童玩具
（三）由儿童自己布置，自己管理
（四）儿童天地中的物品与儿童活动连接

第四节　家长育儿守则

一、做好榜样
（一）凡是对儿童提出的要求，务必身体力行
（二）完善自我，道德高尚
（三）自身缺点不宜回避
二、尊重儿童
（一）重视儿童，尊重儿童的独立人格
（二）满足儿童生理的和精神的需要
（三）耐心对待，不粗暴、不歧视
（四）尊重儿童自然成长规律，循序渐进地诱导
三、理智的爱
（一）对孩子有要求，不一味迁就
（二）控制情感，掌握分寸
（三）增长儿童的爱心
四、规矩明确
1. 教会儿童作好自己生活的事。
2. 懂得文明礼貌。

3. 懂得不打搅他人。
4. 懂得关心环境。
5. 懂得遵守社会生活秩序。

五、步调一致

（一）夫妻双方互相配合，支持，对儿童进行一致的教育

（二）两代养育者之间应保持协调一致

六、适当回避

第五节 家庭教育的有效方法

一、细心观察

二、满足兴趣

三、动手多练

四、游戏学习

（一）根据儿童的不同年龄开展丰富多彩的游戏

（二）提供适当的玩具材料

（三）多带孩子到户外游戏

五、鼓励成功

六、晓之以理，动之以情，导之以行

七、巧用提示

八、公平适度

九、做轻松的父母

第六节 家庭保护的法律责任

一、家庭保护的法律责任

二、保护未成年人的工作原则

三、考核知识点

（一）家庭的教育功能

（二）家庭教育的特点

（三）家庭因素与家庭教育
（四）家庭育儿环境
（五）家庭中如何创设属于儿童的天地
（六）家庭中怎样创造和谐的生活气氛
（七）家长育儿守则
（八）怎样做到尊重儿童
（九）怎样是理智的爱
（十）家庭中对儿童需要有哪些回避
（十一）家庭中建立怎样的规矩
（十二）家庭对儿童负有哪些法律保护责任
（十三）家庭教育的有效方法

四、考核要求

（一）家庭的教育功能

1．识记：（1）教导基本生活技能；（2）教导社会行为规范；（3）指导生活目标；（4）培养社会角色；（5）形成个人性格

2．领会：家庭在早期教育中的作用是至关重要的。关系着个体的正常成长并将影响着人的一生成长，家庭早期教育的影响是多方面的，因此务需十分重视。

（二）家庭教育的特点

1．识记：（1）家庭教育的率先性；（2）家庭中交往的密切性；（3）家庭中对儿童的多向控制；（4）家长对儿童了解与影响的深刻性；（5）家庭教育内容的丰富性和生活性；（6）家庭教育的终身性。

2．领会：比较家庭教育与学校教育的不同特点，从而把握家庭教育的特点，发挥其在儿童教育中的特有功能。

（三）家庭因素与家庭教育

1．识记：（1）家长职业、文化程度与家庭教育；（2）家庭文化与家庭教育；（3）家庭经济与家庭教育；（4）家庭结构与家庭教育；（5）家庭生活气氛与家庭教育；（6）子女人数与家庭教育；（7）家长期望与家庭教育；（8）家长人生观和价值观与家庭教育。

2．领会：各种家庭因素对家庭教育的影响作用。可利用家庭中

有利于教育的因素，控制改善不利于教育的因素，减少盲目的不利因素的影响。

（五）家庭中如何创设属于儿童的天地

1. 识记：(1) 放置基本设备；(2) 放置儿童玩具；(3) 由儿童自己布置，自己管理；(4) 儿童天地中的物品与儿童活动连接。

2. 领会：创设属于儿童活动的天地有怎样的教育价值。

3. 应用：用草图（或者文字）设计一家庭居室中的儿童天地；或对某一家庭中的儿童天地做评价。

（六）家庭中怎样创造和谐的生活气氛

1. 识记：(1) 家庭成员互敬、互爱、坦诚、和蔼；(2) 文明行为、文明语言；(3) 生活内容丰富、高尚、多彩。

2. 领会：和谐的家庭生活给儿童有着怎样的影响。

3. 应用：列举家庭和谐的生活气氛一例。

（七）家长育儿守则

1. 识记：家长应牢记以下育儿守则：(1) 做好榜样；(2) 尊重儿童；(3) 理智的爱；(4) 规矩明确；(5) 步调一致；(6) 适当回避。

2. 领会：为什么家长应以守则规范自身。

（八）怎样做到尊重儿童

1. 识记：(1) 重视儿童，尊重儿童的独立人格；(2) 满足儿童生理的和精神的需要；(3) 耐心对待，不粗暴，不歧视；(4) 尊重儿童自然成长规律，循序渐进地诱导。

2. 领会：尊重儿童是现代儿童观的重要内容，尊重儿童有利于儿童正常地、充分地发展。

3. 应用：试举尊重儿童与不尊重儿童的种种现象。

（九）怎样是理智的爱

1. 识记：(1) 有要求，不一味迁就；(2) 控制情感，掌握分寸，考虑后果；(3) 增长儿童的爱心。

2. 领会：懂得并学会理智地爱孩子，这是有眼光的真正的爱，有益的爱；失去理智的爱则将害了孩子的一生。

3. 应用：试举父母理智的爱和失去理智的爱的实例。

（十）家庭中对儿童需要有哪些回避

1. 识记：（1）为什么家庭生活中父母对儿童应有适当的回避；（2）在哪些方面需要有回避（经济状况、儿童不宜理解的有关工作方面、人际关系方面的问题、家庭中教育儿童的意见，夫妻生活等）。

2. 领会：适当回避的守则与家庭生活民主化是不相悖的，适当回避是有利于儿童健康成长的，一切公开化将给儿童造成不良影响。

3. 应用：试举家庭生活中对幼儿需要回避的一些事情，举出不注意适当回避给儿童造成的不利后果。

（十一）家庭中怎样建立规矩

1. 识记：（1）教会儿童做好自己生活的事；（2）懂得文明礼貌；（3）懂得不打搅他人；（4）懂得关心环境；（5）懂得遵守社会生活秩序。

2. 领会：儿童最初的规则和懂得遵守规则是从家庭生活中建立的，围绕儿童的家庭生活和儿童的能力建立必要的规矩是有益于儿童成长，有益于儿童走向社会。

3. 应用：试举一个建立了良好规矩的家庭生活。

（十二）家庭对儿童负有哪些法律保护责任

1. 识记：（1）对儿童有抚养和监护的责任；（2）保障儿童受教育的权利；（3）以健康的思想、品行和适当的方法教育儿童；（4）不向儿童涉及婚姻问题；（5）不履行上述责任应负有法律责任。

2. 领会：儿童不是家庭的私有物，家庭对儿童负有社会的、法律的责任，未成年人应受到家庭、学校、社会和司法的保护。

3. 应用：试举违犯未成年人家庭保护责任的事例。

（十三）家庭教育的有效教育方法

1. 识记：（1）细心观察；（2）满足兴趣；（3）动手多练；（4）游戏学习；（5）鼓励成功；（6）晓之以理，动之以情，导之以行；（7）巧用提示；（8）公平适度；（9）做轻松的父母。

2. 领会：以上九种儿童教育方法各自包含的内容有动因和操作。

3. 应用：对九种教育方法分别举实例说明其具体应用和收效。

第十章 托儿所(含托儿班)的保育和教育

一、学习目的和要求

通过本章学习,明确托儿所(托儿班)的性质和任务,掌握3岁前幼儿身心发展特点,并运用于托儿所保教之中。理解托儿所保育和教育的主要原则,掌握托儿所保教的具体实施并能在实际工作中运用。

二、课程内容

第一节 托儿所的性质和任务

一、托儿所的性质
(一)社会福利性
(二)保教性
二、我国托儿所的发展历史
三、托儿所的保教任务
(一)保障小儿健康
(二)培养小儿的生活习惯,与人交往等各方面的良好习惯
(三)发展语言能力,获得知识,发展智力
(四)进行品德教育,培养活泼开朗的性格
(五)给小儿适宜的艺术形式的陶冶,萌发小儿初步的美的情趣
四、正确理解早期教育与早期智力开发
五、托儿所保育和教育的原则
(一)寓教于养,保教并重
(二)个别教育为主,集体教育和个别教育相结合

（三）适应婴儿特点，开展丰富多彩的游戏活动
（四）家园配合共同促进婴儿的发展

第二节　托儿所的环境和设备

一、托儿所的选址
（一）选择地势平缓，空气新鲜的地方
（二）宁静的环境
（三）有托儿需求的社区
二、托儿所的房屋建筑
三、布置安全、卫生、富有教育意义的环境
（一）室内布置要适合婴儿的年龄特点和兴趣
（二）托儿所室内基本设备
（三）提供丰富多彩的玩具和游戏材料
（四）创设利于婴儿活动的户外场地

第三节　托儿所日常生活的护理和教育

一、制定合理的作息时间表
二、睡眠
（一）根据婴儿生理特点，安排合理的睡眠次数和时间
（二）创造舒适的睡眠环境
（三）培养独自入睡的良好睡眠习惯
三、科学喂养和饮食
（一）科学喂养
（二）饮食
（三）盥洗和排便

第四节　托儿所全面发展教育

一、婴儿动作发展与训练

（一）根据婴儿的不同年龄发展抬头、翻身、爬、坐、站、走、跑、跳、攀登等基本动作，使之动作灵敏

（二）发展婴儿手的精细动作

（三）锻炼身体，增强活动能力，增进健康

（四）通过发展动作和锻炼身体，培养婴儿活泼、好动和勇敢等品行

二、3岁前婴儿智力教育

（一）3岁前婴儿感知觉的发展与训练

（二）3岁前婴儿口语表达能力的发展与训练

三、3岁前婴儿情绪情感的培养

（一）3岁前婴儿情绪情感培养的重要性

（二）稳定新入所婴儿的情绪，帮助他们尽快地适应新环境

（三）教师与婴儿之间建立充满爱和亲密的关系

（四）培养婴儿之间初步的友爱关系

三、考核知识点

（一）托儿所的性质与任务

（二）托儿所的保教要点

（三）托儿所的环境和设备

（四）托儿所的日常生活护理和教育

（五）3岁前幼儿身体的养护与锻炼

（六）3岁前幼儿的智力发展

（七）3岁前幼儿情绪情感的培养

四、考核要求

（一）托儿所的性质与任务

1. 识记：（1）托儿所的含义；（2）托儿所的主要教育任务。

2. 领会：（1）托儿所具有社会福利性和保育教育性等双重特性；（2）托儿所各项教育任务是相互关联，不可分割的。（3）我国托儿所的发展历史以及现状。

3. 应用：访问某个托儿所，对其现状进行记录分析。

（二）托儿所的保教原则

1. 识记：（1）寓教于养，保教并重；（2）个别教育为主，集体教育和个别教育相结合；（3）适应婴儿特点，开展丰富多彩的游戏活动；（4）家园配合共同促进婴儿的发展。

2. 领会：各项保教原则与小儿身心发展之间的关系。

3. 应用：（1）分析说明托儿所工作中如何体现保中有教，教中有保；（2）比较集体教育和个别教育的不同点。（3）设计托儿所的家园配合活动；（4）设计组织婴儿的游戏活动。

（三）托儿所的环境设备

1. 识记：（1）托儿所的选址要点；（2）托儿所的房屋建筑。

2. 领会：如何创设符合婴儿特点和具有教育意义的环境。

3. 应用：调查某个托儿所，对其环境设备状况进行分析。

（四）托儿所的日常生活护理和教育

1. 识记：托儿所日常生活护理与教育的主要内容。

2. 领会：托儿所的日常生活充分体现了保教结合的教育原则。

3. 应用：（1）设计某个年龄段的作息时间表；（2）列举婴儿睡眠的特点以及相应的护理和教育措施；（3）记录分析某个托儿所的一周食谱。

（五）3岁前婴儿身体养护与锻炼

1. 识记：3岁前婴儿身体养护与锻炼的主要内容。

2. 领会：动作训练在婴儿身体发育中的重要性。

3. 应用：列举婴儿动作训练的要点。

（六）3岁前婴儿智力的开发与教育

1. 识记：（1）感知觉；（2）口语表达能力。

2. 领会：正确理解3岁前婴儿智力的开发。

3. 应用：（1）列举婴儿感知觉培养的要点；（2）列举婴儿口语表达能力培养的要点。

（七）3岁前婴儿情绪情感的培养

1. 识记：情绪培养对3岁前婴儿的重要性。

2. 领会：婴儿良好情绪培养的要点

3. 应用：（1）观察新入所婴儿的情绪表现，提出稳定情绪的措施;(2)列举小儿友爱关系培养的要点。

第十一章 幼儿园教育概述

一、学习目的和要求

通过本章学习,了解我国幼儿园的含义,正确认识幼儿园的性质和任务,理解幼儿园的教育目标,掌握幼儿园教育的基本原则,为从事幼儿园实际工作奠定基础。

二、课程内容

第一节 幼儿园的性质和任务

一、什么是幼儿园

(一)幼儿园发展历史

1. 幼儿园是我国幼儿集体教育机构的名称。
2. 幼儿园的年龄对象是3~6岁。
3. 幼儿园对幼儿实施保育和教育相结合的教育。
4. 幼儿园教育是我国学制的基础阶段。
5. 幼儿园是公共育儿机构,具有社会福利性,而不是以赢利为目的的商业机构。

(二)我国幼儿园现状和未来

1. 师资队伍不稳定,素质有待进一步提高。
2. 幼儿园的质量参差不齐,高质量的幼儿园仍为少数。
3. 市场经济下幼儿园的一些不良倾向。

二、我国幼儿园的性质与任务

(一)幼儿园担负着不可推卸的社会责任,要服务社会,为社会的发展做出贡献

（二）幼儿园担负教育幼儿的责任

第二节 幼儿园的保育和教育目标

一、幼儿园保育和教育目标的制定依据
（一）社会要求
1. 幼儿园教育目标要符合我国社会发展和国情的需求。
2. 幼儿园教育目标也要预见社会新的要求，具有前瞻性。
（二）幼儿身心发展特征和规律
二、我国幼儿园保教目标
三、幼儿园教育目标的层次
（一）幼儿园教育目标
（二）中期目标
（三）近期目标
（四）活动目标

第三节 幼儿园教育工作的基本原则

一、促进幼儿体智德美的全面和谐发展
二、尊重儿童，建立平等的师生关系
（一）尊重儿童是幼儿园教育的基本原则
（二）建立平等的师生关系
三、重视年龄特点和个体差异
四、发挥一日生活的整体功能
五、创设与教育相适应的环境
六、以游戏为基本活动
七、充分利用儿童、家庭和社会的教育资源

三、考核知识点
（一）什么是幼儿园
（二）幼儿园的性质和任务

(三) 幼儿园教育目标制定依据
(四) 幼儿园教育目标
(五) 幼儿园教育目标层次
(六) 幼儿园教育原则

四、考核要求

(一) 什么是幼儿园

1. 识记：什么是幼儿园。

2. 领会：幼儿园的历史、现状与未来。

(二) 幼儿园的性质与任务

1. 识记：(1) 幼儿园的性质；(2) 幼儿园的双重任务；(3) 幼儿园任务在现代社会中的新内涵。

2. 领会：(1) 幼儿园的社会福利性和教育性，区别于其他教育形式；(2) 幼儿园的任务与社会、经济发展以及家长的需求密切相关。

(三) 幼儿园教育目标制定依据

1. 识记：社会需求和幼儿身心发展规律是幼儿园教育目标的制定依据。

2. 领会：幼儿园教育目标随着社会发展、时代变迁而呈动态特征。

(四) 幼儿园教育目标

1. 识记：(1) 什么是幼儿园教育目标；(2) 幼儿园教育目标的具体内容。

2. 领会：幼儿园各项教育目标之间相互关联，不可分割，不可偏废。

(五) 幼儿园教育目标层次

1. 识记：(1) 中期目标；(2) 近期目标；(3) 短期目标；(4) 活动目标。

2. 领会：幼儿园目标各层次之间的关系：上一层目标指导下一层目标，下一层目标是上一层目标的具体体现。

(六) 幼儿园教育原则

1. 识记：(1) 什么是幼儿园教育原则；(2) 促进幼儿体智德美全面和谐发展；(3) 尊重儿童，建立平等的师生关系；(4) 重视年龄特点和个体差异；(5) 发挥一日生活的整体功能；(6) 创设与教育相适应的环境；(7) 以游戏为基本活动；(8) 充分利用儿童、家庭和社会的教育资源。

2. 领会：幼儿园各项教育原则的内涵。

3. 应用：调查某个幼儿园列举上述七大教育原则在实践工作中的运用。

第十二章 幼儿园各年龄班的教育特点

一、学习目的和要求

通过本章学习，了解幼儿园班级类型多样，包括小、中、大等年龄班，也包括学前班、混合班等班级类型。在分析认识各班级幼儿发展的特点的基础上，掌握各个班级的教育特点以及施教方法，并能在实践工作中操作运用。

二、课程内容

第一节 幼儿园小班的教育特点

一、小班幼儿的身心发展特点
（一）动作迅速发展
（二）幼儿对教师有很强烈的依恋感情，并向往得到教师的赞赏和认可
（三）处于直觉行动思维阶段
（四）行动容易受情绪支配

（五）喜欢模仿，辨别是非的能力较差

（六）开始关注同伴，社会性得到初步发展

（七）语言发展快，爱说话

（八）感知觉发展迅速，观察力有待发展

二、小班幼儿的入园教育

（一）入园对于幼儿的成长具有重要意义

（二）幼儿入园不适应现象及原因分析

1. 环境的巨大变化。

2. 家庭的因素。

3. 幼儿自身个性与以往经验。

（三）幼儿入园工作

1. 进行家访。

2. 发放调查问卷。

3. 召开家长会，与家长沟通，求得家长的密切配合。

4. 参观幼儿园，引起幼儿对于幼儿园的兴趣和向往。

5. 把握好幼儿入园的第一个月。

6. 分批接收幼儿入园。

7. 重点帮助有困难的孩子。

三、建立常规，组织好小班一日生活

（一）什么是常规

（二）常规的意义

（三）小班常规教育

四、布置活动室环境，开展游戏活动

（一）活动室墙面的布置

1. 适合小班幼儿的身高。

2. 配合教育内容。

3. 美观、活泼和实用。

4. 幼儿的参与。

5. 儿童化。

（二）活动区的布置

1. 适合小班幼儿的心理特点，做到儿童化和家庭化。

2. 动静交替。
3. 适合小班幼儿的生理特点。
五、发展小班幼儿的社会交往能力

第二节　幼儿园中班的教育特点

一、中班幼儿的发展特点
（一）运动机能进一步发展
（二）思维具有具体形象性
（三）强烈的好动活泼
（四）交往能力有所发展，能自动结伴交朋友
（五）游戏能力发展很快，游戏情节丰富
（六）认识能力提高
（七）词汇增加
二、处理好中班幼儿的同伴关系
（一）教给幼儿必要的社会交往技能
（二）纠正幼儿的不良行为，解决幼儿之间的冲突
1. 正确引导幼儿的竞争行为。
2. 幼儿的攻击性行为的矫正。
3. 幼儿说谎行为的纠正。
4. 幼儿告状行为的纠正。
三、进行常规教育，组织好幼儿的一日生活
四、开展活动区活动

第三节　大班幼儿的教育特点

一、大班幼儿的发展特点
（一）身体发展迅速，动作协调
（二）语言能力增强
（三）情绪情感的调节能力逐步加强
（四）责任感增强

（五）好学乐问
（六）个性初具雏形
（七）社会性有很大发展
二、大班幼儿的入学教育
（一）入学教育的意义
（二）幼儿园教育与小学教育的差别
（三）入学教育
1. 培养入学意识。
2. 培养社会适应能力。
3. 培养学习适应能力。
4. 培养生活适应能力。
（四）家长和学校在入学教育中的责任
1. 放手锻炼幼儿的独立生活能力。
2. 激发和引导幼儿向往入学的美好愿望。
3. 为幼儿入学做好必要的准备。
4. 调整作息时间，养成早睡早起的生活习惯，以配合将来的小学学习生活。
（五）国外解决衔接问题的一些尝试
三、促进大班幼儿社会性发展
（一）引导大班幼儿集体责任感的发展
（二）引导大班幼儿解决问题能力的发展
四、大班幼儿的活动区活动

第四节　学前班与混合班的教育特点

一、学前班的教育特点
（一）什么是学前班
（二）学前班的教育目标
（三）学前班的教育要点
1. 以游戏活动为主，在丰富多彩的活动中促进幼儿的发展。
2. 根据农村幼儿卫生习惯差、社会适应能力弱的特点，抓好生活常规的培养和文明礼貌的教育。

3. 根据农村幼儿知识面窄，语言表达能力差等认知能力发展的特点，培养良好的学习习惯和读写算等能力，为入小学打下基础。

4. 充分利用大自然对幼儿进行教育。

5. 正确评价学前班的教育质量。

二、混合班的教育特点

（一）什么是混合班

（二）混合班的教育特点

1. 科学安排一日生活作息表。

2. 分层分组教育，促进原有水平的提高。

3. 发挥混龄优势，让儿童教育儿童。

三、考核知识点

（一）幼儿园小班的教育特点

（二）幼儿园中班的教育特点

（三）幼儿园大班的教育特点

（四）学前班的教育特点

（五）混合班的教育特点

四、考核要求

（一）幼儿园小班的教育特点

1. 识记：（1）什么是小班；（2）小班幼儿发展特点；（3）入园教育；（4）常规教育；（5）小班活动区的布置要点。

2. 领会：（1）小班幼儿入园教育的重要意义；（2）常规教育在幼儿园工作中的价值；（3）如何培养小班幼儿的社会交往能力。

3. 应用：（1）结合小班幼儿特点设计入园的相关活动；（2）列举小班幼儿某项常规的训练；（3）结合实际设计小班活动室的环境。

（二）幼儿园中班的教育特点

1. 识记：（1）什么是中班；（2）中班幼儿的发展特点；（3）什么是社会交往能力。

2. 领会：（1）发展社会交往能力的重要意义；（2）如何纠正幼

儿的攻击性行为；（3）如何纠正幼儿的撒谎行为；（4）正确对待幼儿的竞争行为；（5）如何纠正幼儿的不良行为。

3. 应用：（1）列举中班幼儿容易出现的行为问题；（2）结合实际工作解决中班幼儿的某项不良行为；（3）结合实际开展活动区活动。（4）结合中班幼儿的特点开展常规教育。

（三）幼儿园大班的教育特点

1. 识记：（1）什么是大班；（2）大班幼儿的发展特点；（3）什么是入学准备；（4）入学教育的意义。

2. 领会：（1）理解幼儿园教育和小学教育的差别；（2）如何做好入学准备工作；（3）发展大班幼儿的社会性要求。

3. 应用：（1）结合大班幼儿特点设计增强集体意识的活动；（2）观察记录某幼儿园的入学教育活动并做出分析；（3）根据大班幼儿的特点提出活动区的布置方案。

（四）学前班的教育特点

1. 识记：（1）什么是学前班；（2）农村学前班幼儿的特点。

2. 领会：（1）学前班在农村学前教育中的作用；（2）学前班的教育不等于小学教育，不能小学化；（3）学前班的教育要点。

3. 应用：（1）根据农村学前班幼儿的特点，设计一次教育活动；（2）列举学前班小学化的倾向以及危害；（3）说明如何结合农村实际情况，因地制宜地开展学前班的教育。

（五）混合班的教育特点

1. 识记：（1）什么是混合班；（2）混合班的类型。

2. 领会：（1）混合班的优势与不足；（2）混合班的教育特点。

3. 应用：（1）制定混合班的一日生活作息表；（2）列举混合班开展教育活动的方法。

第十三章 托儿所、幼儿园与家庭的相互配合

一、学习目的与要求

通过本章学习，认识托儿所、幼儿园与家庭相互配合的重要意义，学会开展各种形式的家长工作，会引导家长参与园所教育，为更好地教育儿童服务。

二、课程内容

第一节 托儿所、幼儿园与家庭相互配合的意义与内容

一、托儿所、幼儿园与家庭相互配合的意义
（一）目的性和计划性
（二）教育对象
（三）教育者与教育对象的关系
二、托儿所、幼儿园与家庭相互配合的内容
（一）托儿所、幼儿园方面
1. 帮助家长创设良好的家庭教育环境。
2. 向家长宣传科学保育、教育儿童的知识。
3. 指导家长正确了解托儿所、幼儿园教育的目标、任务、内容、方法和工作计划。
4. 互相沟通儿童在家庭和在园所的情况，为教育提供依据。
5. 吸收家长对托儿所、幼儿园保教与管理工作的意见。
6. 充分利用家长资源，为园所教育服务。
（二）家长方面

1. 向托儿所、幼儿园提供关于儿童的一切有用的资料,帮助教师了解儿童的发展水平和特点。
2. 帮助托儿所、幼儿园开展教育活动。
3. 为园所工作提供精神和物质上的支持。
4. 参与托儿所、幼儿园的管理工作,为托幼园所的发展出谋划策。

三、托儿所、幼儿园与家庭相互配合的原则
(一)尊重家长和他们正确的育儿方式
(二)注重教师与家长及家长之间的相互作用
(三)开拓家长工作的广度和深度

第二节 托儿所、幼儿园与家庭相互配合的形式

一、园所的家长工作
(一)园所开展家长工作应该注意的几个问题
1. 了解家长心态,有针对性地进行家长工作。
2. 区别对待不同类型的家长。
3. 讲究谈话和交往的艺术。
(二)托儿所、幼儿园家长工作的主要形式
1. 家长会。
2. 家访。
3. 家长学校。
4. 咨询活动。
5. 开放日制度。
6. 家长接待日。
7. 家长委员会。
8. 电话联系。
9. 书面联系。
10. 面向家长的宣传教育活动。
11. 接送幼儿时的随机交流。

二、家长参与
（一）园所内参与
（二）园所外参与
（三）亲子活动

三、考核知识点
（一）托儿所、幼儿园与家庭相互配合的意义
（二）托儿所、幼儿园与家庭相互配合的内容
（三）托儿所、幼儿园与家庭相互配合的原则
（四）托儿所、幼儿园家长工作
（五）家长参与

四、考核要求
（一）托儿所、幼儿园与家庭相互配合的意义
1. 识记：托儿所、幼儿园教育与家庭教育的差别。
2. 领会：托儿所、幼儿园与家庭相互配合，能够最大限度地发挥教育的作用，取得好的教育效果。
（二）托儿所、幼儿园与家庭相互配合的内容
1. 识记：（1）托幼园所家长工作的主要内容；（2）家长参与的主要内容。
2. 领会：托儿所、幼儿园与家长相互配合是教育的重要原则。
（三）幼儿园与家庭相互配合的原则
1. 识记：（1）尊重家长；（2）注重教师和家长、家长和家长之间的相互作用；（3）开拓家长工作的广度和深度。
2. 领会：相互尊重是做好配合工作的立足点。
（四）托儿所、幼儿园的家长工作
1. 识记：托儿所、幼儿园家长工作的主要形式。
2. 领会：开展家长工作应注意的几个问题。
3. 应用：结合实际设计某种形式的家长工作并付诸实施。
（五）家长参与
1. 识记：（1）什么是家长参与；（2）家长参与的内容。

2. 领会:家长参与的意义。
3. 应用:设计一次有家长参与的活动。

第十四章 幼儿教师和保育员

一、学习目的和要求

通过本章学习,明确幼儿教师和保育员的工作职责,在认识了解幼儿教师和保育员应有的专业素质的基础上,牢固树立职业道德,不断提高修养,成为一名合格的幼儿教育工作者。

二、课程内容

第一节 幼儿教师

一、幼儿教师劳动的特点
(一)纯真美好
(二)教育效果的长期性
(三)幼儿教师的劳动是精神生产
(四)多重角色
二、幼儿教师的职责
三、幼儿教师应具备的素质
(一)幼儿教师的心理品质
1. 执着的事业心。
2. 自信、自尊。
3. 意志坚强。
4. 聪慧的认知能力。
5. 乐于接受新事物的良好心态。

6. 合作精神和能力。

7. 良好的自我形象和个性品质。

(二) 幼儿教师的专业素质

1. 爱心。

(1) 爱心和"教育爱"。

(2) 爱心和童心。

(3) 爱心和尊重儿童。

(4) 爱心和严格要求。

2. 观察力。

(1) 有计划的观察能力。

(2) 随机观察。

3. 沟通能力。

4. 组织教育活动的能力。

5. 科研能力。

6. 写作能力。

7. 自学能力。

8. 意外事故的急救和处理能力。

第二节　保育员

一、保育员的职责

(一) 负责本班房舍、设备、环境的清洁卫生工作

(二) 在教师指导下，管理幼儿生活，并配合本班教师组织教育活动

(三) 在医务人员和本班教师的指导下，严格执行幼儿园安全、卫生保健制度

(四) 妥善保管幼儿衣物、药物和本班的设备、用具等

二、保育员应具备的素质

(一) 心理素质

1. 合作精神。

2. 意志坚强，耐心细致。

3. 良好的自我认知能力和形象。

（二）专业素质

1. 爱心。

2. 丰富的知识。

3. 教育意识和教育能力。

4. 熟练的操作技能。

5. 处理意外事故和急救处理能力。

三、考核知识点

（一）幼儿教师的劳动特点

（二）幼儿教师的职责

（三）幼儿教师的素质

（四）保育员的职责

（五）保育员的素质

四、考核要求

（一）幼儿教师的劳动特点

1. 识记：（1）什么是幼儿教师；（2）幼儿教师的劳动特点。

2. 领会：幼儿教师是崇高而美好的职业。

（二）幼儿教师的职责

1. 识记：幼儿教师的职责。

2. 领会：幼儿教师这一职业的特殊性。

（三）幼儿教师的素质

1. 识记：（1）幼儿教师的心理素质的内涵；（2）幼儿教师专业素质的内涵。

2. 领会：幼儿教师必须具备全面的专业素质才能促进幼儿的发展。

3. 应用：（1）谈谈对于幼儿教师这一职业的认识；（2）列举自身心理素质的不足，提出改进方法；（3）结合实际列举幼儿教师应该具备的专业素质。

（四）保育员的职责

1. 识记：(1) 什么是保育员；(2) 保育员的职责。
2. 领会：保育员在幼儿园中的作用。
(五) 保育员的素质
1. 识记：(1) 保育员的心理素质；(2) 保育员的专业素质。
2. 领会：一个合格的保育员也需要扎实的专业素质与心理素养。
3. 应用：(1) 谈谈对于保育员这一职业的认识；(2) 在实践中尝试保育员的工作。

第十五章　社区学前教育

一、学习目的与要求

通过本章学习，应了解社区教育的内涵和特点，国外和国内社区学前教育的状况以及幼儿园与社区的关系等。

二、课程内容

第一节　社区教育

一、什么是社区
二、社区教育的发展及特点
（一）地方与民众办教育的一种新的教育管理制度
（二）社区教育形式多样，面向社区全体成员
（三）适应社区需要，服务社区，教育具有极大的灵活性，服务意识强

第二节　国外社区学前教育

一、美国的社区学前教育
（一）美国的提前开端计划
（二）美国社区学前教育的多种形式
二、澳大利亚的社区学前教育
（一）玩具图书馆
（二）游戏小组
（三）儿童活动中心
（四）远距离教育计划
（五）组织家长学习

第三节　我国的社区学前教育

一、城市社区学前教育
（一）发展城市社区学前教育之需要
1. 树立大教育观，促进儿童的发展。
2. 城市社区教育具有极大的可能性。
（二）社区学前教育的内容和形式
1. 积极创造条件，为更多的学前儿童提供保育和教育的机会。
2. 以"三优"工程为龙头，形成社区学前教育工作网络。
3. 优化街道地区的社会环境。
4. 充分利用社区资源，为家庭提供帮助，为儿童提供活动环境。
二、农村社区学前教育
（一）当前我国农村学前教育的各种形式
1. 幼儿园。
2. 学前班。
3. 幼儿班。
4. 流动幼儿园。
5. 巡回辅导班。

6. 游戏点。
7. 学前教育基地。
8. 儿童游戏场。
9. 家庭辅导站。
10. 家长学校。
(二) 适应农村不同经济发展水平的社区学前教育
1. 我国农村不发达地区的社区学前教育形式。
2. 我国农村发达地区的社区学前教育形式。
3. 我国草原地区社区学前教育形式。
三、幼儿园与社区
(一) 幼儿园以自身的教育优势服务社区
(二) 争取社区对幼儿园工作的支持和参加

三、考核知识点
(一) 社区
(二) 社区教育的特点
(三) 美国的提前开端计划
(四) 美国社区学前教育的多种形式
(五) 澳大利亚的社区学前教育形式
(六) 我国城市社区学前教育内容
(七) 我国城市社区学前教育组织管理
(八) 我国农村中学前教育的形式
(九) 我国农村不发达地区社区学前教育形式
(十) 我国农村发达地区的社区学前教育形式
(十一) 我国草原地区的社区学前教育形式
(十二) 幼儿园与社区如何加强沟通联系
(十三) 幼儿园如何为社区服务

四、考核要求
(一) 社区
1. 识记：社区的概念以及组成社区的要素。

2. 领会：确立社区意识，社会意识。

（二）社区教育的特点

1. 识记：(1) 社区教育是一种新的教育管理制度；(2) 社区将要面向社区全体成员；(3) 服务社区、满足社区需要。

2. 领会：社区教育与学校教育比较具有不同的特点，它适应现代社会对教育的广泛要求。

（三）美国的提前开端计划

1. 识记：计划实施的缘由；该计划的特色。

2. 领会："提前开端"计划对学前教育的重视和地位的提升。

（四）美国社区学前教育的多种形式

1. 识记：玩具图书馆、儿童博物馆、儿童展览会、儿童游戏场、儿童电视节目等形式各自的特色。

2. 领会：面向儿童的社区教育形式与内容极为广泛，有着很广的发展前景。

（五）澳大利亚的社区学前教育形式

1. 识记：玩具图书馆、游戏小组、儿童活动中心、远距离教育计划、组织家长学习等。

2. 领会：满足各种条件家庭所需的多形式的社区学前教育，使全体儿童均可享受。

（六）我国城市社区学前教育内容

1. 识记：以优生、优育、优教工程为中心的学前教育网络，面向学前儿童及其家长的教育。

2. 领会：覆盖胎儿至入学前儿童生长、发展所需的保健与教育指导，应属社区学前教育关心的内容。

（七）我国城市社区学前教育组织管理

1. 识记：社区中建立教育委员会，在该委员会中设立专管机构。

2. 领会：健全管理组织是开展社区学前教育的保证。

（八）我国农村中学前教育的形式

1. 识记：目前有的形式：(1) 幼儿园；(2) 学前班；(3) 幼儿班；(4) 流动幼儿园；(5) 巡回辅导班；(6) 游戏点；(7) 学前教育基地；(8) 儿童游戏场；(9) 家庭辅导站；(10) 家长学校

2. 领会：适应不同农村条件的有效形式都是有利的，应当大力提倡。

（九）我国农村不发达地区的社区学前教育形式

1. 识记：二部制幼儿园；完全幼儿园；学前班；混合班；巡回辅导班；家长辅导站等。

2. 领会：使学前教育用切实可行的多种形式走进穷乡僻壤，千家万户。

（十）我国农村发达地区的社区学前教育形式

1. 识记：儿童乐园；玩具图书馆；儿童教育电视节目；科学育儿宣传；家长学校；建立优生、优育辅导站。

2. 领会：将幼儿园、家庭和自然村统筹规划建设文明社区，为儿童创造良好的社区教育环境。

（十一）我国草原地区的社区学前教育形式

1. 识记：草原流动幼儿园的特色及组织。

2. 领会：在居住分散、气候寒冷的草原牧区家庭的儿童中播撒学前教育的甘露。

（十二）幼儿园与社区如何加强沟通联系

1. 识记：沟通的种种方式。

2. 领会：沟通的意义在于幼儿园由封闭走向开放、走向社会。

3. 应用：试设计或列举幼儿园与社区沟通的做法。

（十三）幼儿园如何为社区服务

1. 识记：幼儿园为社区服务是幼儿园工作的需要；幼儿园利用自身人才、环境及设备等资源优势为社区服务。

2. 领会：幼儿园为社区服务有利于自身发展。

3. 应用：试设想或列举实例幼儿园为社区服务的做法及效果。

Ⅲ 有关说明与实施要求

为了促使考生更好地学习和理解本课程的内容，也为了使本大纲的规定和要求在社会助学和考试命题中能够得到贯彻落实，现对有关问题作如下说明：

一、关于课程内容与考核目标的说明

为使考试内容具体化和考试要求标准化，本大纲在列出课程内容的基础上，对各章规定了考核目标，考核目标包括考核知识点和考核要求。明确考核目标，考生能够进一步明确考试内容和要求，从而目标明确地学习教材；明确考核目标，考试命题者能够更加明确命题范围，更准确地安排试题的知识能力层次和难易度。

本大纲在考核目标中，按照识记、领会、应用三个层次规定应达到的能力层次要求，三个能力层次呈递进关系。各能力层次的含义是：

识记：知道有关的名词、概念、知识的含义，并能正确认识和表达。

领会：在识记的基础上，全面理解基本概念、基本原理、基本方法，掌握有关概念、原理、方法的区别和联系。

应用：在领会的基础上，运用基本概念、基本原理、基本方法分析和解决有关的理论问题和实际问题。

二、自学方法指导

学前教育学是从事学前教育事业的专业人员必修的专业课程。它以教育学的普遍原理为基础，主要研究学前教育的基本理论以及学前教育的特殊规律问题，内容涵盖面广。本教材首先阐述了普通教育学的基本原理，在此基础上提出学前教育的理论问题，并从历史发展和现代学前教育的趋势两大方面概括出学前教育的基本原则和方法。从第九章至第十三章全面探讨了家庭、幼儿园以及社区学前教育的实施，第十四章则对学前教育师资的职责和素质进行了论述。首先，考生应该全面系统地阅读和理解教材中的内容，把握整个教材的知识体系。其次，考生应该明确任何研究的结论都有待于进一步地发展和完善。学前教育学作为一个动态的学科，随着时代的发展和教育科学研究的深入展开，新思想、新观念不断涌现。为此，在把握学前教育学的基本内容和结构的基础上，考生应当结合实践深入理解和验证该课程中的每一个基本概念、基本原理和基本理论，并且在此过程中自觉地结合学前教育的现状进行分析和思考。再次，考生应注意在实践中培养应用能力。只有当形成了解决实际问题的能力的时候，才能证明对一门学科进行了卓有成效的学习。学前教育学本身即是一门与学前教育实践密切结合的学科，其理论、原理来自于实践，更应该应用于实践。考生需要在实践中不断地理解教材内容，同时实践应用的过程也能够帮助考生将所学的知识融会贯通，并且起到加强记忆的效果。

三、对社会助学的要求

首先，社会助学者应根据本大纲规定的课程内容和考核目标，认真钻研指定教材，明确本课程与其他课程的联系和区别，把握本课程的特殊性，对考生进行切实有效的辅导，引导他们防止自学中的各种偏向，把握社会助学的正确导向。

其次，要正确处理理论基础知识和应用能力之间的关系，努力引导考生将识记、领会、应用联系起来，把基础知识和理论转化为应用能力，在全面辅导的基础上，着重培养考生的分析问题和解决问题的能力。

再次，要正确处理重点和一般的关系。课程内容有重点和一般之分，但考试内容是全面的，而且重点与一般是相互联系的，不是截然分开的。社会助学者应指导考生全面系统地学习教材，掌握全部考试内容和考核知识点，在此基础上再突出重点。总之，在学习过程中要兼顾重点与一般，点面结合。切忌孤立地抓重点，把考生引向猜题押题。

四、关于命题考试的若干要求

1. 本课程的命题考试应根据本大纲所规定的课程内容和考核目标来确定考试范围和考核要求，不要任意扩大或缩小考试范围，提高或降低考核要求。考试命题要覆盖到各章，并适当突出重点章节，体现本课程的内容重点。

2. 本课程在试题中对不同能力层次要求的分数比例，一般为识记占 15%，领会占 50%，应用占 35%。

3. 试题要合理安排难度结构。试题难易度可分为易、较易、较难、难四个等级。试卷中不同难易度试题的分数比例一般为：易占 20%，较易占 30%，较难占 30%，难占 20%。必须注意，试题的难易度与能力层次不是一个概念，在各能力层次上都存在不同难度的问题，切勿混淆。

4. 本课程考试命题的主要题型有：单项选择题、名词解释、简答题、论述题、应用题等。

附录　　题型举例

一、单项选择题
1. 幼儿园中期教育目标指：
(1) 中班的教育目标
(2) 各年龄班的教育目标
(3) 一周的教育目标
2. _____是分科课程的缺点。
(1) 对教师要求高
(2) 对场地和教学资源要求高
(3) 以教师为中心，忽视儿童的主动性

二、名词解释
蒙台梭利教学法

三、简答题
举例略

四、论述题：
1. 试论家庭教育中"游戏学习"方法的运用。
2. 试析皮亚杰认知理论的主要观点及其在幼儿教育中的应用。

五、应用题
举例略

后 记

《学前教育学自学考试大纲》是根据全国高等教育自学考试学前教育专业（专科）考试计划编写的。2000年5月教育类专业委员会召开审稿会议，对本大纲进行了讨论、评审。修改后，经主审复审定稿。

本大纲由北京师范大学梁志燊教授主持编写，陈虹、李辉参与编写。参加本大纲审稿的专家有：北京师范大学卢东山教授、北京教育科学研究院方明副研究员、北京师范大学赵忠心教授。

本大纲最后由全国高等教育自学考试指导委员会审定。

全国高等教育自学考试指导委员会
教 育 类 专 业 委 员 会

2000年6月